PUNIÇÃO CRIMINAL ENTRE DIREITO E OPINIÃO PÚBLICA

José Roberto Xavier

mórula EDITORIAL
FAPERJ

TRADUÇÃO
Ana Cristina Arantes Nasser

REVISÃO
Marilia Pereira

DADOS INTERNACIONAIS DE CATALOGAÇÃO
NA PUBLICAÇÃO (CIP) DE ACORDO COM ISBD
Elaborado por Odilio Hilario Moreira Junior — CRB 8/9949

X3p Xavier, José Roberto

Punição criminal entre Direito e opinião pública / José Roberto Xavier. — 1. ed. — Rio de Janeiro: Mórula, 2023.
472 p. ; 14cm x 21cm.

Inclui bibliografia
ISBN 978-65-81315-91-7

1. Direito. 2. Opinião pública. 3. Criminologia. 4. Punição. 5. Democracia. 6. Justiça. 7. Justiça penal. 8. Mídia. I. Título.

2024-1501 CDD: 340
CDU: 34

Rua Teotônio Regadas 26 sala 904
20021_360 _ Lapa _ Rio de Janeiro _ RJ
www.morula.com.br _ contato@morula.com.br
morulaeditorial morula_editorial

SUMÁRIO

PREFÁCIO

O PÚBLICO, A CULTURA ORGANIZADA DE INFLIÇÃO DE SOFRIMENTO E O SISTEMA PENAL

ÁLVARO P. PIRES

Professor emérito | Criminologia

Faculdade de Ciências Sociais | Universidade de Ottawa

Quando José Roberto Xavier me pediu para escrever um prefácio para seu livro, me senti honrado e não hesitei nem um instante. Foi uma reação autêntica, mas um pouco ingênua, pois não percebi de imediato a dificuldade da tarefa. Como este trabalho pode ser apresentado de modo que o leitor possa compreender tanto sua originalidade quanto sua orientação ético-jurídica? Como mostrar ao leitor a maneira pela qual as ciências sociais podem não apenas descrever e/ou explicar certos aspectos da vida social e institucional, mas também contribuir para a sua reconstrução com lucidez na direção de uma sociedade mais justa e humana "para todos"? Notem a particularidade da dificuldade: o "para todos" aqui inclui aqueles e aquelas que são excluídos em nome da "opinião pública" ou pela mediação de um público que se deixou influenciar pelas ideias de punição que foram institucionalizadas com a contribuição de intelectuais respeitáveis em outros temas. Isso pode incluir Tomás de Aquino, Kant, Hegel e outros célebres juristas que seguiram essas ideias. Como mostrar também que a pesquisa empírica nas ciências sociais se concentra necessariamente em determinados aspectos de um fenômeno complexo, aquele que foi selecionado arbitrariamente pelo observador? E como mostrar que essas delimitações não são incompatíveis com as contribuições que as ciências sociais podem realizar para possíveis autotransformações das instituições analisadas?

O leitor, talvez, já tenha percebido que a dificuldade dessa tarefa não reside tanto na pesquisa em si do José Roberto, mas no estado caótico das comunicações nas próprias ciências sociais e, sobretudo, em um tipo de ceticismo ou de relativismo absoluto que se encontra generalizado quando se fala em trabalho científico. Um "trabalho"[1] no qual o pesquisador se propõe a se distanciar de seu objeto, onde ele/ela se esforça para objetivar os conhecimentos que vai produzir e onde se engaja eticamente no valor de base da ciência, qual seja buscar uma verdade concebida de maneira evolutiva e coletiva. Se preferirmos, podemos também dizer: onde ele se engaja com lucidez na direção de uma "emancipação dos erros" (Lynd, 1939, p. 122) ou na direção de uma "eliminação [contínua] de erros" (Canguilhem; Planet, 1939, p. 646).

Face a essas dificuldades, decidi tratar, na primeira parte, o que se tornou, nas três últimas décadas do século passado, uma "hipótese ultrajante" (termos de Lynd, 1939, p. 203)[2] no plano epistemológico: a hipótese segundo a qual as ciências sociais constroem o conceito de verdade como um conceito evolutivo não relativista, tomando a forma de um código avaliador com duas faces, tendo como finalidade a eliminação dos erros, das ilusões culturais, assim como a elucidação das autocontradições pragmáticas paradoxais

---

1 Álvaro Vieira Pinto (1979) já havia chamado nossa atenção para a importância desse conceito de "trabalho científico" no limiar do período de tormentas que vai atravessar a trajetória das ciências sociais.

2 Lynd retoma aqui um conceito forjado por W. M. Davis, da Universidade de Harvard, no campo da geologia, e ajusta esse conceito ao campo das ciências sociais.

que foram institucionalizadas e que continuam sendo valorizadas. Em seguida, na segunda parte, sem nenhuma pretensão de exaustividade, vou tentar mostrar, sob diversos ângulos, a complexidade do tema e do objeto do José Roberto que se debruça sobre a relação entre o público, o legislador e o judiciário. Para terminar, direi uma palavra sobre a direção e a contribuição ética e social que a sua pesquisa buscou fazer.

PARTE I
A BUSCA DA VERDADE NAS CIÊNCIAS SOCIAIS

Não conheço nenhum pensador clássico ou pesquisador em ciências sociais, pouco importa a sua perspectiva teórica ou disciplina, que tenha preferido o erro, o mito ou a ilusão à busca da verdade ou da "realidade". Talvez tenha existido, mas não no meu entorno conhecido. Isso se aplica, só para dar uma ideia, a William James, a John Dewey, a Marx e Engels, a Durkheim, a Weber, a Simmel, a George Mead, a Blumer, a Elias, a Foucault, a Popper, a Bachelard, a Luhmann etc. Desafio o leitor a demonstrar que estou factualmente errado. Isso me ajudaria a eliminar um erro não observado no que estou afirmando como sendo a verdade e como sendo conforme à realidade. Darei somente alguns exemplos. Para provocar as caricaturas que circulam em certas comunicações da filosofia da ciência e das ciências sociais, começarei comparando cinco figuras, algumas vezes erroneamente apresentadas como incompatíveis no que concerne essa ética da busca da verdade: Popper, Luhmann, Foucault, William James e Boudon.

Popper (1966) vai adotar o que ele qualifica de uma "distinção realista" entre, de um lado, os enunciados linguísticos ou uma teoria e, de outro lado, os fatos que essa teoria ou esses enunciados descrevem. É essa distinção que "torna possível dizer que uma teoria é verdadeira ou falsa, [...] relacionando assim a teoria aos fatos. Isso nos permite falar de uma realidade diferente da teoria. Isso é o principal..."[3]. E até mesmo a "nossa discussão crítica é controlada por nosso interesse na verdade". Se estamos buscando uma solução para um problema, será que qualquer solução seria aceitável? Mesmo as erradas, ilusórias, ineficientes e que continuassem a reproduzir os erros de algumas das nossas instituições? A resposta de Popper é negativa: essa solução deve ser eliminada como falsa verdade, salvo se a crítica dessa solução estiver ela mesma errada. Afinal, as críticas também podem reproduzir os erros. Existem críticas repetitivas erradas, críticas que não (auto)observaram os seus próprios erros. Não adianta dizer "sou crítico", pois isso não significa "tenho razão" ou "não estou errado". Um teólogo brasileiro muito conhecido despertou a minha atenção para uma técnica de retórica antiga quando se está interessado exclusivamente em convencer o seu auditório (e não em buscar a verdade ou a lucidez). Essa técnica nos ensina o seguinte: "quando você perceber que o seu argumento é fraco, aumente a voz, fale mais forte (Libanio, 2008, p. 17). Gritar "sou crítico, você não é!", não vai muito longe e pode até ser um sintoma de dogmatismo. Além de ser um erro.

Em parte por causa da confusão que já existia em torno do termo "verdade" e em parte para poder clarificar melhor ainda a sua maneira

3 Aviso ao leitor que suprimi as passagens que exigiriam uma demonstração mais longa para desfazer o erro que consiste simplesmente em dizer que Popper restaura a mesma definição de verdade ou o mesmo sentido de "correspondência" que é atribuída a Tarski. Eliminei também as passagens que poderiam estimular um desvio de atenção na direção do debate antinômico entre realismo e construtivismo que ocupou uma grande parte das tomadas de posição no plano epistemológico nas ciências sociais durante a segunda metade do século passado. Essa posição de Popper também se encontra sustentada por Georg Mead (1917). Ele defende que o que caracteriza a ciência moderna é justamente a sua capacidade de distinguir entre uma teoria e as observações factuais que ela utiliza para se construir. E isso permite, por um lado, que outros pesquisadores usem os dados observados por outros sem usar a teoria e, por outro lado, testar a teoria contra a realidade (*reality test*), isso é, contra outras ou novas observações factuais.

de pensar, Popper escreve: "Nosso problema não é mais: A verdade é correspondência? A verdade é coerência? A verdade é útil? Sendo assim, como podemos formular nosso problema real?" (ibidem). E acrescenta, depois de uma demonstração mais longa: "Assim, o conceito de verdade desempenha principalmente o papel de uma ideia reguladora. Ele nos ajuda em nossa busca pela verdade pelo fato de sabermos que existe algo como a verdade [...]. Ele não nos dá um meio de encontrar a verdade ou de ter certeza de que a encontramos, mesmo que a tenhamos encontrado" (ibidem)[4].

Antes de observarmos as definições de Luhmann e de Foucault, prestem atenção no fato de que Popper não participa nesse texto do debate entre diferentes definições do *medium* "verdade". Correspondência? Coerência? Utilidade? Podemos acrescentar outras opções: Intersubjetividade? Adaptação funcional? etc. Nesse debate, cada definição privilegiada é observada como se opondo ao restante das outras definições formuladas. Popper se coloca fora desse debate ou, melhor ainda, em outro nível. A definição de verdade conserva a ideia de um melhor ajustamento possível com a realidade (isso é, o que a ideia de "correspondência" gostaria que ela sempre fosse), mas ela escapa de uma discussão linguística sobre o sentido do *medium* "correspondência" e escapa também de qualquer debate sobre diferentes sentidos do termo "verdade". A verdade pode realizar simultaneamente correspondência, utilidade, adaptação funcional, intersubjetividade etc. E a verdade adquire historicidade, capacidade autocrítica, modéstia e valor ético. Ora, como veremos, esse mesmo caminho será tomado de maneira independente por Luhmann e por Foucault (entre outros não citados aqui).

Luhmann (1996/1990) vai definir a verdade de forma paradoxal, mas de maneira a poder descrever de forma precisa o que se realiza no sistema da ciência. Assim como em Popper (e Foucault mais

---

4 Comparem particularmente essa passagem com a citação abaixo, de William James.

adiante), essa definição luhmanniana também sai do quadro no qual se dá a polêmica entre as definições de verdade, embora saia preservando a ideia de uma verdade reguladora. Em outras palavras, Luhmann escapa também da tomada de posição por uma das definições de verdade em conflito, mas nessa operação ele não abandona o conceito de verdade e inclui virtualmente todas as definições que se contrapõem. Há algo de hegeliano nessa operação porque, nessa definição, Luhmann conserva uma tensão entre uma primeira observação ("consciência") da verdade realizada por um observador de primeira ordem, mas que é também um observador que admite a possibilidade de erro ou de algum resíduo de erro embutido na sua "verdade". Luhmann escreve: "Chamamos de verdade a unidade dessa diferença [entre verdade e não-verdade ou entre verdade/falso], [...] de tal forma que, com essa terminologia, podemos dizer que há uma verdade-verdadeira e uma verdade não-verdadeira" (Luhmann, 1996, p. 128). Para Luhmann, a unidade do sistema ciência que se encontra reproduzida de forma autopoiética se encontra nessa unidade [no código binário do sistema da ciência] entre o verdadeiro e o falso e não em um conhecimento em particular tido como verdadeiro, que pode ser revogado, corrigido ou complementado[5]. Estamos aqui também diante da função reguladora do conceito de verdade na ciência. A verdade é observada como um código disjuntivo verdadeiro/falso que pode ser aplicado a todas as partes de uma teoria ou a todos os enunciados e descrições científicas. Essa verdade afirmada admite a possibilidade de um erro demonstrado ou descoberto posteriormente (Edgar Morin). E ela permite que os sistemas observadores avaliem cada enunciado específico ou cada situação

5 No original: "*Die (autopoietisch reproduzierte Einheit dieses Systems liegt in der Differenz von wahr und unwahr (nicht im Wissen schlechthin). Wir nennen die Einheit dieser Unterscheidung, um herauszustellen, dass dies auf eine Paradoxie hinausläuft, Wahrheit, so dass es nach dieser Sprachregelung wahre Wahrheit und unwahre Wahrheit gibt*" (1990, p. 172).

de aplicação selecionada. Em outro texto, Luhmann acrescenta: "O que é construído como realidade é, em última análise, *garantido pela observabilidade das observações*. Essa é uma garantia poderosa" (Luhmann, 1990, p. 19, grifo meu).

Como Popper, Luhmann também nos lembra que é impossível conceber uma perspectiva crítica que seja crítica com relação a tudo, incluindo a si mesma. Afinal, se uma tal perspectiva existisse, ela seria dada de uma vez por todas como sendo inteiramente verdadeira. Tudo o que você precisaria fazer seria aprendê-la. Não precisaríamos ler as outras, pois poderíamos presumir que não tem nada nelas que nos interessaria ou que nos levaria a descobrir nossos erros. Isso seria uma maravilha... aprender e aprender a acreditar.

Foucault formulou uma definição da verdade quase nos mesmos termos, mas sem se restringir ao sistema da ciência. Ora, nenhum dos nossos observadores pôde tomar conhecimento da definição do outro[6]. Simplificando sem dúvida a sua apresentação, Foucault também apresentou a verdade sob a forma de uma unidade potencial incluindo duas verdades: uma verdade verdadeira e uma "verdade que não é verdadeira", ou seja, "a verdade que é erro, mentira, ilusão". Às vezes queremos tanto possuir uma verdade definitiva, absoluta e certa que não buscamos mais conhecer os limites da nossa verdade ou até que ponto ela ainda pode ser observada como sendo verdadeira. Então, essa verdade que não precisa ser mais testada, examinada, corrigida ou abandonada acaba por ser considerada como "recíproca com o ser" (Foucault, 1971, p. 210). Entretanto, essa pretendida verdade absoluta e imutável não destruiu ainda toda a aparência de verdade que é, para Foucault: "o elemento de não-verdade no qual a verdade emerge" (1971, p. 198).

---

6 Foucault nos oferece a sua definição em 1971, mas ela se encontra numa conferência dada em Montreal (Canadá) que será publicada somente em 2011, isso é, depois da morte dos nossos dois autores.

William James é psicólogo e é considerado, com razão, como um dos grandes filósofos pragmatistas americanos, juntamente com Dewey e Pierce. James formulou as suas ideias a partir da ciência. Isso é importante porque, na ciência, não se pode aceitar facilmente tudo que é afirmado como sendo uma verdade. O cientista é "chato", é "encrenqueiro". Ele estraga um pouco as festas improvisadas. No debate sobre os conceitos de verdade (correspondência/utilidade/adequação com a realidade), James é observado ainda hoje por alguns observadores como aceitando a seguinte ideia trivial: para sabermos se uma asserção é verdadeira ou falsa, basta ver se ela "funciona" quando ela é confrontada com a realidade. A verdade e a realidade se resumiriam a um simples teste dessa asserção. Se a realidade, por ela mesma, não rejeitar frontalmente a asserção, é porque a asserção é verdadeira. Por exemplo, eu traço um percurso para a navegação num rio e digo que os barcos de tamanho "x" podem passar por ali. Se durante muito tempo nenhum deles afundar nas condições indicadas, a minha asserção é verdadeira (para sempre?). Essa concepção da verdade pode até funcionar razoavelmente bem em alguns casos nas ciências da natureza, mas não foi sustentada pelos pragmatistas clássicos e menos ainda para o domínio da cultura. Com efeito, ela seria altamente ilusória e precária em ciências psicológicas e sociais. Putnam (1995, p. 291) já fez, há muitos anos, um grande esforço para nos mostrar esse erro. Ele nos avisou: "Os livros didáticos tendem a tratar o pragmatismo principalmente como uma teoria da verdade". E acrescentou: "e a identificá-lo com a teoria de que o verdadeiro é o que satisfaz a longo prazo acreditar, uma teoria que nenhum dos pragmatistas clássicos realmente acredita".

Imaginem essa asserção no nosso campo: há mais de dois séculos, alguns observadores pareciam acreditar realmente que "condenar muitos criminosos à pena de prisão reduziria a criminalidade e reforçaria os nossos valores fundamentais". Ora, estamos usando muito a prisão desde o início do século XIX, impondo sofrimento em muita gente, sobrecarregando as prisões, sobretudo de pobres, indígenas e de pessoas negras. O sistema de direito criminal não explodiu na nossa cara e muitos políticos falando em nome do público continuam achando que isso é uma verdade e até mesmo uma necessidade para salvar a todos. Os juristas também não viram nada para ser rejeitado nas finalidades da pena de prisão e os filósofos do direito penal menos ainda. Nenhum erro ficou visível, nenhuma ilusão foi desfeita, nenhuma mentira ficou clara. Será mesmo possível que William James seria capaz de afirmar algo tão simples sobre a verdade trabalhando, como cientista, no campo da psicologia? É mais prudente duvidar. Por um lado, ele se auto-observa como realista e, por outro lado, vejam como é que ele se coloca face à busca da verdade. Ele está perfeitamente consciente que a verdade é evolutiva na ciência e que não é nada fácil de a encontrar rápida ou totalmente:

> O "absolutamente" verdadeiro, ou seja, aquilo que nenhuma experiência futura jamais alterará, é aquele ponto de fuga ideal para o qual imaginamos que todas as nossas verdades temporárias convergirão algum dia. [...] Enquanto isso, temos que viver hoje com a verdade que podemos obter no dia de hoje e estar prontos amanhã para chamá-la de falsidade[7] (James *apud* Putnam, 1997).

Raymond Boudon é um sociólogo francês que defendeu o "individualismo metodológico" e uma concepção hierárquica dos métodos em ciências sociais que privilegiava, no seu caso, os métodos quantitativos[8]. Essas ideias não resistiram ao tempo. Ele ficou etiquetado também como um sociólogo conservador em razão das polêmicas

---

7 No original: "*The 'absolutely' true, meaning what no further experience will ever alter, is that ideal vanishing-point towards we imagine that all our temporary truths will some day converge. [...] Meanwhile, we have to live to-day by what truth we can get to-day, and be ready tomorrow to call it falsehood*" (James, *apud* Putnam, 1997).

8 Trata-se de uma maneira de conceber a metodologia em ciências sociais, sobretudo quantitativa, que teve uma certa influência na segunda metade do século XX.

que teve com Bourdieu e Foucault. Isso, é claro, não significa que ele não tenha escrito nada de interessante. Essa inferência só pode ser feita por quem não o leu com a devida atenção ou por quem faz uma opção pelo dogmatismo. O dogmatismo é uma atitude cognitiva cuja principal implicação para o próprio observador é a autoprivação de (novos) conhecimentos e de conhecimentos mais sólidos obtidos pela subtração dos erros. O dogmático acredita que já sabe tudo sobre o tema do qual trata e, por isso, renuncia a conhecê-lo melhor. Ora, como é que Boudon (1988) se colocou com referência à busca da verdade? Será que ele se auto-observou como alguém que não pode cometer erros? Vejam abaixo as passagens selecionadas e comparem com as outras:

> O objetivo também é mostrar que a ciência, embora indubitavelmente contribua para a produção e disseminação de ideias verdadeiras, também desempenha um papel importante na confirmação e propagação de ideias falsas, sem que esse efeito tenha que ser necessariamente atribuído [...] à perversão ou irracionalidade dos atores que, direta ou indiretamente, participam [da comunicação científica] (Boudon, 1988, p. 105).

> Essa verdade [a do sistema da ciência] é, obviamente, sempre provisória. E as verdades de hoje podem se tornar os erros de amanhã (Boudon, 1988, p. 121).

> Muitas vezes acontece de uma verdade científica parcial ou mal estabelecida ser transformada aqui [...] em uma "verdade evangélica" (Boudon, 1988, p. 208).

> O conhecimento científico não só não é imune a crenças não comprovadas, como também não pode existir sem elas (Boudon, 1988, p. 209).

Gostaria de lembrar, para ir numa direção política completamente diversa à adotada por Boudon, que tudo indica que Marx e Engels tiveram também que lutar (internamente) contra o dogmatismo de certos marxistas engajados na prática para tentar preservar a dimensão científica da teoria marxista. Em uma carta endereçada a Arnold Rouge, ao ver a maneira como sua teoria estava sendo usada, Marx escreveu: "Não concordo com essa ideia de estabelecer uma bandeira dogmática, muito pelo contrário" (*apud* Leonhard, 1970, p. 44). Parece que, no final da década de 1870, Marx chegou a se dissociar de um desses grupos marxistas com uma frase famosa: "Tudo o que sei é que não sou marxista" (citado por Leonhard, 1970, p. 45).

Em matéria de direito criminal, enfrentamos um problema muito importante porque a inflição de sofrimentos ao outro condenado se encontra oferecida institucionalmente de modo previamente legitimado, inclusive pela filosofia penal e pela teoria do direito. Torna-se possível então, mesmo para movimentos sociais progressistas, procurar resultados estritamente práticos de combate à criminalidade sem levar em conta os conhecimentos científicos sobre a penalidade e sem observar os valores morais do direito na tarefa de sancionar por meio da prisão.

Qual é a função da "curiosidade" e da "dúvida metodológica" nas ciências sociais?

Para concluir minhas observações sobre esse ponto e fazer uma ponte com a tese de Xavier, gostaria de chamar a atenção para um trabalho de dois professores brasileiros de metodologia, cuja primeira edição do livro data do início da década de 1970 (Amado Cervo e Pedro Bervian, 1974/1996, 4ª edição revista). Preocupados com a formação de novos pesquisadores, nossos autores estabelecem desde o início uma distinção, no meu ver, importante entre as condições intelectuais e as condições morais do trabalho científico. Quais são, na opinião de nossos autores, essas condições?

Entre os requisitos intelectuais, eles destacam um que lhes parece obviamente central e indispensável: a curiosidade (p. 25). É claro que, ao longo do caminho, eles também mencionam outras qualidades, como um senso aguçado de observação, o gosto pela precisão (incluindo a precisão conceitual) e por ideias claras, o gosto pela imaginação ousada regida pela necessidade de prova ou demonstração, a modéstia etc. (p. 17). Se pensamos nas ciências sociais particularmente hoje em dia, podemos seguramente acrescentar outras qualidades que parecem estar fazendo falta. Por exemplo, a crítica aos outros pesquisadores e profissionais sem arrogância. Mas por que a qualidade "curiosidade" foi selecionada como sendo uma *condição* intelectual para o trabalho científico, e não como sendo apenas uma qualidade? Vários pesquisadores chamam a atenção para esse estado emocional que é observado pelos nossos autores como sendo uma condição necessária do papel social do cientista. As razões dessa observação não se encontram explicitadas, mas acho que várias leituras atentas desse trabalho me permitem desvelar o que está latente.

A curiosidade é, acima de tudo, um movimento da mente (da "subjetividade", na linguagem tradicional) que cria uma distância (ou um "espaço") no observador entre, por um lado, o seu estado inicial e, por outro lado, uma faceta central de seu problema de pesquisa. Quando a dúvida não surge espontaneamente porque o observador sabe que não sabe e está ciente de que não pode dar seu consentimento "sem provas", o movimento voluntário em direção à curiosidade cria o dever de duvidar metodicamente. A dúvida metódica produz um equilíbrio ou ponto central de não-decisão entre saber e não saber e uma mudança de nível, bem como sua própria temporalidade (interna). E introduz uma nova pergunta: como podemos saber isso/aquilo com mais certeza? Ou como podemos saber se realmente sabemos o que estamos descrevendo, explicando ou propondo como solução? Aqui, vale a pena lembrar uma antiga advertência feita por Hegel em "A fenomenologia do espírito": "É precisamente porque consideramos algo como sabido que ele permanece desconhecido" (Hegel *apud* Bobbio, 1996, p. 155). E, se for pertinente para o nosso objeto, como é o caso do objeto de Xavier, podemos também nos colocar essa pergunta que Robert Lynd (1939, p. 120) recomenda a todos os cientistas sociais (trabalhando sobre instituições): "Para onde nossas instituições estão nos levando e para onde queremos que elas nos levem?".

No caso de Xavier, essa pergunta pode ser ajustada de diferentes maneiras. Por exemplo: Para onde o sistema penal está nos levando (nós mesmos, pesquisadores em ciências sociais, mas também nós todos) quando se refere ao público e à opinião pública com relação às práticas institucionais punitivas? Está nos levando na direção da valorização da inflição voluntária do sofrimento ou, ao contrário, na direção de valores éticos-jurídicos fundamentais? E em que direção queremos ir se adotamos uma ética inclusiva centrada ao mesmo tempo nos nossos valores positivos e no outro-condenado? Na periferia do nosso objeto (nesse caso), podemos também aplicar essa pergunta ao governo, ao legislador e à administração pública. Por exemplo, para onde o governo e o legislador estão querendo nos levar (pela mediação do "público" e da "opinião pública") em matéria de normas obrigatórias de prisão? E para onde queremos ir quando fixamos nossa atenção na composição social e étnica da população prisional e na maximização do princípio jurídico de proteção da liberdade para todos na medida do possível? E como o sistema penal está recebendo esse estímulo repressivo do legislador? Se estiver aceitando essa instrumentalização do sofrimento, quais são as ideias institucionalizadas que estão levando o direito penal a aceitar o inaceitável? Quais são as ideias culturais e intelectuais recebidas que criaram uma desigualdade de probabilidade em favor do inaceitável? Imaginem as derrapagens: a democracia nos leva ao público e o público considerado pelas autoridades (políticas e/ou jurídicas) e pelos pesquisadores nos leva a valorizar a inflição voluntária de sofrimentos. Resultado: ame a democracia mesmo quando ela busca obrigar o judiciário a usar a prisão sem discernimento, implanta a pena de morte ou continua valorizando as penas longas de prisão justificadas exclusivamente por uma ética das finalidades "simbólicas" (abstrações sem concretude) que foram legitimadas pela legislação.

Lynd (1939, p. 181), no ano em que se desencadeou a Segunda Guerra Mundial, lembrava-nos de algo que temos propensão a esquecer com a ajuda do tempo: "Não haveria ciências sociais se não houvesse perplexidades na vida em cultura que exigem solução. E é exatamente o papel das ciências sociais ser problemático, desconcertar os arranjos habituais pelos quais conseguimos viver e demonstrar a possibilidade de mudança em direções mais adequadas". Talvez seja por essa razão que outros observadores em disciplinas vizinhas ou paralelas começaram a insistir, no começo deste século, sobre a insuficiência do valor de busca da verdade, que permanece central no papel social do cientista. Essa busca da verdade ou da realidade ganha a ser complementada pela busca da lucidez, que é outra tarefa difícil e permanente (Libanio, 2008). Piscando os olhos para Amoroso Lima na "Voz de Minas" quando ele se refere a Pascal, podemos dizer que o "espírito de aritmética" de todos os nossos códigos penais do Brasil apagou a busca da lucidez e o "espírito de distinção" em matéria de punição criminal[9]. Perdemos a capacidade de distinguir entre a norma que proíbe uma conduta e a maneira de conceber e construir as normas de sanção. Guardamos uma propensão política forte em conceber promotores e juízes como "seres inanimados" (Montesquieu) e obedientes no momento de punir, em vez de observá-los como autoridades profissionais independentes e moralmente autônomas e responsáveis no que toca à delicada tarefa de sancionar uma pessoa (e não sancionar atos, perdendo de vista que atos não podem ser sancionados, só pessoas (Mohr, 1980, p. 21). A individualização da punição evaporou-se, escapou por entre os dedos das

---

9 Um longo trecho de Amoroso Lima se encontra citado no trabalho mencionado (Libanio, 2008, p. 14).

nossas mãos sem que isso fosse percebido. Como é possível individualizar, que é uma operação integralmente qualitativa, querendo (ilusoriamente) dissuadir os ausentes? Vocês já tentaram fazer essas duas operações ao mesmo tempo para testar se são capazes de realizar essa proeza? Se situarem, ao mesmo tempo, em dois lugares diferentes no espaço (aqui e no além)? E como individualizar a escolha da sanção se tudo se encontra categorizado e compartimentado pela mediação da pena de prisão? Nesse contexto, qual será o papel social atribuído institucionalmente ao público e à opinião pública?

O que significa "imparcialidade" nas ciências sociais (Cervo e Bervian)?

Volto aos nossos autores Cervo e Bervian e retomo sua distinção entre condições intelectuais/morais do trabalho científico. Uma distinção "existencial". Quais são as condições morais do pesquisador (social, no nosso caso específico)? Uma dessas condições morais corre um risco elevado de ser erroneamente observada (de maneira precipitada) como sendo "escandalosa" hoje em dia por vários observadores, incluindo um certo número de cientistas sociais. Por isso mesmo, vale a pena retomar e desenvolver o que foi afirmado por Cervo e Bervian. Eles vão se referir a três condições morais: paciência, coragem e imparcialidade. Citarei integralmente essa passagem, mas tratarei exclusivamente da última condição:

- Paciência, para resistir à precipitação natural que sempre nos leva a concluir antes do tempo.
- Coragem, que sabe enfrentar o perigo para colher do fato certos fenômenos raros ou decisivos.
- Imparcialidade, ou seja, a libertação de toda a preocupação com o resultado, o respeito escrupuloso e o amor apaixonado pela verdade (Cervo; Bervian, 1996/1974, p. 25).

Agora, gostaria de convidar o leitor ou a leitora a prestar atenção à maneira pela qual Cervo e Bervian nos ensinam a observar o conceito de imparcialidade no sistema científico. Vou lembrar que "essa lição" nos foi dada no início da década de 1970, bem no começo do período de céu cinzento e de turbilhão que vão atravessar as ciências sociais nas Américas e na Europa. Surpreendentemente, essa lição escapará de todas as críticas à imparcialidade que se seguirão e que eu conheço. Eles não estão dizendo que não podemos ter ideologias, que não podemos querer observar a situação das pessoas oprimidas ou discriminadas socialmente ou que devemos esquecer inteiramente nossas orientações políticas. Nada disso. É como se nossos autores tivessem previsto essas críticas todas e feito um deslocamento sutil (no sentido de Lyotard) na forma discursiva. Esse deslocamento deixou essa definição de "imparcialidade" sem nenhum arranhão. É o que vou tentar mostrar. Spencer Brown (1957, v), um matemático extraordinariamente criativo, em um livro sobre a relação entre probabilidade e inferência científica na pesquisa quantitativa, lembra que "todos os conceitos são destrutíveis (ou sujeitos a redefinição), mas nem sempre é óbvio quais destruir (ou redefinir, e como fazê-lo). Convido o leitor a fazer essa "viagem" na direção de um novo sentido para esse conceito na companhia de Cervo e Bervian.

Em algumas situações, é sábio ou prudente começar por "esclarecimentos negativos". Isto é, começar dizendo como não se deve compreender um conceito que será definido de forma surpreendente[10]. Isso pode ajudar o interlocutor a não desviar a sua forma de compreensão. Peço de antemão desculpas por algumas das sobreposições na formulação destas exclusões: meu objetivo aqui é marcar os contornos de modo a deixar claro o que está fora dessa definição de imparcialidade. Então, o que é que essa definição de imparcialidade não significa?

---

10 Não posso desenvolver esse tema aqui. Envio o leitor ao trabalho interessante e perturbador de Elster (1980) sobre o que ele chama a negação ativa e a negação passiva, uma distinção que remonta a Kant.

- Não significa ter ou não ter uma ideologia, uma utopia, um projeto de libertação ou uma vontade de transformar a sociedade e de emancipar os seres humanos;
- não significa escolher/não escolher de forma preferencial a perspectiva de grupos oprimidos, ostracizados ou desqualificados de alguma forma na nossa sociedade;
- não significa ter selecionado um autorretrato epistemológico de realista, de construtivista ou ainda de dialético;
- não significa ter adotado uma visão positivista e hierárquica da ciência valorizando exclusivamente uma linguagem matemática ou estatística dos conhecimentos científicos;
- não significa acreditar que o observador possa se ausentar das suas próprias observações e deixá-las isentas das suas marcas e escolhas, tornando-as magicamente "imparciais" (observações sem observador);
- não significa ter ou não ter uma teoria explicitada direta ou indiretamente relacionada ao nosso objeto de estudo;
- não significa ter escolhido uma perspectiva micro ou macrossociológica;
- e imparcialidade, ou cientificidade, não significa tampouco ter escolhido a única ou a melhor perspectiva teórica ou o "método por excelência" para todos os objetos de investigação.

Depois dessa lista de significados negativos, que nem sequer pretende ser exaustiva, o leitor vai provavelmente me perguntar: ainda resta alguma coisa do conceito de imparcialidade? Você não acabou de pulverizá-lo? Ainda é possível dar-lhe sentido? Qual seria, então, o significado positivo do termo "imparcialidade" nessa comunicação de Cervo e Bervian segundo a sua compreensão?

Nossos autores darão prioridade à arena ética ("condição moral"). Uma espécie de primazia da ética sobre as considerações epistêmicas e políticas, bem como sobre as preferências teóricas e metodológicas.

Mas qual ética? No campo da ciência, o principal valor ético do trabalho científico é a busca da realidade ou da verdade na forma minimalista de tanto não querer impor um resultado ou uma solução incondicional ou dogmática para um problema, como de querer subtrair erros e ilusões. Acrescente-se, "querer a verdade" (Weber) não é um processo exclusivamente racional: é algo que deve estar inscrito em nossos sentimentos ("amor à verdade") e deve assumir a forma do que Karl Mannheim chamou de "ato de vontade". Devemos querer a verdade. É isso que William James, Compte, Marx, Durkheim, Weber e outros sustentam e buscam fazer.

Podemos discordar do caminho adotado com relação ao objeto de investigação de que outros pesquisadores tratam ou das inferências que fazem. Podemos discordar também das "ideologias dos cientistas" no sentido dado por Canguilhem (1988, p. 44): das ideologias que nós, os cientistas nas ciências sociais, geramos por meio dos discursos que usamos para tematizar nossos métodos de pesquisa e de relacionamento com o objeto, e por meio dos discursos que usamos para localizar o lugar que a ciência ocupa na cultura, em relação a outras formas de cultura[11]. Podemos também discutir as ideologias dos filósofos que foram "importadas" pelas comunicações científicas, como a polarização entre idealismo/realismo que tomou a forma construtivismo/realismo na segunda metade do século passado[12]. Mas nenhum desses desacordos ou dessas divergências e eventuais retificações nega a necessidade de preferir o valor verdade à mentira, ao erro ou à ilusão cultural e institucional. E, nas ciências sociais, não podemos reduzir a ilusão ao sistema perceptivo, como a ilusão

---

11 Isso é uma paráfrase do texto de Canguilhem onde eu assumo a minha posição de um investigador na ciência.

12 Canguilhem chama esse tipo de ideologia de ideologia científica que ele distingue da ideologia dos cientistas. A ideologia científica é essencialmente uma ideologia dos filósofos retomada e adaptada nas comunicações dos cientistas. Então, se eu afirmo que a estatística ou a observação direta no terreno é o "melhor método científico", isso se trata de uma ideologia dos cientistas (e não dos filósofos).

natural e transcendental já assinalada por Kant. É melhor adotar a definição dada também por Canguilhem (1988, p. 36-37): "E por ilusão devemos, sem dúvida, entender um erro, um mal-entendido, mas também uma fabulação [ou fabricação intelectual] tranquilizadora, uma complacência inconsciente a um julgamento orientado por um interesse [outro que a busca da verdade ou da realidade]".

Nessa redefinição do conceito de imparcialidade por Cervo e Bervian, ele passa a significar exclusivamente o fato de não buscar impor, desde o início de uma investigação, de maneira dogmática ou pela mediação de uma certeza já absolutizada, um resultado ou uma solução para um problema colocado como ponto de partida. Observe que, se o pesquisador conseguir se libertar de qualquer preocupação com um resultado desejado antecipadamente, ele poderá começar sua pesquisa da maneira que quiser, ou da maneira como seu objeto se apresentar a ele: com ou sem conhecimento científico prévio, com ou sem uma teoria, com ou sem uma hipótese, um enigma, ou ainda com ou sem perguntas amplas ou restritas. Tudo isso equivale a um "problema de pesquisa" cuja elucidação ou solução, seja parcial ou completa, permanece a uma distância suficiente do observador. E as palavras de nenhum observador são suficientemente boas ou completas para dizer toda a verdade, e de forma definitiva, sobre problemas sociais complexos. Daí a importância de não criar uma situação de conforto moral na qual passamos para outros grupos a responsabilidade de buscar e afirmar a verdade. Devemos aceitar essa responsabilidade com humildade e sem arrogância. O leitor já compreendeu que isso tudo é autológico e se aplica a mim mesmo neste texto e em outros.

Enfim, temos que tomar cuidado igualmente com o uso atual do conceito de *experiência* no campo das ciências (naturais e sociais), e isso na sua dupla acepção de experiência vivida e de experimentação. A partir da segunda metade do século passado, as ciências sociais vão se apoiar e se desenvolver de maneira notável sobre as experiências vividas, no sentido de relatos biográficos e experiência profissional. Eu mesmo realizei pesquisas sobre as experiências de pessoas condenadas pelo sistema penal (Pires, 1989), assim como me apoiei em várias pesquisas sobre a experiência profissional de juízes, promotores e advogados. Como o leitor verá, esta pesquisa do José Roberto Xavier também não seria possível sem a colaboração e a participação de profissionais do direito relatando as suas experiências (conscientes) sobre o tema da opinião pública e da punição. Mas nenhuma experiência esgota o trabalho científico ou é sinônimo de trabalho científico. Se fosse o caso, não precisaríamos das ciências sociais, pois o relato dos indivíduos seria suficiente. Como observou Bachelard (1975; 1938, p. 38), se referindo sobretudo às ciências naturais, "a ciência não é um pleonasmo da experiência" (no sentido aqui de experimentação). E Canguilhem (1957), comentando Bachelard, acrescentou: "ela se faz contra a experiência, contra a percepção, contra toda atividade técnica usual". É claro, o "contra" aqui não significa em oposição integral, mesmo porque, nas ciências sociais, reconhecemos que certas dimensões da experiência são inquestionáveis (Elias, 2011, p. 25)[13]. Por exemplo, se eu digo que sofri com evento "x" ou que me senti traído pelo meu amigo, essa dimensão da minha experiência se encontra totalmente relacionada a mim mesmo e é estritamente factual. Nessa experiência de traição, posso estar enganado no que toca à atribuição que fiz ao meu amigo, mas não no que toca ao meu sentimento de me sentir traído. Então, o "contra", no sentido dado por Bachelard e Canguilhem, só pode significar "tomada de distância" para compreender, discernir, analisar e estabelecer uma relação com o problema da pesquisa. Se assim não fosse, esse "contra a experiência (vivida e de laboratório)" seria uma afirmação absurda: as ciências naturais fazem muitas experimentações e as ciências sociais se enriquecem com as experiências vividas e profissionais.

13 Elias: "Há bastantes experiências que são totalmente relacionadas a si mesmo" (p. 25).

O problema da imparcialidade em matéria de punição

A definição de imparcialidade de Cervo e Bervian guarda uma semelhança forte com as expectativas de conduta que temos com referência a um juiz. Notem que, em matéria criminal, isso se realiza mais facilmente no que toca à decisão culpado/não culpado do que no que toca à decisão sobre o tipo e a magnitude da punição. Nesse terreno, as teorias de filosofia político-legislativa da punição (retributivismo, dissuasão geral, reprovação pela mediação da inflição do sofrimento) e os programas legislativos ajustados ou compatíveis com essas teorias, introduzem na estrutura de decisão dos tribunais uma parcialidade em favor do resultado prisão e da inflição voluntária do sofrimento. Os procuradores e juízes são convidados a não serem mais imparciais na realização desse resultado. Eles se encontram, então, numa situação exponencialmente mais difícil e problemática comparativamente à posição dos cientistas em termos de "liberdade cognitiva" e de imparcialidade. Eles são pressionados profissional e educacionalmente a não serem imparciais na escolha da prisão nem na duração desse tipo de punição. Em outras palavras, uma vez que o acusado passa à condição de condenado, o juiz sofre uma enorme pressão (de diversos tipos) para não ser um juiz imparcial quanto ao resultado "prisão". O juiz encarregado da gestão dessas penas pode também ser obrigado a realizar operações aritméticas que ele sabe que são absurdas e juridicamente irrealizáveis (100, 200 anos...). Isso tudo no século XXI.

Existe aqui uma presunção de (estado de) necessidade da prisão mesmo quando ela não está estritamente ligada à possibilidade de uma retomada de condutas violentas da parte do condenado[14]. E

14 Lembrem que a antiga noção de "estado de necessidade" tem vários requisitos e é muito exigente quando ela é aplicada como argumento de defesa a um evento criminalizável: *necessitas legem non habet*. Todos os requisitos têm que coexistir integralmente (Lyra, 1953, p. 147). Mas como procedemos quando o legislador

sabemos, tanto em sociologia como em direito, que se "não há alternativa, não há *electio*" (Lyra, 1953, p. 146). Os promotores e juízes, se quiserem se reapropriar de uma liberdade cognitiva para julgar sobre a necessidade da prisão, eles/elas devem tomar distância dessa presunção política de um "estado de necessidade" da prisão que basta ser enunciado e por antecipação (sem o caso concreto). Um dos caminhos para a emancipação pode ser a introdução da distinção entre "necessidade necessária/necessidade não necessária" para tomar distância das presunções adquiridas ou habituais e avaliar a real necessidade da prisão em cada caso concreto. Procedendo assim, os operadores do direito podem adquirir uma maior liberdade ética e cognitiva e recuperar a imparcialidade perdida ou "usurpada" por uma política legislativa que se encontra numa situação em que ela é incapaz de decidir em função de uma observação do caso concreto.

Imaginem agora o que pode acontecer se, nesse contexto difícil e minado por vontades políticas de infligir um sofrimento em nome de necessidades não necessárias, a opinião pública, ou o público, começa a ser tomado como critério para decidir sobre a escolha da prisão ou sobre a magnitude do sofrimento a infligir à pessoa condenada. Pensem, por exemplo, nesse argumento trivial de "repercussão social" para satisfazer todas as exigências jurídicas destinadas a controlar o uso de sanções prisionais antes ou depois do reconhecimento da culpabilidade. Será que ele basta por si só? Além disso, as ideias de uma justiça penal restaurativa terão uma probabilidade forte ou fraca de serem recebidas pelos juristas e pelos operadores do direito? E elas terão uma probabilidade forte ou fraca de serem recebidas pelos representantes políticos? Essas mesmas perguntas podem ser aplicadas

---

pretende que a pena de prisão obrigatória e numa duração mínima corresponde à um "estado de necessidade" para dissuadir, denunciar ou retribuir? Qual é a prova que ele apresenta? Uma citação de Beccaria ou de Kant no século XVIII? Onde está a necessidade quando ela é evocada e estruturada como decisão antes de examinar o caso concreto?

também aos filósofos da punição que não examinaram em profundidade o problema da definição (substancializada) de punição. Tampouco os cientistas sociais avançaram nesse aspecto do problema. Para nós, na sociologia, é mais fácil pensar em "abolir" o sistema penal do que em abolir o sistema de ideias do sistema penal (num sentido hegeliano) sem abolir o sistema como tal. Isso é, não é fácil pensar numa autotransformação inovadora das estruturas internas de decisão em matéria de punição criminal sem inferir que o sistema penal também tem que ser abolido ou evitado como um todo.

PARTE II
A COMPLEXIDADE DO TEMA E DO OBJETO DE XAVIER: COMO O SISTEMA PENAL VAI RECEBER OS "ESTÍMULOS" DO PÚBLICO NAS NORMAS DE SANÇÃO?

O leitor menos familiarizado com o trabalho de pesquisa empírica ganha em ter em mente a diferença entre tema e objeto de pesquisa. O título do meu prefácio indica o tema; a pergunta desta segunda parte aponta para o objeto. Ela ainda pode ser formulada de maneira mais restrita: como os operadores do direito do sistema penal no Brasil, que adotou a tradição romano-germânica e que ainda por cima reduziu enormemente as margens de imparcialidade desses operadores vis-à-vis da escolha da prisão e de sua magnitude, estão vivendo e reagindo ao público e/ou à opinião pública em matéria de valorização/não valorização da inflição do sofrimento no momento de sancionar?

Na epistemologia da ciência contemporânea, que se distingue em muitos aspectos (mas não em todos) da epistemologia elaborada por filósofos, o conceito *contemporâneo* mais elaborado de "objeto" (de investigação) não se refere mais a qualquer coisa que se encontra fora do observador ou sem a participação do observador (Varela, 1975, p. 22; Von Foerster, 1981; 1976, p. 274). Os "objetos" de pesquisa são constituídos com as "marcas" do observador e em função daquilo que o observador está buscando conhecer melhor (ibidem). É por isso que é muito importante prestar atenção aos objetos constituídos por cada observador e distingui-los bem nitidamente dos objetos que levam as nossas próprias marcas, as perguntas que nós gostaríamos de fazer e que podem não ser aquelas que o observador que emitiu a mensagem se colocou.

Essa é provavelmente também uma das razões pelas quais Bachelard distinguiu o objeto da pesquisa dos dados de observação utilizados na pesquisa (ver Fichant, 1973, p. 143). O "dado" é o conceito que faz referência aos pontos de apoio (empíricos) dos pesquisadores. Esses pontos de apoio são constituídos pelo que se aproxima mais da realidade visada pelo observador. Todos os dados têm uma existência exterior independente do objeto do pesquisador, mesmo quando o surgimento desses dados dependeu de uma intervenção do próprio pesquisador. Por exemplo, no caso de Xavier, os dados de observação são as mensagens presentes nas entrevistas realizadas. Essas mensagens existem agora (virtualmente) independentes do objeto do pesquisador. Mas sem a sua intervenção, e a maneira pela qual ele conduziu as entrevistas, esses dados não teriam "surgido". Como essas mensagens são virtualmente independentes do seu objeto e dos seus resultados (análises), eu posso usar essas mensagens para outros objetos. Evidentemente, outros observadores também podem fazê-lo. A mesma coisa acontece com dados estatísticos. Sem a intervenção de um observador eles não existem. E a maneira de constituir esses dados vai afetar a qualidade dos objetos que vão se apoiar sobre eles.

Mas atenção: como Luhmann (1998, p. 41) lembrou, a empiria do pesquisador não se confunde com a realidade. A empiria, composta pelos dados de observação, é a ponte para a realidade e os alicerces sobre os quais vamos elaborar os nossos resultados (por meio da análise deles). Esperando sempre, aliás, que esses dados sejam suficientemente sólidos para sustentar pelo menos alguns dos nossos resultados (e que a nossa análise não tenha "estragado" os dados). Não esqueçam que mesmo os melhores dados de observação foram selecionados por algum observador com algum interesse. E certos dados já são verdadeiras realizações que podem ter sido mal ou bem constituídas. Mais uma razão para ser prudente, modesto e autocrítico.

Um problema estrutural: uma definição de punição inserida na legislação e na jurisprudência

Vou tentar mostrar a conexão do objeto do José Roberto Xavier com o problema da definição de punição. A ideia central que proponho aqui é a seguinte: com uma definição de punição que não valorize a inflição voluntária de sofrimentos e com um foco estabilizado na individualização do tipo de sanção e na sua dimensão temporal para que ela não fique exclusivamente abstrata, as influências eventualmente problemáticas do público nas sentenças estariam controladas ou neutralizadas.

Com efeito, eu observo o tema e o objeto de Xavier como se referindo sobretudo aos pedidos do público e à recepção institucionalizada do público na direção de infligir voluntariamente um sofrimento ao culpado de um crime no quadro de práticas punitivas institucionalizadas. Acho, então, prudente começar com uma observação sumária sobre o problema da definição (intelectual) dada ao termo punição ou pena (*poena*) desde a emergência do subsistema organizado de direito criminal na Europa continental nos séculos XI, XII e XIII. Por mais estranho que isso possa parecer, tomar consciência desse fato ajuda a prevenir as atribuições precipitadas e errôneas buscando encontrar quem é o culpado pela valorização de sanções obrigatórias de prisão cuja duração, além disso, assume uma forma abstrata e perde a sua conexão com a individualização da pena. É por essa razão que se busca obstruir o processo de pedido de liberação condicional e, no Brasil, não individualizar a decisão sobre o regime prisional. Quem é o culpado pelos "atos de vontade" instrumentalizando a inflição de sofrimento? Seria o público repressivo? Os governantes democráticos e populistas? Os ditadores? Os juízes e os juristas conservadores? Os sociólogos e criminólogos positivistas ou funcionalistas? Os deputados ou senadores "de direita"? A resposta sumária seria a seguinte: nenhum desses grupos em particular, mas, num plano coletivo, nós todos, incluindo os grandes teólogos, filósofos, juristas e cientistas sociais que se auto-observam como críticos ou de esquerda.

Hoje em dia, ainda é muito mais fácil imaginar ou sonhar com uma sociedade "sem punição" ou "sem sistema penal" do que pensar que é possível definir o conceito de punição sem incluir nesse conceito uma finalidade direta e independente de infligir um sofrimento ao culpado. O leitor pode buscar o intelectual que ele desejar e, caso encontre alguma voz dissonante, peço para que me comunique mostrando o exemplo. Vou acrescentá-lo à minha curtíssima lista de figurinhas raras[15], de muito valor, mas quase impossíveis de obter. Não estou falando de substituir o conceito de punição por outro conceito (que pode ser, sem dúvida nenhuma, uma das vias possíveis); estou falando de uma reconstrução (ou redefinição) do conceito mesmo de punição. Isso significa: sair de maneira clara da definição valorizando um ato de vontade da parte das autoridades visando a infligir ou a comunicar um sofrimento e voltar ao conceito de punição para reconstruí-lo sem esse ato de vontade ou sem essa finalidade no primeiro plano e de forma direta.

Com raríssimas e notáveis exceções, como já tivemos a oportunidade de demonstrar (Pires, 2015), a filosofia política e penal e o direito penal aceitaram — e continuam aceitando — sem nenhuma

---

15 Entre elas, tenho que mencionar Del Vecchio (1955, apêndices I, II e III) que foi quem abriu o caminho para as minhas futuras reflexões. Entretanto, ele não se dirigiu diretamente à definição de punição, mas ao princípio da igualdade obrigatória na restituição do mal pelo mal sustentado por Kant.

crítica fundamental, uma definição do conceito de punição que se encontra num texto religioso anônimo[16] datando da primeira metade do século XII (Costanzo, 2010). Preparo um trabalho sobre isso, mas vou reproduzir rapidamente essa definição aqui: "Para falar com precisão, a punição (*poena tenere*) é um sofrimento (*laesio*) que pune e vinga (*vindicat*) o que um indivíduo fez" (minha tradução)[17]. Atenção para o fato de que o termo "vingança" não tem o sentido desvalorizado ou pejorativo que se atribui hoje. É bom saber ou lembrar, que no século XVIII, Adam Smith ainda empregava a palavra "vingança" para caracterizar o comportamento de Deus. Ele afirmava que Deus era "o maior vingador da Justiça" (*apud* Whitman, 2008, p. 11). Ora, como Deus é extremamente racional e vinga, na sua maneira de ver, a "justiça vindicativa" não é incompatível com a racionalidade. Nessa definição, *vingança* seria algo mais próximo a um ato voluntário, que pode ser racional e institucionalizado, para "fazer pagar" (de uma forma qualquer) o que um indivíduo fez sabendo que não podia fazer. A "moeda" de pagamento vai ser constituída pelo "sofrimento" (*laesio*) da pessoa culpada. Linda definição, não acham? E essa definição emerge num texto religioso com o objetivo de redefinir a "penitência". Qualquer proximidade com o conceito de "penitenciária" é um acaso histórico.

Em resumo: na perspectiva dessa definição político-religiosa da punição, toda e qualquer ação punitiva só pode existir como tal se tiver como *finalidade direta* o ato de vontade consistindo em infligir um sofrimento ao culpado em razão do que ele fez. É uma definição teleológica: a finalidade é fazer sofrer. Ela foi naturalizada, substancializada e institucionalizada nos tribunais da Inquisição e nos programas legislativos laicos em matéria criminal. Ela não veio do "público" dessa época, muito pelo contrário, mas da *intelligentsia* que

---

16 *De vera et Falsa Poenitentia. Ad Christi Devotam* (Migne, PL. 40.1113).

17 No original: "*Poena enim proprie dicitur laesio quae punit et vindicat quod quisque commisit...*".

tinha interesses políticos (e não valores ético-jurídicos ou ético-teológicos). O público de hoje vive a experiência de um passado institucionalizado secular que é portador repetitivo dessa mensagem (errônea e/ou problemática). Primeira inferência: o objeto de José Roberto Xavier nessa pesquisa tem uma historicidade longa. Isso limita qualquer pesquisa empírica ou histórica sobre esse tema.

Eu afirmei nesta seção que estamos aqui diante de um problema estrutural. Por quê? Porque essa definição foi utilizada para construir normas de sanção nos códigos criminais e nas decisões jurisprudenciais. Um exemplo local: o leitor poderá constatar que essa definição de punição ficou consagrada nas principais normas de sanção de todos os códigos penais do Brasil desde o século XIX. E, de maneira geral, as comissões de reforma do direito, mesmo querendo (e acrescento: sinceramente) reduzir o uso da prisão, vão encontrar uma enorme dificuldade intelectual para conceber a punição de maneira conceitualmente diversa. Isso parece ser uma consequência do seguinte fato: todas as justificações ou finalidades convencionais da punição criminal, sem exceção (retributivismo, dissuasão geral, teoria da prevenção geral positiva, readaptação por meio da penitenciária), adotaram essa definição teleológica como ponto de partida. Quanto ao "público", alguns membros do público tiveram tempo suficiente para aprender e ensinar que era essa a única definição possível em matéria criminal, quem sabe a única possível nesse mundo e que a prisão é uma solução e arma para combater a criminalidade. Será que isso é verdade?

Quem pode assumir o papel social de "público"?

Antes de outras considerações sobre esse tema e objeto, é bom lembrar que o nosso ponto de partida conceitual aqui é, por prudência metodológica, a definição de público proposta por Luhmann (1982, p. 154-155; Pires, 2001; 2004, p. 49). Então o conceito de público não se refere ao conjunto dos indivíduos que habitam um mesmo território. Público é um papel social que é assumido por indivíduos que se manifestam sobre questões específicas por meio de canais de comunicação específicos. Assim, se há uma manifestação nas avenidas da minha cidade para pedir um aumento de inflição de sofrimento nas leis penais e eu fico em casa sem me manifestar, eu não faço parte do "público" nessa ocasião. Se representantes da advocacia, do Judiciário e do Ministério Público participam de reivindicações para aumentar a inflição de sofrimento na legislação penal (operações do sistema político) para responder aos problemas sociais relativos à criminalidade, todos esses representantes-participantes, inclusive as organizações, fazem parte do público no quadro dessa ação social. Ninguém está agindo aqui como advogado, juiz ou promotor, mas como público. Vejam um excelente exemplo disso que visualiza uma grande parte da complexidade desse tema e do objeto de Xavier. Um meio de comunicação, o Consultor Jurídico, publicou essa notícia assinada por Rogério Barbosa fazendo referência a uma audiência pública, aparentemente realizada na Ordem dos Advogados do Brasil (OAB):

> Em clima de indignação, a sociedade civil organizada, respaldada por representantes da *advocacia, do Judiciário e do Ministério Público*, pediu em audiência pública que o Congresso *pese a mão na hora de definir as penas* no novo Código Penal. Entre as propostas defendidas, nesta sexta-feira (24/2), *está a de aumento de 30 para 40 anos* do prazo máximo de reclusão, aumento do período em que o preso permanece em regime fechado e aumento da pena por estupro (março 2012; grifo meu).

Isso mostra, do ponto de vista sociológico, a fluidez do conceito de "público". Permitam-me fazer, simplesmente para demonstrar o alcance do conceito de público, uma conjectura que é francamente absurda e provavelmente falsa. Conjectura: "A OAB, organização que representa os advogados, caiu numa armadilha cognitiva e cometeu um erro altamente improvável: assumiu um papel social de público para fazer uma reivindicação consistindo em pedir para o legislador obrigar os operadores do direito e da administração pública a aumentar o sofrimento dos culpados". Quando algo similar a isso acontece, temos um bom exemplo do que é essa definição Luhmaniana de público e de como a influência desse público complexo pode chegar nas decisões do judiciário.

No quadro dessa conjectura, podemos ver que os mesmos indivíduos e organizações participantes podem assumir dois papéis sociais diferentes em operações diversas e em temporalidades distintas. Os indivíduos-juristas assumem aqui uma ação proativa para pedir punições mais aflitivas no papel de público. Se eles obtêm o resultado almejado, se esse resultado tem implicações em seu trabalho como operadores do direito (e não somente no trabalho de outros colegas não aderentes) e se eles conservaram as mesmas ideias, eles vão ter uma propensão a receber mais tarde com aprovação as novas normas mais aflitivas de punição. Em outras palavras: eles não vão observar contradições com os direitos fundamentais nem criar resistências jurídicas a essas normas. Ação proativa como público e recepção aprobatória dentro do judiciário.

O público tendo o legislador como fio condutor

Pelo que pudemos visualizar até agora, há múltiplos canais pelos quais o público ou a opinião pública podem produzir um "efeito" nos tribunais. Além da legislação, um dos canais mais antigos é o júri, cuja emergência, é bom lembrar, não tem nada a ver com a democracia. Podemos fazer a conjectura de que outros interesses estavam presentes para criar o júri e que isso continua sendo o caso ainda que os interesses já não sejam mais os mesmos. O júri não é um dispositivo fácil de se justificar, e foi questionado, entre outras coisas, porque ele introduz, como diria Weber, elementos políticos informais numa prática jurídica que deveria ser regida por valores do direito e por decisões profissionais.

No exemplo acima do Consultor Jurídico, a iniciativa querendo aumentar os sofrimentos e a exclusão social em abstrato não pode ser atribuída aos representantes políticos. Pouco importa se eles estão ou não inseridos numa "época populista". O legislador, nesse caso, seria o canal mediador em nome do público e isso inclui os operadores do direito e outras organizações da sociedade civil. E se o canal funcionar como desejado, o legislador se torna o estímulo próximo do judiciário. Mas um estímulo especial, porque a norma de sanção legislativa que ele cria não fica inteiramente no entorno do judiciário: ela vai interferir, até mesmo penetrar séria e diretamente, nas atividades do judiciário. Ela pode "causar" um impacto e, se não for imediatamente ignorada ou invalidada, o judiciário vai precisar, entre outras coisas, de uma temporalidade própria para avaliá-la e decidir o que fazer. Nesse sentido, os operadores do direito que foram participantes como público se encontram no estímulo longínquo do judiciário, aquele que ativou o legislador e, em alguns casos também, como receptor do produto do legislador. Temos aqui uma relação cognitiva circular.

Notem que Xavier, nessa pesquisa, utilizou o método de entrevista com os operadores do direito. Mas essas entrevistas foram direcionadas para o trabalho profissional e não para as atividades políticas desses profissionais como membros (eventuais) do público. Então, o que pode emergir como resultado fica limitado ao que foi construído metodologicamente como objeto de investigação. Daí a necessidade de muitas outras pesquisas empíricas sobre esse tema ou sobre os aspectos não explorados (ou mesmo já explorados) do seu objeto. Isso pode dar lugar a várias teses de mestrado e de doutorado. Imaginem uma pesquisa com os representantes da OAB sobre essa decisão de "pesar nas penas" ou de aumentar a duração máxima acumulada de penas de prisão. Ou ainda com comissões de direitos humanos.

E observem o paradoxo, se a notícia dada no Consultor Jurídico não estiver errada: organizações da "sociedade civil", que se preocupam usualmente com o viver juntos e a inclusão social, decidiram pedir ao legislador maior exclusão social de grande número de pessoas que virão do conjunto de pessoas mais socialmente excluídas. Não são as elites que vão encher as prisões. Não é isso que é altamente provável (salvo, talvez, se houver golpe de Estado).

Notem, também, o interesse conceitual e metodológico dessa definição de "público": ela permite compor o corpo de dados empíricos de forma diversa e permite corrigir ou prevenir as atribuições errôneas, controlando as representações estereotipadas de quem é o "público" (aquele grupo de que não gosto/gosto). Nessa definição, eu mesmo posso agir como público, e posso pedir as coisas na boa ou na má direção. Essa definição é autológica: ela se aplica também àquele que define (nesse caso eu mesmo).

O exemplo acima do Consultor Jurídico joga luz sobre os juristas e operadores do direito agindo como um estímulo para o governo na direção de manter ou aumentar punições com finalidades aflitivas. É aqui que observo o problema do ponto de vista da qualidade das estruturas do direito criminal. Isso me leva a distinguir duas "espécies" de público no "gênero" público: um público profano e um público especializado no direito. Isso mostra que os dois sistemas, político e jurídico, embora sejam operacionalmente fechados, se encontram cognitivamente abertos (Luhmann), mas não necessariamente inertes ou "passivos". Mas isso mostra também que as ideias jurídicas podem assumir uma forma circular: sair do direito, passar pelo político e voltar ao direito. Todos os códigos penais aceitos pelo legislador que eu conheço, até hoje, foram todos escritos na sua forma de base por um público-jurídico. Mas se a ideia que deu essa volta toda pode ter sido emitida ou transmitida por um jurista, por que é que o sistema judiciário tem que tratar essas ideias como irrevogáveis quando elas lhes chegam de volta? E por que não poderia corrigi-las com outras ideias? Algo de "mágico" aconteceu nesse percurso? E o judiciário? Será que ele pode se afastar de si mesmo e, em vez de legitimar o que já está fazendo, "se empenhar em descobrir como e em que medida seria possível pensar (coletivamente) de forma diferente" (Foucault)[18]? E porque é que tem que ser o político que tem que decidir sobre a necessidade da prisão — e privar o judiciário de alternativas (*electio*) — se ele não pode individualizar a punição sem o caso concreto?

Estou usando aqui a distinção prisão obrigatória/individualizada. Quando ela é obrigatória, ela não é individualizada. E quando ela é obrigatória, ela pode ser ou não ser, no caso concreto, necessária. Ora, como o antigo adágio latino afirma, quando a necessidade é real, não precisamos de lei para obrigá-la, pois a necessidade não precisa de lei (*necessitas legem non habet*). A lei que torna a prisão necessária comunica, para falar como Foucault, uma aparência de necessidade que é ilusória, que é erro. Como subtrair a necessidade não-necessária — a necessidade que é só aparência e ilusão — da necessidade necessária sem poder decidir sobre o uso da prisão no caso concreto? Vemos aqui a necessidade para o judiciário, de criar as suas próprias alternativas quando elas não se encontram dadas na legislação.

Criando realidades e recuperando alternativas: a lei de crimes hediondos

Como sabemos, o legislador criou no Brasil uma lei de crime hediondos sem determinar o sentido do termo hediondo. A finalidade central dessa lei foi a de criar uma prisão preventiva obrigatória, de impedir a individualização na determinação do regime penitenciário

18 Esta passagem de Foucault se encontra em "*L'usage des plaisirs*", mas não marquei a página por erro nas minhas fichas.

e tornar mais longo o prazo para a liberação condicional. O meu interesse aqui é usar essa lei para mostrar (i) como falsas realidades e necessidades podem ser criadas institucionalmente e (ii) como o judiciário, com a ajuda do tempo, pode se emancipar de um estado de servidão política que faz obstrução a um julgamento imparcial e individualizado construindo usos não-necessários da prisão. Quando o judiciário constrói para si uma capacidade decisória, o problema do "público punitivo" introduzido por via legislativa pode ser atenuado ou eliminado. Vou centrar minha atenção sobre dois pontos: a construção de uma realidade política e jurídica observada com a ajuda da distinção legislativa entre crimes hediondos/não hediondos e a maneira pela qual o judiciário reconquistou o seu poder decisório para proteger os direitos fundamentais sem, nesse caso, abandonar a realidade legislativa que foi construída.

Para fazer isso, vou me limitar a observar o caso dessa norma de sanção de prisão obrigatória antes do reconhecimento da culpabilidade da pessoa acusada (prisão preventiva). A premissa decisória política do que seria uma decisão judicial correta é a seguinte: "A polícia e o judiciário devem manter na prisão (sem liberdade provisória) todas as pessoas que forem acusadas de um dos crimes já tipificados na lei mas que se encontram selecionados na seguinte lista de crimes hediondos: a, b, c...". Essa é a premissa política do que seria uma decisão judicial correta para "combater a criminalidade" (*manu militari*).

CONSTRUINDO A META-REALIDADE DE CRIMES HEDIONDOS

A estratégia adotada pelo legislador na construção da realidade "crimes hediondos" foi a seguinte: ele não modificou os dispositivos jurídicos dos crimes tipificados e não criou uma nova infração independente das outras. Ele se limitou a criar uma nova categoria jurídica chamada de "crimes hediondos". Desse jeito, ele driblou o princípio jurídico "*nullum crimen sine lege*". Todos os crimes estão corretamente tipificados, mas a categoria "crimes hediondos" passou a existir sem tipificação. Como veremos, essa categoria não definida permite agora, miraculosamente, a observação de vários crimes hediondos específicos. E essa categoria permite essa operação porque os crimes a serem observados como hediondos se encontram enumerados numa lista composta por crimes já bem tipificados. As tipificações originárias não descrevem nem qualificam nenhum dos crimes como hediondos. Resultado: temos agora dois *nomen iuris* situados em planos diferentes. Se o observador ficar no primeiro plano, ele não observa as infrações abstratas como crimes hediondos. Nada lhe impede, é claro, de encontrar eventualmente um caso concreto chocante ou condutas realizadas por um réu perigoso e cruel dentro de uma dessas tipificações do primeiro plano. Mas ele não observa o tipo abstrato como sendo hediondo. Por outro lado, se o observador se deslocar agora para o segundo plano, ou observar a partir dele, ele só vê crimes hediondos.

Como é que isso é possível? A primeira condição de possibilidade é ficar num mundo inteiramente abstrato: renunciar à capacidade de observar o caso concreto. Trata-se de abstrações nas quais o concreto foi subtraído. A segunda condição é ter diante dos olhos uma lista de crimes hediondos onde as infrações de base já estão descritas factualmente. Graças a essa condição, o observador consegue escapar de uma tautologia paralisante do tipo "crime hediondo é aquilo que é hediondo". Ela não sabe onde encontrar o crime hediondo porque perde os critérios de seleção. Entretanto, com a lista na mão, se você perguntar para o observador quais são os crimes que são hediondos, ele pode responder citando os crimes — ou um dos crimes — que estão bem descritos na lista e que você pode agora "ver". No concreto, talvez você não possa observar o crime como hediondo mesmo desejando, mas na lista, ou "no papel", você pode ver que ele figura como hediondo.

Essa estratégia de política legislativa parece ter passado despercebida. Isso é provável porque o procedimento de observação construído pelo legislador é semelhante ao da observação de crimes bem tipificados em geral. Para saber uma conduta *x* é ou não é um crime, consultamos as condutas selecionadas como crime na legislação. Só essas condutas (descritas na lei) são crimes (*nullum crimen sine lege*). Mas, apesar da semelhança que pode cegar, o legislador não está fazendo exatamente a mesma coisa: a sua meta-apelação não está servindo para observar condutas concretas, pois essas já estão descritas. Na sua lista está acrescentando uma qualificação pseudo-concreta para dificultar a observação concreta da conduta e para agravar as consequências jurídicas subtraindo meios de defesa e necessidade de provas adicionais. O esquema abaixo tenta visualizar esse procedimento.

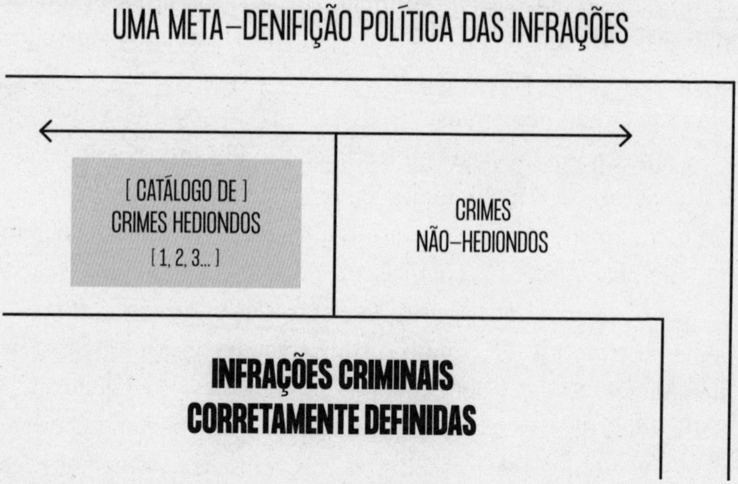

NOTA: Os crimes hediondos não estão caracterizados na lei, mas se encontram selecionados como "hediondos".

Temos agora dois planos de *nomen iuris* (denominações técnicas) que vão suscitar confusão e oscilação nas observações: observo o caso concreto ou observo o crime abstrato com nova qualificação não-definida? Observo a pessoa do réu e a sua situação ou a vontade do legislador de decidir em favor da prisão? Observo os princípios jurídicos ou o que parece satisfazer o público? Decido obedecer ao legislador, isso é, agir sem decidir, ou decido em função do caso concreto?

Para esclarecer com outro recurso esse problema de observação, vou retomar, adaptando, uma ilustração divertida que Segal (2001, p. 54) deu ao seu leitor para mostrar como Maturana, um biólogo muito conhecido no Brasil, trataria o problema da observação (e da construção/desconstrução) da realidade. Segal escreveu:

> Normalmente, se você perguntar a um cientista se unicórnios existem, sua primeira resposta será não. Sua resposta é baseada na objetividade. Apenas certos animais [com vida orgânica] existem na realidade. Se você perguntar a Maturana se unicórnios existem, ele perguntará [antes de afirmar qualquer coisa] quais operações de distinção são necessárias para observar um unicórnio. Se você responder que é preciso ir a um museu e olhar as tapeçarias medievais, ele concordará que, nessas condições, é possível observar um unicórnio. Se formos ao zoológico do Bronx, não observaremos um unicórnio (Segal, 2001, p. 54).

Então, se um observador chegar do planeta Marte no Brasil e perguntar para um observador nativo: "No Brasil, os crimes hediondos existem?" O interlocutor vai responder certo de si mesmo: "É evidente, eles existem!". O Marciano: Quais são as operações (ou distinções) necessárias para observar esses crimes hediondos?". Resposta: "O senhor observa primeiro se uma pessoa cometeu um crime. Em seguida, o senhor observa se esse crime que a pessoa cometeu está na lista do nosso legislador. É fazendo essas operações que o senhor pode observar os crimes hediondos que existem aqui no Brasil". O Marciano: "Ah, entendi, é fácil. Nessas condições de observação, sem ter que ver o crime concreto na sua realidade, mas só olhar a lista do seu legislador, o senhor tem razão. Todos esses crimes podem ser observados como hediondos. Mas vou dizer que se o senhor examinar cada caso concreto, sem essa lista milagrosa, o senhor não vai ver tudo isso como sendo hediondo".

Um matemático criativo, num livro sobre a probabilidade, acrescentou um apêndice sobre os milagres. Ele escreveu:

> Quando oramos por um milagre, pedimos algo muito improvável. Deixados nos afogando no meio do Pacífico, dizemos: "só um milagre pode nos salvar agora". O uso da palavra "milagre" é válido porque temos em mente a extrema pequenez da probabilidade de um navio ou helicóptero passar por ali. Se por acaso soubéssemos que um helicóptero com o equipamento de resgate adequado estava a caminho, não deveríamos desesperadamente falar de milagres (Spencer Brown, 1957, p. 109).

Podemos dizer que, com essa lei, o legislador conseguiu realizar dois milagres. Em primeiro lugar, ele conseguiu levar vários observadores a observar como crime hediondo até mesmo o que não tinha nenhuma probabilidade de ser observado como hediondo. Em segundo lugar, ele conseguiu fazer com que muitos observadores dentro do sistema de direito decidissem agir sem se posicionar diante dessa aparição do "Crime Hediondo", deixando de lado os valores éticos do direito e os direitos fundamentais. Eles foram levados a aceitar o inaceitável, o que é talvez um terceiro milagre.

Agora, um retorno parcial à realidade existente. Em 2018, um excelente Manual Prático de Decisões Penais (ENFAM), na seção consagrada à prisão preventiva, vai servir de "helicóptero com o equipamento de resgate" para salvar os que estão se afogando. Não precisamos mais orar desesperadamente por milagres, pelo menos no caso da prisão preventiva obrigatória. Talvez o único milagre para o qual tenhamos ainda que orar é para que o resgate seja bem recebido por aqueles que estão se afogando. Com efeito, o Manual se emancipa da maneira de decidir do observador político (legislador). É verdade, ele não questionou a maneira política de observar os crimes da lista como sendo hediondos, mas abandonou a premissa política sobre o que seria um agir judicial correto em matéria de prisão preventiva. Isso é, o mais importante e foi a finalidade que ele se deu: Manual Prático.

Para poder usar o termo "emancipar", isso é, se libertar da servidão política para o uso obrigatório da prisão, estou piscando os olhos para Spinoza. Ele chamou de servidão a impotência para governar a si mesmo e, para ele, a liberdade não se encontra dada, mas tem que ser conquistada. Ora, o que é que esse Manual fez para resgatar os que estavam se afogando? Ele disse que a decisão jurídica tinha que ser tomada no primeiro plano, olhando para o caso concreto e sem perder de vista a individualização do processo decisório. Então tem que ter alternativas. Sem alternativas, podemos agir (por exemplo, seguindo mecanicamente regras, somando ou subtraindo, dando uma justificação que serve igualzinha para outros casos etc.), mas não podemos decidir. Entretanto, como o hábito de observar crimes hediondos já havia penetrado no sistema de direito, pelo próprio agir do sistema do direito, o Manual teve que fazer uma operação específica interna para excluir, senão a maneira de observar, pelo menos, e sobretudo, o efeito esperado e altamente provável dessa distinção para observar (crimes hediondos/não-hediondos). Dessa forma, o Manual não só sistematizou vários critérios para fixar o olhar no caso concreto, mas também excluiu explicitamente a consequência lógica da observação. Entre os critérios para decidir, ele introduziu um critério "negativo" de prisão preventiva. O critério é esse: "*Não basta*, por exemplo, afirmar *que o crime é grave ou que é* qualificado como *hediondo* para decretar a cautela" (ENFAM, grifo do original).

Para falar com os termos de Ernst Bloch, o determinismo (da observação e da decisão política) foi relativizado pela realidade (Furter, 1974, p. 115). E também foi desfeito por uma maneira de observar buscando "conformidade com o dever constitucional de motivação"

(ENFAM, 2018, "Apresentação"). Ora, uma decisão de prisão obrigatória não pode ser motivada num plano puramente abstrato onde o caso concreto se encontra ausente ou onde os elementos pertinentes do caso foram ignorados. A simples obediência a uma norma bem fundada não exige justificação. Não preciso justificar nem motivar a minha presença numa reunião onde aceitei a obrigação de participar (Bobbio, 1996, 160). É por isso que, quando se pede motivação, estou, por um lado, pressupondo que houve decisão (havia alternativas) e, por outro lado, que a obediência não é motivação suficiente para justificar a maneira de agir.

Mas o que é que está acontecendo quando um juiz nega uma liberação provisória (que poderia ter sido concedida) afirmando que obedeceu simplesmente à lei, que o seu dever é aplicar a lei e que ele não tem nenhuma opinião (nem pessoal nem profissional) sobre a lei que está aplicando? Para começar, podemos perguntar: será que esse juiz decidiu ou simplesmente agiu? É possível selecionar uma alternativa entre duas direções que afetam seriamente a vida de outra pessoa sem comunicar uma opinião sobre a direção tomada? É possível agir como juiz dizendo que ele tem que obedecer e que, por consequência, não pode agir como juiz? O Manual da ENFAM busca desfazer esse paradoxo lembrando que, em certas situações, o juiz tem que permanecer como juiz e decidir entre alternativas: ele não pode simplesmente agir por obediência. Se a legislação não oferece alternativas, ele tem o dever de buscar essas alternativas nas "leis do direito", criando ou encontrando uma "lei especial" (razão jurídica) para produzir uma alternativa motivada que derroga a obrigação sem escolha. O princípio jurídico é antigo: *lex specialis derogat generali*.

Montesquieu (1748, L. XI, ch. VI, p. 191-197) desejou que o legislador (sistema político), após a decisão de condenar/não condenar, fizesse do judiciário um "ente inanimado" no que diz respeito às normas de sanção. Escreveu: "os juízes da nação são (...) apenas a boca que pronuncia as palavras da lei; seres inanimados que não podem moderar nem sua força nem seu rigor [tipo de sanção?]". E reitera o que escreveu: "Dos três poderes sobre os quais falamos, o poder de julgar é, de certa forma, nulo e sem efeito. Apenas dois permanecem..." (p. 193). Como afirma Zenati (1991, p. 46), jurista e historiador francês, no programa político de Montesquieu, "o juiz se encontra privado de todo direito de iniciativa" em matéria de punição.

Esse programa de política legislativa vai ser inteiramente adotado pelo Código Penal francês de 1791 e pelo Código Criminal do Império do Brasil de 1830. Neste, apesar do fato de ter uma maior gradação nas punições para cada infração do que o Código francês, todas as decisões sobre as punições observadas como politicamente corretas estão previstas de forma latente no Código sem nenhuma decisão em função do caso concreto[19]. Foi o que demonstrou empiricamente, de forma involuntária, o jurista brasileiro Josino do Nascimento Silva na sua edição de 1862 do Código do Império contendo "O Cálculo das Penas em Todos os Gráos". A "dosimetria" não é individualização, porque para ser realizada ela tem que fazer abstração do caso concreto. Isso é, sair de uma avaliação qualitativa global do caso concreto para poder obedecer às variáveis já previstas e já preponderadas politicamente na lei (exemplo, "mais 1/3 se *x*, menos 1/3 se *y*"). Não devemos continuar a confundir, como já fizemos, entre categorização legislativa e individualização da pena. Esta última operação é indutiva, e não dedutiva; ela parte do caso concreto para decidir qual é o tipo de sanção que se lhe ajusta. Se a decisão puder motivar a prisão em função do caso concreto, outras decisões de acompanhamento devem seguir. Por exemplo, para o juiz de execução penal, quais as condições do caso concreto que fazem com que a liberdade da pessoa não constitua mais um perigo (*periculum libertatis*) para outras pessoas?

---

19 Foi o que demonstrou empiricamente o jurista brasileiro Josino do Nascimento Silva na sua edição do Código do Império de 1862 com "O Cálculo das Penas em Todos os Gráos".

Não sei se Hobbes observaria ainda hoje a dosimetria das penas de prisão como sendo uma operação racional, mas ele fez isso. Fiquei às vezes pensando sobre o que ele diria, observando, no século XXI, o observador judiciário oficializando uma duração global de penas prisão superior à expectativa de vida da pessoa concreta (por exemplo, uma pena de prisão de 100 ou de 200 anos). No Leviatã, ele estava convencido do valor de qualquer cálculo aritmético: "Em suma, qualquer que seja o domínio, se houver espaço para adição e subtração, também há espaço para a razão, e onde elas não têm lugar, a razão não tem nada a fazer" (Hobbes, 1981, p. 111). Notem a radicalidade (e o erro) da inferência lógica: se há cálculo, é racional, e se não houver cálculo, é irracional. Pouco importa como você faz o cálculo e sobre o que você faz o cálculo. Se utilizarmos essa distinção de Hobbes no Brasil, o resultado dessa observação seria o seguinte: a decisão de sair da dosimetria é irracional, mesmo que ela cause superlotação na prisão e um efeito de classe social e de raça na população prisional. Nada disso seria observado como tendo uma ligação com a dosimetria (que obstrui e deforma a individualização) e com as penas obrigatórias de prisão. Ao contrário, podemos justificar a dosimetria como sendo racional sem observar as suas consequências. Essa passagem de Hobbes foi retomada por Siri Hustvedt (2018, p. 11) que acrescentou: "Hobbes caracteriza a razão humana como se constituindo por uma série de cálculos". As implicações políticas e jurídicas negativas para a individualização da punição e para os direitos fundamentais são evidentes.

Hoje sabemos, com a experiência norte-americana de tabelas de determinação das punições em função dos crimes abstratos do século passado, que há diferentes métodos para tentar preservar ou garantir um certo determinismo no agir do judiciário no momento de punir. A utopia política aqui é obter como resultado "*a perfectly rule-bound system*", como queriam os canonistas medievais. Eles afirmavam dogmaticamente que "*it was the law* [no sentido de legislação] *that made de decision, not the judge*" (Whitman, 2008, p. 17). E, para consolar a todos quando se tratava de punições extremas, eles acrescentavam: "É a lei que mata, não é você" (*lex eum occidit, non tu*) (ibidem). Podemos dizer: é a lei que prende, não é você (juiz); você só pode individualizar quando a lei quiser e autorizar, e só na medida que ela autoriza. Quando uma posição é dogmatizada e absolutizada como sendo a verdade, aqueles que se desagregam podem ser observados como "heréticos", isso é, aqueles que não podem decidir (Watzlawick, 1988, p. 238).

As ideias podem viajar no tempo "encapsuladas" e sendo "vacinadas" contra a evolução?

A resposta literal é negativa, mas elas podem ter vida muito surpreendentemente longa e sobreviverem em presença de outras ideias que poderiam as ter neutralizado. Essa metáfora da cápsula, das vacinas e da imunização talvez nos seja útil para projetar uma luz em alguns aspectos do tema de Xavier.

Notem que no exemplo do Consultor Jurídico, as demandas políticas, para usar mais intensamente a prisão (conteúdo repressivo-aflitivo), foram iniciadas por parte de um público de juristas (isso é, de acadêmicos e de profissionais). Esse tipo de evento não é uma novidade da "era da informação" nem diretamente do fenômeno de "*mass self-communication*" (Manuel Castells). Encontramos sem dificuldades demandas com essas mesmas características nos juristas e intelectuais defensores da "Doutrina da Severidade Máxima" (Radzinowicz, 1948; Pires, 1998). Beccaria se rebelou contra os castigos corporais, mas apoiou a duração perpétua da pena de exclusão social. Todavia, se esse evento não é novidade, nem por isso ele não assume hoje um aspecto surpreendente e enigmático próprio.

Com efeito, essas ideias de buscar resolver os problemas de criminalidade (ou de crime de heresia) aumentando ou conservando uma fé nas punições aflitivas estavam, até o final do século XVIII e início do século XIX, bem ajustadas a um conjunto muito amplo de ideias intelectuais dessa época. A pena de morte estava generalizada e os suplícios eram praticados institucionalmente, o tribunal da Inquisição funcionou até o final do século XVIII e os conhecimentos sociológicos, criminológicos e sociopsicológicos ainda não existiam. Hoje em dia, ninguém precisa ser sociólogo para ter conhecimento dos efeitos (ou resultados) de seleção da população prisional em termos de raça e de classe social. E ninguém, apesar da força dos hábitos, precisa examinar ainda as estatísticas para verificar se a repressão resolve o problema da criminalidade ordinária. Além disso, a ética cristã da fraternidade universal já havia sido neutralizada desde o século XIII pelos teólogos e pelas igrejas cristãs, de forma que os direitos humanos não eram valorizados nas comunicações e não faziam parte nem das "visões de mundo" nem do ambiente captado ou "percebido" pelo direito. Os direitos humanos fazem hoje parte das "realidades comunicadas" e o direito toma decisões motivadas pelos direitos humanos, embora nem todas com uma boa compreensão do que se está fazendo. O direito pode muito bem utilizar os direitos humanos como justificação abstrata para infligir mais sofrimentos.

No que toca ao uso estabilizado e intenso da prisão, afirma-se reiteradamente que a causa desses efeitos de raça e de classe na população prisional não têm relação com as ideias que buscam conservar ou aumentar as penas de prisão. A causa desse efeito deplorável estaria exclusivamente na conduta criminosa dos indivíduos e no seu livre-arbítrio. Esse raciocínio é um sintoma de que não houve reflexão séria sobre o que se está afirmando. Sem mencionar que essa afirmação é insuficiente para justificar a decisão de se pedir uma intensificação do uso da prisão, sabendo-se de antemão quais grupos da sociedade vão sofrer as consequências desses pedidos (sustentados apenas por representações aparentes de utilidade e de justiça não examinadas).

A partir daqui, vou recorrer à metáfora. Há muitos dados de observação sugerindo que esses pedidos repetitivos e condensados de "mais punição-aflitiva" e/ou de "nunca menos punição-aflitiva" em matéria criminal para os casos graves se encontram numa "cápsula intelectual" (metáfora) da cultura ocidental. E essa cápsula não se desfez e não evoluiu desde o século XII e XIII. Ela ficou impermeabilizada porque foi e está sendo sistematicamente "vacinada" para durar na dimensão temporal. Como isso foi possível? O que podemos mostrar empiricamente é que houve um trabalho sistemático de uma elite intelectual altamente respeitada, composta de teólogos, juristas, filósofos morais e de política legislativa que reproduziram sistematicamente essas ideias ao longo de vários séculos. A "membrana da cápsula" preservou o seu conteúdo, evitando que ela se dissolvesse ou se decompusesse. O ponto de partida dessa cápsula se encontra em Sócrates, em Platão e em Aristóteles ou na justificação da pena de morte por Tomás de Aquino no século XIII? O que interessa aqui é observar o "peso" respeitável dessas ideias.

Em outras palavras, o ponto mais importante parece ser o seguinte: os conhecimentos que temos hoje e que poderiam virtualmente conduzir essa "cápsula" a uma implosão ficaram neutralizados ou foram "externalizados" (projetados no entorno desse sistema de ideias). Temos aqui um maravilhoso enigma sociológico: como é que isso é ainda possível hoje e especialmente dessa forma, isso é, implicando massivamente juristas, operadores do direito e associações profissionais do sistema de direito? E o que é que torna isso ainda possível? Podemos acrescentar também as associações e movimentos sociais que defendem os direitos fundamentais. Se eu cometer um homicídio numa briga e um juiz me condenar a uma sanção de 20 chibatadas e de reparação à família da vítima, todas as organizações de defesa dos direitos humanos vão se dispor a me socorrer. Entretanto, se esse juiz me condenar a 5, 10 ou 20 anos de prisão, precisarei orar para que um milagre aconteça e elas venham me resgatar, caso o meu processo jurídico tenha sido observado como "justo".

A localização do legislativo e do poder judiciário

Nas comunicações do direito criminal que tratam de normas de punição e da pena de prisão obrigatória, a relação entre o legislativo e o judiciário ainda é frequentemente observada e descrita como sendo hierárquica e exigindo uma obrigatoriedade de obediência absoluta, ou quase absoluta. O observador emprega as distinções "bicompostas" ou "bidirecionadas" superior/inferior e obediência/desobediência e observa o judiciário num espaço inferior e como devendo obediência às ordens de cima. Então, essas decisões do legislativo não são somente descritas como superiores e imperativas, mas também (falsamente) como sendo as causas da decisão do juiz ou de outros operadores do direito. Isso vai colocar um problema muito interessante, tanto para as ciências sociais como para o direito.

No campo das comunicações das ciências sociais, a pergunta seria: estamos diante de uma relação de causalidade, de causa e efeito? E se estivermos, trata-se de uma causalidade determinística ou probabilística? E qual seria a variável independente ou causal? O legislador? Se for o legislador, o que aconteceu com a liberdade dos operadores do direito? Desapareceu? Agiram sem liberdade? Mais globalmente, o que é que está acontecendo nesse campo?

O problema é sem dúvida complexo. Podemos observar a localização do legislativo e do judiciário por intermédio das distinções superior/inferior e instituir/dever de obedecer. Mas podemos também observar essa localização no espaço sem essa relação hierárquica e sem o dever de obediência. Neste caso, seria exclusivamente uma relaçãode respeito recíproco, cada um podendo contribuir para retificações nas decisões do outro apresentando as razões para isso. Por exemplo, se o sistema de direito criminal for observado (e vier a se auto-observar coletivamente) como tendo a subfunção de proteger a liberdade e a segurança de todo mundo em matéria criminal, é ele que tem que decidir, a partir do caso concreto individualizado, se a prisão (preventiva, punitiva ou securitária) deve ser selecionada ou não, e também quando ela não é mais necessária ou quando o perigo da liberdade do réu (*periculum libertatis*) não é mais fortemente provável (por exemplo, em razão da idade) ou pode ser controlado por outros dispositivos sancionatórios menos onerosos.

Nem os observadores externos nem os internos estão atualmente observando o sistema de direito criminal de uma só maneira. É certo, a velha distinção hierárquica e do dever de obediência em matéria de punições que teve o seu tempo forte nos séculos XVII, XVIII e XIX ainda está presente. No entanto, a partir das três últimas décadas do século XX, pelo que consigo observar, esse quadro (observacional) de análise (Goffman) começou a se fragmentar, a se desfazer e a dar lugar a outro quadro de "reflexividade institucional" (Goffman) no direito. Com efeito, operadores do direito, não somente em entrevistas e nos jornais, mas também nas comunicações jurisprudenciais, já reconhecem, pelo menos de maneira latente, o erro dessa antiga descrição hierárquica e desse pressuposto de um dever de obediência.

Darei um só exemplo de uma declaração pública feita por um ministro do Supremo Tribunal Federal no Brasil no contexto de uma reportagem sobre a obrigatoriedade da norma de prisão preventiva obrigatória no contexto da Lei de crimes hediondos. Ele esclareceu justamente esse novo quadro observacional de análise. O ministro lembrou que a interpretação da lei é um "ato de vontade" e que uma decisão (de não decidir) para favorecer a prisão pode vir a ser observada como sendo "socialmente inaceitável" (Marco Aurélio, *apud* Penteado, 2005)[20]. O ministro acrescentou explicitamente que a interpretação da lei não deve ser mecanizada ou automatizada pelo sistema de direito apontando para o princípio da individualização das decisões sobre as normas de sanção: "Não dá para colocar carimbo com a lei como se todas as situações fossem iguais. As leis foram feitas para os homens e não os homens para as leis.

---

20 Reportagem assinada por Gilmar Penteado, Folha Cotidiana, São Paulo, 28 de novembro de 2005.

O caráter humanitário não pode ser colocado de lado" (Marco Aurélio, *apud* Penteado, 2005). E perguntou fazendo referência ao caso de uma mulher, ex-boia-fria, de 79 anos, doente terminal de câncer de ovário e de intestino, que estava presa a 4 meses em razão de uma acusação de tráfico de drogas (a polícia alegava ter encontrado na sua casa 17 gramas de pedras de crack): "Qual a ameaça que essa presa com câncer terminal representa? Manter a prisão é socialmente inaceitável?" (Marco Aurélio, *apud* Penteado, 2005). Embora a reportagem não faça referência a isso, podemos ver também nessa declaração dois princípios e valores do direito criminal quando ele não perde de vista os direitos fundamentais: *in dubio pro reo* e *favorabilia sunt amplianda, odiosa restrigenda*[21]. Podemos ver também o que o manual Prático da ENFAM (2018) apresentou como critério decisório: "*não basta* [...] afirmar *que o crime é grave*" e "*não basta* [...] afirmar [...] *que é* qualificado [pela legislação] como *hediondo*" (p. 3, grifo do original). A visão hierárquica está ausente, como está ausente a aceitação de um agir automático ou mecanizado que não se dá alternativas. É claro, esses princípios ainda não atingiram a prisão obrigatória como punição de política legislativa para todos os crimes, mas há sinais de que podemos chegar lá.

A sociologia do direito também abandonou essa observação hierarquizada e esse valor político prioritário atribuído à obediência dos juízes e outros operadores profissionais do direito, inclusive no quadro de pesquisas empíricas sobre a reforma do direito em matéria criminal (por exemplo, Lemert, 1967). Por consequência, a atribuição de toda e qualquer relação de causalidade determinista entre o legislador e os operadores do direito (legislador → operadores do direito) foi abandonada como erro metodológico. O processo de criação de lei e o processo de julgamento não estão unificados por uma mesma relação causal material. O tempo em que Beccaria, Kant

---

21 Sobre esse e outros princípios, uma releitura de um pequeno livro de Roberto Lyra (1953), na conjuntura pela qual passamos, pode ser preciosa para a memória.

e Hegel observaram essas relações, só com a ajuda das ciências naturais e antes mesmo do nascimento da psicologia, das ciências sociais e do direito criminal moderno, já está devoluto.

Mas, é verdade, as antigas distinções ainda continuam sendo muito usadas. É claro também que nada disso nega a pressão e o peso, exercidos sobre os operadores do direito, de premissas legislativas sobre o que seria a única decisão judicial correta em matéria de recurso à prisão. Ademais, tanto o público como a simples referência ao público aumentam consideravelmente esse tipo de pressão e essa forma de aprendizado (auto-socialização dos operadores profissionais do direito).

Como podemos observar a ausência de uma relação hierárquica? Como sabemos, o legislador e o operador da lei não fazem parte de uma mesma organização, e não há relação de posição hierárquica ("*no relationship of rank*") entre eles. A principal relação aqui é de ordem cognitiva (cultura organizacional) e de pressão social. O que de fato existe, mesmo que em fraca medida, é uma diferença interna de "nível" entre os tribunais. E mesmo nesse caso, não está claro hoje para mim, de um ponto de vista sociológico, que essa diferença de "nível" possa ser descrita com precisão pelo conceito de hierarquia. Pois, o que parece existir claramente aqui é uma diferença de estrutura organizacional e, no plano da comunicação, uma diferença na sequência dos tribunais, isso é, na dimensão temporal (antes/depois). Graças a essa dimensão temporal existe uma possibilidade de revisitar, modificar e reestruturar ou consolidar uma decisão anterior, a condição que ela seja submetida a esse novo órgão no futuro.

Com efeito, os juízes dos tribunais ditos "superiores" (ou, se preferirem, posteriores) não têm poder sobre a ação nem sobre a decisão propriamente dita dos operadores da decisão de primeira instância, nem diretamente sobre a filiação (*membership*) deles à organização; eles só têm poder sobre o futuro das comunicações das decisões e sobre suas implicações éticas e jurídicas num caso concreto. Essas primeiras decisões podem então ser revistas e apresentadas como estando erradas ou aceitáveis (corretas). É claro, como para um profissional não é agradável ser considerado "oficialmente" como tendo decidido de maneira errada, isso cria também uma pressão interna (isso é, de um tribunal sob outro) em favor da obediência. A pressão externa para obedecer ao legislador se encontra reforçada por uma pressão interna na mesma direção. No entanto, e a título de exemplo, se os primeiros operadores da lei (acusação, juiz e advogado) não discordarem uns dos outros, as duas fontes de pressão se encontram neutralizadas ou fortemente atenuadas. Pois não há, em princípio, recurso para outros órgãos e o acordo exprime uma decisão coletiva a partir de perspectivas diferentes (acusação, defesa, juiz). Isso é, não há espaço para uma nova decisão rever a decisão anterior.

Além disso, se o caso for levado ao conhecimento de outros órgãos, certos operadores da primeira instância (acusação e defesa) ainda podem modificar posteriormente suas próprias decisões. Tudo isso torna possível visualizar a importância da dimensão temporal sob uma dimensão factual fundamentada no conceito de hierarquia.

Decidir é sinônimo de *agir*?

O sociólogo alemão Niklas Luhmann (2005; 2018)[22] chamou a atenção dos cientistas sociais para um erro conceitual e descritivo importante cometido repetidamente nas comunicações das ciências sociais: a falta de distinção entre decidir/agir (por hábito, de maneira "automática", seguindo instruções etc.). Por um lado, se o conceito de decisão for definido pelo fato de "ter escolhas", essa definição toma

22 Assinalo que já estou empregando e adaptando há algum tempo nesse texto a aparelhagem conceitual renovada em torno do conceito de decisão que foi elaborada por Niklas Luhmann e aplicada no campo da sociologia empírica das organizações (Luhmann, 2005; Knudsen, 2005; Seidl, 2005, esp. pp. 35-65). Não posso explicitar aqui essa aparelhagem nem as minhas adaptações ao meu objeto.

a forma de uma tautologia paralisante que não pode ser desdobrada: decidir e ter escolha se tornam sinônimos. Por outro lado, se a ação for suficiente para presumir uma decisão, não podemos distingui-la da simples ação habitual, automática ou sem operar escolhas entre alternativas (como a ações de um sonâmbulo) e as ações que seguem instruções prévias mais ou menos detalhadas (obedecer ao legislador como um ventríloquo).

No nosso caso, também não podemos distinguir entre a construção de alternativas penais e a construção de obediências penais automáticas ou habituais na legislação quando as alternativas se encontram excluídas por antecipação. Esse é o caso de toda decisão legislativa de prisão obrigatória, sem outra decisão ou sanção como alternativa penal. Estou falando aqui de alternativas penais e não de alternativa ao penal. Para empregar uma expressão descritiva de Baptiste Morizot e Estelle Mengual (2018, p. 46), a prisão obrigatória se tornou, a partir do século XIX, um "modelo de produção [legislativa] que se tornou num "hábito de recepção" [judiciária].

Para resolver esses problemas de descrição (e outros mais), Luhmann tentou observar, para o uso das ciências sociais, a estrutura basal de uma decisão na sua dimensão factual. A decisão seria composta da unidade da distinção entre a alternativa escolhida e as alternativas excluídas, quando essas duas faces da distinção se encontram presentes na comunicação e quando elas podem ser selecionadas sem que aquele que vai agir deva decidir entre, por exemplo, obedecer ou morrer (entregar o dinheiro ou receber um tiro). O quadro abaixo, elaborado e proposto por David Seidl (2005, p. 37) talvez possa ajudar na compreensão desse conceito na sua estrutura basal. Vou acrescentar o seguinte em relação ao meu objeto: o Ser-observador que opera a decisão tem que saber ou compreender que ele tem alternativas (dimensão factual) e que ele tem que refletir (e julgar) antes de agir (dimensão temporal).

A ESTRUTURA BASAL DA DECISÃO NA SUA DIMENSÃO FACTUAL

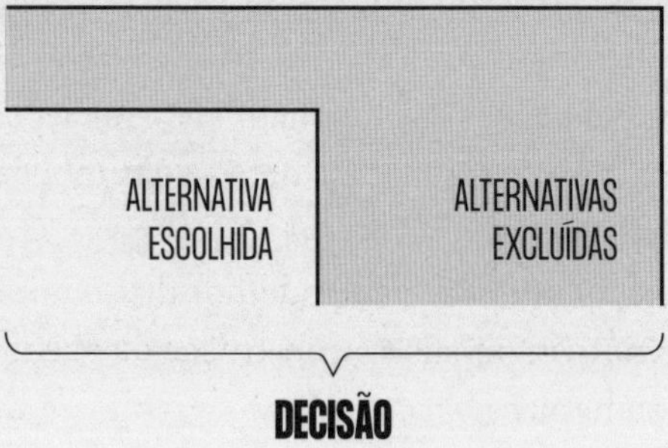

NOTA: A decisão se distingue da ação habitual ou "automática" pelo fato de ser refletida contra outras alternativas antes de ser selecionada. Decidir não é sinônimo de agir.
FONTE: David Seidl (2005, 37)

A PARTICULARIDADE DAS NORMAS DE SANÇÃO

Retroativamente, posso ver que a descrição das normas de sanção, na perspectiva da teoria da racionalidade penal moderna, colocou para mim e outros colaboradores uma série de dificuldades que não foram todas identificadas nas primeiras etapas de elaboração da teoria. Talvez a principal tenha sido a dificuldade para observar a conexão, na dimensão factual, entre a prisão preventiva e a prisão como punição no contexto de uma valorização cultural da proteção da liberdade. Tanto a prisão preventiva como a prisão como pena ou medida de segurança são normas de sanção. Mas o que é que as diferencia?

Temos aqui um problema. O que as diferencia não é a dimensão temporal estritamente ligada à ação ou à omissão que transgrediu factualmente a norma de conduta (definição típica do crime): a prisão preventiva usualmente se encontra depois de uma transgressão legal qualquer. O que as diferencia é a dimensão temporal estritamente amarrada ao reconhecimento de uma culpabilidade (antes/depois). Ora, a prisão, antes do projeto penitenciário, não se prolongava usualmente depois do julgamento. A pena não era a prisão, a perda de liberdade não era igualmente valorizada e a duração da espera para o julgamento não tomava as mesmas proporções.

E a semântica não tinha a mesma significação e era menos confusa. A prisão para julgar (antes do processo) não era ainda observada como "prisão preventiva" no mesmo sentido que dissuasão. Ela era observada somente para impedir a fuga e não para prevenir o crime ou dissuadir do crime. Durante e depois da emergência do projeto penitenciário, uma das finalidades da punição, chamada até esse momento de intimidação ou de dissuasão, começou a ser aplicada à prisão como pena e a ser chamada de finalidade preventiva. Garofalo (1880, p. 276), se apoiando expressamente na "autoridade de Bentham", já indicava três variantes da dissuasão como finalidade da punição: a prevenção especial (*prevenzione speciale*), a prevenção geral (*prevenzione generale*) e a prevenção indireta (*prevenzione indireta*). Esta última justificação abstrata foi usada também pelos tribunais da Inquisição e se tornou no século XX "prevenção geral positiva" ou "*denonciation*". Resultado: temos agora a prisão preventiva que não é punição e prisão como pena com três variantes de finalidade preventiva. No entanto, Garofalo nunca desvalorizou a individualização da punição e não aceitou a ideia de punir um crime em abstrato, uma gravidade abstrata ou observada exclusivamente por um resultado grave da ação. O juiz tinha que ter punições alternativas. As leituras estereotipadas dos textos de Garofalo (e de Ferri) deixaram na sombra algumas ideias que foram mais longe do que muitas ideias que defendemos ainda hoje.

A partir do momento em que a experiência da prisão se encontra numa relação de continuidade, de fato, antes e depois do reconhecimento da culpabilidade, e numa conjuntura de valorização da liberdade, a "punição" pode ser observada de maneira curiosamente assimétrica ou "deslocada no tempo". Pode-se observar agora facilmente a prisão preventiva como já sendo o início da prisão como punição. É claro que isso fica facilitado se a culpabilidade for reconhecida, mas de todo modo a punição preventiva já é observada pelos acusados e pelos policiais como "punição". Isso acontece, seja porque a sanção é a mesma, seja porque existe uma expectativa antecipada forte que a culpabilidade vai ser reconhecida. Os policiais usam às vezes a prisão preventiva como uma espécie de garantia de que alguma punição "vai ser dada". O esquema abaixo visualiza essas distinções.

PRISÃO PREVENTIVA/PRISÃO COMO PUNIÇÃO

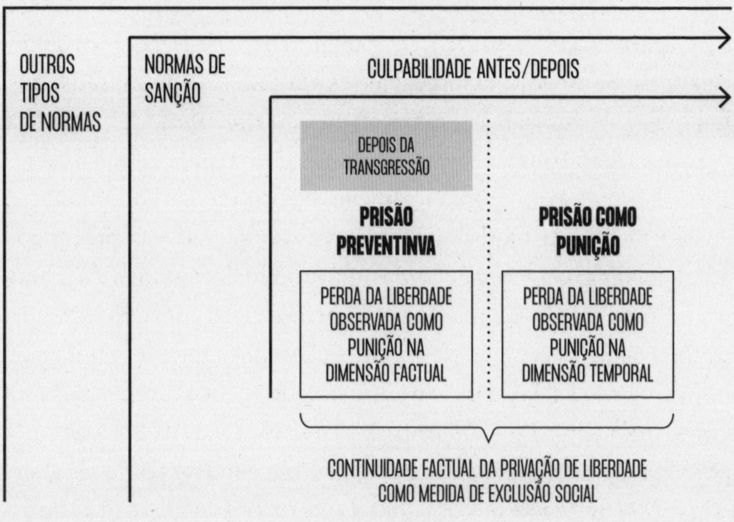

Qual a consequência? A distinção prisão para prevenir/prisão para punir oculta para o jurista e os operadores do direito o fato que a punição (na sua dimensão *factual*) já começou, que ela está em conformidade com a definição de punição (o crime precedeu a prisão). Se a culpabilidade (defasagem no tempo) é reconhecida, a duração factual global da perda de liberdade deve ser observada como fazendo parte da punição para proteger a liberdade e não driblar o princípio da proporcionalidade.

No Canadá, os juízes começaram, na segunda metade do século XX, a multiplicar por dois ou por três a duração da prisão preventiva e subtrair essa soma da prisão como pena. É claro, isso vai irritar o sistema político que está mais interessado no seu público repressivo que nos direitos fundamentais. Contudo, até hoje, a multiplicação por dois ficou estabilizada e reconhecida pelos tribunais de primeira, segunda e terceira instância, assim como pelo Ministério Público. Essa multiplicação é justificada pelo fato de que o uso da prisão foi feito em correlação perfeita com a presunção de inocência e pelas condições frequentemente mais duras da prisão preventiva. O sistema "paga" então ao culpado um preço por esse uso da "prisão" que ainda não era punição na perspectiva do sistema, mas que passou a ser.

A lei de crimes hediondos foi na direção oposta: ela aplicou a finalidade dissuasiva da punição à prisão preventiva. O projeto político foi factualmente o de querer obrigar o judiciário a punir com prisão antes da culpabilidade. O qualificativo "hediondo" atrai as ideias de dissuasão (e até mesmo de retribuição). Foi por isso que ele tentou subtrair todos os critérios da prisão preventiva para obrigar a prisão: a dissuasão tem que ser certeira, rápida e severa. Aquela ideia periférica segundo a qual a punição tem que ser mais certa do que severa foi conversa para boi dormir. Ela nunca pesou, nem mesmo no texto de Beccaria (que valorizou uma escala de penas começando com a pena perpétua sem abandonar inteiramente a pena de morte[23]). E como o legislador "sabe" que o processo pode durar bastante em certos casos, a prisão preventiva vai ser observada como punição com finalidade preventiva. Qualquer um perde o seu latim. O mais estranho é que ele já foi informado (e deveria se lembrar) dos efeitos de classe e de raça da prisão obrigatória. Suprimindo o processo de individualização antes (e depois) da culpabilidade, o legislador reforça os efeitos discriminatórios quantitativos e qualitativos de raça e de classe.

---

23 Sobre isso, o jurista e historiador italiano, Italo Mereu (2005). Ver também Pires (2012).

E é evidente que, na perspectiva do acusado/acusada, a prisão já é punição. As pesquisas empíricas, inclusive algumas de que participei, observaram que os policiais também percebiam a prisão preventiva como punição, e como uma punição que pode escapar da decisão do judiciário de não condenar ou de não usar a prisão como pena. Esses policiais valorizam a prisão preventiva pela simples "garantia" que ela lhes dá de obter "alguma punição". Outro problema: da mesma maneira que alguns policiais, o legislador também observa, em certas ocasiões e em relação a certos crimes, a prisão preventiva como uma punição independente do judiciário. Isso acontece no Brasil no caso da lei de crimes hediondos ou "equiparados", em que o legislador equipara o que não é equiparável. Ele consegue "driblar" o sistema judiciário proibindo a liberdade provisória, mesmo quando não existe nenhuma razão para mantê-la, levando em consideração o ponto de vista das finalidades da prisão dita preventiva. Ele transfere para a prisão preventiva, por antecipação, as finalidades da punição.

Então, do ponto de vista descritivo e conceitual, a prisão preventiva é ou não é uma punição?

Na perspectiva atual da teoria da racionalidade penal a resposta é a seguinte: na sua dimensão factual, a prisão preventiva não somente é uma norma de sanção como também uma punição. Como o sistema político em matéria de punição criminal não se interessa muito pelos direitos fundamentais nem mesmo pelas demoras do julgamento de culpabilidade (*periculum in mora*), ele cria normas de sanção de prisão obrigatória em qualquer lugar que ele pode e se apoia em justificações que excluem a individualização. Por exemplo: "o crime do acusado/acusada é um problema social grave que precisa ser combatido com a inflição do sofrimento"; "a credibilidade da justiça face ao público depende da sua energia repressiva", "o crime traz insegurança para a população [e a solução é a inflicção severa de sofrimentos ou o uso da prisão]" etc. Como o judiciário reconhece às vezes que a prisão preventiva é, na dimensão factual, uma punição para o culpado, ele reduz a duração de uma pena de prisão dada depois do reconhecimento da culpabilidade. E como o poder judiciário reconhece também às vezes que as finalidades da prisão preventiva divergem das finalidades da pena, ele rejeita o ato de vontade político que busca punir de maneira incondicional antes do reconhecimento de culpabilidade. Estou observando as "finalidades" (da prisão preventiva e da prisão como pena) como integrando a dimensão social da punição na sua dimensão factual. Quando a culpabilidade é observada como uma condição essencial para observar uma punição, a dimensão factual da prisão como punição não é observada (ponto cego) ou é deliberadamente ignorada, inclusive para fins de redução da pena de prisão.

E na sua dimensão temporal, a teoria da racionalidade penal moderna observa a prisão preventiva como punição só quando ela é precedida pela observação de um crime. Isso no sentido elementar dado por A. R. von Feuerbach (1801, §20, p. 41) no segmento "*nulla poena sine lege*". Mas esse segmento é compreendido da mesma maneira que o fez Roberto Lyra (1953, p. 58): "a lei (definindo o crime) é pressuposto necessário da pena". Caso contrário, esse princípio se torna político, por oposição a jurídico; e Feuerbach uma réplica perfeita de Montesquieu: o judiciário é um "poder nulo" em matéria de punição. Então, por enquanto, a prisão de imigrantes ilegais na fronteira não é punição, mesmo existindo uma forma política e administrativa de exclusão social.

Os programas legislativos de decisão e a influência do "público"

No início da década de 1980, o sociólogo e criminólogo americano Donald Cressey, refletindo sobre o problema da relação entre o sistema político e o sistema de direito criminal em matéria de sanções, fez algumas reflexões e observações empíricas que eu gostaria de revisitar aqui. Nesse período, Cressey não dispunha — tampouco eu mesmo — da aparelhagem conceitual sociológica que estou usando agora. Além disso, o seu objeto de investigação, embora seja bem vizinho e se sobreponha ao meu em vários pontos, não é o mesmo. Conceitualmente, Cressey não distinguiu com precisão suficiente entre as organizações estritamente ligadas ao sistema político (por exemplo, o parlamento ou a figura do legislador) e as organizações estritamente ligadas ao sistema de direito (por exemplo, os tribunais, incluindo os juízes de gestão das punições). A ausência dessa distinção conduz a uma perda da complexidade que tem por consequência erros ou omissões importantes na descrição empírica. Ele também não adotou, nem de forma explícita nem latente, a distinção entre as consciências individuais dos operadores e as comunicações oficiais dos tribunais ou do parlamento. Enfim, embora isso seja menos claro, ele não parece ter distinguido também entre dois níveis de análise: a observação das organizações de um sistema social (como um tribunal) e a observação de um subsistema social de função (como o subsistema de direito criminal) situado no plano macrossocial. Mas essas e outras correções descritivas e conceituais podem ser feitas pelo leitor (nesse caso, eu mesmo), caso isso pareça necessário para a compreensão do problema tratado. Nesse trabalho, publicado num livro sobre as "novas" direções nas reformas legislativas do direito em curso nos estados americanos e no Canadá, Cressey (1980, p. 54) formula a seguinte hipótese de trabalho:

> Qualquer organização orientada por *ranking* enfatiza a forma em vez da substância. As pessoas que ocupam cargos elevados iniciam regras de forma bastante arbitrária, para o bem do sistema. Esse é um meio para atingir um fim [da organização e do próprio sistema]. A autoridade na posição superior [ou que se observa numa posição superior] requer, portanto, "disciplina" e "obediência" (Cressey, 1980, p. 54).

Se o leitor focalizar na maneira pela qual a figura do legislador procede em matéria de normas de sanção quando ele planeja — com ou sem sucesso significativo — obrigar o poder judiciário a usar a prisão, essa afirmação de Cressey é bastante precisa particularmente no campo das sanções criminais e na escolha da duração dessas penas. Basta observar os debates parlamentares e as proposições de reforma legislativa de sanções criminais. As justificações abstratas (sem concreto) são inesgotáveis, mas a demonstração dessas "necessidades" quase nunca se faz. Quanto à ênfase no abandono da "substância" (direitos fundamentais) em matéria de sanções, isso não é muito difícil de provar quando a justificação para subtrair do judiciário a escolha de sanções não prisionais se fundamenta na dissuasão geral, na retribuição do mal pelo sofrimento ou na pseudonecessidade de reprovar um crime pelo sofrimento para satisfazer ou consolar os bons cidadãos e para salvar os nossos valores positivos "a longo termo" (prevenção aflitiva indireta).

Cressey observa esse problema no caso das comissões de reforma do direito criminal americano que começaram a revalorizar o retributivismo, a dissuasão geral e a dissuasão indireta (Bentham, Garofalo e outros). Essas comissões formularam vários modelos de "*sentencing guidelines*". Esses dispositivos normativos buscavam dizer aos juízes quando eles deveriam usar a sanção de prisão de forma obrigatória (princípio da obediência) e quando eles estavam autorizados a substituir a prisão por outras formas de punição (princípio da concessão circunscrita de liberdade). No caso dessas reformas, e do ponto de vista político, Cressey observou:

> O comportamento perfeito [dos operadores do direito] é aquele que se enquadra com o que está estabelecido [pelo legislador]. Por exemplo, um juiz que impõe meticulosamente sentenças obrigatórias estabelecidas em estatutos individuais ou em conjuntos de "normas diretrizes" ("*set of guidelines*") é um excelente juiz, por definição (Cressey, 1980, p. 54).

Cressey sublinha que, na complexidade da sociedade moderna, o princípio que orienta o trabalho de profissionais como os juízes, professores, cientistas, artistas é o princípio da liberdade (de escolha e) de desacordo ou de divergência (p. 55). A distinção que ele mobiliza se dá entre princípio da decisão/princípio da obediência. Na face do princípio da decisão, ele situa os "*experts*", cujo trabalho se avalia não pelo critério da obediência, mas pela qualidade substantiva das decisões. Na face do princípio da obediência, ele localiza os não profissionais, que ele nomeia, infelizmente, pelo termo pejorativo de "burocratas". Seriam os meros seguidores de ordens. Tal concepção simplifica excessivamente e erroneamente o caso dos juízes e operadores do direito que aceitaram sacrificar a sua liberdade substantiva de decisão: eles não são burocratas, mas ficaram presos num estado de minoridade em razão de uma *Strafkultur* (cultura da punição) que nem as luzes do Iluminismo (*Aufklärung*) iluminaram. Ora, quando a responsabilidade é coletiva, estrutural e dura séculos, qualquer redução ao plano individual se torna simultaneamente uma forma de responsabilização cultural e de atribuição de culpa estereotipada.

O ponto que me parece importante em Cressey (1980, p. 55) é a tensão que existe entre duas concepções do ordenamento político. Nos termos usados por ele, se trata da "tensão entre a burocracia orientada para a hierarquia e a especialização [ou profissionalização]". Ele considera essas "duas concepções de organização adequada e eficiente" como sendo, "na verdade, concepções alternativas do ordenamento político". De todo modo, o ponto central aqui, com relação ao tema tratado (normas de sanção), é que ele considera, pelo menos de forma latente, que "os direitos humanos fundamentais estão sempre em questão quando as autoridades políticas e outros debatem a questão da burocracia [obediência e disciplina] versus especialização" (ibidem). E Cressey nos deixa com duas perguntas:

> As "pessoas" [os profissionais do direito criminal na escolha das sanções] devem ser meras peças em uma máquina burocrática orientada para a hierarquia, projetada para realizar os desejos de um poder central, seja esse poder um ditador ou uma assembleia representativa devidamente eleita? Ou devem ser vistas como especialistas que têm a liberdade de tomar suas próprias decisões pessoais até o momento em que demonstrem incompetência ou desonestidade? (Cressey, 1980, p. 55).

E conclui a sua reflexão sobre esse ponto assim:

> O direito criminal é a área mais importante na qual se buscam respostas para essas importantes questões e, nessa área, a questão é concebida como um conflito entre o princípio da dissuasão e o princípio do ajuste [aos valores e princípios dos direitos fundamentais] (Cressey, 1980, p. 55).

O fato de ser ou não ser "a área mais importante" não vem ao caso. Não há dúvidas, no entanto, de que se trata de uma área extremamente importante e que é ainda observada de uma maneira obsoleta. No Brasil, a dimensão da *Strafkultur* que privilegiou a obediência e a disciplina do judiciário ao Legislativo passou do Império à República e atravessou conjunturas ditatoriais e democráticas de forma bastante estabilizada, como se quase nada estivesse acontecendo em volta dela, salvo no que toca à criminalidade política, é evidente. O poder político central democrático tomou distância do poder político central "ditador", mas não de si mesmo, de maneira autológica, na maneira de comunicar as penas de prisão para os adultos. As penas mínimas se encontram comunicadas em cada crime do Código e é o ponto de partida da maneira de pensar como agir. Por outro lado, como já vimos, o judiciário está dando sinais claros de emancipação, pelo que sou capaz de observar.

O texto de Cressey mostra, entretanto, que o sistema político pode também passar de uma "cultura da dissuasão" a uma cultura de ajuste aos direitos fundamentais, tratando os profissionais do direito como "*experts*" e não como funcionários obedientes. Mas, para isso, não podem decidir sobre o que seria o único agir correto em matéria de punição onde "cada um se torna uma engrenagem em uma máquina que faz um trabalho" (Cressey, 1980, p. 54).

Originalidade, curiosidade focada e curiosidade auto-emancipadora

A originalidade no conhecimento científico é um evento furtivo e casual que pode tomar várias formas de densidade e de localização. Precisamos de muita sorte para ser originais e isso não tem nenhuma relação necessária com o volume dos nossos conhecimentos ou com o valor das nossas contribuições para o trabalho coletivo no sistema social da ciência. A originalidade de alguns depende usualmente do trabalho feito por pesquisadores sem originalidade outra que o trabalho em si. Entretanto, há também uma circularidade: a originalidade não aprofundada ou trabalhada de alguns pode ser trabalhada, aprofundada e aplicada a outros objetos por outros pesquisadores. Nesse caso, a densidade ou a extensão da originalidade se desdobra e esses trabalhos se tornam também originais.

No início da segunda grande guerra, o sociólogo americano Robert Lynd (1939, p. 182-183) utilizou a distinção curiosidade ociosa/focada para chamar atenção sobre o fato que as pesquisas empíricas se encontram estruturalmente dirigidas por uma curiosidade focada que pode ou não ser também "original". Não ficou muito claro para mim o que ele quis dizer com a outra face da sua distinção, mas não me pareceu ser uma conotação pejorativa ou de pouca importância. A curiosidade focada desencadeia um ou mais trabalhos de pesquisa com um mesmo problema de investigação. A curiosidade ociosa viaja mais na superfície, produzindo, se tiver sorte, *insights* que podem ou não dar lugar a curiosidades focadas. Talvez o conceito dele de curiosidade ociosa possa incluir também a curiosidade erudita ou por prazer, sem estar dirigida para um problema social. No entanto, não o compreendi desse jeito, porque ele estava se referindo ao trabalho do pesquisador em ciências sociais. Aqui tem sempre algo a mais do que a erudição pela erudição ou pelo prazer.

Ora, o que é que vai acontecer quando a curiosidade focada é, ao mesmo tempo, uma focalização inédita ou ainda-não-realizada numa disciplina da ciência? No quadro das pesquisas sobre o sistema de ideias da racionalidade penal moderna, eu comecei a fazer algumas observações "ociosas" (ou não focadas empiricamente) sobre o papel problemático do papel da opinião pública nas proposições de reforma legislativa sobre as penas e nas decisões dos tribunais (Pires, 1999; 2001; 2004). A minha própria experiência direta como pesquisador no quadro dos trabalhos de uma comissão de reforma do direito canadense presidida pelo juiz Omero Archambault me levou a ver o interesse interno das comissões de reforma pelo público e a opinião pública em matéria de sanções. Mas se esses *insights* e problemas emergentes não tivessem sido retomados e aprofundados por Xavier, não teriam ido suficientemente longe para compreender e elucidar o que estava se passando e para que eu mesmo pudesse chegar aonde estou agora (relação circular). Talvez até meus *insights* ficassem perdidos no meio de outras considerações e focalizações.

Outras portas se abrem, para a sociologia do direito e para o direito. Podemos agora construir novos problemas e novas perguntas. Por exemplo, do ponto de vista da não-evolução do sistema de direito criminal: a relação entre democracia e vontade de excluir e de infligir sofrimentos pela mediação do sistema político. Mesmo uma enorme pesquisa empírica que realizei com dois outros pesquisadores (Pires; Cellard; Pelletier, 2001) sobre a presença do público nos pedidos de reforma legislativa dirigidos ao Código Criminal do Canadá entre 1892-1954 não chegou a observar, na sua primeira versão, essa participação do público da mesma maneira: dois objetos de pesquisa diversos, apesar da possibilidade de se construir uma ponte entre eles. A segunda versão é *working in progress*. Agora a ponte pode ser construída.

Sobre os *insights* e o trabalho especializado, Weber nos deu algumas lições que me parecem importantes. Os *insights* podem vir de diferentes observadores e disciplinas intelectuais, mas o aprofundamento e os testes de validação ou de correção dos *insights* reclamam o trabalho de um "especialista" com uma curiosidade metódica focada. Podemos desprezar as especializações, mas sem elas não mergulhamos profundamente nos temas tratados e não confrontamos nossas ideias com a realidade. Nas palavras de Weber:

> Devemos muitas de nossas melhores hipóteses e conhecimentos aos diletantes. Os diletantes diferem dos especialistas — [...] — apenas por sua falta de certeza em seus métodos de trabalho e, muitas vezes, como consequência, por sua incapacidade de verificar, apreciar e explorar o escopo de sua intuição. Se a inspiração não substitui o trabalho, o trabalho não pode substituir ou forçar a intuição, assim como a paixão não pode (Weber, 1963/1919, p. 83).

E Weber (1963/1919, p. 81) nos lembra também que o "nosso trabalho pessoal permanecerá inevitavelmente incompleto", mas "é somente graças a essa especialização rigorosa que o trabalhador científico poderá experimentar uma vez, e provavelmente nunca mais do que uma vez, a satisfação de dizer a si mesmo: desta vez consegui algo duradouro. Hoje em dia, o trabalho verdadeiramente definitivo e importante é sempre o trabalho de um especialista". Isso não significa que os trabalhos sem inspiração original tenham um valor nulo ou que eles não contribuam para alguma coisa dentro das aquisições cumulativas e coletivas da ciência: "Seja como for, o pesquisador é obrigado a contar com o acaso que está por trás de todo trabalho científico: a inspiração virá ou não? Você pode ser um trabalhador notável e, ainda assim, nunca ter tido uma inspiração original" (Weber, 1963/1919, p. 83).

Foucault, no seu livro "*L'usage des plaisirs*", chamou a minha atenção para outro tipo de curiosidade que tem uma importância enorme para a teoria da racionalidade penal moderna e, seguramente, para todo campo das ciências sociais aplicadas. Ele não deu nome a essa curiosidade, mas deu uma descrição impecável se referindo a ele mesmo, à curiosidade que o motiva. Trata-se de uma curiosidade de aplicação autorreferencial com duas faces e podendo ter um interesse autorreferencial para outros profissionais interessados pela orientação ética e criativa dos sistemas sociais nos quais operam. Ela não está só orientada para a aquisição de novos conhecimentos, mas também, "de alguma forma e na medida do possível, para desnorteamento do conhecedor" (Foucault). Ela nos leva a desaprender algo para aprender a aprender algo diverso. E, na medida em que o operador vem a se interessar pela criatividade e por uma melhor orientação ética do sistema no qual trabalha, ela também não é uma curiosidade que nos leva a legitimar de outra maneira aquilo que nós já fazemos: ela "consiste em tentar descobrir como e até que ponto seria possível pensar de forma diferente" (Foucault). Eu batizei essa curiosidade de "curiosidade auto-emancipadora". Trata-se de uma curiosidade autorreferencial de natureza circular: ela busca um melhor conhecimento para nos tornar melhor. Uma curiosidade que busca também a lucidez (Libanio, 2008) nas conjunturas nas quais podemos perder facilmente a direção ética certa e global.

Um "fato desconfortável" (Weber): a democracia estimulando e justificando a exclusão social ilusória pela mediação da punição criminal?

Sinto que não posso terminar este prefácio sem mencionar o dispositivo do "fato desconfortável" forjado por Max Weber, embora esteja consciente de não poder desenvolver esse ponto aqui[24]. A pesquisa de Xavier também foi construída e desenvolvida com as luzes projetadas pela teoria da racionalidade penal moderna. Essa teoria observa as teorias tradicionais sobre as sanções criminais como constituindo um obstáculo (epistemológico) fundamental à evolução das estruturas e processos internos do sistema de direito criminal, na Europa e nas Américas, a partir (especialmente) da emergência do projeto prisional no final do século XVIII e começo do século XIX. Essa teoria, em virtude de seu objeto, também tem um enfoque pragmático ou de ciência social aplicada. Embora também não possa desenvolver essa questão aqui, que seja suficiente assinalar que a maneira pela qual a relação do público (ou da opinião pública) com a penalidade está sendo observada e justificada constitui um "fato desconfortável" (*unbequeme Fakten*) no sentido de Weber[25].

O que é que Weber chama, na sua expressão mais simples, de fatos desconfortáveis? Weber (1919b, p. 147) entende por isso os fatos (informações) que podem ser desagradáveis para um observador que percebe que o ideal ao qual ele adere, ou o ponto de vista axiológico

---

24 Em um trabalho recente, tentei mostrar o grande interesse inovador desse dispositivo weberiano em matéria criminal (Pires, 2022).

25 O nome desse dispositivo foi traduzido para o inglês e o português por "fatos inconvenientes". Prefiro a tradução francesa (*faits inconfortables*), também compatível com o alemão, porque esse nome torna visível o que tem uma alta probabilidade de acontecer quando um observador que adere a certos valores éticos toma consciência que os seu valores estão sendo utilizados contra eles mesmos: um sentimento de mal-estar existencial, de vergonha, de desconforto ou de tristeza.

que ele considera justo, comanda ações (normas imperativas, palavras de ordem ou de lealdade) contra seus próprios valores, e isso de tal forma que ele não pode mais reconhecer a presença de seus valores éticos positivos no "método" adotado ou nos meios preconizados e energicamente defendidos. A fórmula básica é: uma prática social (institucionalizada ou não) que desfigura os valores axiológicos positivos do sistema de referência. Esses fatos podem, às vezes, até mesmo tomar a forma de uma dupla injução paradoxal no sentido da Escola de Palo Alto e de Gregory Bateson: "Precisamos defender os direitos humanos e, para isso, precisamos de penas desumanas (pena de morte, pena perpétua, penas cumulativas longuíssimas etc.)".

Um bom exemplo de "fato desconfortável" pode ser essa notícia do Consultor jurídico para um jurista ou defensor dos direitos humanos que observa o direito criminal como devendo ser um protetor da liberdade e da segurança para todo mundo em matéria criminal e não uma máquina de guerra inútil favorecendo uma exclusão social (de raça e de classe) para combater a criminalidade. Outro exemplo. Estou vivendo em Minas Gerais na segunda metade do século XVIII. Sou cristão e aceito a ética cristã da fraternidade universal. Um dia, assistindo na rua a uma cerimônia de execução na minha cidade organizada pelo tribunal de Inquisição no quadro de um processo repressivo contra o "crime" de heresia antijudaica, venho a tomar consciência de uma autocontradição inaceitável dos meus ideais éticos: a minha Igreja, que sustenta a minha ética, está anulando a minha ética em nome da minha ética. Esse fato, que até esse momento não era desconfortável para mim, tornou-se desconfortável.

Duas teses se encontram condensadas no conceito de "fatos desconfortáveis" de Weber. A primeira seria que esses fatos, embora fenomenologicamente bastante visíveis, ou até mesmo bem conhecidos pelo observador, não são necessariamente fáceis de ver para o observador que defende uma posição pragmática em relação à qual esse fato é virtualmente desconfortável, ou até mesmo paradoxalmente autocontraditório. Esses fatos, pela maneira que eles são construídos e apresentados, criam uma espécie de "ponto cego" (von Foerster, 1988) para o observador: eles fixam sua atenção e seu olhar nos objetivos a realizar que são vistos como legítimos, e levam o observador a perder sua capacidade de observar, da maneira autocrítica, lúcida e auto-emancipadora, os meios (prisão, sofrimento, morte, exclusão) que esses objetivos justificam e privilegiam.

Esse ponto cego tem duas peculiaridades. A primeira é que ele é o resultado de uma "armadilha intelectual", no sentido dado pelo matemático Stolzenberg (1988, p. 277). Ora, como escreve Stolzenberg, "uma 'armadilha' [desse tipo] não é vista como tal por quem está dentro dela" (1988, p. 279). O observador se vê imerso em uma racionalidade específica que o leva a "aceitar as coisas como elas são" (1988, p. 281). A segunda peculiaridade é que a pessoa presa em uma armadilha intelectual ou profissional desse tipo pode ter um interesse autorreferencial em tomar consciência da existência dessa armadilha, a fim de poder resistir-lhe, bem como de ajudar outras pessoas a dela se desvencilhar, se assim o quiserem.

A segunda tese condensada nesse conceito weberiano é que é importante ensinar aos observadores a aprender a reconhecer a existência de tais fatos, não apenas para obter uma melhor compreensão de certos aspectos problemáticos de nossa cultura e sociedade, mas também para poder dar um novo impulso teórico e ético (em termos de normas e valores) à nossa própria perspectiva e à sociedade em que vivemos.

Será que existe, no caso do objeto tratado por José Roberto Xavier, um fato desconfortável virtual para aqueles que acreditam, como o faz John Dewey (1927), que uma perspectiva democrática deve ser construída, de maneira indissociável, com o apoio de um ideal ético de "humanidade" e de uso imparcial da pena de prisão? E, como contribuir para que esses observadores tomem consciência do fato de que o público e a opinião pública estão sendo usados em nome da democracia para aumentar ou conservar práticas institucionais ilusórias e desumanas em matéria criminal, favorecendo o uso não individualizado da prisão?

É nessa direção que se encontra o interesse pragmático deste livro que o leitor se prepara para ler.

* * *

Esta pesquisa do professor José Roberto Xavier, publicada agora em português, foi realizada como tese de doutorado no meu Laboratório de Pesquisa sobre as Tradições Jurídicas e a Racionalidade Penal da Universidade de Ottawa. Ela fez parte de um amplo programa (nunca inteiramente programado) de pesquisas empíricas sobre a dificuldade de evolução (isso é, de (auto)transformação das estruturas internas) do subsistema de direito criminal na Europa e nas Américas desde o final do século XVIII. A tese foi premiada com a medalha de ouro do Governador Geral do Canadá em 2012 pela sua originalidade teórica e empírica na maneira de observar e de analisar a relação entre o público e o sistema de direito criminal no campo específico da determinação das penas no sentido amplo. O professor Xavier articulou a teoria da racionalidade penal moderna com a aparelhagem conceitual da teoria dos sistemas de Niklas Luhmann para constituir o seu problema de pesquisa empírica que seria realizado no Brasil. Até aquele momento, nenhum trabalho conhecido em ciências sociais em língua francesa ou inglesa abordava a relação entre o público ou a opinião pública e as penas dessa maneira. O juiz francês Denis Salas (professor no *Collège de la magistrature de France*), que foi o membro externo do seu júri, resumiu assim o trabalho do professor Xavier:

> O autor se baseia na teoria de sistemas de Luhmann, estabelecendo de forma clara e pedagógica os elementos gerais que marcam seu ponto de observação do sistema penal: ele o vê como [...] um subsistema do sistema jurídico. A questão que ele coloca é como o sistema jurídico (como um sistema autopoiético) recebe a opinião pública. Ele também oferece uma

reflexão sobre as noções de opinião pública, público e vítimas, e estabelece diretrizes conceituais para operacionalização e análise. Essa seção faz uma contribuição significativa para o emaranhado de pesquisas sobre esses assuntos, onde se perde o latim tentando entender o que é e o que não é a opinião pública, e quem são as vítimas cujas vozes podem chegar ao sistema jurídico. Por fim, ele identifica [o sistema de ideias da] racionalidade penal moderna como um dos parâmetros essenciais desse tipo de questão, embora ela seja sistematicamente negligenciada nas pesquisas. Essa racionalidade, que orienta o trabalho do tribunal, também está presente em muitos dos canais de comunicação da sociedade e é parte integrante do problema estudado (Salas, relatório à Faculdade de Estudos Superiores da Universidade de Ottawa, 2012).

E o Juiz Salas acrescenta:

> O capítulo analítico abre caminho para uma compreensão detalhada da complexidade dos vínculos entre o tribunal e a opinião pública, sem deixar de reconhecer o sistema jurídico como um sistema autopoiético, atravessado pela racionalidade penal moderna. Se, por um lado, diante da pressão da opinião pública e do clamor, os juízes fecham os canais de comunicação ou, pelo menos, ouvem sem abrir a porta... eles podem, por outro lado, ouvir a opinião pública que não é manipulada pela mídia. Aqui a recepção é potencial... e as vozes são canalizadas para uma das operações do sistema. Roberto Xavier identifica possíveis áreas de abertura cognitiva do sistema jurídico para a opinião pública e lança uma luz importante sobre seu questionamento inicial (Salas, ibidem).

Na minha opinião, o juiz Salas resumiu em poucas linhas o novo caminho de pesquisas que essa tese abriu para as ciências sociais no campo da relação entre a opinião pública e as penas. O que

Salas não podia saber é que, em 2005, o professor Xavier já havia começado a abrir esse caminho na sua dissertação de mestrado em Criminologia na Universidade de Ottawa, sobre um caso penal ocorrido na Inglaterra.

REFERÊNCIAS

BARBOSA, R. *Advocacia, Judiciário e MP pedem aumento das penas*. Consultor Jurídico. Disponível em: https://www.conjur.com.br/2012-fev-24/advocacia-judiciario-mp-pedem-aumento-penas-codigo-penal/.

BOBBIO, N.; BOVERO, M. *Sociedad y Estado en la filosofía moderna*. El modelo iusnaturalista y el modelo hegeliano-marxiano. México: Fondo de Cultura Económica, S.A., 1996 [1979].

BOUDON, R. *Le relativisme*. Paris: PUF, 2008.

CANGUILHEM, G.; PLANET, C. Traité de logique et de morale (Partie «Logique»). In: CANGUILHEM, G.. (Ed.). *Oeuvres complètes*. Volume I: écrits philosophiques et politiques (1926-1939) (Vol. I). Paris: Librairie philosophique J. Vrin, 1939, pp. 633-802.

CERVO, A. L.; BERVIAN, P. A. *Metodologia Científica* (4e édition ed.). São Paulo: Makron Books, Ltda, Pearson Education do Brasil, 1996/1974.

COSTANZO, A. *Il Trattato De Vera et Falsa Poenitentia:* Verso una Nuova Confessione. Guida alla lettura, testo e traduzione. Roma Pontificio Ateneo S. Anselmo, 2011.

CRESSEY, D. *Sentencing:* Legislative Rule versus Judicial Discretion. In B. A. Grossman (Ed.), New Directions in Sentencing. Toronto: Butterworths, 1980, pp. 51-69.

DEL VECCHIO, G. *La justice — La vérité.* Essai de philosophie et morale. Paris: Dalloz, 1955.

DEWEY, J. *Creative Democracy — The Task Before Us:* Columbia University Press, 1939.

ENFAM. *Manual Prático de Decisões Penais.* Brasília-DF: Escola Nacional de Formação e Aperfeiçõamento de Magistrados, 2018.

FICHANT, M. L'épistémologie en France. In: CHATELET, F. (Ed.). *La philosophie au XXe siècle.* (Vol. 8). Paris: Librairie Hachette, 1973, pp. 129-172.

FOUCAULT, M. Leçon sur Nietzsche. Comment penser l'histoire de la vérité avec Nietzsche sans s'appuyer sur la vérité (conférence pronnoncée à l'Université McGill, Montréal), 1971. In: FOUCAULT , M. (Ed.). *Leçons sur la volonté de savoir.* Cours au Collège de France, 1970-1971 suivi de Le savoir d'Oedipe. Paris: Gallimard; Seuil, 2011.

GALIERO, P. A. "*R. Garofalo, Di un criterio positivo delle penalità*", Giornale Napoletano di Filosofia e Lettere, Scienze Morali e Politiche, Anno II, Volume IV, Fascicolo 11, 1880, pp. 275-281.

HOBBES, T. *Léviathan.* Paris: Sirey, 1983 [1651].

HUSTVEDT, S. *Les mirages de la certitude.* Essai sur la problématique corps/esprit. France: Actes Sud / Leméac, 2018.

LEMERT, E. *Legislating Change in the Juvenile Court.* Wiscosin Law Review (2), 1967. p. 421-448.

LYRA, R. *A expressão mais simples do direito penal (introdução e parte geral).* Rio de Janeiro: José Konfino Editor, 1953.

LEONHARD, W. *Three Faces of Marxism:* the political concepts of Soviet ideology, Maoism, and humanist Marxism. New York: Rinehard & Winston, 1974 [1970].

LIBANIO, J. B. *Em busca da lucidez.* O fiel da balança. São Paulo: Edições Loyola, 2008.

LUHMANN, N. *La Ciencia de la Sociedad.* Barcelona, México: Anthropos, Universidad Iberoamericana y Iteso, 1996 [1990].

LUHMANN, N. *Die Wissenschaft der Gesellschaft.* Frankfurt am Main: Wissenschatliche Buchgesellschaft, 2002 [1990].

LUHMANN, N. Modernity in Contemporary Society. In: LUHMANN , N. (Ed.). *Observations on Modernity.* Stanford, California: Stanford University Press, 1998 [1992], pp. 1-21.

LUHMANN, N. *Die Gesellschaft der Gesellschaft.* Frankfurt am Main: Suhrkamp, vols 1 et 2, 1999.

LUHMANN, N. Politics as a Social System. In: LUHMANN , N. (Ed.). *The Differentiation of Society.* New York, Columbia: Columbia University Press, 1982, pp. 138-165.

LUHMANN, N. The Paradox of Decision Making. In: SEIDL, D. ; BECKER, K. H. (Eds.). *Niklas Luhmann and Organization Studies.* Herndon: Copenhagen Business School Press, 2005, pp. 85-106.

LUHMANN, N. *Organization and Decision.* United Kingdom: Cambridge University Press, 2018 [2011].

LYND, R. S. *Knowledge for What?.* Princeton: University of Princeton Press, 1939.

LYRA, R. *A expressão mais simples do direito penal (introdução e parte geral).* Rio de Janeiro: José Konfino Editor, 1953.

MOHR, J. W. New Directions in Sentencing. In: GROSSMAN, B. A. (Ed.). *New Directions in Sentencing.* Toronto: Butterworths, 1980, pp. 19-31.

MONTESQUIEU, C. S. *De l'esprit des lois.* (Vol. I). Paris: Garnier, 1973.

MORIZOT, B.; MENGUAL, E. Z. *Esthétique de la rencontre.* L'énigme de l'art contemporain. Paris: Seuil, 2018.

PENTEADO, G. *Juiz diz que cumpriu a lei ao manter prisão.* Folha de S. Paulo. 28 nov., 2005. Disponível em: https://www1.folha.uol.com.br/fsp/cotidian/ff2811200502.htm. Acesso em: 17 mai. 2024.

PINTO, A. V. *Ciência e existência.* Problemas Filosóficos da Pesquisa Científica (2e édition ed.). Rio de Janeiro: Paz e Terra, 1979.

PIRES, A. P. *Alguns obstáculos a uma mutação "humanista" do direito penal.* Sociologias (Porto Alegre), 1(1), 1999, pp. 64-95.

PIRES, A. P., CELLARD, A.; PÉLLETIER, G. L'énigme des demandes de modifications législatives au Code criminel canadien. In: FRAILE, P. (Ed.). *Régulation et gouvernance.* Le contrôle des populations et du territoire en Europe et au Canada. Une perspective historique. Barcelone: Publicacions Universitat de Barcelona, 2001, pp. 195-217.

PIRES, A. P. *A racionalidade penal moderna, o público e os direitos humanos na modernidade tardia.* Novos Estudos CEBRAP, 68 (março), 2004, pp. 39-60.

PIRES, A. P. *La rationalité pénale, la société du risque et la juridicisation de l'opinion publique.* Sociologie et sociétés, 33(1), 2001, pp. 179-204.

PIRES, A. P. La doctrine de la sévérité maximale au Siècle des Lumières. In: DEBUYST, C. ; DIGNEFFE, F. ; PIRES, A. P. (Eds.). *Les savoirs sur le crime et la peine.* La rationalité pénale et la naissance de la criminologie (Vol. 2). Bruxelles: De Boeck Université, 1998, pp. 53-82.

POPPER, K. Objective Knowledge. A Realist View of Logic, Physics, and History. In: https://www.marxists.org/reference/subject/philosophy/works/at/popper.htm (Ed.), *Objective Knowledge (second last chapter reproduced here)*: Clarendon Press, 1971 [1966].

PUTNAM, H. *Pragmatism*. Proceedings of the Aristotelian Society, 95, 1995, pp. 291-306.

PUTNAM, H. James's theory of truth. In: PUTNAM, R. A. (Ed.). *The Cambridge Companion to William James*. Cambridge: Cambridge University Press, 1997, pp. 166-185.

RADZINOWICZ, L. *A History of English Criminal law and its Administration from 1750*. 1. The Movement for Reform. London: Stevens & Son Limited, 1948.

SEIDL, D. *Organisational Identity and Self-Transformation*. An Autopoietic Perspective. Burlington, USA: Ashgate, 2005.

SEGAL, L. *The Dream of reality*. Heinz von Foerster's Constructivism. New York: Spring-Verlag, 2001.

SPENCER BROWN, G. *Probability and scientific inference*. London, 1957.

STOLZENBERG, G. Une enquête sur le fondement des mathématiques peut-elle nous apprendre quelque chose sur l'esprit? In: WATZLAWICK, P. (Ed.). *L'invention de la réalité*. Contributions au constructivisme. Paris: Seuil, 1981, pp. 277-314.

VARELA, F. J. *A Calculus for Self-Reference*. International Journal of General Systems, 2, 1975, pp. 5-24.

VON FOERSTER, H. Objects: Tokens for (Eigen-)Behaviors. In: VON FOERSTER, H. (Ed.). *Observing Systems*. Seaside, Cal: Intersystems Publications, 1981 [1976], pp. 274-286.

VON FOERSTER, H. La construction d'une réalité. In: WATZLAWICK, P. (Ed.). *L'invention de la réalité*. Contributions au constructivisme. Paris: Seuil, 1988, pp. 45-69.

WATZLAWICK, P. Avec quoi construit-on des réalités idéologiques?. In: WATZLAWICK, P. (Ed.). *L'invention de la réalité*. Contributions au Constructivisme. Paris: Seuil, 1988 [1981], pp. 223-266.

WEBER, M. Le métier et la vocation de savant. In: WEBER, M. (Ed.). *Le savant et le politique*. Paris: Plon, collection 10/18, n° 134, 1963, pp. 71-122.

WHITMAN, J. Q. *The Origins of Reasonable Doubt*. Theological Roots of the Criminal Trial. New Haven & London: Yale University Press, 2008.

XAVIER, J. R. "*L'opinion publique au sein du système de justice pénale:* l'affaire James Bulger". Dissertação de mestrado. Ottawa: University of Ottawa, 2005.

ZENATI, F. *La jurisprudence*. Paris: Dalloz, 1991.

APRESENTAÇÃO

Retornar a um trabalho uma década depois não é tarefa simples. Se no momento da escrita os bloqueios são muitos, no momento da atualização do trabalho as travas são distintas, mas não menos numerosas e desafiadoras. Como pensar o problema num outro momento? Como rever tanto tempo depois um trabalho acabado e defendido numa banca? As ideias e os dados produzidos naquele momento ainda se fazem relevantes para um público que se interessa pelas relações entre a opinião pública e o sistema jurídico?

Ao enfrentar essas dúvidas durante a releitura da pesquisa que dá origem a este livro nos convencemos de que as páginas que seguem ainda guardam uma importante contribuição acadêmica de valor tanto para juristas quanto para sociólogos. Não existem, no nosso conhecimento, outros trabalhos que tenham teorizado a relação entre justiça criminal e opinião pública mobilizando um robusto arcabouço teórico (Luhmann). Tampouco conhecemos trabalhos que tentaram minuciosamente compreender como uma determinada pressão social de fora do sistema jurídico-criminal pode ser por ele processada no seu funcionamento cotidiano. Para além de publicações pouco teóricas que se preocupavam com a hipermidiatização de certos casos criminais e como isso poderia influenciar decisões da justiça, este trabalho foi inovador ao demonstrar a forma como um sistema social (sistema jurídico) cria mecanismos para lidar com essa pressão. Ademais, esta pesquisa também foi inovadora em sua perspectiva metodológica. A grande dificuldade da demonstração empírica das interações entre sistema jurídico e demandas da opinião pública foi superada, ao nosso ver, de maneira bastante original. Até por essa razão decidimos manter o capítulo metodológico original da tese neste livro, o que é incomum para livros oriundos de teses acadêmicas. Em suma, acreditamos ter feito neste trabalho contribuições relevantes tanto do ponto de vista teórico quanto do ponto de vista metodológico.

Contudo, ao reler este trabalho tanto tempo depois, também nos demos conta de todo um panorama de transformações sociais da última década que traz novos desafios de compreensão que não foram cobertos pela pesquisa exposta neste livro. Ao leitor pesquisador que nos acompanhará nesta leitura, receba esta apresentação como um convite para se debruçar sobre desafios acadêmicos para os quais não existem respostas não apenas aqui neste livro, mas na literatura acadêmica especializada.

Mas a que nos referimos quando falamos desses desafios acadêmicos? Que cenário de transformações sociais da última década é capital para se entender as interações entre o sistema de direito criminal e a opinião pública? Diríamos que essas transformações são numerosas e complexas, mas tentaremos mencionar o que nos parece mais relevante.

Quando tratamos da relação entre opinião pública e sistema de justiça criminal durante a escrita da tese (defendida em 2012, na *University of Ottawa*), tínhamos em mente um horizonte no qual os grandes conglomerados de comunicação eram hegemônicos quando nos referíamos às mídias. Tradicionalmente, a literatura criminológica, sociológica e jurídica que se interessava pelas pressões da opinião pública e da mídia sobre o sistema de direito criminal tinha em mente um contexto em que empresas de televisão eram o grande núcleo de preocupações, seguidas por jornais e rádios.

De toda forma, tratava-se de um cenário de *broadcast*, ou seja, em que algumas poucas empresas de mídia tinham um alcance de milhões de pessoas. Para o público brasileiro já passado dos 40 anos, lembramo-nos bem do impacto de programas televisivos sobre crime que foram um marco na TV brasileira. O "Linha Direta", da Rede Globo, inspirava-se em programas assemelhados aos norte-americanos para fazer sua versão nacional do gênero *True Crime*. O "Aqui Agora", seguindo por uma linha diferente, afirmava fazer jornalismo com tintas carregadas para descrever episódios criminais. Os programas policiais de final de tarde, tendo o emblemático Alborghetti como precursor, marcaram por anos a televisão brasileira (e ainda são onipresentes). Em suma, os anos 80, 90 e 2000 apresentaram um cenário de difusão do mundo do crime e pressões sobre o sistema de direito criminal bastante conhecidos. Abundavam estigmatização de acusados, pré-julgamentos, pressões punitivas sobre o sistema de direito criminal etc. Todavia, embora problemático em seus efeitos na opinião pública e no sistema de direito criminal (e em seu viés sensacionalista), tratava-se de uma paisagem bastante conhecida e "estável" do ponto de vista sociológico.

O que acontece na segunda década do século XXI é um cenário de pulverização da comunicação no sistema de mídia da sociedade. Retomando os termos de Manuel Castells, passamos a viver numa era de autocomunicação de massa, com duas características muito peculiares. Por um lado, há um aumento exponencial dos emissores de notícias com um alcance de milhares ou milhões de pessoas. O cenário das mídias não é mais restrito a grandes conglomerados produzindo comunicação. A onipresença das redes sociais possibilitou a milhares de pessoas uma comunicação de massa ou potencialmente de massa. Por outro lado, as formas de seleção da comunicação pelo receptor são também multiplicadas, não apenas pela multiplicação da oferta, mas também pelos meios tecnológicos que nos permitem tanto criar filtros de consumo quanto orientarmos mais ou menos inconscientemente algoritmos que criam nossas bolhas de consumo. Ademais, essa autocomunicação de massa tem um caráter mais responsivo, no sentido de que o receptor consegue interagir com o emissor de uma forma frequentemente muito mais direta, o que tem impacto no fluxo de comunicação desse emissor. Em outras palavras, trata-se de um público bem menos passivo que aquele das TVs, jornais e rádios da virada do século XX.

Nesse novo cenário social das comunicações, quem se interessa pelas interações da opinião pública com o sistema de direito criminal rapidamente se pergunta sobre as reverberações que tudo isso traz para a justiça criminal. Se outrora a preocupação com estigmatização e pré-julgamentos de acusados que passavam pelas páginas dos jornais ou programas de TV era central, como pensar nos dias de hoje a miríade de comunicações em redes sociais a respeito de um evento criminal e seus personagens? Quais são os efeitos estigmatizantes? Como isso gera pressões para o sistema de direito criminal? Como os atores desse sistema são afetados pela publicização massiva de cada aspecto do processo penal e de suas participações nele?

São perguntas para as quais a literatura acadêmica criminológica não tem reflexões mais robustas. Parece-nos que em outras áreas do conhecimento os impactos das redes sociais são bem mais conhecidos, até mesmo de um público leigo. Por exemplo, a ciência política tem claramente se debruçado sobre os efeitos da polarização política nas redes sociais. Efeitos perversos, em muitos sentidos, que restringem o alcance de comunicações moderadas, privilegiando comunicações que despertam sentimentos intensos (numa lógica de atração de visibilidade das redes sociais). Nesse admirável e ansiogênico mundo novo das comunicações, os efeitos especificamente para a justiça criminal ainda permanecem carentes de exploração. Estamos nos tornando mais punitivistas? Discursos sobre reparação, conciliação, perdão e moderação em geral se tornam menos visíveis e influentes socialmente? Num primeiro reflexo tenderíamos a dizer que sim, mas trata-se apenas de uma resposta impressionista carente de subsídios acadêmicos mais rigorosos.

Em suma, ao leitor deixamos o convite para se aprofundar nesse tema tão relevante para a democracia. Para além de posicionamentos políticos e julgamentos morais pessoais que possamos ter sobre as transformações sociais, a nós acadêmicos nos cabe tentar dar sentido a esse novo mundo. Como princípio ético norteador, temos no horizonte que a justiça criminal tem um histórico muito pouco alvissareiro no que concerne à sua contribuição para a promoção dos direitos humanos e para sociedades mais igualitárias. Temos também como princípio ético o distanciamento em relação a ondas repressivas e o ceticismo sobre sua real representatividade do que seria o desejo de uma sociedade de se fazer justiça. Avançar o conhecimento com o compromisso de promover direitos humanos e guardando distância de desejos punitivistas imediatistas é, portanto, o nosso horizonte ético de pesquisa.

Por fim, encerro esta apresentação deixando registrados os agradecimentos às instituições que tornaram possível a escrita e publicação deste livro. A pesquisa de doutorado teve o apoio da CAPES, que financiou quatro anos de pesquisa no Canadá, onde realizei meu doutorado. A FAPERJ generosamente financiou a tradução e a publicação deste livro. A *Canada Research Chair in Legal Traditions and Penal Rationality* financiou toda a pesquisa de campo, bem como me forneceu toda a estrutura física para o desenvolvimento e escrita da pesquisa. A FGV Direito-SP generosamente me recebeu durante o período de pesquisa de campo no Brasil. O PPGD-UFRJ me acolheu possibilitando um diálogo institucional com excelentes pesquisadores que muito contribuíram para a atualização das reflexões aqui publicados. E a *University of Ottawa* e o Governador-Geral do Canadá por terem me concedido a *Governor General's Gold Medal in Humanities* por esta pesquisa, o que em muito me honrou. Agradeço, enfim, a uma pessoa imprescindível para a aparição deste livro em português: a colega e grande tradutora Ana Cristina Arantes Nasser foi de um zelo notável com a tradução do texto deste livro do francês para o português.

A todos esses, um enorme obrigado por tornar não apenas este livro possível como também minha carreira de pesquisador.

1 INTRODUÇÃO

Um mundo em que os meios de comunicação de massa são onipresentes é um mundo onde o espetáculo do crime é ubíquo, o desassossego da opinião pública frente à ameaça criminal é perene e o sistema de direito criminal é objeto de um olhar inquisidor em permanência. A explosão midiática das últimas décadas engendrou uma nova amplitude social do crime, um tema de noticiário por excelência. Nesse cenário de constante dramatização midiática dos assuntos criminais e profusão de pânicos morais, para citar Cohen (1972), a atenção se volta, mais do que nunca, para o sistema de direito criminal (SDC) e suas respostas ao crime.

No livro aqui apresentado, buscamos examinar o SDC em um contexto carregado de expectativas e pressões em relação a ele. A resistência dos atores jurídicos à emotividade da opinião pública e a uma pressão punitiva, que pretenderia precipitar o desenvolvimento normal das etapas da justiça, constitui um fenômeno bastante conhecido. A missão de decidir em matéria criminal é uma tarefa marcada por ritos e critérios jurídicos que, de algum modo, irão se relacionar com a opinião pública. Essa relação, virtualmente conflituosa, observada a partir do ponto de vista do SDC, é o material sobre o qual aqui nos debruçamos. Para tanto, utilizamos a jurisdição brasileira como instrumental empírico, mas buscando igualmente desenvolver uma argumentação teórica que descreve um problema comum a vários países no Ocidente.

Definiremos mais especificamente nosso problema de pesquisa, no capítulo seguinte (seção 2.2), mas já convém descrever o que faremos:

a. em primeiro lugar, não se trata de analisar as grandes transformações da punição criminal contemporânea e o papel da opinião pública nessa questão. Não pretendemos desembocar em um tipo de pesquisa que, cometendo o erro de buscar elucidar demais, tenta explicar as transformações do SDC a partir das mudanças sociais que lhe são externas. Baseamo-nos, aqui, em algumas transformações macrossociológicas — como a explosão da midiatização e uma virada punitiva — meramente como pano de fundo (ver capítulo 2), e não como elementos que fundamentam a análise na pesquisa;
b. também não temos intenção de desenvolver um tipo de pesquisa sobre a percepção ou conhecimentos do público em relação ao SDC, ou sobre a maneira como as mídias abordam o crime e a pena. Entendemos que já existe um vasto material de reflexão disponível sobre tais questões e não teríamos muito a acrescentar a esses resultados;
c. não se trata, tampouco, de nos debruçarmos sobre as representações sociais do crime e/ou do sistema de direito criminal, assim como não temos a intenção de conhecer as diversas representações sociais do crime, ou avaliar a "punitividade" do público. Esse tipo de pesquisa nos interessa simplesmente do ponto de vista contextual (que toma a forma de uma revisão da literatura, no capítulo 3).

Sintetizando positivamente o nosso tema, buscamos nos distinguir do referido tipo de análise, lançando, então, um olhar um pouco diferente daquele da bibliografia que conhecemos na área. Nosso interesse reside nas interações do SDC com a opinião pública, a partir, contudo, do ponto de vista do primeiro. Queremos compreender a maneira como os tribunais (juízes e procuradores) tratam o que eles percebem como sendo da opinião pública ou do público. Intentamos analisar como o SDC, concebido para distribuir o sofrimento enquanto pena criminal, reagirá às demandas — punitivas, ou não — de seu ambiente.

Em resumo, os grandes objetivos desta pesquisa são os seguintes:

1. descrever a relação do SDC com o público e a opinião pública, a partir do ponto de vista do próprio sistema;
2. apresentar e desenvolver uma teoria cognitiva da evolução do SDC, que descreva o sistema de pensamento dominante — a racionalidade penal moderna (RPM) — do referido sistema. Essa racionalidade, construída em torno das teorias da pena criminal, condiciona a tomada de decisão do SDC (e do sistema político em matéria de penas), de modo a torná-lo bem pouco aberto às maneiras de punir que não se baseiam na ideia de infligir intencionalmente um sofrimento ao culpado;
3. testar empiricamente a hipótese de que o SDC leva em conta a opinião pública e o público em suas operações, para além de um papel tradicional (como o de júri o de vítima passiva) e, ainda, inversamente a seu discurso de impermeabilidade às influências externas;
4. demonstrar empiricamente a emergência de categorias jurídicas no SDC, que lhe possibilitem gerir (e levar em conta) a pressão que sofre do público e da opinião pública;
5. testar empiricamente a presença e o papel coercitivo do sistema de pensamento baseado nas teorias da pena (RPM), no momento da tomada de decisão do sistema de direito criminal;
6. articular teoricamente as constatações empíricas, a fim de demonstrar o risco de uma virada punitiva diante da integração do público e da opinião pública por um sistema sob o primado da RPM.

Para atingir esses objetivos, iniciamos (capítulo 2) expondo o contexto das transformações da penalidade contemporânea, do qual extraímos a ideia e o interesse do presente estudo. Abordamos muito brevemente os temas de uma virada punitiva a partir dos anos 1980; da explosão da midiatização dos assuntos criminais; de uma opinião pública punitiva e da emergência de um novo público de vítimas. Todo esse contexto é apresentado simplesmente com a finalidade de demonstrar o percurso da reflexão que seguimos para chegar ao nosso problema de pesquisa, a ser descrito no final do citado capítulo.

Na sequência, o capítulo 3 apresenta uma revisão da literatura sobre temas correlatos ao nosso, focando nos estudos que trabalham com a questão da relação público/opinião pública e a determinação da pena. A finalidade desse capítulo reside em simultaneamente demonstrar a pertinência destas pesquisas em diferentes níveis (com a desmistificação do público punitivo parecendo ser a contribuição mais importante), bem como seus limites enquanto críticas. Além disso, tais pesquisas são fundamentais de modo a expor a diferença entre nossa perspectiva de pesquisa e aquilo que é mais usual na literatura.

No capítulo 4, estabelecemos os referenciais teóricos que nortearão o presente estudo. Iniciamos, explicitando nosso grande quadro teórico — a teoria dos sistemas de Niklas Luhmann —, que nos possibilitou não só trabalhar com um olhar particular e inovador sobre o sistema jurídico (entendendo-o como um sistema de função autopoiético), como também qualificar teoricamente a relação entre esse e as pressões de seu ambiente. Em seguida, tratamos das definições de alguns conceitos-chave. Sob a denominação geral de estímulos externos ao SDC, analisamos teoricamente as manifestações visíveis para esse sistema, e que podem ser consideradas como causadoras de problemas a ele. A categoria mais importante é a de opinião pública, mas também especificamos os conceitos de "público", "sistema de mídias de massa" e "movimentos de protesto". Buscamos, também, definir o que entendemos por "vítimas": esta categoria fluida será esmiuçada teoricamente, além de classificada seja como "público", seja como uma categoria evocada pelos "movimentos de protesto", ou ainda, como um elemento interno ao próprio SDC.

Cabe dizer que a denominação geral "estímulos externos" deverá continuar um tanto fluida, de modo a incluir, eventualmente, outros tipos de relação com o ambiente (por exemplo, uma pressão do sistema político — que não concerne ao nosso problema de pesquisa — poderia ser igualmente definida como um estímulo externo). Na falta de melhor denominação, ela será aqui mantida, embora prevenindo o leitor de que sua utilização se refere às categorias que acabamos de mencionar. Por fim, concluindo esse capítulo teórico, apresentamos alguns aspectos da teoria cognitiva sobre a evolução do SDC, elaborada pelo Laboratório de Pesquisa em que trabalhamos, e concernente a esse sistema de ideias denominado RPM. Detalhamos teoricamente alguns de seus elementos e mostramos como ela constitui um obstáculo à emergência de pensamentos e práticas alternativas em matéria criminal.

No capítulo 5, explicitamos nossa abordagem metodológica, ao longo do estudo. Nosso objetivo é não somente descrevê-la detalhadamente — a formulação do problema de pesquisa, o emprego das técnicas de pesquisa, o método de amostragem e de análise —, como também fazer um esclarecimento epistemológico. Conhecendo a dificuldade que a teoria dos sistemas pode acarretar ao leitor, decidimos discutir sobretudo a partir do olhar construtivista operacional que orientou o estudo, e por um tipo de explicação sociológica — a explicação pela negação, pela desigualdade das probabilidades — não muito usual, visto que, nesse capítulo, a intenção era demonstrar claramente o abandono de um modelo explicativo causal.

O capítulo 6 é o primeiro capítulo analítico e empírico do estudo. Identificamos em nossos dados o sistema de pensamento da racionalidade penal moderna, e mostramos como essa racionalidade funciona na prática, na medida em que ela torna bem difícil o recurso a uma solução penal que fuja à imposição obrigatória de um sofrimento como resposta a um crime. Analisamos especificamente o papel das teorias da pena, bem como outros mecanismos empíricos — descobertos na pesquisa — que defendem, simultaneamente, uma obrigação de punir e uma concepção de pena ligada à necessidade de infligir intencionalmente um sofrimento ao culpado.

O capítulo 7, segundo capítulo empírico da tese, é aquele no qual nos debruçamos sobre a análise dos sinais empíricos da recepção dos estímulos externos pelo SDC e a representação que esse faz deles. Além disso, mostramos empiricamente as estruturas de recepção no SDC, de modo a poder integrar a opinião pública, sem que isso seja um procedimento que cause problema ao nível da autonomia do sistema.

Por fim, na conclusão, além de relacionar os dois capítulos empíricos, estabelecemos uma análise de caráter sobretudo axiológico, visando elucidar nossa visão sobre essas interações entre o SDC e os estímulos externos. Finalizamos, explicitando o que entendemos por crítica e qual o papel da crítica num trabalho criminológico que não envereda pelos caminhos da denúncia.

Ao leitor, o desejo do autor é que este livro possa-lhe ser uma contribuição intelectual e um despertar para novos horizontes de reflexão.

Boa leitura!

2 DO CONTEXTO AO PROBLEMA DE PESQUISA

2.1 CONTEXTO

Um tema, como o nosso — as relações entre a opinião pública e o sistema de direito criminal —, constitui fonte de indagações e questionamentos, e suscita um vivo interesse. Em nosso caminho de construção do estudo, foi sempre interessante interagir com colegas sociólogos ou juristas e constatar como era fácil entabular uma conversa "acadêmica", mediante a mera menção ao tema. Em geral, o *feedback* era de que se tratava de um tema "sensível", bastante pertinente socialmente, e que despertava o interesse de juristas, assim como de sociólogos do direito. Mesmo sem conhecerem particularmente nosso problema de pesquisa, a simples referência à relação entre opinião pública e sistema do direito criminal evocava-lhes toda uma série de exemplos e reflexões, como também uma preocupação concernente a algumas recentes transformações no direito penal contemporâneo. Para nós, evidenciava-se, portanto, o fato de estarmos diante de um tema cada vez mais estimulante, por propor reais desafios intelectuais e provocar muitas inquietações em operadores e sociólogos do direito.

Nosso diálogo com esses interlocutores, ao longo dos anos, enfatizava a pertinência de nos debruçarmos sobre a referida questão, ainda que nosso problema de pesquisa (a ser definido na seção 2.2) só aborde especificamente um aspecto do tema. Além disso, cabe apontar que a origem de nosso interesse pelo tema — tal como as inquietações de nossos interlocutores — não é alheia ao panorama da penalidade contemporânea, que, mais do que nunca, parece se voltar ao que o público e a opinião pública[1] têm a dizer sobre as penas.

Com formação em direito e particular interesse pelo direito penal, sempre nos surpreendemos com a atenção midiática pelos assuntos penais. A questão que as mídias colocam para as instituições penais, assim como sua obsessão pelos temas criminais, especialmente os mais extraordinários, sempre nos interpelaram fortemente, sobretudo por constatarmos que tal atenção logo se traduzia em uma pressão punitiva sobre aqueles que atuavam na área.

Nas próximas seções, buscaremos apresentar, portanto, um panorama desse cenário de transformações, mas associado à evolução de nosso interesse pelo problema de pesquisa examinado no presente estudo. Com essa preocupação inicial, passamos a explorar de forma panorâmica o fenômeno das transformações na cena penal, de modo a melhor compreender a relação entre a dramatização midiática do crime e seu impacto sobre a maneira de pensar as penas nos tribunais. Eis a seguir, portanto, alguns elementos dessa importante problemática que constitui o contexto do qual extraímos, particularmente, nosso problema de pesquisa.

2.1.1 A expansão midiática

Um primeiro elemento importante para compreender o contexto global de nosso estudo é a explosão da midiatização dos assuntos criminais, desde algumas décadas. Sabemos, pela sociologia da comunicação[2], que as possibilidades de transmissão da informação se

---

1 Um leitor mais atento já terá notado a imprecisão de termos como "público" e "opinião pública". Por ora, não pretendemos entrar no campo das definições, o que faremos em nosso capítulo teórico (seção 4.2).

2 Ver a esse respeito, por exemplo, Marín *et al.* (1999).

intensificaram acentuadamente durante a segunda metade do século XX. Nesse contexto, o assunto "crime" logo ocupou um enorme espaço como fonte de "notícias" para as mídias.

De fato, os observadores da cena penal midiática verificam facilmente não só a magnitude que o tema crime/justiça penal adquire na televisão e nos jornais, como também o posicionamento mais repressivo que tais notícias adotam. Além disso, a visão, o interesse e a compreensão que a mídia tem dos acontecimentos criminais são bastante diferentes daqueles das instituições jurídicas, causando geralmente uma incompreensão mútua. Examinemos brevemente algumas questões colocadas pelas mídias, bastante conhecidas na literatura "mídia e crimes"[3], e que desafiam o SDC.

Primeiramente, cabe dizer que a "realidade" do crime e das instituições penais, construída pela mídia, é uma "realidade" que responde à lógica, às ideologias e aos interesses da própria mídia. Por vezes, tal construção é feita com a preocupação de dar melhor conta da complexidade dos acontecimentos; por outras, ao contrário, ela mostra menos interesse em descrever corretamente o ocorrido do que em criar a emotividade, o espetáculo, o divertimento, ou uma forma de expressar a sua visão política das coisas. Seja como for, a narrativa é sempre feita por um observador (a mídia) que não pode ter a visão do todo, embora tenha a pretensão de falar da "realidade"[4] e também de se colocar como porta-voz do conjunto da sociedade.

Tal posicionamento e os interesses particulares das mídias acarretam "distorções" entre os observadores da ciência, bem como do mundo jurídico. Uma das mais evidentes é o interesse das mídias pelo

---

3 A literatura sobre essa questão constitui uma fonte inesgotável, e não temos a pretensão de abrangê-la inteiramente. Por isso, mencionaremos apenas algumas referências conhecidas, como Sparks (1992), Surette (1997), Howitt (1998), Jewkes (1999) e Lascoumes e Moreau-Capdevielle (1976).

4 Retomaremos, do ponto de vista mais teórico, a questão da construção da realidade pelas mídias, no capítulo teórico (seção 4.2.1).

extraordinário. Uma notícia é tanto mais cativante quanto o acontecimento que relata é extraordinário. Para atrair a atenção das instituições midiáticas, o acontecimento deve ter algo fora do comum (ou ao menos ser apresentado como tal), diferente, marcante. No campo do penal, quanto mais o crime for sórdido, a estória for bizarra, a vítima sofrer infortúnio e injustiça, o criminoso provir de camadas sociais privilegiadas, mais ainda os fatos se tornarão *newsworthy*. E, no entanto, os extremos só são extremos por serem inusuais. O furto banal, as rixas, as pequenas fraudes, o pequeno tráfico etc. não são, na maioria das vezes, acontecimentos extraordinários e, dada sua insignificância, não se tornarão (ou só raramente) objeto de midiatização. Em contrapartida, o *serial killer* cativa, particularmente, por ser um tipo de criminoso que aparece mais raramente. E, nesse mecanismo de expor o que é inusual e extraordinário, as mídias constroem uma realidade bastante deformada comparativamente àquela com a qual as instituições penais lidam.

Assim, por seu próprio interesse pelo extraordinário, as notícias midiáticas constituem uma inevitável fonte geradora de um certo sentimento de insegurança do público, que, por fim, acaba se dirigindo para o sistema político e o SDC. Como esse último "se auto-apresenta" como um "protetor da sociedade" por meio de penas severas (teoria da dissuasão), as mídias reivindicarão esse tipo de "segurança" e, evidentemente, essas "penas miraculosas". Espera-se, assim, um desempenho do SDC face à ameaça do crime. E essas expectativas são ainda mais difíceis de satisfazer, na medida em que são ilusórias e construídas em uma realidade midiática que não só tem um tempo muito mais rápido do que o dos processos jurídicos, como acarreta uma simplificação da complexidade dos problemas com os quais o SDC lida.

Em resumo, as mídias, em sua construção da realidade criminal, serão, inevitavelmente, uma fonte criadora de expectativas inesgotáveis e irrealistas em relação ao SDC — expectativas que se tornam uma forte pressão e uma grande razão de angústia para os operadores desse sistema. Tal pressão, avolumada nas últimas décadas, constitui um fator bastante pertinente no contexto de nossa pesquisa.

2.1.2 A virada punitiva e o populismo penal

Examinando mais atentamente as transformações produzidas no campo da penalidade, ao longo das últimas décadas, podemos verificar uma inflexão punitiva. Aqui e ali no Ocidente observa-se, nesse período, o que a literatura criminológica[5] considerará como uma virada punitiva no exercício da penalidade contemporânea. Atualmente, essa virada parece ainda perdurar, ainda que sem um recuo histórico fique difícil para a criminologia contemporânea compreender tal fenômeno.

A literatura apresenta inúmeros sinais dessa virada punitiva, a começar por um fenômeno difícil de prever pelos observadores da cena penal nos anos 1960: o grande aumento das taxas de encarceramento em todo o Ocidente. A partir dos anos 1980, o cenário, em diversos países, será de "mais incriminações, mais penas e penas mais severas". Atualmente, é difícil negar a existência de uma virada punitiva, tendo como ponto de partida as orientações políticas vigentes nos anos 1950, 1960 e 1970.

Ao longo das últimas décadas, as transformações da atividade penal do Estado receberam várias denominações diferentes, conforme o aspecto que se queira evidenciar. Assim, essas transformações podem ser nomeadas como a ascensão do Estado penal (Wacquant), como uma nova cultura de controle (Garland), ou ainda, como uma nova penalogia (Feeley e Simon). Qualquer que seja o nome utilizado para identificá-las, elas parecem realmente relacionadas a uma nova onda de intolerância, de demandas de penas mais

---

5 Consideramos, particularmente, as descrições feitas por Cohen (1985), Garland (2001), Feeley e Simon (1992), Pratt (2007) e Wacquant (2001).

severas e de incremento do uso da prisão, sempre criticada. O papel conferido aos conhecimentos científicos ou jurídicos mais aprofundados e inovadores parece fortemente reduzido no plano político. Mesmo a antiga ideia de controle do crime por meio da melhoria das condições sociais e da ressocialização do condenado parece ser um discurso desvalorizado. Hoje, parcela considerável dos políticos julgam mais simples e menos dispendioso tentar seduzir seu eleitorado com a proposição de penas mais severas[6], com uma postura "*tough on crime*".

A "intolerância política" das últimas décadas constitui um elemento-chave para nós. Nosso interesse em relação a pressões sofridas pelo SDC encontra aqui um ponto importante, visto que, para alguns observadores, o conservadorismo político em matéria penal dos últimos anos seria resultante de um público mais intolerante e punitivo, que demandaria penas mais severas tanto do sistema político quanto do SDC.

A relação entre o público e a política em matéria penal é, por outro lado, uma questão bem árdua e longe de ser objeto de consenso. Há ao menos duas maneiras de ver essa relação entre um público punitivo e um sistema político punitivo. Uma delas evidencia alguns fenômenos que tornaram o público mais inseguro ao longo das últimas décadas. A ascensão de uma sociedade midiática, bem como o advento de profundas transformações sociais, teria criado um clima de incerteza social, podendo ser logo confundido, pelo público, como um mero problema de insegurança[7]. Assim, a angústia suscitada por rápidas

---

6 Ver, a esse respeito, Doob e Cesaroni (2001).

7 Trata-se do argumento clássico de Bauman (1998), que se interessa pelo processo de globalização e pela confusão que se faz entre incerteza e insegurança. A importância maior das questões penais e a intolerância crescente ao crime seriam devidas a essa incerteza da vida moderna, frequentemente confundida, por boa parte da população, com um problema de insegurança. As demandas punitivas por um Estado mais presente no que se refere à repressão ao crime seriam um sintoma de uma questão mais profunda: o da angústia social contemporânea diante da ausência de possibilidade de controle sobre as transformações sociais que precarizam a vida cotidiana.

transformações sociais, ao longo das últimas décadas, teria favorecido a emergência de um público inseguro, que "figurará" como um público punitivo em matéria criminal. Não se trataria necessariamente de um público mais punitivo, mas sim mais receoso e facilmente atraído por promessas de mais segurança. Desse modo, a confusão entre insegurança/incerteza acabaria sendo habilmente explorada por políticos, conforme uma tática qualificada por Bottoms (1995) como "populismo penal[8]". Nesse sentido, não se pode negar um aumento da insegurança e uma aparente punitividade do público, o que não significa que os indivíduos da sociedade sejam efetivamente mais punitivos do que outrora (ou mais punitivos do que o SDC)[9]. A novidade reside no uso político massivo dessas inseguranças, somado a promessas punitivas para disto extrair ganhos políticos.

Em uma segunda maneira de ver[10], é realmente inegável existir uma nova intolerância política em matéria penal, bem como um uso político das inseguranças do público. Todavia, segundo esse ponto de vista, tais fenômenos encontram efetivamente uma raiz no público. Ou seja, existiria, hoje, um público mais punitivo e mais intolerante em matéria penal. Conforme tal argumento, as últimas décadas correspondem à época de "*new pervarsiveness of crime*", que obrigaria os indivíduos a desenvolverem adaptações cotidianas a essa nova realidade social. Esse medo do crime e essas adaptações a uma ameaça percebida possibilitaram a emergência de uma nova intolerância em matéria penal. As "questões penais" adquiriram, assim, uma nova amplitude política e foram rapidamente utilizadas pelos políticos. Em resumo, de acordo com esse argumento, existiria efetivamente (e não apenas aparentemente) um público mais

8 Ver, também, Pratt (2007) e Roberts *et al.* (2003).

9 Essa questão será detalhadamente examinada no próximo capítulo (seção 3).

10 Ver a esse respeito Garland (2001).

punitivo, que teria engendrado uma política mais conservadora em matéria penal[11].

Seja como for, o senso comum percebe que o público é amiúde bastante punitivo. Quando esmiuçamos mais a questão, logo nos damos conta de que o cenário é mais complexo do que essas aparências podem nos deixar crer. Como veremos no capítulo 3, cremos ser muito imprudente fazer valer o argumento de que os indivíduos na sociedade sejam majoritariamente punitivos e intolerantes em relação a políticas penais mais conciliadoras. Existe, evidentemente (em um exame superficial), um público bem punitivo. Além disso, existe também uma opinião pública, graças às mídias, muito punitiva que dará apoio a ondas políticas repressivas e punitivistas. No entanto, quando analisamos mais detidamente as atitudes do público em relação a diversos aspectos da questão criminal (o que examinaremos, mais especificamente, no capítulo concernente à revisão da literatura, seção 3, nos damos conta de que esse público é bem mais contraditório do que a imagem dele feita nas mídias. Atitudes bem punitivas coexistirão com apoio às medidas como a justiça restaurativa. Confrontado aos cenários em que os custos das medidas repressivas parecem bastante elevados e os condenados não são tão somente "gente muito perigosa", o público poderá logo adotar uma

---

11 Esse argumento de Garland não goza claramente de unanimidade. Beckett (1997), por exemplo, questionará essa associação direta entre o medo de vitimização (ou uma preocupação cotidiana com o crime) e o aumento da punitividade, como também entre uma maior punitividade do público e as políticas penais da virada punitiva. Ela escreve: "*the assumption that anxiety about crime drives support for punitive anticrime policies is problematic. In fact, those who are less afraid of crime typically express the highest levels of support for the "get-tough" approach while those who are more fearful are often less punitive. Rural white men, for example, feel relatively safe but are quite staunch supporters of law and order policies. Conversely, women and blacks are, in general, more concerned about their potential victimization but less supportive of tough crime control measures. The relationship between perceptions of the crime problem and attitudes toward punishment is thus more complicated than the democracy-at-work thesis implies*" (Beckett, 1997, p. 4).

atitude menos passional. Não se trata, aqui, de negar a existência de um público (e de uma opinião pública) aparentemente mais punitivo(s); entretanto, a maneira como se aborda o problema é em grande parte responsável pelo tipo de público que iremos encontrar.

Retomando nossa proposição neste capítulo, cabe apenas dizer que há algumas décadas observamos ao menos dois fenômenos importantes na cena penal: uma virada punitiva e uma opinião pública e um público aparentemente bastante punitivos (o que, enfatizemos, não significa, necessariamente, que os indivíduos na sociedade sejam sempre intolerantes e punitivos em matéria de soluções penais). Eis aí uma das razões que nos leva a investigar o impacto de tal cenário sobre o SDC.

2.1.3 A emergência das vítimas

Um outro elemento importante no cenário penal das últimas décadas é a nova amplitude alcançada pela questão das vítimas. Há alguns anos, as vítimas vêm emergindo como categoria significativa — e até indispensável —, em vários campos relativos à punição criminal. Em diversos países de diferentes tradições jurídicas, novos papéis jurídicos e uma nova importância política parecem estar destinados às vítimas, podendo relacioná-las a uma demanda de sanções reparadoras ou, contrariamente, de penas mais severas, que, por sua vez, parecem ser amplamente mais visíveis na cena pública. As mídias irão explicitamente dar maior ênfase às demandas mais repressivas.

Seja como for, são inúmeros os exemplos de um novo papel e de uma nova visibilidade das vítimas, especialmente no plano "repressivo". No Brasil, a mãe de uma vítima de um caso bastante midiatizado[12] deu início a uma petição que se tornou um projeto de lei por

---

12 Trata-se do caso Daniela Perez.

fim aprovado, aumentando o tempo de encarceramento em vários tipos de assassinatos (restringindo a progressão de regime). Na França, uma associação de vítimas, a APEV (*Aide aux parents d'enfants victimes* — Ajuda a pais de crianças vítimas), opôs-se fortemente a um novo projeto de lei que ampliava alguns direitos dos acusados, e mesmo não chegando a barrar o projeto, mostrou todo o peso da "causa das vítimas", tornando-a uma questão essencial no debate político criminal na França. Nos Estados Unidos, em 1991, a Corte Suprema[13] sancionou um novo instrumento jurídico, corrente à época (e ainda hoje) em diversos estados do país, no momento de determinação da pena: trata-se do *victim impact statement* — Declaração da vítima, a qual deve ser levada em consideração pelo juiz, ao avaliar as consequências do crime para a vítima —, sem necessariamente resultar em penas mais severas, embora os tribunais possam ver, nessa Declaração, uma razão para aumentar a severidade das sentenças.

Todos esses são exemplos, portanto, de um novo estatuto da vítima em matéria penal. Essa breve seleção não faz justiça à frequência e à diversidade de situações em que um novo papel é atribuído às vítimas no debate político sobre a questão penal. A literatura criminológica observa apropriadamente que nos encontramos em um momento de emergência incontestável das vítimas, enquanto categoria política de notável importância. Em um contexto de alta do populismo penal, parece ser uma tarefa espinhosa a oposição às demandas das vítimas, quando adotam uma orientação punitiva. Trata-se de uma categoria vista como "santificada" (para tomar os termos de Erner [2006]), e que aparenta ter uma legitimidade evidente, que a qualifica para falar e pedir "justiça". "Atender às necessidades das vítimas" — o que é muito amiúde interpretado como uma demanda de maior severidade em matéria de penas — seria, então, uma ação incontestável para todos que defendem um sistema de direito criminal

13 Trata-se do caso *Payne versus Tennessee.*

"justo" e "humano". Como afirma Garland: "[*if*] *the centre-piece of penal-welfarism was the (expert projection of the) individual offender and his or her needs, the centre of contemporary penal discourse is (a political projection of) the individual victim and his or her feelings*" (Garland, 2001, p. 144). Ignorar esses sentimentos da vítima seria politicamente demasiado complicado; seria uma falta de empatia ou uma falta de humanismo intoleráveis[14].

As consequências da emergência das vítimas nos deram material para reflexão. Observando esse cenário, nosso entendimento é de que seria muito difícil para o sistema de direito criminal permanecer impassível diante da emergência das vítimas e da exposição de suas expectativas. E a questão nos parecia ainda mais inquietante pelo fato de a categoria política "vítimas" estar quase sempre associada a um desejo de maior punição[15]. A demanda de reconhecimento dessas vítimas pode rapidamente derivar em uma demanda de estabelecimento de um curioso tipo de direito-credor: o direito ao sofrimento de outrem (Pires, 1999, p. 36). As próprias vítimas fazem, frequentemente, uma demanda de reconhecimento que toma a forma específica de uma demanda de punição, identificando uma coisa com a outra e levando os analistas a dizer que "multiplicar as vítimas é, portanto, também multiplicar forçosamente os carrascos" Erner (2006, p. 65)[16].

---

14 "Estar do lado das vítimas", como declara o presidente francês (Erner [2006, p. 149], *apud le Nouvel Observateur*, 23/06/2005), é uma questão de sabedoria política, mesmo não se sabendo exatamente o que isso quer dizer.

15 Se as vítimas punitivistas são muito mais visíveis, há, em contrapartida, um importante grupo de vítimas não punitivistas, bem menos eloquente, e que apresenta dificuldade de obter reconhecimento junto a grupos de defesa dos direitos das vítimas. Ver a esse respeito Gruber (2007).

16 Retornaremos à questão sobre as vítimas, em nosso capítulo teórico (seção 4.2.3), como também em um dos capítulos analíticos (seção 7.2.5), visando sobretudo retomar o problema a partir da perspectiva interna do sistema de direito criminal.

Em suma, a nova categoria política de "vítimas", exercendo pressão tanto sobre políticos como sobre juízes e promotores, faz parte de um cenário que nos parece muito opressivo em relação ao SDC. Trata-se, portanto, de um outro elemento que nos leva a indagar sobre a reação desse sistema diante da referida pressão.

2.1.4 Um cenário de pressões sobre o Sistema de Direito Criminal (SDC)

Um cenário de mudanças na penalidade contemporânea é certamente bem mais complexo do que pode levar a crer a concisa exposição nas seções precedentes. Entretanto, esse breve panorama serve para mostrar ao leitor o que, de início, despertou nosso interesse por este estudo: o de que um cenário de transformações no ambiente do SDC implica em uma crescente pressão por um sistema mais punitivo. Mais do que nunca, parece-nos que juízes e promotores estão sob os holofotes e, consequentemente, sob pressão para prestar conta de suas decisões. Na era midiática, o público (incluindo um público de vítimas) e a opinião pública são elementos que não podem ser ignorados pelo Estado, e é difícil pensar que todas essas pressões externas não impactem a atividade jurídica de distribuição das respostas penais.

Paralelamente a todo esse cenário de transformações devidamente referenciadas por uma ampla e variada literatura, não se tem realmente conhecimento de estudos que buscam compreender as repercussões dessa efervescência político-midiática penal sobre a atividade dos juízes. Aqui, nosso interesse não se refere necessariamente ao impacto midiático sobre a celeridade do trabalho da polícia, ou aos problemas causados pelas mídias aos tribunais com sua má representação ("má", a partir de uma observação dos operadores do SDC) dos assuntos criminais, mas sim às próprias dificuldades acarretadas pelas mídias à atividade jurídica fundamental de atribuição de uma pena.

Nesse sentido, os referidos estudos são, como dissemos, difíceis de encontrar, mas isso não significa que não seja possível perceber os sinais das pressões externas sobre a atividade de juízes e promotores. Aqui e ali, podem-se identificar decisões jurídicas[17] que recorrem a uma noção de público, ou algo equivalente, em sua tomada de decisão. Além disso, é possível observar, há meio século, a emergência e a institucionalização da teoria da denunciação[18], que constitui claramente o público como baliza para o estabelecimento de uma pena criminal. Enfim, no que se refere ao SDC, gostaríamos de refletir sobre esses sinais de um novo papel do público e da opinião pública, e do novo uso dessas categorias pelo SDC (uso esse que Pires [2001a] qualificará como "juridicização da opinião pública").

Nossa inquietação quanto aos sinais de um novo papel do público no SDC era tanto maior por conhecermos bem o lado punitivo desse sistema. Não é como se o SDC tivesse necessidade do público como pretexto para ser bastante punitivo; há muito tempo, seu sistema de pensamento se encarrega de sua "autorrepresentação" como lugar de distribuição do sofrimento na sociedade. De qualquer forma, o público poderia efetivamente servir como um argumento a mais para uma severidade ampliada do sistema e uma intolerância ainda maior em matéria penal. Ao nosso ver, tal cenário constituía tanto uma preocupação no plano ético, como uma interpelação no plano do conhecimento.

---

17 Ver, por exemplo, a seguinte decisão da Corte inglesa: "a sociedade, para a Corte, deve demonstrar o fato de ter horror a certos tipos de crimes, e a única maneira pela qual a Corte pode demonstrá-lo é através das penas (*sentenças*) que ela outorga. Os tribunais não têm de refletir a opinião pública; mas, por outro lado, não devem desconsiderá-la (*must not disregard it*). Talvez, o principal dever da Corte seja o de guiar a opinião pública" (R. c. Sargeant, 1974, 60 Cr. App. Rp. 74 — *apud* Pires, 2001a; grifos no original). Esse mesmo tipo de raciocínio pode ser encontrado em algumas decisões do caso James Bulger na Inglaterra, que analisamos em nossa dissertação de mestrado (Xavier, 2005).

18 Sobre a teoria da denunciação, ver Lachambre (2011).

Resumindo em linhas gerais, vemos, de um lado, um cenário de transformações e pressões do público e da opinião pública (as mídias sendo aqui fundamentais[19]) e, de outro lado, um sistema de direito criminal que nos parece pouco estudado, do ponto de vista da recepção dessas pressões externas, e que sempre manteve um discurso de autonomia frente a interferências externas às suas decisões, mas que apresenta alguns sinais esporádicos de uma utilização da opinião pública, no sentido de um aumento da severidade de suas respostas. É esse o caminho que nos conduz ao nosso problema de pesquisa.

2.2. O PROBLEMA DE PESQUISA

Eis o contexto geral que se apresenta: uma virada punitiva do sistema político; a emergência do público (incluindo as vítimas) e da opinião pública na cena penal; a explosão midiática das últimas décadas associada a seu interesse pelos assuntos criminais; a exploração política dos "defeitos" e das "insuficiências" das instituições penais; e uma nova atenção dada a um público específico — as vítimas —, há muito esquecido pelo sistema de direito criminal. Nas páginas precedentes, tratava-se de retraçar algumas grandes linhas da penalidade contemporânea, na qual se insere nosso problema de pesquisa; ao passo que agora, trata-se de sair do contexto geral — público/opinião pública em uma sociedade midiática e punitiva — e definir nosso problema de pesquisa. Qual é ele, afinal?

Para formulá-lo, precisamos dirigir um olhar pouco usual para a sociologia do direito. Para tanto, promovemos uma mudança de perspectiva, focando a observação no sistema de direito criminal. O que nos interessa é a interação deste sistema com um ambiente conturbado, mas a partir de seu ponto de vista interno. Resumidamente,

19 Esses elementos que, por ora, são intencionalmente um pouco fluidos, serão definidos em nosso capítulo teórico (seção 4.2).

nosso problema de pesquisa diz respeito à maneira pela qual o sistema de direito criminal percebe e gere a referida pressão da opinião pública e do público. Nesse contexto, atentaremos particularmente ao momento de tomada da decisão penal; isto é, ao momento em que o sistema jurídico (juízes e promotores) mobiliza usualmente um conjunto de ideias e critérios jurídicos para a imposição de uma pena. Pretendemos igualmente ver como o sistema de direito criminal reage a esses estímulos, tendo em conta a sua "autopercepção", enquanto sistema que deve regular os conflitos a partir da obrigação de impor uma pena aflitiva. Examinemos, agora, mais detidamente esse problema.

Primeiramente, a maneira como delimitamos nosso problema de pesquisa se distingue das análises geralmente propostas sobre o tema (tanto no que se refere às análises gerais, recém tratadas neste capítulo, como às análises específicas sobre opinião pública/público e sobre a determinação da pena, a serem examinadas no capítulo 3): consideramos o sistema de direito criminal como um sistema autônomo[20], e é a partir de suas operações que buscamos compreender como ocorre a sua interação com a opinião pública. Não se trata de investigar as distorções midiáticas dos casos e procedimentos criminais, bem como o pensamento do público sobre o sistema de direito criminal. Também não mais se trata de saber o que os atores penais pensam das mídias e do público e até onde julgam necessário tê-los em conta para o funcionamento e a legitimidade do referido sistema. Todas essas perspectivas, válidas como pesquisa, não nos interessam aqui. Concentramos nosso olhar no sistema de direito criminal, e queremos saber como, em sua dinâmica interna, ele reage ao que percebe ser uma pressão de seu ambiente.

---

20 Mais do que isso, nós o tratamos como um sistema de função autopoiética, com base na teoria dos sistemas de Luhmann. Definiremos o termo, no capítulo teórico (seção 4.1).

A perspectiva adotada demanda, portanto, que nos detenhamos nos mecanismos internos desse sistema: quais são as novas categorias, os novos argumentos, as novas distinções e as novas estruturas implantadas para poder dar conta dos estímulos externos da opinião pública? Como o SDC raciocina seja para integrar ou rejeitar o que percebe ser uma manifestação da opinião pública que lhe exige algo? Como o sistema muda face a esses estímulos do ambiente?

Entendemos que tais questões remetem a um campo inexplorado. Quando a sociologia do direito reflete sobre as relações entre o direito e o público, é principalmente pelo segundo elemento da equação que ela se interessa. O conhecimento que o público tem do direito, suas expectativas em matéria de "punitividade" etc.[21] são os temas usualmente encontrados, quando ao direito associa-se a questão do público ou da opinião pública. Em contrapartida, as possíveis transformações do SDC em reação a esses estímulos externos são bem menos enfatizadas. Entendemos que a razão dessa lacuna reside em uma dificuldade teórica importante de superar. Uma dupla armadilha deve ser realmente evitada: aquela que leva a crer que o direito opera independentemente de seu ambiente (pressões, ou não) e uma outra, que dá a entender que o direito seria somente o receptáculo das expectativas de seu ambiente em relação a ele. Assim, mesmo que os juristas reconheçam que o SDC sofre uma grande pressão da opinião pública, das mídias, do político, ou ainda das vítimas, eles logo nos farão recordar da autonomia desse sistema, em sua tomada de decisão. Em contrapartida, alguns cairão na armadilha de crer que um sistema tão complexo quanto o SDC cederá sistematicamente às pressões de seu ambiente, unicamente pelo fato de ser levado a enfrentá-las. Portanto, o desafio teórico que se coloca consiste em compreender o impacto que os estímulos externos — como o público e a opinião pública — podem ter sobre o SDC, para além do simples discurso de rejeição total ou de aceitação incondicional.

---

21 Retornaremos detidamente a essa literatura, no próximo capítulo (3).

De outro lado, quando nos interessamos pela maneira como o SDC aborda a questão dos estímulos externos em sua tomada de decisão, levamos em consideração o impacto que as teorias que orientam suas decisões em matéria de pena criminal têm sobre essa abordagem. Eis, aqui, uma parte central da pesquisa: a tentativa de compreender o comportamento do SDC face ao público e à opinião pública, com o auxílio do conceito de racionalidade penal moderna, de Pires[22] — conceito que desenvolvemos empiricamente (capítulo 6) e teoricamente (seção 4.3). Tendo em conta o fato de que o SDC é dominado por um tipo de racionalidade (a RPM) que o obriga a responder aos casos apresentados, a partir de um contexto de imposição de uma pena aflitiva, buscamos compreender como essa exposição do sistema aos estímulos externos (punitivos, ou não) contribui tanto para fazê-lo evoluir (isso é, mudar suas próprias estruturas internas de reflexão e de decisão), como, inversamente, para reforçar e reproduzir seu sistema de pensamento.

Face a esse problema de pesquisa, formulamos duas hipóteses principais. Primeiramente, cremos que o peso dos estímulos externos na tomada de decisão do SDC é mais importante do que se poderia pensar, fiando-se exclusivamente no discurso desse sistema. Em outras palavras, cremos que um discurso do sistema — segundo o qual os estímulos da opinião pública não contam absolutamente em sua tomada de decisão — não se verifica empiricamente. Se isso for verdade, deveríamos encontrar argumentos jurídicos construídos pelo sistema para conseguir gerir a pressão externa.

Já no que se refere à segunda hipótese, cremos que tendo em conta seu sistema de pensamento dominante (a RPM), o sistema de direito criminal tem bem menos dificuldade de gerir e aceitar estímulos que favorecem uma maior punição, comparativamente àqueles que preconizam menos punição, e até mesmo soluções não repressivas.

---

22 Ver Pires (1998; 1999; 2001a; 2001b; 2002a; 2002b; 2004b; 2005; 2006; 2007; 2008a; 2008b), Pires e Acosta (1994), Pires e Cauchie (2007) e Pires e Garcia (2007).

Rejeitando interpretações ingênuas, que dão a entender que o SDC seria independente, ou então que estaria à mercê de seu ambiente, buscamos apreender mais acuradamente qual impacto um ambiente punitivo poderia ter sobre um sistema que se percebe como responsável pela distribuição do sofrimento legal na sociedade.

3 AS RELAÇÕES ENTRE OPINIÃO PÚBLICA E DETERMINAÇÃO DA PENA DO PONTO DE VISTA DA ACADEMIA[23]

3.1 INTRODUÇÃO

Há alguns anos, assistimos a um interesse crescente da sociedade pelos assuntos penais. A exploração dos dramas penais pelas mídias de massa parece ter explodido a partir de algumas décadas: crimes que nos chocam, ameaças cada vez mais sérias à ordem social, criminosos que não são suficientemente punidos etc.; eis aí temas que, mais do que nunca, parecem estar presentes nas comunicações das mídias.

Tudo indica que a opinião pública[24], historicamente tida como insignificante nas políticas penais e, sobretudo, na tomada de decisão dos juízes dos tribunais penais (pensemos, aqui, nas justificações tradicionais da pena e em seu "desprezo" pela opinião pública[25]),

---

23 Uma versão similar deste capítulo foi publicada no livro "A Racionalidade Penal Moderna. Reflexões Teóricas e Explorações Empíricas" (Dubé, Garcia e Machado, 2020).

24 Ao longo do presente capítulo darei aos termos "público" e "opinião pública" um sentido um pouco fluido. Os termos serão definidos mais à frente na seção teórica.

25 Aqui, penso sobretudo nas teorias mais "tradicionais" da pena criminal: a reabilitação, a dissuasão e a retribuição. Tal argumento se tornaria mais complexo, caso se tivesse levado em consideração algumas visões menos comuns, como a da teoria da denunciação.

tornou-se, atualmente, um elemento difícil de ser ignorado, diante da crescente midiatização dos assuntos criminais. As políticas penais parecem se interessar menos pela expertise criminológica ou jurídica, do que pela voz dominante "*da long-suffering, ill-served people — especially of the 'victim' and the fearful, anxious members of the public*" (Garland, 2001, p. 13).

Em um tal contexto, a determinação da pena criminal se torna mais complexa. As interações entre os atores responsáveis por aplicar a punição estatal e o público parecem adquirir uma nova dimensão. O público pode conduzir ações (e o faz, efetivamente), para se fazer ouvir por juízes e políticos. Cartas aos juízes, cartas aos promotores e procuradores, comunicações nas mídias, manifestações em praça pública etc.: eis iniciativas tomadas pela opinião pública, com a finalidade de influir sobre a sorte dos acusados.

Com tais desafios relativamente novos quanto à punição, qual olhar as ciências sociais lançam sobre esse fenômeno? No presente texto, proponho-me a analisar a observação realizada pela ciência sobre a relação entre, de um lado, o público e a opinião pública e, de outro lado, a determinação da pena criminal. Farei uma breve revisão da literatura sobre a opinião pública e a determinação da pena[26] e, em seguida, farei sucintamente a crítica dessa literatura. Procurarei determinar qual é o objetivo perseguido pelos pesquisadores que se interessam por essa problemática, quais são as questões que eles se colocam e também seus pressupostos, e ainda, quais são as questões que suas pesquisas nos permitem entrever.

---

26 Para a análise integral, ver Xavier (2008).

3.2 A LITERATURA SOBRE A DETERMINAÇÃO DA PENA E A OPINIÃO PÚBLICA

A literatura sobre o tema público/opinião pública e determinação da pena é muito abundante. Na presente seção, apontarei em que consistem tais orientações de pesquisa, como também ressaltarei o que me parece constituir uma lacuna importante.

Inicialmente, identifico seis orientações de pesquisa que me parecem bastante relevantes. Na primeira, alguns pesquisadores se empenham em relacionar as "penas" que o público estaria pronto a infligir, em casos concretos (fictícios ou reais), e as penas que os juízes pronunciaram (ou pronunciariam, nos casos fictícios)[27]. Seus estudos parecem implicitamente preocupados com a existência de uma distância bastante ampla entre o que o público pensa sobre as penas e a sua aplicação efetiva. O público é visto, parece-me, como uma fonte de legitimidade, da qual o sistema de direito criminal não pode se afastar demasiadamente, sem criar um problema de monta.

As pesquisas em questão parecem desconstruir plenamente a ideia de que o público seria sempre mais punitivo do que os juízes. Mesmo que algumas delas encontrem, em casos específicos, um público mais punitivo[28], em outras, ele não mais o é, ou o é até menos do que os juízes[29]. Consequentemente, não há base empírica para uma perigosa generalização em consonância com a opinião comum de que o público seja sempre mais punitivo do que os juízes.

---

27 Para essa orientação de pesquisa, ver Hough e Roberts (2002); Kuhn, Villettaz e Jayet (2002); Mande e English (1989); Roberts e Doob (1989); Tremblay, Cordeau e Ouimet (1994); Walker, Hough e Lewis (1988).

28 Ver Walker, Hough e Lewis (1988b, p. 200) (não necessariamente um público mais punitivo, mas sim mais intolerante para com as sentenças mais clementes) e também, Tremblay, Cordeau e Ouimet (1994, p. 417).

29 Ver, por exemplo, Mande e English (1989, xvi); Roberts e Doob (1989, p. 510-511) e Hough e Roberts (2002, p. 166).

Uma segunda orientação de pesquisa pretende comparar os pontos de vista do público com as penas legais. Creio que o trabalho mais marcante, nesse sentido, seja o desenvolvido por Rossi e Berk (1997), e que foi encomendado e financiado pela *Federal Sentencing Comission*, dos Estados Unidos. Para os citados autores, não se trata de seguir exatamente o que o público pensa no momento de criar as penas (especialmente porque é preciso ter em conta reflexões relativas notadamente às teorias da pena), mas sim, de mostrar — tal como na orientação de pesquisa anterior — que uma distância muito pronunciada entre as visões do público e as do legislador causa sempre problema. Não se trata de "seguir" o público, mas, de certa forma, de conhecer os limites de sua tolerância, de modo a evitar defrontar-se com penas tidas como ilegítimas.

A terceira orientação de pesquisa concerne às variáveis relativas às "penas" do público. Para alguns pesquisadores, consiste em examinar um pouco mais de perto a tendência em punir manifestada pelo público, ou mesmo em delimitar as características que tornam determinados públicos mais ou menos punitivos. As pesquisas que integram esse grupo são bastante díspares e dificilmente agrupáveis sob uma mesma rubrica. Há, por exemplo, pesquisas que se interessam por aquilo que o público consideraria como fatores de agravamento ou de atenuação da pena (Durant, Thomas e Willcock, 1972); pelas consequências da informação sobre questões criminais nas "penas" que o público aplicaria (Doble, Immerwahr e Richardson, 1991; Hough, Lewis e Walker, 1988; Hough e Roberts, 2002; Roberts e Indermaur, 2007); pelo papel que tanto o temor ao crime como o temor de ser vítima desempenham nessas mesmas "penas" (Boers e Sessar, 1991; Hough e Moxon, 1988; Kuhn, 1993; Taylor, Scheppele e Stinchcombe, 1979; Thomas, Cage e Foster, 1976) e, por fim, pelas relações existentes entre as "penas" do público e determinados fatores demográficos e socioculturais (Kuhn, 1993; Walker, Collins e Wilson, 1988a).

Um quarto grupo de pesquisas se interessa pelo conhecimento do público sobre as teorias da pena, como também pela utilização que ele faz delas, no momento de avaliar a pena a ser aplicada a um crime determinado. Procura-se identificar quais teorias da pena são preferidas do público (Doob, Sprott, Marinos e Varma, 1998; English e Pullen, 1989; Gerber e Engelhardt-Greer, 1996; Roberts, Crutcher e Verbrugge, 2007); comparar as escolhas de teorias da pena feitas pelos operadores do sistema de direito criminal com aquelas feitas pelo público (Gottfredson, Warner e Taylor, 1988) e também ressaltar as distinções estabelecidas pelo público entre as teorias da pena que serão defendidas para os crimes graves (Roberts, Crutcher e Verbrugge, 2007). Ainda que menos extremada do que no caso da comparação entre as "penas" do público e as penas legais ou pronunciadas pelo juiz, parece estar aqui sempre presente a preocupação com uma certa concordância entre as teorias nas quais as penas do direito criminal devem se basear e as "penas" do público.

A quinta orientação de pesquisa se interessa pela percepção do público sobre a severidade das sentenças penais. Esse tipo de pesquisa se propõe a avaliar o grau de "satisfação do público" em relação ao papel punitivo do sistema de direito criminal (ou do sistema político, pensando-se nas penas legais). Ele se empenha em determinar se o sistema de direito criminal é tão punitivo quanto o público o desejaria. Muito frequentemente, as pesquisas estão relacionadas a projetos de reforma (Environics Research Group, 1989), ou consistem em meros artigos que comentam sondagens (Myers, 1996). Cabe acrescentar que essa preocupação em saber se a justiça é suficientemente punitiva tem, geralmente, sua origem menos na ciência enquanto tal, do que nas pesquisas de opinião realizadas seja por institutos de pesquisa, seja por governos que tenham desenvolvido suas próprias pesquisas ou que as tenham encomendado a especialistas.

Por fim, há as pesquisas que avaliam a influência da opinião pública nas decisões tomadas pelos tribunais em matéria de penas. Bem poucos trabalhos foram realizados sobre a temática, e nenhum deles — ao menos, de meu conhecimento — insere-se no sistema de direito criminal, para examinar as transformações jurídicas devidas a essa influência. Nesse último grupo de pesquisas, há, de um lado, os trabalhos de Wilkins (1984) e de Tomaino (1997) e, de outro lado, os de Cook (1977) e de Kuklinski e Stanga (1979). Os primeiros não constituem propriamente "pesquisas", mas sim proposições sobre a maneira como o sistema de direito criminal deveria agir para considerar o estímulo externo da opinião pública. Segundo esses autores, é inútil ignorar as mensagens do público, visto que o juiz já os leva em conta no momento em que toma a sua decisão. Trata-se, assim, simplesmente, de tornar explícito aquilo que é feito informalmente. Eles formulam, então, sugestões referentes à integração, a partir dos conceitos de "culpabilidade" e de "circunstâncias agravantes e atenuantes". No que concerne aos trabalhos de Cook ou de Kuklinski e Stanga, a perspectiva é diferente: trata-se de analisar o fluxo das decisões, de modo a determinar como os tribunais reagem a manifestações da opinião pública. Concentrando sua atenção em um episódio específico, em que a opinião pública aparece explicitamente para os juízes, os pesquisadores observam que o conjunto das decisões tende a concordar preferencialmente com ela. Em resumo, consiste em avaliar o que esses pesquisadores chamam de *responsiveness* dos tribunais à opinião pública.

Antes de concluir esse breve exame da literatura, apontemos um elemento importante, que chama atenção por estar nela ausente. O olhar de dentro, voltado para o sistema de direito criminal, e que busca compreender os mecanismos que atuam em suas tomadas de decisão, em um contexto no qual a opinião pública se torna uma questão incontornável, parece estar totalmente inexplorado. Em outras palavras, é importante saber como esses estímulos externos são geridos internamente, e "digeridos" pelo sistema de direito criminal e sua racionalidade penal dominante (a racionalidade penal moderna). Eis uma questão fundamental, que não parece ainda ter sido examinada.

3.3 CRÍTICA DA LITERATURA SOBRE DETERMINAÇÃO DA PENA E OPINIÃO PÚBLICA. A CONTRIBUIÇÃO DE ALGUNS ESTUDOS

Nos estudos sobre a determinação da pena e a opinião pública, a questão reside nesse interesse, sempre subjacente, sobre a distância entre o que o sistema de direito criminal enuncia como sentença e as expectativas do público. Ou melhor, na escassez de reflexões teóricas a respeito da significação desse fato relativamente novo — o público/a opinião pública —, enquanto elemento a não ser ignorado no momento da determinação de uma pena criminal. Entendo que o debate permanece, mais frequentemente, na superfície, incapaz de aprofundar a questão. Entretanto, explicito que ao afirmar que existe uma ausência da teoria, não estou focando nas análises sobre as transformações sociais que levam à emergência do público e da opinião pública como ator significativo. Refiro-me, isso sim, às transformações no direito penal — ou, mais precisamente, nos modos de justificação da punição —, provocadas por esses novos atores/comunicações. Tentemos esclarecer o problema.

De uma certa forma, e do ponto de vista de uma criminologia crítica, preocupada em se contrapor a um sistema de direito criminal considerado demasiado punitivo, alguns desses estudos podem parecer muito louváveis e úteis, no plano prático. De fato, eles colocam em questão diversas ideias do senso comum, sustentadas por defensores de um sistema penal cada vez mais punitivo. Esses estudos problematizam, por exemplo:

a. a eficácia das políticas penais baseadas em pesquisas de opinião. Critica-se, geralmente, o fato de que elas fazem uma caricatura da opinião pública, como também se critica a sua utilização pelos políticos — o que nada mais é do que cair no populismo penal, em que há maior interesse pelos ganhos eleitorais, do que pelos efeitos práticos das políticas;

b. o nível de complexidade das atitudes do público em relação às penas. Tais pesquisas nos mostram que um indivíduo pode considerar a justiça demasiadamente clemente e, ao mesmo tempo, diante de um caso concreto, pronunciar penas menos severas do que os juízes — o que significa que o público pode se mostrar mais ou menos punitivo, conforme a maneira como se coloca a questão;

c. o fato de que as mídias utilizem abusivamente a noção de opinião pública, com vistas a exercer uma pressão punitiva sobre os juízes e os políticos e também, de que elas deformem ou simplifiquem a informação dada ao público, quanto a alguns assuntos penais (ver, por exemplo, Roberts, 1988b; Roberts e Doob, 1989, p. 499 e ss.);

d. o fato de que o público não conheça o processo de determinação da pena em toda a sua complexidade, e de que subestime a taxa de encarceramento e o peso das penas aplicadas. Está demonstrado que, ao declarar-se a favor de um aumento das penas, o público pressuponha sempre que as penas aplicadas sejam menos longas do que elas o são realmente (ver os autores citados por Roberts e Hough, 2001, p. 144);

e. a suposição de que o público defenda sempre objetivos "muito punitivos" da pena. Como mostram Roberts, Crutcher e Verbrugge (2007), o público considera como muito razoáveis os objetivos considerados menos punitivos e identificados com uma justiça restaurativa — o que contradiz a imagem de uma "opinião pública punitiva", veiculada pelas mídias.

Vê-se, então, que algumas dessas pesquisas procuram ter um efeito de desmistificação do público (e da opinião pública), mostrando que suas representações são bem complexas, e não necessariamente uniformes e mais punitivas do que aquelas dos atores penais; e que, desse modo, elas buscam atenuar um pouco a pressão punitiva que recai sobre o sistema político e o sistema de direito criminal.

Entretanto, ao mesmo tempo em que esses estudos podem ser críticos em relação às ideias já prontas, formulo a hipótese de que eles têm um efeito perverso involuntário. O simples fato de se indagar se os juízes concordam com o público (ou vice-versa), quando pronunciam penas criminais, traz implicitamente uma sugestão de que a fonte de legitimação do sistema de direito criminal (e do sistema político, em sua atividade de formulação de penas) encontra-se em outro lugar, fora do sistema. Em outras palavras, quando a ciência se empenha em determinar o que o público ou a opinião pública pensam sobre as sentenças (ou as penas legais), ela passa implicitamente a mensagem de que é importante valorizar esse critério externo, para a justificação da punição penal.

Ora, a atribuição das sentenças pelo juiz é uma tarefa relativamente bem estruturada, que deve satisfazer a critérios jurídicos e abstrair elementos tradicionalmente ligados ao sistema político, tais como a opinião pública. Nesse sentido, tendo como objeto de pesquisa a distância entre a opinião pública e os juízes, no que concerne às sentenças, tais pesquisas implicam ser importante que o sistema de direito criminal observe o que ocorre fora dele próprio, e o impulsiona a agir, de certa forma, à imagem do sistema político.

Em resumo, digamos que não só essa ausência de teoria, de reflexão sociológica e de definição dos conceitos limitam o alcance da crítica, como também que a mesma tem, ainda, por efeito justificar a busca, por alguns atores do sistema de direito criminal, de uma legitimação fora dele, ou seja, na opinião pública.

3.4 O PROBLEMA DA CONFIANÇA DO PÚBLICO NO SISTEMA DE DIREITO CRIMINAL

Um dos problemas com o qual nos defrontamos aqui é a maneira de abordar essa problemática da confiança do público no sistema de direito criminal. Essa questão está subjacente numa boa parte das pesquisas sobre público e determinação da pena[30]. Seria fundamental que o sistema de direito criminal pudesse contar com a confiança e, talvez mesmo, com a boa vontade do público, para assegurar o seu bom funcionamento. Com maior frequência, o Tribunal seria impedido de perseguir um criminoso, caso a vítima ou testemunhas se recusassem a fornecer provas; a denúncia por parte de uma vítima leva, geralmente, outras vítimas do mesmo agressor a imitá-la; a própria descoberta de um crime só é mais frequentemente possível através da participação do público em geral; as informações fornecidas pelas testemunhas constituem elementos de considerável importância para a tomada de decisão dos juízes etc. Tudo isso dependeria da confiança do público no sistema de direito criminal. Roberts e Hough afirmam:

> [W]hatever effectiveness the criminal justice system achieves, this is largely because most people consent to the rule of law. They do so because the component parts of the system command legitimacy, and thus authority. To the extent that people comply with the requirements of the system, they do so at least in part because they trust the police and the courts, and think them fair (Roberts e Hough, 2001, p. 30).

Em resumo, a confiança do público seria um componente essencial das engrenagens da máquina penal, pois ela contribuiria para a sua eficácia e legitimidade.

Por essa razão, seria justo e importante que os pesquisadores examinassem de perto essa "confiança" do público no penal. A pesquisa acadêmica estaria aqui prestes a descrever, elucidar, explicar e matizar todos os detalhes de uma problemática fundamental para

30 Para um resumo sobre essa vertente de pesquisa, ver os trabalhos de Hough e Roberts (Hough e Roberts, 2004a, 2004b; Page, Wake e Annes, 2004; Roberts, 2004). Ver também, para um estudo redigido em francês, a pesquisa do *Groupe de Recherche sur les Attitudes envers la Criminalité* de Montréal (1976, p. 246 e ss.; 1984, p. 224 e ss.).

o sistema penal, e mesmo para a democracia. Com base nesse raciocínio, uma justiça penal é tanto mais democrática — e, por conseguinte, uma sociedade é tanto mais democrática —, quanto mais ela se aproxima das opiniões que os indivíduos têm sobre o que deveria ser um sistema punitivo estatal justo. Assim, busca-se saber o que o público pensa das garantias jurídicas, do *plea bargaining*, da *probation*, das penas alternativas, da duração das penas de prisão etc., tendo sempre presente que uma enorme distância entre o que o sistema de direito criminal pratica e o que o público deseja seria um problema.

Nesse sentido, tais pesquisas entendem que a pesquisa acadêmica precisa se empenhar para gerir ou atenuar o citado problema. Suas sugestões podem seguir duas orientações diferentes.

As pesquisas que seguem a primeira orientação estabelecem, em geral, que a falta de confiança se deve largamente ao fato de que o público "conhece mal" ou "conhece muito pouco" o funcionamento do sistema de direito criminal. Em um tal contexto, se o público não confia no sistema, é porque não o conhece suficientemente. A solução para tal problema é, em teoria, simples: ela consiste em informar o público sobre o funcionamento da justiça, expondo-lhe as suas decisões. Isso seria menos uma questão de fundo, do que uma "simples" questão de imagem da justiça. Não se trata de repensar a penalidade e a atividade da justiça, mas sim de melhor "vendê-la" ao público. Em vez de provocar transformações internas, são feitos esforços de relações públicas[31] para mostrar que a justiça realiza um bom trabalho.

---

31 A esse respeito, Hough e Roberts (2002, p. 173) são bem explícitos: "*It is hardly an exaggeration to say that the courts systems in industrialised countries collectively represent a public relations disaster. As noted, the majority of the public lack confidence in the key decision-makers within these systems, namely judges. In the absence of any accurate knowledge of the severity of typical sentences, they think that the judicial product — punishment — is totally inadequate. Any commercial organisation facing such a crisis would not hesitate to contract the skills of communication experts. The crisis in public confidence in the courts and the parole system will not be resolved by communications alone, but such an initiative will have a positive influence*". Ver também Roberts e Doob (1989, p. 498).

Vislumbra-se logo o problema. Esse tipo de conhecimento de uma justiça penal preocupada em angariar a confiança do público pode ser afinal traduzido em um saber deveras pragmático sobre a confiança do público e sobre as ações a empreender para incrementá-la. Assim sendo, ficam de lado as preocupações envolvendo as próprias práticas do sistema. Se a questão se limita a informar o público, presume-se, de uma certa forma, que a insatisfação derive de uma falta de informação, esquecendo-se de considerar que a falta de confiança pode ter raízes mais profundas[32]. De igual modo, esquece-se que a imagem que o público faz da justiça não é formada simplesmente pelas notícias que se têm sobre a justiça penal. Enfrentam-se, em geral, representações mais profundas, "visões de mundo"[33] que não são, necessariamente, modificáveis, quando confrontadas com informações episódicas sobre o funcionamento da justiça. Nesse sentido, parece-me bem pertinente a reflexão apresentada por Mande e English (1989, p. 15), de que o público considera demasiado clementes as decisões do sistema penal, quaisquer que sejam elas, na realidade.

Além disso, pressupõe-se que é possível informar o público. Ora, o público, que não conhece e nem pode conhecer todas as considerações que os juízes devem levar em conta, dificilmente consegue apreender toda a complexidade de uma decisão que emana do sistema de direito criminal, sobretudo quando há a imposição de uma pena. Mesmo que alguns dos estudos aqui referenciados tenham conseguido, no contexto estrito da pesquisa, tornar o público mais "informado",

---

32 As possibilidades são aqui inúmeras. Seria possível citar, por exemplo, o lado não igualitário da justiça penal, que parece ter, em toda parte, uma "preferência" pelas pessoas desfavorecidas — o que pode torná-la menos confiável junto a uma boa parte do público.

33 Robert e Faugeron (1978) dão aqui uma contribuição importante: na tipologia das representações sociais da justiça penal que eles conceberam, a visão de mundo dos atores constitui um elemento-chave. É um tanto surpreendente que sua contribuição seja ignorada em todos os estudos anglófonos sobre a opinião pública e a determinação da pena.

fazendo-o aceitar melhor as decisões da justiça penal, seria realmente possível pensar que isso seria exequível em larga escala? Em outros termos, a ciência seria capaz de estabelecer a ponte entre o que o sistema de direito criminal faz e o que o público pensa? Ou mais: estaria nisso a sua função?

De acordo com a segunda orientação, pode-se pensar que, em vez de informar o público, seria mais apropriado pretender que, com vistas a aumentar a confiança dele na justiça penal, essa fosse mais proativa diante das demandas do público. Eis aí uma tarefa, que me parece ainda mais equívoca e delicada: deve-se pensar na opinião pública como um dos critérios de justiça para a justiça penal, para que seja possível garantir a confiança do público no sistema penal? A questão consiste, afinal, em saber se, para garantir a confiança do público, pressupondo-se que ela seja essencial para o sistema de direito criminal — o que não me parece necessariamente evidente —, seja preciso responder às expectativas do público. Nesse sentido, considero muito oportuno o comentário de um juiz canadense: "O verdadeiro poder judiciário reside na confiança do público nos tribunais e essa confiança tem sua origem na independência de que gozam os juízes que podem decidir com total imparcialidade" (Michaud, 1995, p. 32). Eis aí uma maneira bem interessante de abordar a questão da confiança do público, e que não me parece ser compartilhada por uma boa parte da literatura revisada: a confiança do público reside na independência de que dão mostras os juízes nas decisões a tomar, no respeito aos critérios internos do direito e em seus próprios critérios em matéria de justiça, e não na "abertura" dos juízes a esses estímulos do público, exteriores ao direito.

3.5 O PROBLEMA DA CONFUSÃO DOS PAPÉIS

Uma outra crítica se impõe quando se abordam as pesquisas que visam aproximar o público dos atores que tomam decisões em matéria de pena. Trata-se da questão referente aos papéis sociais, e que parece não ser considerada nas pesquisas, evidenciando, a meu ver, a existência de graves lacunas no plano epistemológico. Buscarei descrever o problema, baseando-me no estudo de Dahrendorf (1968).

Em "*Homo Sociologicus*", Dahrendorf afirma que a sociologia, "para resolver seus problemas", deve apelar para a noção de papéis sociais, como instrumento de análise. Ele chega mesmo a afirmar — o que é um pouco excessivo — que o objeto da sociologia não seria nada mais do que a compreensão das estruturas dos papéis sociais (*Op. cit.*, p. 41-42). O *Homo Sociologicus*, ou a categoria "pessoa", enquanto objeto da sociologia, residiria na intersecção entre o fato "indivíduo" e o fato "sociedade": o indivíduo que ocupa posições sociais e que desempenha papéis sociais.

> Every position carries with it certain expected modes of behavior; every position a person occupies requires him to do certain things and exhibit certain characteristics; to every social position there belongs a social role. By assuming a social position, the individual becomes a character in the drama written by the society he is living in. With every position he assumes, society hands him a role to play. It is by positions and roles that two conceptually distinguishable facts, the individual and society, are mediated; and it is in terms of these two concepts that we describe homo sociologicus, sociological man, the basic unit of sociological analysis (Dahrendorf, 1968, p. 35).

O autor especifica que esses papéis sociais são objeto de uma dupla expectativa da sociedade para com os indivíduos que detêm uma posição social: a) uma expectativa-exigência de comportamento

("comportamento de papéis"); isso é, uma expectativa quanto à maneira de pensar e de agir; b) uma expectativa-exigência no que concerne a suas aptidões e competências ("atributos de papéis)"; ou seja, uma expectativa referente a características pessoais que o indivíduo deve possuir, ao cumprir um determinado papel. Em outras palavras, o indivíduo que ocupa uma dada posição, deve não só agir de modo a responder às exigências da sociedade, como também mostrar que possui os atributos passíveis de satisfazer as expectativas sociais.

Em suma, os papéis sociais são "feixes de expectativas", ligados às funções e aos atributos dos indivíduos que ocupam tais posições. Eles possuem (Dahrendorf, 1968, p. 37) três características:

- eles constituem "complexos quase objetivos de prescrição de comportamento", independentes do indivíduo que ocupa a posição;
- o conteúdo do papel é modificado pela organização ou por um outro tipo de sistema social, e não pelos indivíduos unilateralmente;
- as expectativas relativas ao comportamento, e incorporadas aos papéis, apresentam-se ao indivíduo com uma certa inevitabilidade, de modo que não se pode permanecer insensível a isso, sem sofrer alguma perda. Em outras palavras, o indivíduo que não responde às exigências do papel é passível de sofrer sanções (em sentido amplo).

Após essa digressão sobre o conceito de papel social, voltemos ao nosso objeto. A finalidade dessa discussão teórica residia em evidenciar aquilo que me parece ser uma falta de perspectiva nas pesquisas que buscam tirar prescrições para os juízes ou para o legislador, com base nas opiniões do público. Mesmo as pesquisas mais aprofundadas, do ponto de vista metodológico, são incapazes de resolver o problema da transposição dos papéis.

De fato, além das dificuldades metodológicas que a definição dessa "opinião pública" comporta, tais pesquisas não escapam de um problema sociológico básico, e que me parece intransponível: é efetivamente impossível fazer com que um indivíduo, que desempenha o papel de "público", pense a partir de um outro papel social, o de juiz (que ele não conhece, nem desempenha). O inverso é igualmente verdadeiro: para aqueles que desempenham o papel de juiz ou de legislador, é impossível raciocinar do mesmo modo que o público, como se suas posições não fossem delimitadas por um "leque de expectativas" definido pelo sistema de direito criminal e pelo sistema político. Os indivíduos que desempenham o papel de juiz ou de legislador podem decerto representar ocasionalmente o papel de público (Dahrendorf enfatiza, nesse sentido, que os indivíduos representam vários papéis); entretanto, as duas atividades não podem ser concomitantes. Portanto, quando eles estão desempenhando o papel de juiz ou de político, configura-se uma impossibilidade de pensar enquanto público. Eles não conseguem se desvencilhar das coerções do papel.

O papel de público e o papel de juiz não atendem às mesmas expectativas. Ao desempenhar o papel de público, o indivíduo não é submetido a praticamente nenhuma coerção, ao se pronunciar sobre a pena a aplicar em um caso determinado. Seja respondendo a uma enquete, enviando uma carta ao jornal, ou falando com seus pares, o indivíduo, ao desempenhar o papel de público, tem, na melhor das hipóteses, uma preocupação de coerência individual. Ele sabe que, na ação que realiza, seu papel se limita a emitir uma opinião mais ou menos razoável. As expectativas são muito baixas e as sanções possíveis são praticamente inexistentes: no pior dos casos, considera-se que o indivíduo se enganou, que não está bem informado, ou algo do gênero.

O mesmo não ocorre para um juiz que atribui uma pena. O papel de juiz é definido pelas expectativas do sistema de direito criminal (expectativas relativas ao comportamento e aos atributos). O juiz deve estar envolvido e bem informado. Ele deve dispor de um profundo conhecimento do direito e das regras sociais (expectativas relativas aos atributos); mas deve, sobretudo, raciocinar juridicamente, arbitrar o conflito entre as partes, conhecer perfeitamente os princípios jurídicos e encontrar uma pena justa que atenda aos critérios do direito. Escapar desse "leque de expectativas" do sistema do direito criminal acarreta sanções muito mais tangíveis do que aquelas às quais o público seria exposto. A sanção pode estar tão simplesmente na anulação de seu julgamento por um tribunal de apelação (o que constitui um procedimento normal do direito, mas que também pode ser visto como a "correção" de uma "má decisão"), ou ainda, na reprovação de seus pares, podendo prejudicar sua carreira. Resumindo, a decisão do juiz é muito mais "responsável", pois ela se insere em um papel que está investido de muitas expectativas específicas.

Dito isso, pode-se realmente considerar ser factível comparar as sentenças dos juízes com as do público? Ou mesmo ser desejável que os juízes "se informem" sobre a opinião do público e a levem em conta? O público ignora os princípios do direito, as múltiplas implicações relativas a um caso específico, o sentido de proporcionalidade que o juiz deve ter para com outros casos etc. Ele ignora, igualmente, as restrições do sistema de direito criminal e suas implicações para o indivíduo que desempenha o papel de juiz em uma decisão de imposição de uma pena. Pode-se realmente considerar, então, que essa transposição de papéis preconizada por algumas pesquisas seja possível? Em resumo, o desejo de "orientar" o sistema de direito criminal, de maneira a considerar resultados de pesquisa sobre a opinião do público em relação às penas, ignora esse fato sociológico de que o ator pensa unicamente a partir de sua posição social e segundo as exigências inerentes ao seu papel.

3.6 O PROBLEMA DAS DISTINÇÕES

Um quarto tipo de observações acerca dessas pesquisas concerne à sua maneira de conceber o sistema de direito criminal. A meu ver, uma boa parte da literatura que trata da relação *sentencing*-opinião pública mal chega a estabelecer uma distinção que me parece fundamental: a maioria dos trabalhos não enfatiza devidamente a autonomia do sistema de direito criminal. Conforme visto, tais estudos se justificam pela importância do papel desempenhado pela opinião pública no "sistema penal" de uma sociedade democrática; contudo, esquece-se que a expressão "sistema penal" engloba, simultaneamente, o sistema político e o sistema de direito, e que a democracia não tem, no primeiro, o mesmo sentido que tem no segundo, ainda mais que esses dois sistemas sociais ocupam funções diferentes na sociedade.

Essa confusão é mais visível nos estudos que comparam, relativamente a determinados tipos de penas, a opinião do público e a opinião dos chamados *criminal justice officials* ou *criminal justice practitioners* — uma categoria mais ampla, que engloba os juízes, os membros do Ministério Público, os defensores públicos, os agentes de *probation* e os políticos (Mande e English, 1989).

Cabe, também, fazer referência ao exemplo de Tomaino (1997). Ele construiu um modelo que visa a inserir a opinião pública no processo de determinação da pena, mas, em seu modelo, é muito difícil discernir quando ele está discorrendo sobre a atividade dos juízes, e quando está falando sobre a atividade política de criação das penas (e das variáveis que podem influir sobre ela). Em resumo, Tomaino argumenta que o público deveria desempenhar um papel na seleção das penas, e que, no cômputo geral, deve-se levar em consideração o público, quando os limites de sua tolerância forem ultrapassados; deve-se oficializar o papel que o público já desempenha etc. Contudo, não se sabe muito bem se o autor estaria fazendo referência unicamente à inscrição da pena na lei, ou se ele estaria atentando igualmente para a determinação das penas pelos juízes.

A confusão se verifica, também, em outros estudos. Cook (1977) e Kuklinski e Stanga (1979) se referem aos juízes como *policy-makers*, pessoas que criam a *judicial policy*. Esses autores adotam o ponto de vista da ciência política — o que dificulta a observação do sistema de direito criminal enquanto entidade autônoma do sistema político. Ora, a lógica jurídica não é e nem pode ser idêntica à lógica política, que implica que se responda ao público. A ideia subjacente — a *political responsiveness* — pressupõe que o sistema de direito criminal seja tratado como um braço do sistema político, dado que, em uma tal concepção, os juízes se tornaram agentes políticos e os tribunais são *policy-making bodies* (Kuklinski e Stanga, 1979, p. 1091).

Tendo em conta a ausência de conceitualização do sistema de direito criminal, é difícil apreender a lógica que subentende a tomada de decisão nesse sistema. Como a distinção entre o jurídico e o político é fluida, é impossível ver que, para impor penas, o sistema penal utilize seu próprio quadro teórico (as teorias da pena), dificilmente conciliável com princípios, tais como o de *government responsiveness*. Na medida em que se considera que o sistema de direito depende do sistema político, é-se levado a aplicar uma lógica claudicante no processo de decisão.

3.7 O PROBLEMA DA AUSÊNCIA DAS TEORIAS DA PENA

Atingimos, aqui, o cerne do problema. As pesquisas sobre a opinião pública e a determinação da pena carecem de fundamentos teóricos. A questão principal é o fato de que essas pesquisas não consideram o quadro teórico-normativo dominante do sistema de direito criminal e do sistema político, em matéria de criação de lei penal; ou seja, a racionalidade penal moderna.

A meu ver, essas pesquisas que visam a passar uma mensagem a esses dois sistemas ignoram o fato de que sua maneira de agir e de pensar, em matéria de pena, diz respeito a uma racionalidade penal dominante (a racionalidade penal moderna, da qual falaremos na seção teórica deste livro), que oferece um leque de justificações e exige motivar a pena dentro de determinados parâmetros.

No momento de infligir e de criar penas, os juízes e os políticos devem considerar limites que lhes são impossíveis de transpor, sem causar graves perturbações internas. Além das exigências de ordem técnica (penas mínimas e máximas, critérios de agravamento e de atenuação etc.), que ultrapassam minha proposição, as motivações das penas (para a criação e a aplicação), para serem aceitas pelo sistema de direito criminal (isso é, para não serem percebidas como um elemento estranho e não pertinente), devem recorrer a um vocabulário de motivos[34] estrito e conhecido de todos.

Esse vocabulário de motivos, que reúne as diferentes razões apresentadas pelas teorias das penas dominantes, deve ser necessariamente levado em conta (mesmo que de maneira não explícita), no momento de punir. Uma "verdadeira" pena[35], quando da justificação, deve concernir obrigatoriamente a uma das teorias clássicas da pena (dissuasão, retribuição, reabilitação), ou a uma combinação das mesmas (entre si ou com outras, como a neutralização e a denunciação).

Assim, um juiz não poderia, por exemplo, pronunciar uma pena com a finalidade confessa de vingar a família da vítima, ou de exercer, de forma arbitrária, a sua autoridade, pois o sistema de direito criminal descarta esse tipo de justificativa. A atribuição da pena — para constituir uma comunicação jurídica reconhecida como tal pelo sistema — deve necessariamente recorrer aos motivos que nos são dados pelas teorias modernas da pena criminal.

---

34 Conceito de C. Wright Mills, retomado por Pires (2008).

35 Pires e Cauchie (2007) nos fornecem um exemplo de uma lei criminal, que extrapola o quadro dessas teorias. Eles fazem referência a uma lei brasileira sobre as drogas, cujas penas — advertência sobre o efeito das drogas, trabalho comunitário e obrigação de frequentar um curso educativo — não se baseiam em nenhuma das teorias clássicas. A lei surpreendeu os juristas; vários deles falaram em descriminalização e se negaram a considerá-las como "verdadeiras" penas.

De igual modo, as comunicações políticas em matéria de criação de leis penais inserem-se no mesmo quadro teórico que não só estabelece as justificações da punição, como também exige punir. Pode-se dizer que essas teorias da pena constituem, de certa forma, "teorias práticas" que não prescrevem nada aos juízes e ao legislador, mas os orientam na escolha dos motivos passíveis de justificar uma sanção criminal, para que a mesma seja reconhecida como uma verdadeira sanção.

Voltando ao meu tema, creio que essa racionalidade penal moderna jamais foi levada em consideração nos trabalhos que visam a compreender a relação da opinião pública com a política (na motivação de criação de penas), e com o jurídico (na motivação das sentenças). Assim, uma boa parte da literatura que revisei empenha-se em "comunicar mensagens" aos políticos e aos juízes acerca do que o público pensa, mas deixa de considerar que, para poder apreender as mensagens, o sistema de direito criminal e o sistema político (relativamente à criação de penas) devem fazer referência a um quadro que exige punir, conforme regras estabelecidas.

Em outras palavras, as ciências sociais se dedicam a transmitir uma mensagem a esses dois sistemas, sem, contudo, considerar que eles só possam "entendê-la" a partir de seu próprio vocabulário de motivos; ou seja, as teorias da pena. Dizer ao sistema de direito criminal que ele deve decidir em um sentido determinado, de modo a levar em conta percepções do público, implica esquecer, de certa forma, que a busca de coerência desse sistema se faz com suas próprias teorias internas, e não com expectativas que lhe são estranhas. À guisa de pretender "passar uma mensagem" ao sistema de direito criminal, ou de querer "informar os juízes" sobre o que o público deseja, pede-se-lhes que lidem com uma dificuldade inextricável, uma vez que suas sentenças se justificam unicamente no quadro do sistema e de suas teorias da pena (e não em relação à expectativa da opinião pública).

Não estou dizendo que a opinião pública não possa desempenhar nenhum papel nas tomadas de decisão internas a esses sistemas (sobretudo, ao sistema político). Penso que a opinião pública pode, muitas vezes, tornar inevitável uma questão, quando o legislador muda a lei, ou o juiz impõe uma pena. O que dificulta é menos o fato de que a opinião pública desempenhe um papel — e ainda menos a questão de saber se ela deveria, ou não, desempenhar um papel —, do que a "atividade cega" das pesquisas sobre o tema, que são incapazes de determinar como se produz a "digestão" desse elemento público dentro desses sistemas. As ciências sociais conseguem perceber que o sistema de direito criminal e o sistema político sofrem uma pressão por parte da opinião pública, e que lidam com ela com dificuldades; entretanto, elas não conseguem explicar como os sistemas podem responder a essa pressão. No que concerne mais particularmente ao sistema de direito criminal, entendo que, por prudência, as ciências sociais não ousem dizer que existe uma relação de causalidade, embora elas sejam incapazes de conceber como os tribunais podem debater — falando-se, aqui, em construções jurídicas — esse elemento externo, de modo a torná-lo compatível com o quadro normativo próprio às teorias da pena.

Um aumento da pena para um determinado crime poderia ser eventualmente deliberado em consequência dos pedidos expressos do público, mas o sistema político deverá então poder agir no contexto que as teorias modernas da pena lhe impõem. Na mesma ordem de ideias, o juiz pode pronunciar uma pena em consequência da mobilização da opinião pública acerca de um caso específico, mas deve basear a sua decisão não nela, e sim, no efeito dissuasivo ou retributivo da pena, ou mesmo em seu efeito de denunciação. Todavia, a aplicação dessas teorias pode ser justificada, por exemplo, pelo fato de ser fundamental que o público preserve a sua confiança na justiça. Essa ciência social do direito, da qual descrevi algumas características, parece incapaz de apreender essas operações jurídicas internas.

Modificando ligeiramente a maneira de abordar a questão, cabe indagar qual papel desempenha essa ciência, que envia mensagens ao sistema de direito criminal sobre a necessidade de levar em conta a opinião pública, mas deixa de considerar o quadro teórico-normativo que abarca a tomada de decisão jurídica. Pode-se realmente acreditar que a mensagem da ciência, dizendo que o público não é tão punitivo quanto se pensa, chegue a ser percebida e incorporada pelo sistema de direito criminal? Qual pode ser o alcance do lado crítico dessas pesquisas que não consideram o sistema de ideias no qual se insere a aplicação das penas? Elas podem influir positivamente (em um sentido menos punitivo) na maneira de proceder do sistema de direito criminal, sem afetar sua maneira de pensar?

Por fim, penso que ao querer a todo preço aproximar o público do sistema penal, algumas dessas pesquisas acabam contribuindo para salientar um novo critério na tomada de decisão, e mesmo na atribuição da pena, sem "negociar" essa inserção com o quadro normativo de referência já estabelecido. O resultado, parece-me, é o de que qualquer que seja a mensagem emitida pela ciência em relação ao público (mais ou menos punitiva), esse novo "critério" é investido no sistema de direito criminal, pela racionalidade penal moderna. Assim, a opinião pública é utilizada para justificar uma pena, mas ela continua sempre associada a uma das teorias da pena: pune-se agora, porque o público quer a dissuasão, a neutralização, a retribuição etc. (e não, necessariamente, para dissuadir, neutralizar ou retribuir, tão simplesmente). A opinião pública se torna uma espécie de critério de justiça, mas um critério sempre dependente da força justificadora das teorias clássicas da pena.

3.8 NOTAS CONCLUSIVAS

À guisa de conclusão desta seção, alguns comentários e questões. Mais do que de uma certa confusão dos papéis, de lacunas no plano teórico e do caráter fluido das distinções estabelecidas, as pesquisas sobre a determinação da pena e a opinião pública parecem padecer principalmente da ausência de uma teoria do direito que daria sentido a seus resultados. Afinal, para que serve saber o que o público pensa sobre as penas, se, para além das simples "sugestões" submetidas aos políticos e aos juízes, não se indaga qual tipo de transformações isso poderia acarretar o próprio direito penal? As ciências sociais foram aqui incapazes de ver que o direito possui seus próprios critérios de justiça, e que nenhuma utilização dessa informação emanando da opinião pública poderia transformar-se em uma comunicação jurídica de imposição de pena, sem passar por tais critérios. Resta explicar como se estabelece essa relação entre os critérios de justiça do sistema de direito criminal e esse novo estímulo externo.

Além disso, é importante salientar o fato de que a questão da utilidade dessa literatura não está plenamente resolvida. Cabe assim indagar por quê é útil saber o que o público pensa do processo de determinação da pena. Uma sociedade se tornaria verdadeiramente mais justa, se os legisladores escutassem sempre o público? É conveniente que o legislador preste satisfação às demandas do público em matéria de legislação fiscal ou monetária? Ou em relação aos direitos de determinadas minorias? Por outro lado, o que significa dizer que os juízes devem estar atentos aos valores da comunidade? Eles deveriam zelar para não contrariar a opinião pública ao proferir uma sentença? Levando as coisas um pouco mais além: em uma comunidade racista, o juiz deveria aderir totalmente aos valores da comunidade, ao julgar um infrator negro? Em alguns campos profissionais, está longe de ser evidente que uma decisão que requeira uma certa expertise possa ser "democrática" (no sentido de ouvir o público). Pensemos tão simplesmente no médico que prescreve um medicamento a um paciente: ele não lhe pede a opinião; por que, de sua parte, o juiz deveria pedir a opinião do público?

Finalmente, no que concerne à ausência de qualquer referência a uma teoria do direito nessa literatura, é importante dizer que essa não definiu o lugar do direito na sociedade. Ela nem mesmo estabelece alguma distinção entre o sistema de direito criminal e o sistema político. O direito continua sendo — por assim dizer — acessório, e suas particularidades não são mais bem definidas. Tudo se passa como se o fato de explicar as decisões em matéria de "políticas penais" esclarecesse suficientemente a questão. Por falta de desenvolvimentos teóricos mais profundos, estamos diante de uma ciência social do direito, sem o direito. Retomando uma ideia de Luhmann (1983), o que falta à literatura aqui examinada é, em última análise, o direito. Ou melhor, um sistema de direito criminal, que seja tratado como uma entidade autônoma, capaz de evoluir de uma maneira independente em relação ao sistema político. Um sistema de direito criminal que receba o estímulo desse público e que deva compor com ele, mas que o faça a partir de seus próprios critérios internos, e que, em uma palavra, baseie-se nos critérios do direito, e não nos do sistema político.

4 QUESTÕES TEÓRICAS

Neste capítulo, apresentamos o quadro conceitual em que se baseia nossa pesquisa. Iniciamos, explicitando a concepção de direito criada a partir da teoria dos sistemas de Niklas Luhmann. Em seguida, trabalhamos com os estímulos externos que questionam o sistema de direito criminal (oportunizando o aprofundamento teórico do tema das vítimas). Por fim, expomos a teoria cognitiva sobre a evolução do SDC, que descreve o sistema de pensamento da racionalidade penal moderna e seu papel como obstáculo à emergência de ideias e práticas alternativas em matéria penal. Todos esses desenvolvimentos teóricos serão necessários para a compreensão da análise dos dados empíricos, a ser realizada nos dois capítulos posteriores.

4.1 A CONCEPÇÃO DE DIREITO ADOTADA

4.1.1 Alguns elementos gerais sobre a teoria dos sistemas autopoiéticos

Ao abordarmos a questão dos estímulos externos ao sistema de direito criminal e a maneira como esse sistema os gere, uma concepção de direito subjacente orienta a nossa observação. De fato, a explicação de alguns fenômenos que pretendemos aqui analisar só é possível por meio de um quadro teórico que dê sentido às nossas observações, e que é constituído pela teoria dos sistemas autopoiéticos de Niklas Luhmann e por sua concepção do direito e de seus subsistemas[36].

Desde já, devemos admitir que a teoria dos sistemas é uma fonte de inspiração, mas também de grandes inquietações. Ela constitui um imponente quadro teórico, do qual estamos longe de ter total domínio, mas no qual alguns elementos e concepções podem ser muito esclarecedores para a nossa problemática.

Consideramos que as possibilidades de descrição e análise de nosso problema de pesquisa se enriquecem e ganham em precisão, quando empregamos as lentes da teoria dos sistemas em várias questões fundamentais para o presente estudo: a distinção político/jurídico, a caracterização das mídias de massa, a questão dos movimentos de protesto, a conceitualização de opinião pública etc. São essas, portanto, as razões pelas quais ousamos utilizar a teoria dos sistemas autopoiéticos, tão estimulante e rica, quanto polêmica e complexa.

Em que consiste, então, essa teoria e quais são seus elementos fundamentais para nossa problemática de pesquisa? Em sua teoria dos sistemas, Luhmann propõe uma descrição da sociedade radicalmente "anti-humanista". Para outras perspectivas sociológicas, que veem no ser humano o centro de referência de análise da sociedade, a concepção de sociedade de Luhmann, que não inclui o ser humano, parece espantosa. Para ele, a sociedade constitui um conjunto de comunicações que pressupõem a existência de indivíduos, mas com eles estando fora da sociedade: a atividade social, a matéria da sociologia, é a comunicação em si. Diga-se desde já que o conceito de comunicação contém a ação que comunica. A comunicação engloba sempre três elementos: a seleção de uma informação; o fato de ela se fazer conhecer de uma dada maneira e a sua compreensão por um

36 A questão dos subsistemas do direito, mais especificamente do sistema de direito criminal como subsistema do direito, integra o programa da Cátedra de Pesquisa do Canadá em Tradições Jurídicas e Racionalidade Penal, no qual o presente estudo foi desenvolvido.

outro sistema (físico ou social). Além disso, a comunicação só pode ocorrer por ela mesma (em uma descrição demasiado circular), e não pelos indivíduos, nem mesmo por seus cérebros e suas consciências (Luhmann *apud* Moeller, 2008, p. 8). Para Luhmann, o homem é a condição *sine qua non* da existência das comunicações, mas não é quem as opera: ele permanece fora da comunicação propriamente dita. Portanto, é a comunicação que ocupa o centro da cena na análise sociológica baseada na teoria dos sistemas sociais.

Ao definir que a comunicação é o elemento determinante para caracterizar a sociedade, Luhmann afirma que a sociedade se organiza em diferentes sistemas sociais. Um sistema social é um conjunto de comunicações que se identifica como sendo diferente, como tendo algo de distinto em relação a outras comunicações da sociedade. Assim, de uma maneira bastante "autorreferencial", uma comunicação jurídica é aquela que é, portanto, identificada pelo próprio sistema jurídico. Uma comunicação da Universidade de Ottawa é uma comunicação que a entidade identifica como pertencendo a ela. Em resumo, o estatuto da comunicação não é ontológico, mas sim uma consequência da existência de um sistema social específico. O que possibilita atribuir o estatuto de uma comunicação (comunicação jurídica, econômica, religiosa etc.) é a sua "apropriação" por um sistema social, e não uma característica qualquer da própria comunicação.

Os sistemas sociais[37] podem ser classificados em quatro categorias distintas: o conjunto da sociedade, os sistemas de função, as organizações e os sistemas de interação. É pela segunda categoria que nos interessamos particularmente. Trata-se de grandes conjuntos de

37 Luhmann diz que os sistemas sociais não são os únicos encontrados no mundo, mas são os que constituem campo de interesse para a análise sociológica. É também possível evocar outros sistemas, como os sistemas psíquicos, as organizações e as máquinas; contudo, eles não podem realizar a atividade fundamental de um sistema social: comunicar — ainda que sejam sistemas autopoiéticos. Para a classificação dos sistemas autopoiéticos, ver Luhmann (1995, p. 2).

comunicação diferenciados do restante da sociedade, e que exercem funções específicas. Luhmann se refere, aqui, aos sistemas econômico, jurídico, religioso, educacional, político, de mídias de massa etc. Em outras palavras, para ele, a observação da sociedade moderna, a partir de suas comunicações, possibilita apreender grandes sistemas de função, que podem ser identificados por algumas características: i) funções específicas; ii) distinções (códigos) que esses sistemas utilizam para observar e comunicar; iii) programas (*grosso modo* conjuntos de conteúdo que atribuem sentido); iv) seu constante trabalho de "autoprodução" de sua diferença em relação ao restante da sociedade.

Sem essa "autoprodução de sua diferença" para com seu ambiente, os sistemas sociais não perdurariam no tempo; eles se confundiriam com seu ambiente. Diferentemente de uma abordagem sociológica que busca caracterizar o sistema a partir de seus elementos fixos e de suas estruturas, uma abordagem sistêmica realiza uma "desontologização" fundamental. De fato, os sistemas têm estruturas internas, mas elas não são os elementos determinantes de sua caracterização: mesmo que as estruturas (programa, organizações) mudem, o sistema continuará sendo o mesmo, caso continue fazendo seu trabalho de permanente distinção do ambiente, com base em seu código (e mantendo a sua função). Em resumo, o que define um sistema de função da sociedade é sua constante produção de comunicações que identificam o que lhe pertence (e, consequentemente, o que não lhe pertence), e não esta ou aquela estrutura, em um momento determinado. Trata-se, portanto, de um trabalho permanente de identificação das fronteiras do sistema. Segundo Luhmann:

> [...] a differentiated system is no longer simply composed of a certain number of parts and the relations among them; rather, it is composed of a relatively large number of operationally employable system/environment differences, which each, [...] reconstruct the whole system as the unity of subsystem and environment (Luhmann, 1984 [1995], p. 7).

Trata-se, aqui, da ideia denominada "autopoiese". Tomada de Maturana e Varela, ela exprime a permanente "autoprodução" do sistema, sua incessante atividade de produção de operações que marcarão sua diferença em relação ao restante da sociedade, ou, nos termos de Ferrarese, "[...] a perpétua autoafirmação factual do sistema face ao ambiente". Em outras palavras, o sistema se autoconstrói, em um primeiro momento, diferenciando-se de seu ambiente e, a partir de então, deve perpetuamente distinguir o que lhe pertence daquilo que não lhe pertence. O sistema delimita sua fronteira e, de dentro, produz as operações que tornarão possível a sua reprodução. Mas, a própria condição da existência do sistema é essa contínua operação de distinção entre seus elementos e o ambiente; isso é, uma indicação permanente (e sempre dinâmica) de onde se localiza a sua fronteira. Assim, por exemplo, o sistema jurídico indica constantemente quais comunicações são jurídicas, e não políticas ou econômicas: ele dirá que um processo para punir criminalmente um agente político acusado de corrupção depende do jurídico; mas, um processo para destituí-lo de seu cargo — um *impeachment* — concerne ao político. Assim sendo, ele demarca sua fronteira em um momento específico, o que não o impede de reconfigurá-la em um outro momento.

À autopoiese do sistema estão diretamente relacionados seu fechamento operacional e sua abertura cognitiva. O fato de o sistema produzir seus próprios elementos internos — e, consequentemente, a sua existência —, a partir de suas próprias operações internas, significa dizer que o sistema é fechado operacionalmente. E, como nos lembra Campilongo (2002, p. 67), tal fechamento operacional é de extrema importância, pois produz a unidade do sistema. Os sistemas de função não poderiam auto-observar-se, enquanto unidades diferenciadas do restante da sociedade, se não fossem fechados em si mesmos e não se percebessem como unidades distintas de seus ambientes. Porém, a percepção de sua distinção e seu consequente fechamento para seu ambiente trazem consequências para o sistema.

Os estímulos externos — ou seja, outras comunicações que circulam na sociedade e que não pertencem ao sistema — são incapazes de determinar diretamente (no sentido de estabelecer uma relação causal) as operações do sistema. Para tornar o conceito um pouco menos abstrato, podemos dizer que o sistema econômico ou o sistema político, ou ainda, o sistema das mídias de massa, podem tentar influenciar o sistema jurídico, mas somente o próprio sistema jurídico pode afirmar, a partir de suas operações, o que é legal (ou jurídico) e o que não é. Em outras palavras, o fechamento operacional implica que o sistema seja impermeável às tentativas de seu ambiente de determiná-lo de fora, sem a sua própria participação; o que não significa dizer, como veremos teórica e empiricamente (seções 4.2 e 7), que os estímulos de seu ambiente não possam "acionar" algumas transformações dentro do sistema.

Mas, ser "fechado em si mesmo" não implica que o sistema não seja absolutamente influenciado por seu ambiente, e que seja incapaz de observá-lo. O fechamento operacional vai ao encontro de um outro conceito importante para nossa proposição: a abertura cognitiva dos sistemas de função. Disso depreende-se que, por ser operacionalmente fechado, o sistema possa abrir-se cognitivamente para seu ambiente. Assim, mesmo que o sistema seja fechado em suas operações (a impossibilidade das comunicações externas determinarem algo internamente), ele estará aberto para buscar em seu ambiente elementos para construir a sua própria realidade interna.

A questão da abertura cognitiva, fundamental no contexto do presente estudo, poderia ser também explicada, sempre em termos luhmannianos, como o sistema se deixando "irritar" por seu ambiente. Dizer que o sistema é fechado em si mesmo (fechamento operacional) significa que o sistema não pode ser determinado, ponto por ponto, por um outro sistema ou por comunicações externas. Em outras palavras, a relação causa/efeito é geralmente inapropriada para descrever a sua relação com o ambiente. Entretanto, a abertura cognitiva permite que algumas comunicações externas "irritem[38]" o sistema, no sentido de acionarem operações dentro do sistema. Moeller nos auxilia a compreender essa questão:

> What happens in one system does not, in the strict sense, cause 'a specific reaction in another system', but rather triggers 'certain developments or resonance'. When, for instance, the mass media system reports a political scandal, it does not cause one and only one specific effect in the political system. It rather perturbs 'the political system so that, most likely, politics cannot go on as if nothing had happened. It cannot be predicted with certainty whether the president will step down or whether he will lose the next election. This is decided in the political system alone (Moeller, 2006, p. 221).

Em resumo, o sistema é, simultaneamente, fechado (operacionalmente) — as comunicações externas, mesmo quando buscam ter um impacto sobre o sistema, jamais são capazes de produzir um resultado, pois cabe ao sistema decidir se deve reagir a estímulos externos e como fazê-lo — e aberto (cognitivamente) —, visto que observa seu ambiente e reage a ele, ainda que o faça em seus próprios termos.

Por ora, eis alguns elementos gerais sobre os sistemas sociais, que serão fundamentais para a compreensão do desenvolvimento teórico a ser realizado:

a. a sociedade é composta por comunicações;

b. os sistemas de função são um tipo de sistema social que permite dar conta dos conjuntos de comunicação "especializados" mais importantes para a sociedade (o direito, a política, a economia, a educação, a ciência etc.);

38 Retomaremos a questão da "irritação" do sistema, em um de nossos capítulos empíricos (seção 7.1).

c. esses sistemas se diferenciam e se reproduzem constantemente, a partir de suas próprias operações (a autopoiese dos sistemas sociais);
d. eles são operacionalmente fechados (impossibilidade de serem determinados por comunicações externas);
e. eles são cognitivamente abertos (possibilidade de aprender com o exterior e de se deixar "irritar" por ele).

Após essa breve introdução, buscaremos agora refletir de maneira mais aprofundada sobre o conceito de direito da teoria dos sistemas autopoiéticos. Alguns daqueles aqui expostos serão retomados na próxima seção, com a finalidade de melhor adaptá-los e defini-los quanto ao sistema de direito.

4.1.2 O direito como sistema autopoiético

Uma vez expostos os conceitos fundamentais da teoria dos sistemas, cabe agora lançar um olhar mais atento sobre o sistema de direito. Em um estudo que busca compreender a visão do sistema do direito criminal sobre determinados estímulos externos, compreender teoricamente essa noção de sistema de direito é indispensável.

Como já mencionamos, o sistema de direito é visto como um sistema de função autopoiética diferenciada no seio da sociedade. Nos termos de Luhmann:

> The law differentiates out within society as an autopoietic system on its own, by setting up a network of function-specific communication of its own, by setting up a network of function-specific communication whichin part gives words a narrower sense, in part a sense incomprehensible for non-legal communication, in part adding coinages of its own (for instance liability, testament), in order to make the transformations needed by law communicable (Luhmann, 1988, p. 341).

Ou seja, esse sistema de direito constitui "seu mundo" dentro da sociedade. Contudo, mesmo dependendo dessa (afinal, não há direito sem sociedade), tal sistema funcionará a partir de suas próprias categorias e de sua própria reconstrução interna desse mundo. Retomemos, primeiramente, o conceito de autopoiese, a "autoprodução" constante do sistema a partir de suas operações, e vejamos como isso se dá especificamente no sistema de direito. As operações do direito — que o reproduzem permanentemente e estabelecem suas fronteiras — realizam-se a partir de seu código "legal/ilegal". Um elemento fundamental do sistema é aquele que permite caracterizá-lo (diferenciá-lo, em termos luhmannianos) em relação ao restante da sociedade, e que sempre utiliza, em todas as suas operações, uma distinção de base que codifica o acontecimento como pertencente (legal), ou não (ilegal) ao sistema de direito. Seu programa — que é o que irá permitir-lhe fazer tal distinção — é algo sempre passível de mudança, ainda que o código, a despeito da possibilidade de mudança do programa, permaneça imutável. Para Nobles e Schiff:

> While there are aspects of law's programming that are peculiar to law, the system would not be able to maintain its boundaries without its distinct code. In addition, while the content of law's programming is completely changeable (even those constitutional' laws presumed to be unchangeable at particular times have been amended when conditions have changed), its code does not change. As such, it is the code, or rather the continual coding, that reproduces law as a separate sub-system of society (Nobles e Schiff, 2004, p. 17).

Em outras palavras, o conteúdo que possibilita fazer a distinção (o programa — conforme explicaremos em seguida) deve estar separado (analiticamente falando) da própria distinção (a aplicação do código) que constitui o elemento decisivo para caracterizar o sistema de direito e permitir a sua reprodução: o que o sistema jurídico faz, como sua atividade fundamental, é observar a sociedade e se reproduzir a partir da permanente distinção "legal/ilegal", que ele estabelece entre acontecimentos com os quais lida (note-se que estamos falando do que ele faz, e não de sua função na sociedade — real ou imaginária). Porém, o "corpo" que dará sentido às comunicações jurídicas, permitindo conectar suas comunicações do presente àquelas do passado, é seu programa.

O programa, outro conceito-chave do estudo, é composto pela legislação, regulamentos, condições, dispositivos etc., que norteiam a aplicação do código que determina onde situar a face "legal" e a face "ilegal" da distinção. Em termos menos abstratos, as normas jurídicas constituem o programa do sistema de direito. São elas que permitirão a esse sistema observar um determinado acontecimento e distinguir o que concerne ou não ao direito. Elas "tematizam" a distinção "legal/ilegal", que não deve sua existência ao programa, embora seja vazia de sentido sem ele. No entanto, mesmo reforçando a distinção entre esses dois conceitos, é preciso salientar que o programa dá sustentação ao código, em seu papel de afirmar o que é "legal/ilegal", mas não se submete a isso: a condição de existência de uma norma jurídica é dada pela distinção "válida/não válida" (Luhmann, 2004, p. 209).

Resumindo e reformulando, a ordem jurídica constitui o programa que confere conteúdo à distinção fundamental realizada pelo sistema jurídico. Tal distinção codifica certas comunicações da sociedade em "legal/ilegal" e, assim, o sistema de direito cria/reproduz seus elementos. Por ora, cabe acrescentar, retomando o conceito de fechamento operacional (exposto anteriormente; item 4.1.1), que é o próprio sistema jurídico que produz todos os elementos essenciais para seu funcionamento. O sistema observa o ambiente, a partir de sua distinção fundamental; ele o reproduz de dentro — criando categorias, distinções, hipóteses de comportamento, descrições de possibilidades etc. —, e o codifica para poder integrá-lo. Segundo Schiff e Nobles:

> In order to produce calculable expectations law has to simplify its relationship with its environment to something distinctly less complicated than the environment. At the same time, it has to respond to the complexity of the environment [...]. Law achieves this, as do other functional systems, by reproducing its environment internally, through the manipulation of its own concepts and distinctions (Schiff e Nobles, 2004, p. 6)

O fechamento operacional constitui um fenômeno fundamental, no âmbito do presente estudo. Qualificar o sistema jurídico (bem como seu subsistema penal; ver seção 4.1.3) como operacionalmente fechado significa dizer que ele é incapaz de se deixar "manipular", "controlar", "guiar" etc., por estímulos externos, por comunicações (comunicações "destacadas", ou comunicações do sistema político, do sistema econômico, da ciência etc.) de seu ambiente, que demandam uma maneira de reagir. Uma explicação causal entre uma demanda externa e algo que se produz dentro do sistema ignora o fato de que o sistema jurídico goza de uma autonomia. É ele que decide integrar, ou não, os elementos externos, codificá-los como legais/ilegais, ou depois simplesmente ignorá-los, já que, afinal, a reprodução interna que o sistema faz de seu ambiente jamais será capaz de dar conta de toda a complexidade do mundo externo. Portanto, o sistema jurídico deve perceber comunicações em seu ambiente — o que pressupõe um sistema prévio que possa guiar sua observação para tais comunicações — e reproduzir o fato internamente, a partir de suas próprias distinções e conceitos (já existentes, ou por ele eventualmente criados para dar conta de sua nova percepção do ambiente). Essa percepção de seu ambiente, o reverso da medalha do conceito de fechamento operacional, é identificada pela teoria dos sistemas como abertura cognitiva. Aqui, o sentido da palavra "cognitiva" é duplo (Nobles e Schiff, 2004). Como toda cognição, ela só dá parcialmente conta (em suas operações) do objeto de cognição (o ambiente), simplificando-o de modo a operacionalizá-lo. Mas não apenas isso: o sistema também pode aprender — ou seja: "*it may respond to its environment by making communications that alter the possibilities of what will, in the future, constitute a communication in the future*" (ibidem, p. 8).

A teorização da teoria dos sistemas autopoiéticos é aqui muito importante e será retomada no momento da análise (seção 7). Por ora, a título de exemplo e também para tornar a teorização "concreta", podemos dizer que o sistema jurídico se abre cognitivamente (ele pode "coletar" dados de seu ambiente; pode se deixar "irritar" por comunicações externas) para determinar a solução jurídica de um caso emblemático fortemente midiatizado. Em certos casos, o sistema jurídico pode verificar o que a opinião pública (um elemento, ao mesmo tempo, do sistema político e do sistema de mídias de massa, e que pode também ser construído provisoriamente por outros sistemas — ver seção 4.2.2) pensa (uma abertura externa) em relação à atribuição de uma pena (uma operação interna). Entretanto, tal abertura não implica que essa opinião pública possa dizer ao sistema jurídico como decidir (impossibilidade para um elemento externo determinar as operações do sistema), mas simplesmente que esse traz para a sua própria cognição esse elemento em sua tomada de decisões. Portanto, nesse contexto, punir é sempre uma operação jurídica (fechamento operacional), mesmo que o sistema jurídico se abra cognitivamente para um elemento de seu ambiente. Retornaremos a esse ponto, na seção 7.

Cabe-nos, agora, abordar a função do sistema jurídico, segundo a teoria dos sistemas. Para compreendê-la, é preciso, primeiramente, familiarizar-se com a distinção entre expectativas normativas e expectativas cognitivas. Vejamos, então, a explicação dada por Guibentif sobre a proposição de Luhmann:

> [...] a interação social pressupõe que aqueles que dela participam tenham algumas expectativas; ou seja, imagens antecipadas do que irá ocorrer. Luhmann propõe dividir tais expectativas

> em duas categorias, em função do desenvolvimento posterior da interação. O que irá ocorrer pode corresponder, ou não, às expectativas dos participantes da interação. Aquele que apresentava uma certa expectativa, poderá ter duas reações ao constatar que os fatos não correspondem a ela: poderá mantê-la (caso jamais se encontre ulteriormente na mesma situação, ele novamente esperará da parte de outrem aquilo que já esperou desta vez, ainda que a experiência tenha sido decepcionante), ou poderá abandoná-la (diante da mesma situação, ele não a planejará da mesma maneira). As expectativas que estamos dispostos a rever, em função de nossas experiências, são chamadas de cognitivas; aquelas que se pretende manter são denominadas normativas (Guibentif, 2005, p. 197-198, nossa tradução).

Com a referida distinção em mente, podemos introduzir a função do direito, segundo a teoria dos sistemas autopoiéticos: trata-se da estabilização e generalização das expectativas normativas na sociedade, mesmo estando sempre presentes os fatos que as contrariam. Em outras palavras, o sistema jurídico nos garante que, na sociedade, é possível funcionar, sabendo-se que existe um sistema social que identifica quais comportamentos são legais e quais não o são, ainda que tal distinção não impeça a ocorrência de comportamentos ilegais. O sistema de direito permite um fluxo constante de comunicações sobre "*what is approved and* [...] *what will be approved*" (Nobles e Schiff, 2004, p. 14), acarretando uma expectativa generalizada sobre o que se deve esperar nas relações em sociedade. O acontecimento criminal é, aqui, um exemplo bastante claro: o fato de ele ser cometido não nos leva a pensar que o comportamento seja doravante permitido pelo direito. E mesmo quando se trata de um tipo de crime que boa parte dos indivíduos possa julgar aceitável ou mesmo desejável (como, por exemplo, o consumo de certas drogas ilícitas), é possível protestar ou revoltar-se contra essa norma e considerá-la problemática, embora a expectativa de mantê-la (ou de sofrer as consequências por não o fazer) esteja sempre presente. O próprio fato de protestar contra a norma é uma confirmação das expectativas que ela provoca na sociedade[39].

Pode-se admitir a existência de outros conjuntos normativos na sociedade produzindo expectativas normativas. Esse é o caso da ética, ou mesmo das regras de etiqueta. Porém, conforme argumentam Schiff e Nobles, não existe nenhum sistema que possa rivalizar com o direito, nessa questão:

> Even in the presence of rival norms, the expectations of law are stabilised by forming part of a dense and complex network of expectations that has internal relationships as well as stable relationships between itself and other (function) systems. [...] There is no system of norms that can rival law in its function of stabilizing expectations. This is not because legal norms have a closer relationship to human nature than other norms, but the reverse. Because of law's operative closure, it has developed autonomy from the rest of society, which allows its norms to be more consistent, and therefore stable, than a system of norms based on whatever has been perceived as 'normal', 'natural' or 'ethical'. This has led, through evolution, to complex and stable norms that support the operations of other systems (Nobles e Schiff, 2004, p. 14).

Em resumo, Luhmann dirá que o sistema jurídico — bem mais do que qualquer outro conjunto de normas — garante-nos uma estabilidade "contra os fatos" (Luhmann apud Ferrarese, 2007, p. 126).

---

39 Evidentemente, é também possível encontrar normas na ordem jurídica que não mais acarretam expectativas normativas. Normas que não se espera que sejam seguidas, e para as quais não temos expectativa de que os outros também o façam (é o caso, por exemplo, de algumas normas que se tornam "ultrapassadas", que são vistas como reminiscência de uma outra época: crimes, como a prática de atos de homossexualidade, de bestialidade etc.). A questão que nos colocamos, neste caso, e para a qual não temos resposta, é se ainda se trata do direito.

Graças ao sistema jurídico, mantemos sempre nossas expectativas de comportamento, a despeito de haver transgressões à norma, e de nossa expectativa ser frustrada. A função consiste simplesmente em estabilizar a expectativa, e não em garantir que os comportamentos se conformem sempre a ela.

Eventualmente, seria possível opor-se a essa descrição da função do direito concebida pela teoria dos sistemas de Luhmann: por exemplo, "contra-argumentar" que a função do direito é "fazer justiça", ou "manter a paz social", ou ainda, "pacificar os conflitos sociais". Trata-se de representações bastante difundidas da função do direito e, certamente, muito mais familiares aos praticantes e teóricos do direito. Entretanto, Luhmann diria que tais representações não são a função do direito, mas sim autodescrições. Como nos lembram King e Thornhill (2005, p. 10): "[*by*] *self-description Luhmann is referring to the mode of operation by which systems generate their internal identity*". Trata-se aqui, portanto, de uma operação do sistema para construir sua imagem, para se ver, para perceber sua unidade e suas comunicações na sociedade — o que não corresponde absolutamente àquilo que o sistema realmente realiza como função. Aqueles efeitos podem até se produzir, mas não são nem exclusivos do sistema (dificultando vê-lo como unidade diferenciada), nem tão generalizados quanto a função (que será produzida a cada operação). De certa forma, essas "autodescrições" têm muito mais a ver com a identidade do sistema (e, consequentemente, sua distinção em relação ao ambiente), do que com sua própria função.

Por fim, um último tema teórico em relação à teoria dos sistemas de Luhmann, e que nos parece fundamental no âmbito do presente estudo, é a distinção entre o sistema de direito e o sistema político[40].

---

40 Luhmann reconhece a dificuldade da distinção e a polêmica que ela suscita: "*Systems theorists generally assume that a distinction must be made between the legal system and the political system. These systems are seen as different sub-systems of society. This is especially true if we embrace the concept of autopoiesis and insist upon the autonomy and historical individuality of all social systems. However, most other social theorists reject this viewpoint because of the close and obvious relationship between politics and law*" (Luhmann, 2004, p. 357).

Primeiramente, é preciso abandonar a distinção entre um sistema "criador" do direito (o político) e um sistema de simples "aplicação" do direito. Tendo em conta a obrigação do sistema jurídico de sempre decidir (o juiz jamais tem a opção de se recusar a aplicar o código ilegal/legal diante de uma demanda que responda às exigências processuais), a abertura a uma gama inesgotável de demandas do ambiente fica garantida. O judiciário é, portanto, "um intérprete inevitável, criador e construtor do direito" (Campilongo, 2002, p. 35).

Tal afirmação é aqui enunciada no intuito de enfatizar que o sistema de direito não pode ser percebido como um simples intérprete da lei criada pelo sistema político. Entretanto, não se deve confundir o papel do sistema de direito com o do sistema político. Se, até o momento, asseveramos que os sistemas sociais são operacionalmente fechados, distintos entre si e com funções sociais diferentes, poderá gerar certa confusão dizer que o sistema jurídico, assim como o sistema de direito, realiza operações de criação do direito. Por ora, consideramos ser então necessário discorrer brevemente sobre o sistema político, de modo a podermos elucidar a questão.

O sistema político não se preocupa com a estabilização e a generalização das expectativas normativas. Sua função é, de outro lado, tornar possível a tomada de decisões coletivas, aquelas que são engajantes para o conjunto da sociedade. Para Luhmann, "*it tries to bring together opinions in such a way that collectively binding decisions can be made*" (Luhmann, 2004, p. 369). Dentre um leque infinito de possibilidades de opções para a tomada de decisões de políticas públicas, o sistema político tem por função fazer uma seleção e transformar aquelas que reteve como decisões estimulantes *erga omnes*.

Enquanto o sistema jurídico utiliza a distinção de base (um código, na terminologia luhmanniana) "ilegal/legal", o sistema político trabalha a partir da distinção "governo/oposição". Por meio dessa distinção, ele consegue, de um lado, identificar as políticas que se tornarão decisões engajantes e, de outro lado, as propostas que cairão na oposição e serão, portanto, rejeitadas. Mas, a criação das decisões que se impõem à sociedade e abarcam toda a coletividade é também o que permite a sua perenidade: a própria existência do sistema político se deve à constante reprodução das comunicações do governo que envolvem, obrigatoriamente, os destinatários dessas comunicações.

Mas, o que nos interessa particularmente sobre o sistema político é a maneira como Luhmann o concebe como um sistema no mesmo nível de todos os outros. Para o autor, o sistema político, contrariamente a outras concepções da sociedade, não está em posição privilegiada para ditar aos outros sistemas sociais como eles deveriam funcionar e quais orientações deveriam seguir. Segundo a teoria dos sistemas, os sistemas sociais não podem ser hierarquizados, e um sistema social não pode determinar as operações de um outro (o que é particularmente importante em nossa argumentação, quando pensamos na relação entre o sistema jurídico e o sistema político).

No entanto, resta resolver um problema importante, quando se afirma que o sistema político não estabelece uma relação hierárquica com o sistema jurídico. Trata-se da questão da produção legislativa, que é, ademais, duplamente problemática: ela é complicada no que se refere à hierarquia, mas é igualmente um elemento difícil de conceitualizar, quando se diz que os sistemas são operacionalmente fechados (e, portanto, impermeáveis a determinações externas). Ora, se cabe ao sistema político produzir a lei, como não hierarquizar a sua relação com o sistema jurídico? Se o sistema jurídico é, em grande parte, responsável pelo que constituirá o programa do sistema jurídico, como defender a autonomia desse diante de tal constatação? Para responder a essas questões, a teoria dos sistemas recorre ao conceito de acoplamento estrutural. Vejamos como Nobles e Schiff (2004), assim como Campilongo (2002), explicam essa ideia, para em seguida, tentarmos defini-la melhor:

> Os sistemas funcionalmente diferenciados, como a política e o direito, mantêm relações altamente seletivas com seus respectivos ambientes. Isto não significa que o ambiente político ou

econômico determinem as operações do sistema jurídico. Mas significa, pelo contrário, que o sistema jurídico (assim como os outros sistemas) detém uma forma específica para pressupor a situação e as mudanças em seu ambiente e ligar este contexto a suas operações internas. Esta forma se chama acoplamento estrutural (Campilongo, 2002, p. 96, tradução nossa).

Structural coupling occurs when the operations of one system are expected to trigger responses in the other (and vice-versa). Again, a statute provides a good example. While the meaning of a statute for the political system is not the same as its meaning within the legal system, the political system expects to provoke a response from the legal system (irritation[41]) through the enactment of a statute. [...] For systems to irritate each other, an operation of one must be treated as an event by the other system, and vice-versa. Logically therefore, this is a coupling of structures. [...] (Nobles, Schiff, 2004, p. 42-43).

---

41 O conceito de "irritação" é muito importante em nossa proposição e, por isso, será retomado e retrabalhado em nossa análise (seção 7.1). Por ora, é suficiente afirmar que a irritação do sistema por seu ambiente é permanente, em vários sentidos. Trata-se de um fenômeno que não necessita um acoplamento estrutural, mas pode ser potencializado por ele. Com a simples finalidade de nos familiarizarmos mais com o conceito (antes de o retrabalharmos), observemos como o próprio Luhmann apresenta a questão da irritação: "Os efeitos do ambiente sobre o sistema — que, evidentemente, apresentam-se a todo momento e em enormes quantidades — não podem determinar o sistema, visto que esta determinação só pode ser produzida na trama recursiva de suas próprias operações [...]; a determinação, nesse contexto, está ligada às próprias estruturas do sistema, que possibilitam os desdobramentos e sequências operatórias correspondentes (determinação estrutural). A irritação é, assim, um estado do sistema, que estimula a continuidade das operações autopoiéticas do sistema, ainda que, como simples irritação, ela deixe futuramente aberta a possibilidade de as estruturas virem (ou não) a se modificar; isto é, se os processos de aprendizagem devem ser introduzidos face a outras irritações, ou se o sistema confia que, com o tempo, a irritação irá desaparecer por si mesma, já que se trataria de um acontecimento único" (Luhmann, 1997[2006], tradução nossa).

À guisa de esclarecer o conceito de acoplamento estrutural, devemos dizer que a ideia remete à concepção de que uma mesma estrutura serve às operações de dois sistemas, sem constituir, contudo, uma ponte para intrusão de um sistema no outro. Trata-se, isso sim, de uma ponte que conecta um sistema ao outro, sem imiscuir um no outro; uma ponte em que os elementos que nela se encontram podem ser utilizados pelos dois sistemas, sem permitir a união de um ao outro. Em outras palavras, os sistemas mantêm seu fechamento operacional, mas continuam "co-dependentes": é possível pensar, por exemplo, que as mídias de massa constituirão uma fonte de constante irritação do político, e vice-versa, visto não ser possível explicar a evolução de um sem o outro. De igual modo, a publicação de anúncios publicitários parece conectar o sistema de mídias de massa e o sistema econômico. O acoplamento possibilita, assim, uma "constante irritação mútua", em uma espécie de "interrelação", mas com cada sistema reagindo à sua maneira a essa irritação, sem interdependência (King e Thornhill, 2003, p. 33).

Voltemos, agora, ao exemplo que aqui nos interessa: o do acoplamento entre o sistema político e o sistema de direito pela lei. A lei positiva pode ser vista como uma forma de acoplamento estrutural, por se tratar de uma estrutura compartilhada pelos dois sistemas, cujas modificações afetam a ambos, sem permitir, porém, a determinação de um pelo outro. Consiste, efetivamente, em um acoplamento bastante importante para o sistema jurídico: uma parte de seu programa está aí diretamente associada. Todavia, cabe ao sistema jurídico determinar a validade da lei positiva para suas operações. Uma lei aprovada pelo legislador pode ser sempre reconhecida como não válida, como incompatível com a ordem jurídica e, enquanto tal, dissociada das operações futuras do sistema jurídico. Enfim, compete ao sistema jurídico determinar se esse elemento (uma lei qualquer) presente na "ponte" de acoplamento estrutural faz parte de seu sistema. Ou seja, é ao sistema político que cabe criar a lei, mas é o sistema jurídico que deve reconhecer a sua validade, enquanto elemento jurídico. A partir desse mecanismo de acoplamento estrutural, o sistema político pode irritar o sistema jurídico permanentemente, mas não pode determiná-lo ponto por ponto.

Em um outro sentido e para reforçar o argumento da não hierarquização entre os sistemas, a irritação do político pelo jurídico — outra direção desse acoplamento estrutural — é de suma importância para o sistema político. Do ponto de vista do sistema jurídico, a regra da lei se difunde na sociedade inteira, inclusive no sistema político. Ou seja, o sistema jurídico percebe que todas as ações políticas são passíveis de um controle jurisdicional, um controle de legalidade das decisões políticas. Além disso, a "fabricação da lei", a construção do programa jurídico pelo sistema político, constitui uma operação fundamental do sistema político moderno:

> Seen from the perspective of the political system, law is an instrument for the facilitation and realization of political goals. [...] Even though law functions autonomously in this respect and does what it does by itself, it is still the most important imaginable precondition for the making of politics, apart from money coming from economy. Making politics means deciding politically which law is to be valid law. [...] Without this, politics as a system would collapse (Luhmann, 2004, p. 370).

Visando a resumir e a concluir, torna-se então fundamental abandonar o raciocínio causal, para poder compreender essa relação. Um sistema não pode existir sem o outro, e explicar um deles requer uma certa compreensão do outro. Porém, afirmar que um é fundamental para o outro não significa dizer que um pode ser determinado pelo outro. Assim, enfatizemos: a visão que adotamos do sistema jurídico é a de um sistema autônomo do sistema político, e passível de ser "irritado" por ele (e por vários outros elementos, como a opinião pública — a ser discutida na seção 4.2), mas que decide quais são os elementos que lhe pertencem. Além disso, como já mencionamos, tal autonomia é ainda mais reforçada à medida que o sistema de direito não tem a opção de não decidir diante dos acontecimentos sobre os quais se debruça. A obrigação de decidir se constitui, portanto, em um motor de criação do direito, o qual, por sua vez, vem reforçar a autonomia do direito face ao sistema político.

4.1.3 O sistema de direito criminal como subsistema do sistema de direito

Concluída a caracterização do direito como um sistema de função autopoiética da sociedade, devemos agora nos ater à caracterização da área do direito que mais nos concerne no âmbito do presente estudo: o sistema de direito criminal (SDC). Ele será aqui abordado como um subsistema do sistema de direito que, em um momento determinado (cerca do final do século XVIII e início do século XIX), diferencia-se como subsistema autônomo, embora guarde diversas características do sistema do qual se distingue.

Como a própria teoria de Luhmann não faz essa distinção (de possíveis subsistemas do sistema jurídico), a caracterização aqui utilizada não se dá sem dificuldade. Entretanto, apresentaremos, a seguir, alguns elementos para justificar tal escolha, com base em Pires (2008b), que provê uma conceitualização bastante inovadora. Na realidade, a única referência que conhecemos sobre o sistema de direito criminal, a partir de uma perspectiva da teoria dos sistemas, opõe-se à referida distinção:

> Autopoiesis does not locate unity, as expressed by the word system, at the level of criminal justice, but within separate and more definitely structured systems. [...] The unity of law's participation in criminal justice is established at the level of the legal system: the self-referential system of communications about law that encode experience into the opposition legal/

> illegal. Criminal justice, within law, is *not* a separate system. [...] From this perspective, the other material "[o que constituiria o "sistema de justiça criminal" em uma concepção ampla, e não seria da matéria jurídica], which informs studies of the criminal justice system, can take a number of forms. It can provide the environment of the legal system: the boundaries created when the legal system encodes events to give them legal meaning". Or it can represent a site of structural coupling between more than one system (Nobles e Schiff, 2001, p. 202-203).

Embora aparentemente opostas aos desenvolvimentos que realizaremos na presente seção, as críticas que os dois autores da citação acima tecem acerca da construção do "sistema de justiça criminal", enquanto sistema autopoiético, parecem estar voltadas para uma concepção um pouco diferente do que entendemos por "sistema de direito criminal". Na realidade, a oposição que eles apresentam foca em uma concepção bastante difundida de sistema de justiça criminal, que não parece distinguir entre direito e política; eles criticam, por exemplo, o fato de que tal concepção abarque conjuntamente comunicações legais (de direito criminal) e organizações, como a polícia e suas comunicações. Esse tipo de crítica, embora muito pertinente, passa ao largo da nossa concepção neste estudo: a construção à qual aderimos — "sistema de direito criminal" — concerne a um sistema estritamente jurídico, que exclui comunicações sobretudo associadas à política (comunicações da polícia, comunicações de criação da lei), ou mesmo comunicações que poderiam eventualmente ser identificadas como científicas (comunicações acadêmicas sobre o direito).

A ideia, aqui utilizada, de sistema de direito criminal enquanto subsistema do sistema jurídico vem de Pires, que destaca o referido sistema como um subsistema do direito. Nesse sentido, tal sistema também se distingue do sistema político. Referentemente à diferenciação entre o SDC e o sistema político, o autor apresenta a questão, conforme segue:

> No que se refere ao conceito de sistema do direito criminal, a questão é mais complexa: as teorias sociológicas usuais não dispõem (ainda) de um quadro conceitual adequado para distinguir entre o sistema de direito criminal e o sistema político. A distinção proposta por Cavadino e Dignan (1992, p. 7-224) entre "sistema de justiça criminal" (englobando polícia, tribunal e prisão) e "sistema penal" (referindo exclusivamente ao tribunal) não resolve o problema: no primeiro caso, a distinção entre político e jurídico se apaga. [...] A questão passa a ser então: como um observador deve distinguir o SDC (e suas organizações) do sistema político (e suas organizações) [...]? De modo geral, a distinção sistema/subsistema de direito não é aplicada para observar o direito criminal. Quando ela é aplicada, as articulações organizacionais (polícia, tribunal, prisão) não são suficientemente discutidas. E o observador não observa os problemas específicos de evolução/não evolução das estruturas cognitivas e normativas do direito criminal (Pires, 2008b, p. 6).

Evidentemente, a tarefa de descrever em profundidade o sistema de direito criminal enquanto subsistema do sistema jurídico, tentando distingui-lo de modo mais preciso do sistema político, é algo que, por sua dimensão e complexidade, foge ao propósito deste estudo. O status de algumas organizações — como, por exemplo, a polícia e o serviço correcional — exigiria uma profunda reflexão à parte. Mas, teoricamente, não temos conhecimento de literatura conclusiva (salvo a teoria do direito de Luhmann, que não entra nesses detalhes) que tenha tentado traçar as fronteiras entre sistema de direito criminal e sistema político. Todavia, algumas características gerais podem ser muito pertinentes e úteis para guiar a nossa observação, ainda que a tarefa teórica de descrição dos contornos e elementos do sistema de direito criminal reste por fazer. Assim, buscaremos deixar de lado essa tarefa teórica fundamental, e voltar nosso olhar para o sistema de direito criminal (enquanto subsistema do sistema de direito e sistema distinto do sistema político) e avaliar o que poderemos trazer como contribuição.

Quais são, então, esses elementos do referido subsistema que aqui nos interessam? Primeiramente, enquanto sistema autopoiético diferenciado do sistema político, o sistema de direito criminal (SDC) mantém, como subsistema jurídico, a mesma autonomia em relação a seu ambiente externo (o sistema político). As operações do penal são vistas como operações jurídicas, mas com uma certa particularidade: o SDC as identifica como sendo distintas das operações de outras áreas do direito. Assim, a operação de determinação da pena é identificada por esse sistema como pertencente a ele e pela qual ele não aceita ingerência, por exemplo, do direito civil (uma pena deve ser considerada pelo SCD enquanto resultante de suas próprias "soluções", e não como a aceitação de uma outra resolução jurídica que pode sempre se dar paralelamente, sem ser identificada como uma operação do SDC).

Tal como o sistema jurídico, o SDC — enquanto subsistema dele — guarda as mesmas características de fechamento operacional e de abertura cognitiva. Além disso, a função do sistema de direito criminal seria a mesma do sistema jurídico: a manutenção das expectativas normativas. O sistema de direito criminal exerce a função de manter a expectativa, generalizada na sociedade, de que certos comportamentos são proibidos e não devem ser produzidos, mesmo que a referida expectativa seja diariamente desmentida.

Uma outra questão específica ao sistema de direito criminal diz respeito a suas "autodescrições". Efetivamente, "autodescrições" do direito — como: "fazer justiça", "manter a paz social", ou "pacificar conflitos sociais" — também se aplicam ao SDC, mas nele adquirem outras formas e significações. Além disso, "autodescrições" — como: "proteger a sociedade por meio da pena", "revidar o mal com o mal" etc. — parecem ser "autodescrições" mais adaptadas propriamente ao subsistema em questão do que a todo o sistema de direito.

Por fim, entendemos que o código do SDC apresenta uma especificidade em relação ao código do sistema de direito. Diríamos que o SDC funciona com um código que pode ser deduzido do código "legal/ilegal", sem ser exatamente o mesmo. A distinção "crime/não crime" (Pires) parece-nos a mais apropriada para caracterizar as operações do SDC. Na realidade, trata-se simplesmente de um código mais preciso do que aquele do sistema de direito (legal/ilegal) e, até mesmo, uma derivação dele.

4.2. OS ESTÍMULOS EXTERNOS AO SISTEMA DE DIREITO CRIMINAL

Passaremos, agora, a tratar de uma outra questão: quais são os estímulos externos que causam problemas, que aqui nos interessam? Como podemos abordá-los teoricamente? Quando falamos em estímulos externos, estamos nos referindo a certas comunicações do ambiente do sistema de direito criminal, que repercutirão no SDC. Porém, é preciso esclarecer mais devidamente que a expressão "estímulos externos" engloba um tipo de comunicação específica. Certamente, não nos interessamos por todas as comunicações do ambiente desse sistema (tarefa evidentemente impossível), mas sim pelas comunicações da "opinião pública", do "público", das "mídias" ou dos "movimentos de protesto" (seção 4.2.3.1.1). Por ora, apenas identificamos esse conjunto de comunicações mais fluidas e difíceis de distinguir, referentes aos casos criminais. Nosso trabalho visa, assim, a elucidar tal "fluidez" e tentar distinguir e categorizar alguns tipos de comunicação que causarão problema para o sistema de direito criminal.

4.2.1 As mídias de massa

Em capítulo anterior (cap. 2), discutimos a ascensão potencial das mídias de massa na cena penal. Abordamos brevemente a questão da expansão das mídias ao longo dos últimos anos, bem como a explosão da midiatização dos assuntos criminais. Sabemos bem que as mídias têm um interesse inesgotável pelos acontecimentos criminais (sobretudo, os mais espetaculares/trágicos). Lendo os jornais ou assistindo à televisão, todos nós esperamos encontrar notícias sobre os últimos crimes, sobre a atividade da polícia ou sobre a evolução dos assuntos criminais nos tribunais. Enfim, o tema crime/justiça penal constitui uma importante fonte para estancar a constante sede das mídias em "dar notícias".

Evidentemente, nosso interesse primordial reside em descrever e compreender a "operacionalização" que o SDC faz dos estímulos externos. Mas, para tanto, é preciso definir o que são "estímulos externos", tema no qual as mídias constituem um elemento importante. Faz-se necessário compreender, ainda que brevemente[42], o funcionamento das mídias, pois elas não só são fundamentais para a existência da opinião pública, como também podem constituir uma fonte de irritação direta para o SDC.

Baseando sempre nosso quadro teórico na teoria dos sistemas, concebemos as mídias de massa como um sistema de função da sociedade, que, tal como o sistema jurídico, é autopoiético: ele é responsável por sua diferenciação como sistema, e também pela constante produção de seus próprios elementos. Além disso, trata-se de um sistema operacionalmente fechado, que observa o mundo a partir de uma distinção de base (seu código), e é responsável por uma função na sociedade. Observemos mais detalhadamente seus elementos.

---

42 Em contrapartida, atentar profundamente à questão constituiria uma tarefa árdua, que foge ao nosso propósito, já que não temos a intenção de entrar no vasto campo dos estudos midiáticos, mas tão somente alcançar uma precisão conceitual suficiente para a análise desenvolvida neste livro.

Luhmann define a função do sistema das mídias de massa, nos seguintes termos:

> The mass media guarantee all function systems a present which is accepted throughout society and is familiar to individuals, and which they can take as given when it is a matter of selecting a system-specific past and establishing decisions about future expectations important to the system (Luhmann, 2000, p. 98).

Para o autor, o referido sistema atribui uma "memória[43] comum" à sociedade, uma "realidade" (não "a" realidade, mas "uma" realidade, que atua como "*common ground*") que serve de irritação permanente (já que sempre renovada) para os outros sistemas sociais. Sua função não reside na produção de informações, mas na construção dessa estrutura comunicacional que serve de espelho para a sociedade (uma duplicação da realidade, ou melhor, uma realidade construída pelas mídias de massa). Essa estrutura comunicacional, que irá servir como "*shared knowledge*", permite aos sistemas sociais "*to take certain assumptions about reality as given and known about in every communication, without having to introduce them specially*

---

43 O conceito de memória adquire uma definição particular na teoria dos sistemas. Trata-se menos de um "estoque de conhecimentos", do que de um jogo atual entre a memória e o esquecimento. Nas palavras de Luhmann: "*memory is not to be understood as a storage place for past circumstances or events. Neither the media nor other cognitive systems can burden themselves with these things. Rather, we are talking about an ongoing discrimination between forgetting and remembering*" (Luhmann, ibidem, p. 37). Ou ainda: "*If one wants to describe the function of memory with regard to the future right from the start, one must let go of the psychologically plausible idea that memory has the task, only needed occasionally, of recalling past events. Rather, memory is performing a constantly co-occurring discrimination of forgetting and remembering that accompanies all observations even as they occur. The main part of this activity is the forgetting, whereas only exceptionally is something remembered. For without forgetting, without the freeing up of capacities for new operations, the system would have no future, let alone opportunities for oscillating from one side to the other of the distinctions used in each instance*" (ibidem, p. 101).

into the communication and justify them" (Luhmann, op. cit., p. 65). Resumindo, as mídias de massa nos dão um leque comum de conhecimentos sobre a sociedade e o mundo: "*Whatever we know about our society, or indeed about the world in which we live, we know through the mass media*" (Luhmann, ibidem, p. 1).

Para realizar essa construção do conhecimento potencialmente comum, o sistema opera a partir da distinção de base entre informação/não informação. Por meio dela (ou seu código, na terminologia da teoria dos sistemas), o sistema de mídias de massa não só produz sua reprodução com o constante aporte de novas informações, como também fornece material para "irritar[44]" os outros sistemas, no sentido de sempre dar-lhes possibilidades de novos "*inputs*".

Entretanto, a distinção feita pelo referido código, a exemplo do que ocorre com o código do sistema jurídico (seção 4.1), só pode se dar por meio de alguns critérios. Ou seja, a distinção permite identificar as operações do sistema, mas não uma "informação" específica, sem seu programa. É esse que dá, de fato, não só as "regras" para que se possa realmente identificar uma informação, como também as "áreas de seleção" que podem estruturar tal tarefa. Segundo Luhmann:

> If one wanted to let the horizon of what might possibly occur flow out into complete indeterminacy, information would appear to be arbitrary rather than a surprise. [...] [I]t cannot be transformed into redundancies which restrict what can be expected next. This is why all information relies on categorizations which mark out spaces of possibility; within these spaces, the selective range for what can occur as communication isprestructured. This is merely a different formulation of the theory that the information/non-information code is not sufficient, and that instead programmes are additionally required which will divide whatever can beexpected as

44 Ver seção 7.1.

informational value, into fields of selection such as sports or astrophysics, politics or modern art, accidents or catastrophes (Luhmann, ibidem, p. 18)[45].

Aproximando a explicação de nossa proposição, podemos dizer que as mídias construíram uma área de seleção "crime e justiça penal". Já existe uma "preestruturação", que torna compreensível a informação nessa área: as novidades no tema não são, portanto, arbitrárias e "inesperadas", embora o conteúdo da informação traga algo de novo em si. A existência dessa área também confere à questão uma permanência; isso é, uma constante renovação das comunicações. Em outras palavras, nessa realidade (comum aos sistemas), construída pelo sistema das mídias de massa, há um fluxo de comunicações na área de seleção "crime e justiça penal", que servirá como fonte de permanente possibilidade de irritação para os demais sistemas (no nosso caso, pensamos na possibilidade de irritação para o sistema de direito criminal). Enquanto possibilidade, as comunicações nesta área podem ser, ou não, percebidas pelo SDC (ou por um outro sistema qualquer), mas essa contingência não elimina o estatuto destas comunicações como sendo sempre potencialmente irritantes[46].

Cabe ainda apontar que a maneira como o sistema das mídias de massa codifica apresenta uma particularidade muito importante: a informação tem um caráter extremamente volátil, visto que o acontecimento transformado em informação se constitui, automaticamente,

45 Omitimos de nossa explicação o que Luhmann chama de "seletores"; isso é, os critérios do programa para a seleção do que se torna, ou não, informação. No âmbito de nosso estudo, basta entender que, para ocorrer, a operação do código (informação/não informação) necessita alguns critérios. A questão que consideramos mais importante, nesta citação do autor, é simplesmente a ideia de áreas que estruturam a comunicação das mídias.

46 Retomaremos o conceito de "comunicações irritantes", em um de nossos capítulos empíricos (cap. 7), esperando que essa ideia se torne mais clara com o suporte do empírico.

como não informação. Quando se aborda isso uma segunda vez, passa a ser necessário acrescentar outros elementos, pois, sem isso, não mais existe uma informação. O que se torna conhecido e difundido é uma informação no próprio instante em que se toma conhecimento do acontecido. No minuto seguinte, tal informação já é "não informação". Portanto, a informação existe apenas uma única vez: "*[a] news item run twice might still have its meaning, but it loses its information value*" (Luhmann, 2000, p. 19). Além disso, o sistema das mídias de massa tem, nesse sentido, uma particularidade que acelera a transformação da informação em "não informação": a pressuposição da recepção da informação de maneira generalizada na sociedade.

> The mass media — escreve Luhmann — spread information so broadly that at the very next moment one has to assume that everyone knows it (or that not knowing it would entail loss of face and is therefore not admitted to). (...) In this respect, the mass media cause social redundancy throughout society, in other words, the immediate need to new information. Just as the economy, differentiated on the basis of payments of money, generates the never-ending need to replace money spent, so the mass media generate the need to replace redundant information with new information: fresh money and new information are two central motives of modern social dynamics (Luhmann, ibidem, p. 20-21).

Eis, então, os elementos importantes para compreender esse sistema: a transformação da informação em "não informação" e a pressuposição generalizada da recepção da comunicação das mídias de massa. O sistema das mídias de massa provoca uma "aceleração" nessa realidade comum da sociedade: a percepção de sempre haver algo a comunicar como informação é inevitável, pois o que foi comunicado não é mais informação.

Resta, ainda, um elemento fundamental à nossa argumentação: o sistema das mídias de massa se encarrega da representação do "público" e, para tanto, utiliza o *medium* "opinião pública". Examinaremos esses dois conceitos — dois estímulos externos que afetarão o SDC —, na seção a seguir.

4.2.2 A opinião pública e o público

4.2.2.1 CONSIDERAÇÕES TEÓRICAS

Utilizar o conceito de opinião pública nos parece uma tarefa arriscada. Muito frequentemente, o uso da expressão "opinião pública" enuncia apenas uma noção vaga, um lugar comum daquilo que seria a vontade das "pessoas", do "povo" e do "público", acerca de um tema específico. Entendemos que tal uso impreciso é não só uma característica de um discurso de "senso comum", ou então de um discurso político, como também uma característica de vários usos do conceito pela ciência (como acreditamos já ter demonstrado no capítulo 3).

No entanto, a dificuldade quanto ao uso do conceito de opinião pública não parece se restringir à imprecisão do termo. Um outro elemento potencialmente problemático, e que pede atenção, refere-se a uma certa carga semântica da qual a expressão "opinião pública" nos afigura impregnada: seu uso corrente sugere carregar uma reivindicação implícita de legitimidade. Aqueles que utilizam o conceito têm uma inegável pretensão de que sua "causa" sairá reforçada pelo peso de certa legitimidade dessa "opinião pública". Assim, pode-se pretender que uma demanda por qualquer reforma política seja tanto mais legítima quando feita sob a égide da opinião pública. É igualmente possível pretender punir sobretudo determinados delitos, que são crimes que chocam a opinião pública; ou ainda, que um projeto de lei não seja legítimo, pelo fato de ir contra as expectativas da opinião pública. Em resumo, mobilizar a opinião pública para justificar nossas intenções significa dar a elas um verniz de legitimidade; o "ônus da prova" da não aceitação de nosso argumento cairia, então, por assim dizer, sobre aqueles que não estariam de acordo.

Todavia, esse uso de "senso comum" da opinião pública parece ser, até certo ponto, tributário das formulações do conceito na teoria política. Originada no século XVIII, a ideia moderna de "opinião pública" surge para substituir a de poder soberano do Príncipe. A opinião pública se torna o "soberano secreto", aquele escondido detrás do poder visível do Estado: ela é concebida como "o poder invisível do visível" (Luhmann, 1990, p. 204). Essa ideia de "opinião pública" parece ter sido posteriormente difundida e vulgarizada na sociedade.

No contexto do presente estudo, consideramos tal noção não só insuficiente, como impossível de operacionalizar sociologicamente. Necessitamos, aqui, de um conceito capaz de descrever um determinado tipo de estímulo que possa ser compreendido pelo sistema de direito criminal, que seja por ele percebido como lhe sendo externo e, ainda, que seja "vazio" de conteúdo. Vazio não só no sentido de não pressupor mensagens específicas relativas à opinião pública, como também no de um conceito que não constitui algo em si, mas que se presta a diferentes usos. O conceito de opinião pública parece ser, de fato, tanto mais útil, quanto menos ele for dotado de uma significação anterior (ou seja, menos ontologizado). A partir desse raciocínio, e sempre com base em Luhmann, buscaremos operacionalizar um conceito de opinião pública que possa nos servir.

Retomando o exposto sobre o sistema das mídias de massa, cabe considerarmos a citação a seguir:

> The production of the mass media would therefore be not the production but the representation of the public. And what is meant here is representation 'in a constrasting', reductive sense. Precisely because the public always describes the other, inaccessible side of the boundaries of all systems, including the mass media, [...] it is necessary to represent them in the form of constructions of reality in which all subsystems, indeed, all

people, can have a part, without any obligation arising to go about it in a particular way (Luhmann, ibidem, p. 105-106).

Na conclusão da seção precedente, afirmamos que o sistema das mídias de massa se encarregava da "representação do público". Se considerarmos a formulação de Luhmann, de que "público" descreve o outro — isso é, observadores (sistemas sociais ou psíquicos, nos termos da teoria dos sistemas) que estão fora do sistema —, só passa a ser possível reproduzi-lo no sistema por meio de uma representação. Certamente podemos generalizar o argumento afirmando que todos os sistemas sociais têm um público. Ou seja, todos os sistemas dispõem dessa percepção de uma audiência em seu ambiente, a qual, embora externa, interessa-se pelas comunicações do sistema. O público é, portanto, uma heterorreferência dos sistemas: uma construção interna que, considerando o fato de o sistema ter uma fronteira, pressupõe um ambiente povoado de "receptores" (observadores) de suas comunicações.

Retornando ao sistema das mídias de massa, em sua função de construir uma "realidade" comum, observamos esse sistema também constrói uma "representação" da opinião desse público, uma "representação" da opinião de sua audiência. Como o sistema das mídias de massa não pode ser rivalizado em sua tarefa de construção de uma "realidade" comum na sociedade[47], cabe a ele a responsabilidade de criar a referida representação da opinião da sociedade. Em outras palavras, a "opinião pública", essa representação da opinião do público, não pode existir sem o sistema das mídias de massa. Evidentemente, não estamos afirmando que opiniões sobre "n" temas não possam existir na sociedade, externamente a essa representação

47 Todos os sistemas sociais constroem, em suas operações, uma realidade. Portanto, não se trata de uma exclusividade do sistema das mídias de massa. Contudo, nenhum sistema pode competir com ele, no impacto desse feito. A comparação com o caso do sistema jurídico é muito pertinente: ainda que outros sistemas (por exemplo, o sistema religioso) pretendam estabilizar expectativas normativas na sociedade, nenhum sistema equivalerá ao sistema jurídico, nessa tarefa.

das mídias de massa. Tampouco estamos dizendo que as mídias de massa têm o monopólio das opiniões dos indivíduos na sociedade. Estamos apenas asseverando que compete fundamentalmente (mas não exclusivamente, já que qualquer sistema pode criar uma opinião pública, como veremos posteriormente) ao sistema das mídias de massa produzir a opinião pública. Sem ele, ela não poderia existir.

Talvez a questão possa ser elucidada ao se acrescentar o dado de que a opinião pública não se confunde com a opinião dos indivíduos da sociedade. A opinião pública — representação das opiniões do público (isto é, representação da opinião de outrem, há muito generalizada e estabilizada na sociedade pelas mídias) — é apenas um dispositivo. Não se trata, portanto, de uma "opinião pública substantiva", que expõe "opiniões" dos indivíduos da sociedade; mas sim, de um *locus* comunicacional, vazio e estabilizado, que se presta a diferentes usos. Antes de dar continuidade à discussão, vejamos o que Luhmann tece sobre o conceito:

> [...] public opinion [...] is not an action system, not even a set of positions for actors. It is only a *device*, produced by the mass media, to regularize the observing of observers. It is a mirror in which politicians see themselves, and their competitors, or one in which normal people on the — or rather, on their television sets — can experience 'democracy' as a system in which politicians observe public opinion and try to avoid scandals (Luhmann, 1994, p. 63, grifos nossos).

A opinião pública é, portanto, simplesmente um dispositivo comunicacional, que funciona como um espelho (não apenas para os políticos, mas para qualquer sistema observador) da sociedade. Nela, a sociedade, o público, a cultura e ela própria são observados; todavia, não se observa o que está "neste" espelho, mas somente o que ele reflete. E tal reflexão depende, evidentemente, da posição a partir da qual observamos.

Esse dispositivo comunicacional, "opinião pública", pode ser mais facilmente explicado se retomarmos a ideia de *medium* aqui já utilizada (seção 4.1). Um *medium* é esse tipo de dispositivo que funciona como um veículo para a construção das formas. O *medium* em si é absolutamente dessubstancializado: ele só adquirirá uma forma, se o utilizarmos com o preenchimento de um conteúdo. Esse *medium* é de tal importância para o funcionamento do sistema das mídias de massa, que tomará o lugar de um *medium de* comunicação simbolicamente generalizado desse sistema. Um *medium* generalizado é um tipo específico de *medium*, cujo uso é fundamental, e que tal como o próprio nome indica, é generalizado nas operações do sistema. É ele que permite conectar as operações do passado e do futuro deste sistema:

> A poll can be done and redone — it is usually slightly different the next day, and even if it is the same as yesterday, this is still new information! Today's public opinion is the basis of tomorrow's and the continuation of yesterday's [...] (Moeller, 2006, p. 138).

Além disso, pode-se dizer que um *medium* de comunicação generalizado é o que transforma a improbabilidade da comunicação em algo provável (Luhmann, 1995, p. 160). Assim como o papel que desempenham a moeda para o sistema econômico, ou a verdade para a ciência, ou o poder para a política, a opinião pública é o que torna a comunicação do sistema das mídias de massa audível para os outros sistemas da sociedade. Moeller nos explica como a opinião pública pode ser uma fonte ilimitada de reprodução da comunicação:

> Just like money allows for an incessant continuation of money transaction — the money I earn today is the same that I spend tomorrow — so public opinion is the "stuff" with which society manufactures its general self-descriptions. [...] With public opinion, mass communication can revolve around itself and continue its on-going self- reproduction. Public opinion transforms itself in eternal spirals (Moeller, 2006, p. 138-139).

Assim, é importante reconhecer que, na referida concepção, estamos longe de perceber a opinião pública como estado da consciência dos indivíduos. Do ponto de vista da teoria dos sistemas, existe uma impossibilidade lógica para tal tipo de construção: se o sistema psíquico de cada pessoa é irremediavelmente inacessível pelo exterior (visto que, como todos os sistemas autopoiéticos, ele é operacionalmente fechado), como seria então possível falar em opinião pública enquanto uma soma, ou uma média, ou uma maioria de opiniões individuais dos membros da sociedade?

É necessário, portanto, construir o conceito de outro modo. A opinião pública é, antes de tudo, o *medium* que permite descrever a sociedade e o mundo; o *medium* de um sistema que funciona como memória coletiva. Ela é apenas um invólucro vazio, que se reatualiza como *medium* todas as vezes em que atua para a criação das formas (mensagens). Assim, dizer, por exemplo, o que a opinião pública pensa sobre as últimas políticas penais do governo significa atualizar o *medium* de comunicação simbólico generalizado: essa informação se transforma em "não informação", visto que ela já foi comunicada, mas o *medium* para a comunicação (a opinião pública) permanece e é reforçado.

Passamos agora a esclarecer a dificuldade da opinião pública como *medium* e como formas. Segundo já argumentamos, a opinião pública é fundamentalmente um dispositivo comunicacional, um *medium* que adquire diferentes formas dependendo da observação feita. A dificuldade conceitual surge, aqui, ao se afirmar que tanto o *medium* quanto as formas são "opinião pública". Assim, se nosso interesse reside nas formas criadas nesse *medium*, estamos diante de diferentes opiniões públicas. Toda utilização do *medium* chega a uma forma (o jornalista que diz que a opinião pública pensa "x"; o político que afirma ter o apoio da opinião pública; o SDC que reclama da pressão da opinião pública), e cada uma delas é uma opinião pública. Por outro lado, se focarmos a atenção no *medium*, não poderemos mais falar em "opiniões públicas", mas somente em "uma opinião pública". Retomaremos essa questão, na próxima seção, quando da operacionalização do conceito para o presente estudo.

Por fim, é importante dizer que se a opinião pública é principalmente produzida pelo sistema das mídias de massa, ela não o é exclusivamente. O sistema das mídias de massa consolidou a existência do já mencionado espelho da sociedade, mas a representação da opinião pública pode ser garantida por diferentes sistemas. Em outras palavras, sendo simplesmente um *medium*, a composição das formas em seu interior estará aberta a qualquer observador. Aliás, o sistema político constituirá um grande criador de formas para a opinião pública[48].

---

48 A opinião pública é também, efetivamente, um elemento de acoplamento estrutural entre o sistema político e o sistema das mídias de massa. A opinião pública pode ser considerada como um "tema" do sistema político, que dá base para "esquemas" de comunicação. Como diz Luhmann: "[...] qual é o material que permite a auto-organização da opinião pública? [...] Responder-se-á a esta questão, argumentando-se que aí se trata da produção e reprodução de esquemas nos quais a decisão política deve se basear. [...] um esquema é uma forma que permite a um sistema combinar esquecimento e memória; ou seja, apagar praticamente qualquer sinal das operações anteriores, ainda que conservando alguma coisa: precisamente, o esquema que poderá ser reutilizado. [...] Por exemplo, é corrente na opinião pública contemporânea o esquema de "crise": crise energética, crise do Estado, crises ecológicas, crise do ensino superior, crises religiosas, crise dos partidos políticos, etc." (Luhmann, 2001, p. 44). Quanto à ideia de acoplamento estrutural entre os dois sistemas, a partir da opinião pública, Luhmann diz: "Este acoplamento estrutural é de dupla face, como sempre ocorre nos sistemas funcionais. De um lado, não seria possível explicar sem levar em conta as mídias, a evolução estrutural longo termo do sistema político, ainda que ela resulte de uma auto-organização. De outro lado, as mídias necessitam da política, assim como do esporte, das empresas e da Bolsa, ou ainda, da representação dos intelectuais por eles mesmos; tudo isto fornecendo a elas, incessantemente, a 'matéria' que pode ser serializada e transformada em narrativas temáticas" (Luhmann, 2001, p. 53).

4.2.2.2 A OPINIÃO PÚBLICA E O PÚBLICO COMO ESTÍMULOS EXTERNOS

Após todas essas considerações teóricas, resta-nos definir como podemos operacionalizar a opinião pública, no presente estudo. Primeiramente, faremos uma distinção entre público e opinião pública, em termos bem precisos.

A opinião pública, para efeitos desta pesquisa, são comunicações. É certo que acabamos de defini-la, simultaneamente, como um *medium* e como as formas por ele criadas; porém, do ponto de vista da observação do SDC, o que conta são as formas que este chegará a perceber. Ou seja, comunicações de seu ambiente, que podem ou não "se autoidentificar" como sendo "opinião pública", mas que são percebidas enquanto tal por um observador (em nosso caso, o observador que conta é o SDC). Podemos também dizer que a opinião pública é uma "heterorreferência" do SDC: uma referência de comunicações que lhe são exteriores a ele e que por ele são percebidas como refletindo a opinião da sociedade.

Enquanto a opinião pública é aqui identificada como comunicação, o público será conceitualizado como indivíduos identificáveis (por suas comunicações percebidas pelo SDC), que se manifestam junto ao SDC. Se, em um sentido geral na teoria dos sistemas, é possível considerar o público como uma "heterorreferência" do sistema de uma audiência pressuposta em seu ambiente (a própria constatação da existência de uma fronteira do sistema permite deduzir a existência de um "público" de receptores de suas comunicações em seu ambiente), tal conceito é, contudo, bastante amplo para operacionalização no âmbito do presente estudo. Utilizamos um conceito que não está em oposição com essa ideia geral de "heterorreferência", porém bem mais restrita. Consideramos, aqui, que o "público" é composto de indivíduos que podem ser redefinidos, pelo SDC, a partir de suas comunicações, as quais adquirem a forma de expectativas ou de reivindicação. Assim, o "público" continua sendo uma "heterorreferência" do sistema, mas uma "heterorreferência" que identifica o "hetero" a partir de uma comunicação ou de uma expectativa selecionada pelo SDC.

Em termos menos abstratos, famílias de vítimas, pessoas que protestam nos tribunais, indivíduos que enviam comunicações escritas aos magistrados, etc. podem ser incluídos na categoria "público". Todos eles são indivíduos "de carne e osso" (e não apenas comunicações) associados a uma comunicação específica, a qual é percebida pelo SDC, que é capaz de atribuí-la a seus responsáveis. Por outro lado, uma reportagem veiculada por uma cadeia de televisão, e expressando a indignação após um crime, não mais seria público, mas opinião pública. Pouco importa se tal comunicação se identifica, ou não, como opinião pública, pois ela carrega em si a pretensão de transmitir a opinião do público; ela é, afinal de contas, uma forma "opinião pública", uma comunicação que confere um conteúdo ao *medium* "opinião pública".

Para concluir, cabe dizer que tanto a teorização quanto a operacionalização aqui elaboradas apresentam zonas cinzentas. Uma das mais evidentes para nós refere-se à questão das manifestações de alguns movimentos sociais. Discorreremos sobre isso, na próxima seção, quando buscaremos inserir a problemática da vítima, na referida teorização. De qualquer modo, apesar das zonas cinzentas, os desenvolvimentos feitos bastam para a análise empírica a que nos propomos sobre a relação entre os estímulos externos e o SDC (capítulo 7).

4.2.3. A questão das vítimas e seu duplo *status*: estímulo externo e dado do sistema[49]

Acreditamos ter demonstrado em nosso primeiro capítulo que as vítimas ocupam hoje um lugar muito mais importante do que ocupavam há alguns anos. A emergência de uma nova categoria social, de uma nova problemática difusa na sociedade, parece ser resultado de certas transformações sociais a partir dos anos 1960 e, sobretudo, 1970. A expansão das democracias, a importância crescente da mídia na sociedade, o uso político dessa categoria social, são todas razões que podem ser evocadas como fatores que contribuíram para essa emergência[50].

Isso dito, é a maior importância que se dá às vítimas no âmbito do sistema de direito criminal que nos interessa aqui. Observamos não apenas os efeitos dessa emergência no referido sistema, como tentamos também compreender as diversas manifestações às quais se associa essa categoria "vítima". Para retomar um argumento que já fizemos (seção 2.1.3), dissemos que as manifestações das vítimas são bastante variadas. Em primeiro lugar, as vítimas podem se materializar enquanto atores que fazem reivindicações junto ao sistema político: pedidos de mudança legislativa para a criação de novos tipos penais ou recrudescimento de penas, modificações na execução penal etc. Em segundo lugar, as vítimas são também atores que se manifestam junto ao sistema de direito criminal: elas demandam penas mais duras, querem participar ou ser mais informadas do processo penal e querem ter mais conhecimento do destino do réu[51]. Em terceiro lugar, as vítimas podem também ser uma entidade anônima

---

49 Uma versão modificada desta seção sobre vítimas apareceu na Revista Mineira de Direito (Xavier, 2019).

50 Walklate (2007) faz um interessante panorama da literatura sobre os argumentos em favor de se dar uma maior atenção às vítimas no contexto da Inglaterra.

51 O exemplo mais eloquente aqui nos parece ser a das pessoas próximas às vítimas, nos EUA, que pedem para assistir à execução do condenado.

em nome da qual se pede todo tipo de reforma: elas não precisam ser indivíduos diretamente afetados por um crime. A figura retórica da vítima é suficiente para suscitar a mobilização e o apoio político para todo tipo de causas e projetos políticos. Finalmente, as vítimas podem ser também atores implicados no processo penal, seja no papel de depoente, seja no papel de autor de um *victim impact statement*, seja ainda como partícipe em processos de justiça restaurativa.

O problema que se coloca então é: como conceitualizar todas essas manifestações? Como dar conta de um fenômeno que está longe de ser unívoco. No limite, o "fenômeno das vítimas" em matéria penal não seria nem mesmo "um" fenômeno, mas várias manifestações distintas que devem ser analisadas separadamente. Em suma, como conceitualizar essa pluralidade de manifestações de vítimas?

O que faremos aqui é então um esforço teórico de clarificação do fenômeno, a fim de podermos trabalhar com os conceitos na nossa análise mais adiante. Em primeiro lugar, precisamos dizer que uma primeira dificuldade vem do *status* da vítima enquanto categoria distinta do público do sistema de direito criminal. A dificuldade pode ser pensada nos seguintes termos: a vítima merece ser considerada simplesmente como público — um ator que exerce um papel social específico no exterior do sistema de direito criminal, ou pode ela ser considerada como um ator interno desse sistema? No primeiro caso, uma teorização ajudaria a explicar a atitude de rejeição que juízes e promotores adotam a seu respeito. No segundo caso, isso nos ajudaria a dar conta de certos fenômenos novos da justiça criminal, bem como permitiria separar a vítima e seus próximos de um público amplo (sem nenhuma relação direta com o caso criminal). Em outras palavras, vítima como parte do público ou vítima como um ator do processo e da tomada de decisão? Nossa escolha teórica foi de considerá-la com esses dois *status*: a vítima pode ser ambos, em momentos diferentes. Apresentamos abaixo nossa maneira de ver a vítima, reforçando que se trata de uma construção teórica — portanto uma lente entre várias possíveis — para entender o fenômeno.

4.2.3.1 A VÍTIMA EXTERNA AO SISTEMA DE DIREITO CRIMINAL

4.2.3.1.1 *Os movimentos de vítimas como movimentos de protesto*

Ainda que seja um fato social relativamente novo, a emergência das vítimas enquanto categoria social de grande visibilidade parece algo de difícil contestação nos dias de hoje. Erner (2006) fala de uma emergência dessa categoria social a partir da segunda metade do século XX. Outros acadêmicos falam da ascensão do movimento de vítimas a partir dos anos 1970[52]; outros falam da importância do nascimento da vitimologia para a visibilidade da agenda das vítimas[53]. Em suma, nas últimas décadas a "causa" das vítimas é bastante visível. E uma das razões dessa visibilidade pode ser atribuída a movimentos de vítimas enquanto grupos organizados que formulam demandas junto ao sistema político, ao sistema de direito criminal e à mídia.

Como podemos caracterizar esses movimentos de vítimas? Apoiando-nos em Luhmann, sustentamos que esses movimentos podem ser caracterizados como movimentos de protesto. Esses movimentos são um conjunto de comunicações na sociedade que se organiza de forma autônoma em relação aos sistemas de função da sociedade, constituindo-se num sistema em si. Esses movimentos de protesto são o motor de um paradoxo no âmbito da sociedade: trata-se da formação social que mobiliza a sociedade contra a sociedade. Luhmann escreve:

---

52 Ver, por exemplo, Walklate (2007) e Best (1997).

53 Garapon (2001) fala por exemplo da necessidade que os assistentes sociais ligados à justiça penal encontraram para se adaptar a uma nova demanda: ocupar-se, para além dos infratores, também das vítimas.

> (...) podemos partir do contexto de maior diferenciação e de maior generalização das bases simbólicas — particularmente desses "valores" com os quais a sociedade se põe a formular sua unidade. No entanto, o que se passa quando os valores generalizados não podem mais se instalar na sociedade diferenciada? O que acontece quando, mesmo que eles sejam formulados e reconhecidos, sua concretização deixa a desejar na sociedade diferenciada? Parece-me que os movimentos sociais procuram uma resposta a esse problema — resposta que toma a forma de um paradoxo: o protesto da sociedade (não somente de atores particulares ou de interesses específicos) contra a sociedade (Luhmann, 1997 [2006], p. 673; nossa tradução).

Em outras palavras, certos valores generalizados na sociedade (diríamos aqui a proteção das vítimas, a valorização dos mais frágeis, a intolerância ao sofrimento etc.) não chegam a ser "defendidos", não são "suficientemente protegidos" ou não são "suficientemente valorizados" pelo, por exemplo, sistema político ou sistema de mídia. As razões podem ser diversas: são valores que temos dificuldade de formular explicitamente; ou são valores que não sabemos como proteger (ou cuja "proteção" pode não ter limites, como a proteção ao meio-ambiente); ou ainda valores que se chocam com outros valores. Em suma, certos valores são fluidos e imprecisos (mesmo que sejam generalizados na sociedade) e sua "realização" está longe de ser satisfatória para os indivíduos preocupados com a questão. Nesse momento, movimentos de protesto podem emergir para reivindicar a consagração desses valores.

Luhmann continua seu argumento dizendo que é preciso compreender os movimentos de protesto:

> (...) como sistemas autopoiéticos com um caráter próprio, e o protesto como seu movimento catalizador. O tema ao qual o protesto se filia é sua invenção, sua construção. O fato que a sociedade, até agora, não tenha prestado atenção ao tema

> (ou não tenha prestado atenção suficiente) é justamente a condição para que o movimento se desencadeie. A sociedade se mostra surpresa e para ela se trata de algo incompreensível. Nas suas organizações, o tema é desconhecido. É unicamente a autopoiese do movimento social que constroi o tema e encontra a pré-história correspondente — para não parecer ser o inventor do tema — e cria com ele uma controvérsia (...). Basta ter inícios insignificantes — que são apenas inícios em retrospectiva — que a controvérsia vira (e continuará a ser) a controvérsia do movimento de protesto (Luhmann, 1997 [2006], p. 682, nossa tradução).

O movimento de protesto só existe então a partir da invenção de seu tema e de sua inserção na forma "protesto". Os temas são o que dão "o recheio", o conteúdo da distinção que essa forma — o protesto — deve realizar na sociedade para se separar enquanto comunicação. Os temas são para a forma "protesto" o que os programas são para um código do sistema de função da sociedade (1997 [2006], p. 679). Se o código legal/ilegal é o que permite ao sistema de direito se separar do resto da sociedade e as leis são seu programa (o conteúdo, o que acrescenta sentido à distinção), no caso dos movimentos de protesto, é a forma "protesto" (defensores da causa/quem não está mobilizado) que lhes permite ter uma unidade e se diferenciar, mas é o tema que acrescenta conteúdo a essa forma. Para retomar os termos do autor, "*[t]he protest is the form, the topic is the content, and the two of them together set off a process of reproducing related communication, thus permitting the system to distinguish between relevant and irrelevant activities*" (Luhmann, 1993, p. 126-127).

O autor acrescenta que esse sistema particular que ele chama de movimento de protesto não deve ser confundido com organizações. Nessas, é fundamental a questão do *membership* e a hierarquia. A situação dos indivíduos ligados ao movimento de protesto é demasiado instável comparativamente à das organizações. Trata-se mais de um grupo que pode ser mobilizado (potencial de mobilização) que um grupo formado, estável e hierarquicamente bem definido. A distinção fundamental para caracterizar esses movimentos é a distinção centro/periferia:

> De forma característica, há um núcleo de partidários mais fortemente unidos (que pode ser ativado por ações eventuais) e um outro círculo mais amplo de simpatizantes (ao menos é o que supõe o movimento) que permite pensar que o movimento representa os interesses gerais da sociedade. A diferenciação centro/periferia pode aparecer com relativamente poucos pressupostos, ela é compatível com a flutuação de pessoal (entre simpatizantes, correligionários e núcleo) e ela permite fronteiras relativamente fluidas que só se clarificam quando do processo de "autoativação" do movimento e que podem se modificar no seu desenvolvimento em forma de trajetória (Luhmann, 1997 [2006], p. 685; nossa tradução).

Além disso, para caracterizar esses movimentos de protesto enquanto sistemas autopoiéticos diferenciados, é preciso que o movimento seja capaz de fixar objetivos (Luhmann, 1997[2006], p. 679) que não sejam necessariamente atingíveis, mas que tornam possível a perpetuação das comunicações do sistema. No mesmo sentido, apenas um protesto não basta para caracterizar os movimentos de protesto. Sem esses objetivos, sem uma rede de comunicações identificada como lhe sendo associada e sem um centro organizador, não se pode falar em movimentos de protesto.

Com relação a essa forma "protesto", Luhmann vai dizer que se trata de "*communications addressed to others calling on their sense of responsibility*". Trata-se de uma forma criada para mobilizar a sociedade contra si própria, que tenta trazer mudanças na sociedade, mas que no entanto se distingue da forma da oposição política tradicional. Um partido político de oposição faz protestos e propõe mudanças, mas tem sempre presente nas suas comunicações um projeto de tomada de poder para realizar seus objetivos. Os movimentos de protesto não propõem tomar o poder político e realizar transformações que reivindicam (Luhmann, 1997 [2006], p. 677; Luhmann, 1993, p. 125). O autor acrescenta que o fato deles não utilizarem "vias normais", qual seja o sistema político, visa a passar a mensagem "que se trata de um assunto geral, urgente e profundo que não pode ser tratado da forma ordinária" (Luhmann, 1997 [2006], p. 676; nossa tradução).

O autor acrescenta que a forma "protesto" privilegia fortemente abordagens reativas em detrimento de abordagens cognitivas:

> Utiliza-se de "scripts" reconhecidos que são capazes de ressoar (por exemplo, a preservação da paz) e insurge-se contra certas soluções de problemas (contra a corrida armamentista) que não se prestam mais ao consenso. Contenta-se com uma representação bastante esquemática do problema, frequentemente associada a grandes títulos como o de "escândalo", e a própria reação se apresenta como reação a um estado de coisas insuportável. Além disso, exige-se dos destinatários que reajam e não mais que façam esforços para compreender. Tendo em vista que os esforços para mais informações e para uma planificação certa do futuro vão desperdiçar as energias e projetá-las num futuro sem fim, o processo reativo promete resultados que serão rapidamente atingidos (Luhmann, 1997 [2006], p. 677; nossa tradução).

Os esforços para compreender a problemática[54] são intoleráveis para o movimento de protesto, visto que os esforços só fazem adiar as soluções desejadas para o problema. Há pressa para esses movimentos,

---

54 Não somente uma dificuldade cognitiva com as comunicações que se posicionam no sentido de compreender o tema, mas uma falta importante de teorização em relação à sua própria existência: "*The new social movements have no theory. (...) A simple, concrete fixing goals and postulates, a corresponding distinction of adherents and opponents and a corresponding moral evaluation therefore predominates*" (Luhmann, 1989, p. 126).

uma vez que a problemática que eles evidenciam é urgente e o preço da inação é inaceitável. Além disso, o protesto reclama princípios éticos, e em se tratando de princípios éticos, o fato de se tratar de uma maioria ou minoria não é pertinente. Os temas são carregados de uma representação positiva, o que os torna tanto mais justos e urgentes.

O protesto age "como se tivesse de defender a sociedade de seu sistema político" (Luhmann, 1997 [2006], p. 679) (Eu acrescentaria: "de seu sistema jurídico também"). Ele se considera a "boa sociedade" que deve agir sobre aqueles que estão do outro lado da distinção: quem não se preocupa com vítimas, com meio ambiente, com os animais, com a paz ou com qualquer outro tema que seja escolhido. Luhmann acrescenta que essa comunicação sob a forma de protesto, mesmo se dentro da sociedade, é produzida como se dela estivesse fora (Luhmann, 1997 [2006], p. 676; Luhmann, 1989, p. 126). É uma comunicação bastante complexa: está na sociedade, mas quer parecer externa; ela é em nome da sociedade, mas contra a sociedade (ibid.).

Dessa forma, a função dos movimentos de protesto é de fixar nas operações da sociedade sua própria negação (Luhmann, 1997 [2006], p. 685). Fazem a crítica interna (que aparenta ser externa) e se apropriam de temas que os sistemas de função da sociedade (o direito, a economia, a religião, a educação, a ciência...) não tratam de forma satisfatória. O "sucesso" dos movimentos de protesto reside exatamente no fato de incorporar temas que esses outros sistemas não identificam como lhes pertencendo (Luhmann, 1993, p. 142).

Luhmann termina dizendo que tanto o sucesso dos movimentos de protesto quanto seu fracasso são fatais. A forma "protesto" — condição de existência do movimento de protesto — pressupõe "o outro lado", destinatários do protesto que a ele reagem e contra os quais ele pode protestar. A aceitação das demandas trazidas pelo protesto elimina a diferença que é constitutiva do movimento de protesto (Luhmann, 1993, p. 126-143).

Tendo feito toda essa caracterização dos movimentos de protesto, tentemos agora ver como podemos integrar os movimentos de vítimas a essa categoria. Tomemos os dois exemplos que já utilizamos (seção 2.1.3.1): a APEV, na França, e o movimento iniciado por uma mãe de vítima para mudar uma lei no Brasil (caso Daniela Perez).

No caso brasileiro, vemos um movimento de vítimas, movimento episódico tal qual nós o descrevemos anteriormente, que aparece para remediar uma "situação insustentável", a saber a indulgência de lei brasileira sobre homicídios e sua falta de consideração — segundo a interpretação do movimento — com relação aos direitos das vítimas de ver o criminoso devidamente punido. Nesse caso, é menos a invenção do tema que a apropriação de um tema que outros grupos de vítimas já mobilizavam na sociedade. Mas nesse caso, há a fixação de um objetivo claro — a mudança legislativa — e todas as comunicações do grupo nesse sentido, incluindo a petição que desencadeia o processo de mudança legislativa. Finalmente, o movimento encontra, com o sucesso, o seu próprio esvaziamento: a aceitação do protesto por aqueles que dele eram destinatários retira a distinção entre esses e os que protestam, acarretando com isso a dissolução do movimento.

Quanto à APEV, vemos nela um movimento mais estável que o movimento episódico brasileiro que acabamos de mencionar. Trata-se de um movimento de vítimas que possui uma sede, atividades regulares e um grupo organizado de pessoas que delas se ocupam. A associação existe desde 1991 e organiza desde então seminários, protestos, campanhas e atividades de todos os tipos para divulgar sua causa. Seu objetivo declarado é ajudar os pais das vítimas (de acompanhá-los e de amplificar suas vozes) e defender os direitos das vítimas em geral[55].

A despeito de sua organização, não podemos confundi-la aqui com uma "organização" propriamente dita. Falta de hierarquia, necessidade ilimitada de pessoal e forma de rede configuram diferenças

---

55 Eles falam também da "luta contra as agressões sexuais" e da "busca de crianças desaparecidas". Esses dois aspectos são menos pertinentes para nossos propósitos. Para maiores detalhes sobre a APEV, ver o site **http://www.apev.org**.

suficientes para distinguir uma coisa da outra (Luhmann, 1997 [2006], p. 675). Além disso, um outro indício de que se trata de um movimento de protesto importante aparece no discurso da APEV:

> A primeira demanda das famílias é de conhecer a verdade, saber o que se passou, que o culpado seja descoberto e julgado. É uma necessidade de justiça e não de vingança. Na APEV, nós queremos dar a palavra aos pais, ajudá-los a se reinserir na vida e conseguir-lhes um papel importante no processo judiciário. [Como] associação de vítimas, *não temos a pretensão de substituir organismos mais estruturados*, compostos por profissionais. Queremos ser força de propostas, a partir de nosso vivido junto à Justiça. Fazemos ações *esperando que estruturas mais oficiais deem sequência* (grifo nosso).

Aqui vemos claramente a distinção com relação a uma organização do sistema político: o objetivo não é tomar o poder. Pedem-se ação e mudanças, mas não se propõe ocupar as instâncias de decisão ou tomar-lhes o lugar para atingir os objetivos do movimento.

Além disso, outra característica nos chama a atenção aqui. Observando o mandato autoproclamado da APEV, podemos deduzir a razão de sua relativa estabilidade comparativamente a movimentos episódicos: ajuda aos pais e defesa de direitos das vítimas são objetivos bastante amplos que permitem uma constante mobilização do movimento de protesto. Em outras palavras, se trata de combater uma situação de desigualdade em face das vítimas (o fato que elas têm "menos direitos" que os acusados, que elas não são consideradas pela justiça penal etc.), a razão de ser desse movimento de protesto vai muito dificilmente desaparecer. Uma vitória (ou um fracasso) qualquer pode sempre ser percebido como um progresso (ou um recuo), mas dificilmente vai contemplar (ou desapontar) plenamente os objetivos fixados pelo movimento, o que torna sua existência sempre justificável. A se crer em Luhmann quando ele diz que o desequilíbrio e a desigualdade são constitutivos dos sistemas sociais, então aos movimentos de protesto jamais faltará combustível para os protestos que justificam sua existência.

Para resumir, nossa primeira caracterização das vítimas é a de um movimento de protesto de vítimas. Esse tem como características fundamentais o fato de ser um verdadeiro conjunto comunicacional que se liga a uma estrutura mais ou menos durável e que tem um tema e essa forma "protesto". Essa é uma das formas que podemos caracterizar vítimas quando pensamos em estímulos externos ao sistema de direito criminal. Mas certamente não é a única.

4.2.3.1.2 *As vítimas como público ordinário*

Evidentemente, as vítimas não apenas são as que conseguem colocar de pé um movimento de protesto ou que dele participam. As vítimas são também uma categoria menos ruidosa de pessoas afetadas por um comportamento criminoso. A questão importante aqui é de não pressupor que em virtude de sua não organização elas sejam ignoradas completamente pelo sistema de direito criminal.

Nessa categoria de vítimas que não são organizadas num movimento de protesto, podemos fazer uma distinção entre as vítimas que não se manifestam e as que comunicam ao sistema de direito criminal (e também ao sistema político e ao sistema de mídia) suas opiniões e sentimentos a respeito do crime e das providências desejam ver serem tomadas. Esse segundo grupo nós o classificamos numa categoria já utilizada aqui: a de público (seção 4.2.2.2). Essas vítimas são atores externos ao sistema de direito criminal: trata-se de indivíduos que exercem um papel específico, o de reivindicar junto a esse sistema uma atenção sob a forma de reconhecimento de sua experiência enquanto vítimas, sob a forma de reconhecimento de sua opinião com relação ao destino do criminoso, ou mesmo sob a forma de simples escuta. Esses indivíduos só se tornam atores sociais — entrando assim na categoria de público — quando fazem seus protestos, isso é, quando eles comunicam sua insatisfação ou seu desejo de serem ouvidos no caso criminal. Em outras palavras, essas vítimas são aqui um público — um grupo de atores sociais externos ao sistema de direito criminal — que só entram nessa categoria pelo fato de se manifestarem, porque fazem protestos[56]. Essas manifestações podem ser um simples e-mail a um jornal ou uma manifestação em redes sociais na qual se denuncia sua condição de vítima ignorada pelo sistema de direito criminal.

Mas as vítimas são também essa outra categoria de indivíduos atingidos por um evento criminal que não se manifestam. Se algumas reivindicam rapidamente a designação de vítimas, há um outro grupo que ou não verbaliza sua opinião em relação ao desenrolar da resposta do sistema de direito criminal ou é-lhe indiferente. Esse é o grupo que coloca menos problemas aqui em termos analíticos. Como estamos pensando o que seriam manifestações (estímulos) de vítimas de eventos criminais tendo o sistema de direito criminal como referência, trata-se de um grupo que não gera "ruído". A existência de vítimas é um pressuposto da construção de um evento criminoso pelo referido sistema (ainda que elas sejam difusas, ausentes, hipotéticas etc.). Sua mera existência não é questão aqui, mas sim quando essa entidade "vítima" deseja aparecer para o sistema jurídico (ou mesmo sistema de mídias e sistema político, tendo em vista ter impacto também no sistema jurídico por via transversa). Em termos analíticos, portanto, a vítima que não se manifesta é uma categoria que podemos negligenciar.

---

56 Ressaltemos que fazer um protesto não basta para que falemos de um movimento de protesto. Esse protesto pode sempre permanecer no estágio de uma comunicação efêmera que vai desaparecer assim que ela é concluída (Luhmann, 1993, p. 126).

4.2.3.1.3 *As vítimas como comunicações de outros sistemas (organizadas em tema)*

Já dissemos anteriormente (seção 2.1.3.) que as vítimas são uma categoria invocada. O exemplo era de uma proposta de mudança legislativa no Canadá na qual o representante do governo sustentava que se tratava de corrigir uma situação intolerável para o público em geral e para as vítimas em particular. Nesse caso, o ministro afirmava que era um insulto para as vítimas ver criminosos idosos receberem uma pensão do governo em virtude de sua idade.

Num tal caso, nenhuma vítima se manifesta diretamente para pedir o que quer que seja. Trata-se de uma comunicação do sistema político — um ministro falando de uma proposta de mudança de lei — que tem a pretensão de falar em nome de uma categoria "vítimas", mas que não precisa necessariamente das manifestações individuais para existir. Trata-se simplesmente do governo tentando colocar de pé uma agenda de mudanças legislativas.

Para ser mais preciso, sustentamos que os direitos das vítimas são um tema utilizado não apenas nas comunicações dos movimentos de protesto das vítimas, mas igualmente em comunicações de outros sistemas sociais. No nosso exemplo, é o sistema político que utiliza esse tema. Da mesma forma, poderia ter sido o sistema de mídia.

Nesse ponto, a ideia de "tema" do sistema permite organizar bem a questão. Os temas são uma estrutura do sistema que "organiza a memória da comunicação. Eles agrupam as contribuições em conjuntos de elementos que se pertencem mutuamente (...)" (Ferrarese, 2007, p. 153, nossa tradução). Eis o que se passa com as vítimas nos sistemas político e de mídia: elas se tornaram um tema, um elemento que permite conectar comunicações passadas com conexões futuras; elas se tornaram também um "ponto de referência", carregado de comunicações (nem sempre indo na mesma direção), que nos permite identificar uma certa comunicação como sendo ligada a toda uma problemática bem estabelecida. Os temas se distinguem também das simples comunicações porque eles adquirem uma certa estabilidade: se a comunicação desaparece assim que ela comunica, o tema funciona como uma estrutura de memória do sistema. Como diz Luhmann: "*Communicative nexus must be ordered by themes to which contributions can relate. Themes outlive contributions; they integrate different contributions into a longer-lasting, short-term or even long-term nexus of meaning.*" (Luhmann, 1984 [1995], p. 155).

Assim como o aquecimento global, a desigualdade da sociedade ou a ameaça do crime, as vítimas se tornaram um tema para o sistema político e o sistema de mídia. Os temas podem envelhecer e parar de suscitar interesse, enquanto outros temas podem surgir e se tornar importantes para o sistema, mas sua simples existência denota um interesse da sociedade a seu respeito.

Poderíamos dizer que as vítimas, lá pelos anos 1970, se estabilizam enquanto tema do sistema político e do sistema de mídias. Naquele momento, as comunicações sobre vítimas começam a se conectar como uma rede de sentido que amplifica a visibilidade da questão. As comunicações a propósito das injustiças sofridas pelas vítimas vão ganhar "durabilidade" pois elas são a continuação de uma problemática que é conhecida. E a contínua renovação do tema dura tanto tempo quanto existirem novas contribuições e sistemas interessados.

4.2.3.2 A VÍTIMA NO INTERIOR DO SISTEMA DE DIREITO CRIMINAL

Os desenvolvimentos que fazemos aqui nesta seção visam a mostrar que uma mudança de *status* da vítima no seio do sistema de direito criminal se produziu nas últimas décadas do século XX. Podemos constatar pela literatura[57] que a presença da vítima no seio do referido

57 A literatura sobre a transformação do papel da vítima em relação ao sistema de direito criminal é bastante vasta e diversificada. Não podemos nos deter mais longamente sobre ela, infelizmente. Para nossos propósitos aqui, basta

sistema é bem mais importante do que ela era na emergência do sistema de direito criminal moderno lá pelo final do século XVIII.

Nossa forma de ver a vítima implica, como já mencionado, uma bifurcação teórica. Ela é ao mesmo tempo algo externo ao sistema de direito criminal (movimentos de protesto, comunicações de outros sistemas ou simplesmente um público do sistema) e algo que lhe pertence, que faz parte de suas operações, como tentaremos demonstrar nesta seção. Defendemos aqui que as transformações do papel da vítima no final do século XX nos obrigam a considerá-la como um elemento interno ao sistema de direito criminal. De qualquer forma, há argumentos para sustentar outro ponto de vista: mesmo que a vítima nos pareça integrada ao sistema, isso não parece se fazer sem dificuldades (como a análise do material empírico [seção 7] ilustra).

Primeiramente, é preciso dizer que a vítima sempre exerceu um papel bem enquadrado no âmbito do sistema de direito criminal. Essa afirmação não parece colocar muitos problemas. Por exemplo, a vítima sempre foi fonte de informação para o desenrolar do processo penal. Esse papel de depoente/informante está bem estabelecido em diferentes ordenamentos jurídicos ocidentais. Além disso, a vítima, na tradição do Direito Romano-Germânico, pode agir como parte subsidiária no processo criminal (assistente de acusação). Dessa forma, não se trata de dizer que a vítima não estava presente, mas que ela tem ocupado novos espaços com relação ao papel secundário que lhe foi tradicionalmente conferido.

Podemos notar lá pelo final do século XX uma mudança na percepção da restituição à vítima no interior do penal. De um lado,

---

constatar que houve uma mudança de status em meados dos anos 70 (ou anos 80, em algumas jurisdições) e que essa mudança já foi bem diagnosticada. Para nos limitarmos a apenas algumas referências, uma coleção de pesquisas organizadas pelo instituto alemão Max Planck sobre a justiça penal e a vítima parece também constatar em diversos lugares essa aparição de novos papéis e de novas preocupações em torno da vítima (Kaiser, Kury e Albrecht, 1991).

a questão da compensação à vítima não é uma preocupação nova. Na tradição jurídica romano-germânica, a compensação à vítima está presente em certos países desde o século XIX. Madler e Madler (1991, p. 349) nos informam que o primeiro Código Penal brasileiro, de 1830, já levava em conta a compensação da vítima. Essa ideia também aparece no Código Criminal mexicano do século XIX. Sem especificar datas, Kerner, Marks e Schreckling (1991, p. 478) vão afirmar que, na Alemanha, "*the criminal courts have always been entitled to impose some sort of restitution or to mitigate punishment if such a compensation had already taken place*". No entanto, esse cenário aparenta ser bem distinto em países da tradição jurídica do Common Law[58]. Weitekamp (1991), falando sobre os EUA e o Canadá, fala de uma completa exclusão da ideia de reparação do dano causado à vítima na esfera penal até os anos 1960[59]. É só nessa década e nas duas conseguintes[60] que se observa uma emergência da questão da compensação tanto na literatura quanto na legislação penal[61] e no

58 Sobre a história da exclusão da vítima na tradição do *Common Law*, ver Laster (1970) e Walklate (2007).

59 Young (2001, p. 21) retraçou a aparição das primeiras legislações sobre a compensação à vítima na tradição do Common Law (um detalhe importante: quando o autor fala de compensação, trata-se de uma reparação estatal e não do infrator): "*New Zealand was the frontrunner by establishing the first legislative scheme in 1963 for state compensation to those injured by crime (in fact, this scheme was amended in 1972 to create the most comprehensive compensation scheme in the nature of no-fault insurance). In 1963 Britain established a royal commission to study the issue and by 1964 Britain established its first compensation scheme. California followed suit in 1965 and in 1969 Alberta established the first Canadian legislative scheme for victim compensation. By 1988 similar schemes had been enacted in all Canadian provinces*".

60 O autor menciona, por exemplo, uma recensão de estudos feita em 1980 sobre a questão da restituição em que 85% haviam sido publicadas a partir de 1970 (Weitekamp, 1991, p. 426).

61 Waller (citado por Weitekamp, 1991, p. 428) falava de mais de duas mil leis nos EUA e no Canadá, entre 1975 e 1990, que tratavam da vítima, dentre as quais várias que se ocupavam da compensação. "*The Congress of the U.S.A. passed in 1982 the Victim and Witness Protection Act and in 1984 the Victims of Crime Assistance Act,*

aparecimento de vários programas que a tinham como objetivo[62]. Mesmo a ONU, por exemplo, vai reconhecer o direito da vítima à reparação numa de suas comunicações[63]. Em suma, mesmo que nas duas tradições jurídicas (*Common Law* e *Civil Law*) a compensação da vítima seja sempre secundária em relação à punição do infrator, ela vai ocupar no final do século XX um lugar bem mais importante na cena penal que tradicionalmente vinha ocupando. Quaisquer que sejam os programas implementados nas diferentes jurisdições, o fato é que hoje vê-se diferentemente a restituição à vítima de um crime: não se trata mais de algo absolutamente estranho ao sistema de direito criminal[64].

---

both calling for compulsory consideration of restitution. The National Organization for Victim Assistance reported in 1987 that all fifty states in the U.S. have laws who allow the use of restitution in order to make redress to the victim. In addition is the use of restitution a part of the sentence in 26 states mandatory and in cases where a judge does not impose a restitution order he/she has to give a written explanation why a restitution order was not imposed" (Weitekamp, 1991, p. 430).

62 Weitekamp (ibid.) vai se queixar da dificuldade de implementação dos programas que foram criados e também do alcance limitado da maioria desses programas (somente quando se trata de crimes contra a propriedade e quando o infrator é não reincidente).

63 Em sua "Declaração dos princípios fundamentais de justiça relativos às vítimas da criminalidade e às vítimas de abuso de poder", de 1985, do Alto Comissariado em Direitos Humanos, reconhece não apenas a restituição como um direito da vítima, mas também sugere aos governos de considerá-la como uma opção de pena.

64 Um importante indicador dessa transformação no Canadá é a recomendação da Comissão de Reforma do Direito do Canadá, em 1974, de utilizar a compensação como uma alternativa à prisão (citado por Weitekamp, 1991, p. 431). No presente, o Código Criminal desse país prevê tanto uma forma de indenização à vítima (art.738) quanto um esquema de compensação estatal a partir do pagamento do que se chama de "sobremulta" (art. 737). Mas o indicador canadense mais importante a respeito da emergência da reparação à vítima parece ser seu reconhecimento no artigo do código que fala nos princípios para se determinar uma pena: "*to provide reparations for harm done to victims or to the community*" (art.718, e).

Em segundo lugar, enquanto elemento próprio das operações do sistema de direito criminal parece encontrar uma boa plataforma no *victim impact statement*. Esse instituto jurídico se configura numa inovação razoavelmente recente (introduzido nos EUA em 1982[65], no Canadá em 1988[66] e na Corte Europeia no final dos anos 1990[67]) que visa a levar em consideração as consequências de um delito para a vítima no momento de se atribuir uma pena. O artigo do Código Criminal canadense sobre a questão é bastante claro:

> 722. (1) Para determinar uma pena ou para decidir se o infrator deveria ser absolvido em virtude do artigo 730, o tribunal levará em consideração a declaração da vítima (...) sobre os danos — corporais ou outros— ou as perdas causadas a esta com o cometimento da infração.

Na declaração da vítima, encontramos um argumento bastante forte para falar de uma transformação do papel da vítima. Se a vítima desejar fazer uma declaração (uma vez que ela não é obrigatória), o juiz está obrigado a levá-la em consideração no momento de decidir sobre a pena. Eis aí então algo inusitado do ponto de vista da história do direito criminal: a determinação da pena, uma questão tradicionalmente conferida a *experts* (os juízes), no qual se avaliam critérios objetivos como o dano causado à vítima (avaliado pela justiça e não pela vítima), as circunstâncias do crime, o histórico do criminoso etc., vê-se aqui diante de um novo elemento. As consequências "subjetivas", o impacto psicológico tal qual comunicado pela vítima, tornam-se juridicamente pertinentes. Em outras palavras, a

---

65 Ver, para um histórico da declaração da vítima nos Estados Unidos, Erez (1990).

66 Ver Miller (2007, p. 5-6) sobre as modificações legislativas que foram feitas para acomodar a declaração da vítima na legislação canadense.

67 O caso James Bulger, sobre o qual trabalhamos durante nosso mestrado, foi o primeiro no qual a Corte Europeia de Direitos Humanos aceitou uma declaração desse tipo (ver Xavier, 2005).

ideia de dano causado à vítima sempre existiu, numa noção geral de consequências do crime que o magistrado sopesa na hora de sentenciar. O que é diferente com o *victim impact statement* é que se trata de um *input* bem mais direto: trata-se menos de avaliar (para a justiça) o dano (não somente para a vítima, como para toda a sociedade) como um dos elementos para se determinar a pena justa, e mais de levar em consideração os danos comunicados pela vítima. Nesse cenário, trata-se de ajustar a pena de forma que ela "não cause maiores danos", que ela seja "sensível ao sofrimento da vítima". Tem-se aqui então menos um simples informante (quase uma testemunha a relatar o ocorrido), e mais um ator de peso cuja opinião deve necessariamente ser levada em consideração e a quem devemos satisfação. A comunicação da vítima é tomada aqui como comunicação interna do próprio sistema, que deve ser ponderada como outros elementos que estão dentro do sistema e não no seu entorno.

Finalmente, o último indicador da vítima enquanto elemento do sistema de direito criminal parece ser a justiça restaurativa. Trata-se de um modelo de justiça que pretende ser uma "ruptura" em relação ao modelo do sistema de direito criminal tradicional, "considerado como autoritário e punitivo" (Schuch, 2008, p. 499). A questão subjacente à justiça restaurativa é a resolução de conflitos a partir da negociação de uma solução que seja aceitável para as partes implicadas. A vítima, na justiça restaurativa, retorna ao centro da cena e se torna protagonista da solução do conflito. Trata-se de uma ideia de resolução de conflitos que tomou uma tal dimensão nos últimos anos que se tornou tema de recomendação das Nações Unidas[68].

68 Ver as resoluções 1999/26 et 15/2001 do Conselho Econômico e Social das Nações Unidas que recomenda aos países membros a adoção de mecanismos de justiça restaurativa.

Os modelos de justiça restaurativa são bastante diversos, mas há sempre um pressuposto comum que implica que a vítima deve fazer parte do processo de resposta à infração e que essa resposta deve-lhe ser aceitável. Podemos pensar por exemplo no modelo implantado no Brasil nos anos 1990[69]. Nessa versão, a vítima participa da audiência de conciliação (uma tentativa de acordo) que, se bem sucedida, tem o condão de evitar o desencadeamento de um processo penal tradicional. O acordo entre vítima e agressor (com frequência uma indenização, um pedido de desculpas, uma ação reparadora ou um misto dessas soluções) coloca um fim ao conflito na esfera jurídica (tanto civil quanto penal), e evita que o infrator tenha uma condenação criminal[70]. Um outro país que mobiliza experiências de justiça restaurativa é o Canadá. Segundo o ministério da justiça desse país, os diferentes programas de justiça restaurativa adotados integram a vítima no processo de resposta ao delito e tem por objetivo "'restabelecer' os laços, reparar os danos e impedir a reincidência" (Ministério da Justiça do Canadá, 2009a). A justiça restaurativa, nesse país, pode tomar diferentes formas, como os círculos de sentença[71] ou como uma mediação entre vítima e infrator

---

69 Mais exatamente, em 1995, com a Lei nº 9099.

70 Ver, sobre o *input* da vítima a partir dessa nova lei brasileira, Secretaria de Assuntos Legislativos do Ministério da Justiça (2010). Sobre a justiça restaurativa no Brasil, ver Schuch (2008), Raupp e Benedetti (2007) e Secretaria Especial de Direitos Humanos da Presidência da República.

71 "Os círculos de sentença funcionam geralmente da seguinte maneira: após a declaração ou admissão de culpa, a corte convida os membros interessados da coletividade a se juntarem ao juiz, ao promotor, ao advogado, à polícia, aos assistentes sociais, aos anciãos da comunidade, assim como ao contraventor, à vítima e a seus familiares e às pessoas que a apoiam, e a se reunir num círculo para discutir a infração, os fatores que contribuíram pra que ela ocorresse, as penas possíveis e as formas de reintegrar o infrator na coletividade. Todos têm a oportunidade de se manifestar. Com frequência o círculo proporá uma pena reparadora — a ser cumprida na coletividade, comportando alguma forma de

após a sentença com o objetivo de oferecer uma oportunidade de "cura" às partes implicadas[72].

Eis aí então três novos instrumentos — a compensação, o *victim impact statement* e a justiça restaurativa — que parecem mudar o lugar da vítima no sistema de direito criminal. A partir desses três elementos, acreditamos ser possível dizer que, para além dos papéis externos que já mencionamos, a vítima se tornou um componente não negligenciável do sistema de direito criminal. As operações desse sistema reproduzem hoje uma preocupação — quanto ao desenvolvimento do processo e a determinação de uma pena — de levar em consideração a opinião da vítima. Não se trata de decidir como ela demanda, mas de levar em conta seu desejo e de se preocupar com ela ao longo do processo (seja em relação à necessidade de obter informações para o processo, seja em relação a uma ideia hoje mais presente de reparação ou seja ainda em relação a uma vontade de infligir uma pena que leve em conta "seus direitos").

Com uma metáfora bíblica, Garapon sustenta que em pouco tempo passamos de um direito penal "adâmico", constituído de proibições que não precisam se justificar, a um direito penal "abélico", "no qual o mal se confunde com um prejuízo causado a outro homem" (Garapon, 2001, p. 251). Estamos de acordo com ele sobre a emergência desse novo olhar (um olhar civilista, poderiam dizer) no seio

---

restituição à vítima —, serviço comunitário e ou um tratamento ou aconselhamento. Por vezes, os membros do círculo ofereceram ajuda para assegurar que o infrator respeite as obrigações da pena comunitária, enquanto outros oferecerão algum apoio à vítima. Importa mencionar, todavia, que os círculos de sentença recomendam por vezes um período de prisão. Além disso, os juízes não estão obrigados a aceitar suas recomendações" (Ministère de la Justice du Canada, 2009b, nossa tradução).

72 Ver, sobre os programas de mediação no Canada, o site do serviço correcional desse país sobre o tema: http://www.csc-scc.gc.ca/text/rj/vom-fra.shtml Acesso em 10 de agosto de 2010.

do direito penal. No entanto, não se trata de um fenômeno estabilizado, por assim dizer, que já tenha ultrapassado as resistências no interior do penal. Por essa razão, esse enquadramento teórico em relação à presença da vítima no interior do sistema de direito criminal pode ser contestado.

4.2.3.3 **CONSIDERAÇÕES FINAIS**

Para finalizar, gostaríamos simplesmente de relembrar que essa construção teórica que acabamos de fazer pretende dar conta das vítimas que são percebidas pelo sistema de direito criminal. Certamente, outras categorias de vítimas existem, mas o problema que estudamos não ultrapassa o limite da irritação do sistema criminal. As vítimas que este ignora — no sentido forte, ou seja, cuja existência é ignorada ou é indiferente — não nos concernem aqui.

Finalmente, para facilitar a compreensão, acrescentamos um quadro sobre as diversas categorias de vítimas tais como as definimos.

<table>
<tr><th colspan="2">VÍTIMAS NO ENTORNO DO SISTEMA DE DIREITO CRIMINAL</th><th colspan="2">VÍTIMAS NO INTERIOR DO SISTEMA DE DIREITO CRIMINAL</th></tr>
<tr><td colspan="2">1) Movimentos de vítimas como movimentos de protesto</td><td rowspan="3">1) Uma nova figura jurídica. 3 elementos indicadores</td><td>• victim impact statement</td></tr>
<tr><td rowspan="2">2) Público (ator social)</td><td>• que se manifesta</td><td>• a reparação</td></tr>
<tr><td>• que não se manifesta (categoria negligenciável)</td><td>• a justiça restaurativa</td></tr>
<tr><td colspan="2">3) Tema de comunicações de outros sistemas</td><td></td><td></td></tr>
</table>

4.3 A QUESTÃO DA RACIONALIDADE PENAL MODERNA (RPM)[73]

Concluídas as análises sobre a questão do direito como sistema social (seção 4.1) e dos estímulos externos ao sistema (seção 4.2), trataremos, agora, da questão da Racionalidade Penal Moderna (RPM). Nosso interesse reside em saber como as interações entre o SDC e os estímulos externos podem ser consideradas no âmbito de um sistema (SDC) colonizado por essa racionalidade. Ao nosso ver, a RPM impede o SDC de "gerir" os estímulos do ambiente de uma maneira "criativa", ou seja, impede-o de considerar as comunicações do ambiente de forma a produzir resultados distintos daqueles promovidos por um quadro punitivo implantado no sistema há mais de dois séculos.

Para compreender o sistema de pensamento denominado racionalidade penal moderna, iniciamos propondo algumas questões: como compreender a dificuldade cognitiva do sistema de direito criminal em adotar soluções que recaem menos (e menos radicalmente) na exclusão social do contraventor? Como compreender a dificuldade tanto dos movimentos em favor de penas alternativas e soluções reparadoras, bem como das vítimas não punitivistas em serem levados em conta — regularmente, e não apenas como uma possibilidade marginal — por esse sistema, particularmente no caso dos crimes considerados como mais graves? De onde vem a dificuldade dele em "levar a sério" soluções que fogem às penas aflitivas, notadamente a pena de prisão?

Para responder a essas questões, buscamos apresentar, nesta seção, as linhas gerais de uma teoria sobre a evolução do SDC e sobre esse sistema de pensamento denominado racionalidade penal

73 Uma versão modificada da presente seção, traduzida para o português e acrescida de material empírico, já se encontra publicada em uma revista brasileira (Xavier, 2010).

moderna, proposto por Pires[74]. Segundo a referida teoria, o sistema de direito criminal está preso em um sistema de pensamento — a RPM — que torna extremamente difícil a inserção de ideias alternativas no leque de possibilidades das soluções penais. Entendemos, aqui, que a RPM orienta e defende algumas maneiras de fazer referentes às penas, ao passo que desencoraja outras que lhe são incompatíveis. Pretendemos, então, examinar como esse sistema de pensamento, selecionado e estabilizado pelo sistema de direito criminal (SDC), em torno do final do século XVIII e início do XIX, é tido como indispensável para a determinação das penas. A despeito do fato de outras racionalidades serem sempre possíveis para justificar uma pena criminal, uma delas parece ter tido um tal alcance que experimentamos enorme dificuldade em conceber como a punição moderna no penal poderia ser de outra forma.

4.3.1 Considerações gerais

Quando falamos em racionalidade penal moderna, estamos nos referindo a uma teoria que busca descrever o sistema de pensamento do sistema de direito criminal constituído pelas teorias da pena criminal, e que adquiriu sua forma moderna com as reformas da penalidade ocorridas por volta do final do século XVIII e início do XIX.

Em outras palavras, trata-se de uma teoria voltada a explicar as dificuldades de evolução do SDC, bem como elucidar o papel desempenhado pelas teorias da pena enquanto obstáculo cognitivo para

---

74 Todo o desdobramento, apresentado nesta seção baseia-se em nossa compreensão dos trabalhos de Álvaro Pires (1998; 1999; 2001a; 2001b; 2002a; 2002b; 2004b; 2005; 2006; 2007; 2008a; 2008b; Pires e Acosta, 1994; Pires e Cauchie, 2007; Pires e Garcia, 2007). As ideias que lá estão, mesmo não se referindo diretamente a um texto específico do autor, estão presentes em várias de suas obras e comunicações orais em seminários. O conjunto das referências encontra-se ao final deste livro.

tal evolução. Uma teoria que busca, portanto, mostrar — para além das diferenças entre as outras teorias — como elas se conectam em uma função de justificativa e motivação das decisões em matéria de penas, e também formam, conjuntamente, um quadro decisional que orienta (e condiciona) a tomada de decisão do sistema de direito criminal, nessa área. A teoria sobre a evolução do SDC tem, assim, tanto uma dimensão que remete às teorias da pena criminal, como uma outra dimensão, explicativa, que concerne às dificuldades de emergência de inovações no sistema. Além disso, trata-se de um olhar que se distancia das abordagens deontológicas elaboradas por juristas e filósofos sobre a pena.

4.3.2 A RPM, um sistema de pensamento[75]

Segundo Pires, as teorias da pena formaram um sistema de pensamento que compreenderia "todos os discursos científicos (ou com uma base científica[76]) que foram selecionados, validados, estabilizados e generalizados pelo sistema social em questão" (Pires, 2004b, p. 183). Em outras palavras, um sistema de pensamento é um conjunto de discursos científicos apropriados por um sistema social, que funciona, para este, como fonte de cognição em relação ao que ele (o sistema

75 Uma parte dos desenvolvimentos teóricos aqui presentes, bem como uma parte do material empírico sobre racionalidade penal moderna que aparecerá no próximo capítulo, foi publicada em Xavier (2010).

76 Aqui há uma dificuldade de expressar em português o sentido do termo francês "*discours savants*". "Discursos científicos" não é um equivalente exato, embora não tenhamos encontrado melhor tradução. A ideia a que "*discours savants*" dá conta de discursos sociais com um grau elevado de autoridade intelectual. Nesse sentido, a expressão "discursos filosóficos" também poderia ser pensada. Mas ela sofreria também da mesma imprecisão na tradução. Dessa forma, prevenimos o leitor que o sentido dado a "discursos científicos" nesta seção é o mais amplo possível, abarcando portanto esses discursos sociais com autoridade intelectual.

social) é, bem como ao que são as suas atribuições. O sistema de pensamento funciona como um par de lentes, com o qual o sistema social observa o mundo (incluindo ele próprio), compreende-o e formula as suas comunicações. Como dissemos, o referido sistema é composto de discursos científicos que, mesmo sem coerência entre si, formam, em seu conjunto, uma unidade a partir de seus pontos em comum. Entretanto, o sistema de pensamento não é a soma das teorias que o formam, mas sim uma "resultante de forças"; ou seja, um conjunto de ideias nem sempre convergentes e que não se propõem, necessariamente, a formar um todo harmônico. Examinando a questão sob outro ângulo, podemos dizer que o sistema de pensamento é mais e, simultaneamente, menos do que as teorias que o compõem. A partir das observações de Morin (1977), diríamos que o sistema é menos do que uma teoria, porque ele não tem a coerência lógica das teorias da pena que o integram. A razão punitiva da RPM é o resultado da reunião das teorias da pena e, por isso, ela é menos lógica e menos articulada do que as suas teorias, consideradas isoladamente.

Por outro lado, também podemos dizer que a RPM é "mais" do que as teorias que a constituem. Morin (op. cit., p. 106) dirá que "o sistema possui algo a mais do que seus componentes considerados de maneira isolada ou justaposta: sua organização; a própria unidade global (o "todo"); e as qualidades e novas propriedades que emergem da organização e da unidade global". O conjunto do sistema de ideias apresenta "qualidades emergentes" (Morin): uma novidade, uma importância maior, uma força de orientação das decisões (pensamos, aqui, na RPM), que as teorias isoladas não possuem. Essas qualidades emergentes podem ser observadas em várias decisões dos tribunais (aí incluindo alguns de nossos dados empíricos; ver capítulo 6): alguns operadores do direito têm dificuldade de justificar uma punição apenas com a retribuição ou a reabilitação, mas irão amalgamar várias teorias em suas justificativas (a despeito das incompatibilidades entre elas), no intuito de efetivamente justificar a obrigação de causar sofrimento.

Morin diz que um sistema é *unitas multiplex* (ibidem, p. 105): do ponto de vista da totalidade, ele é um conjunto homogêneo; mas, do ponto de vista de cada parte que o constitui, ele consiste em uma heterogeneidade inconciliável. Olhando a partir de cada unidade — o que nos parece ser o caso dos observadores da penalidade e das teorias da pena —, veem-se, em geral, apenas as diferenças em relação às outras unidades. O olhar deve se colocar alhures, em um nível que ultrapasse os pontos de divergência de alguns enunciados das teorias, para que se possa ver, através da diversidade, a unidade do sistema.

Quanto às eventuais críticas endereçadas a essa abordagem, alguns pensamentos de Foucault, concernentes à metodologia que desenvolveu em "Vigiar e Punir", podem nos ser úteis. O autor foi criticado por seu método de investigação acerca do "nascimento da prisão". Para alguns, tratava-se de um estudo que não apreendia o "real", mas consistiria, na melhor das hipóteses, em uma "história das ideias e, inclusive, em uma história bem fluida, já que o contexto real nunca aparecia" (Foucault, 1980, p. 33). As críticas censuravam-lhe o fato de fazer uma história que não apreendia nada da realidade, que deixava de lado contradições mais concretas das disputas de poder ao nível das práticas cotidianas, elementos mais palpáveis que contrariavam, muito frequentemente, suas "ideias gerais". Foucault respondia a essas críticas, argumentando que elas haviam solapado a finalidade de sua obra. Enquanto algumas críticas o reprovavam por não ter dedicado sua atenção à "poeira" (o nível concreto, as disputas diárias, as relações mais visíveis entre os atores etc.), ele se defendia afirmando seu interesse pelas "nuvens". Seu olhar se dirigia a um outro lugar, qual seja a emergência de um novo regime penal. E para observar esse fenômeno ela não podia lançar mão de uma observação micro que se pretendia que ele tivesse. Era preciso que ele trabalhasse na "nuvem", nos pontos principais das transformações, nos períodos mais expandidos, para poder enxergar essas mudanças macro. Defendendo-se da crítica do "não realismo", da "não concretude" de suas observações, ele argumenta:

> Um tipo de racionalidade, uma maneira de pensar, um programa, uma técnica, um conjunto de esforços racionais e coordenados, objetivos definidos e almejados, instrumentos a alcançar, etc.; tudo isto é o real, mesmo sem pretender ser a própria "realidade" [...] (Foucault, 1980, p. 34-35).

Enfim, voltando ao nosso caso, é importante dizer que para observar o sistema de pensamento RPM, é preciso colocar-se ao nível de abstração superior àquele de cada teoria da pena. Mas, se a nuvem pode às vezes ser mais fluida do que a poeira, nem por isso ela é menos real. A RPM adquire, aliás, contornos bastante palpáveis, quando se solicita aos operadores do sistema de direito criminal que justifiquem uma punição do direito penal (como veremos, de maneira empírica, no próximo capítulo).

Assim, conforme desenvolveremos a seguir, quando falamos em RPM, estamos nos referindo a um sistema de pensamento bem real, selecionado como sistema dominante do SDC. Consistindo em um conjunto harmonioso do ponto de vista da totalidade, mas bastante heterogêneo do ponto de vista de suas unidades, ele engloba as teorias da pena e é dificilmente evitável, em se tratando de justificar uma pena criminal. A RPM: a) condiciona o que é, ou não, uma pena; b) condiciona para que deve servir e qual forma deve (ou não) adquirir, de modo a ser uma pena "justa" ou apropriada; c) serve de base para o direito de punir; d) serve para construir um discurso identitário para o SDC. Trata-se de um sistema de ideias que determina a *status*, o papel e as possibilidades da punição no âmbito do SDC.

4.3.3 A composição desse sistema de pensamento

Mas, em que consiste tal sistema de pensamento? Do que ele é composto? Como teorias (discursos científicos) e ideias sobre a pena articulam-se na constituição desse sistema, que Pires nomeia RPM?

Iniciaremos com uma representação gráfica da maneira como percebemos a questão, para, em seguida, explicar as razões desse modo de enunciar o problema. Conforme argumentos e quadro de Garcia (2009)[77], cremos poder representar o sistema de ideias dominante do sistema de direito criminal, da seguinte forma:

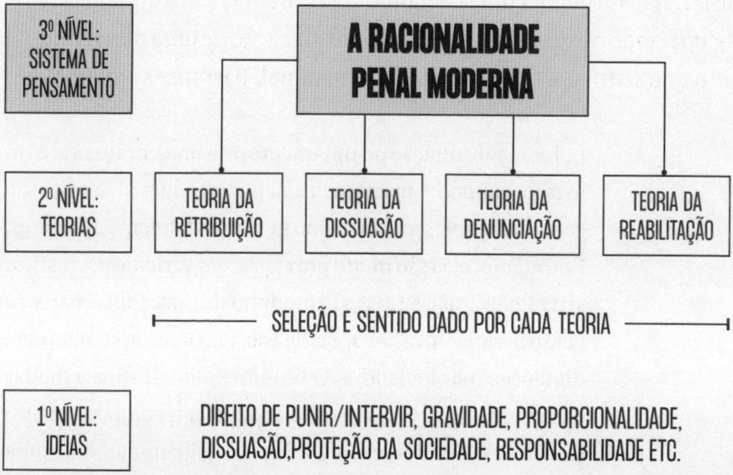

FONTE: Adaptado de Garcia (2009, p. 313).

Resumindo a ideia, as teorias modernas da pena criminal, a despeito de todas as diferenças e aparentes oposições, compartilham um conjunto de ideias comuns que, quando identificadas por um olhar analítico, podem ser consideradas como constituindo um terceiro nível que vai além dessas distinções evidentes. Ou seja, a

77 Trata-se de ideias e quadros adaptados de Pires (2008b). A mudança mais importante, na versão aqui apresentada, foi a incorporação da teoria da neutralização. Embora ela não faça parte da teorização original sobre a RPM, entendíamos ser fundamental incluí-la aqui. Voltaremos a isso, na seção 6.1.2.

observação das comunicações do sistema de direito criminal em matéria de penas pode atingir um nível macro, em que os elementos compartilhados e convergentes de cada teoria são reunidos em uma categoria que supera as disputas entre elas.

A ideia de que as teorias da pena apresentam similaridades que ultrapassam sua aparente oposição já foi explorada. Christie nos fala, por exemplo, sobre a intercambialidade entre a reabilitação e a dissuasão: na Noruega, com o declínio da primeira, a segunda passou a ocupar todo o espaço institucional de justificação de uma pena criminal — o que só foi possível por elas serem, afinal, bastante similares:

> [...] essa substituição do tratamento pela prevenção geral é, ao mesmo tempo, completamente natural. As duas ideologias são geralmente apresentadas como fundamentalmente diferentes. Entretanto, elas são muito próximas, em vários aspectos. Em seu estado atual, ambas são produtos de uma época marcada pelo pensamento racional e utilitário. Elas têm em comum uma dimensão manipuladora. O tratamento se destina a mudar o criminoso; a dissuasão tenta modificar o comportamento dos outros. Nos dois casos, inflige-se deliberadamente uma dor. Nos dois casos, uma modificação de comportamento supostamente ocorre (Christie, 1981 [2005], p. 30).

Um outro autor vai na mesma direção de Christie: Van de Kerchove (1981) teve a intuição — posteriormente desenvolvida por Pires — do que ele chama de correntes positivistas e idealistas:

> A hipótese seria de que, para além das controvérsias — inegavelmente reais — que as opõem, essas correntes compartilhem secretamente alguns pressupostos comuns, e que definindo-se sempre em oposição uma à outra, elas cheguem a ocultar o "fechamento" em que se insere seu debate, e a fazer perder de vista o que uma e outra eliminam (Van de Kerchove, 1981, p. 291).

Partindo dessa ideia, retomemos agora o que Garcia, com base em Luhmann, diz sobre a observação desse sistema de ideias:

> De um ponto de vista analítico [...], podemos dizer que a descrição da RPM pode ser elaborada a partir dos três diferentes níveis apontados. A observação pode ser voltada para um nível micro, o nível das ideias [...]; para um nível médio, o das teorias [...]; ou para um nível macro, aquele em que as teorias se articulam entre si para formar um sistema de pensamento (Garcia, 2009, p. 312).

Em resumo, defendemos que as teorias tradicionais da pena (a dissuasão, a retribuição, a reabilitação, a denunciação e, mais recentemente, em alguns aspectos, a neutralização) — ou seja, as que são as mais mencionadas nas comunicações do sistema de direito criminal, e constituem a vertente da punição moderna — articulam-se entre si, formando um sistema de ideias do qual os atores do penal (juízes, advogados, procuradores e, até mesmo, políticos que se debruçam sobre dossiês de ordem penal) não conseguem escapar (ou, pelo menos, sem que seus pontos de vista pareçam "inabituais", ou até errôneos), no momento de justificar suas escolhas de penas criminais.

Assim sendo, a questão que se impõe é: quais são esses elementos que superam as divergências e nos permitem afirmar a existência desse sistema de ideias? Dando continuidade, apresentamos uma lista de elementos selecionados pelas teorias da pena, e que constituem princípios diretores do sistema de ideias aqui nomeado RPM. Alguns desses princípios serão referenciados como indicadores empíricos (no capítulo 5): ou seja, elementos que nos permitirão, no plano empírico, afirmar a presença desse sistema de pensamento no discurso dos operadores do SDC.

a) o direito de punir:

Baseando-nos novamente em Luhmann (1998 [2007], p. 149 e ss), nos conceitos de forma e *medium*[78], podemos dizer que a expressão "o direito de punir" é um *medium*. Com isso, queremos dizer que, em uma comunicação, a expressão pode adquirir várias formas distintas, sendo que em si mesma ela é apenas um invólucro vazio. Ela não tem um conteúdo fixo "ontologizado", mas toma diferentes "formas", dependendo do conteúdo a ela associado. Pode-se conceber o direito de punir como uma simples autorização de infligir uma sanção; ou ainda como uma obrigação de reagir (de uma maneira mais ampla) a um crime; ou, por fim, como uma obrigação de infligir um sofrimento. O significado de "o direito de punir" depende sempre da "forma" criada. Eis onde as teorias da pena se juntam: para o *medium* "direito de punir", a forma que elas criam é sempre a obrigação de infligir um sofrimento. Ainda que as formas de punição possam variar (assim como, certamente, as justificativas), a forma do direito de punir será a mesma: constitui uma obrigação de punir em um sentido estrito[79] (Pires, 1998; 2008b). Não é possível não punir, esquecer ou perdoar, pois a forma atualizada por essas teorias da pena é a obrigação de causar sofrimento, embora sejam inúmeras as possibilidades de atualização do *medium* "direito de punir".

---

78 Nesse mesmo sentido, ver Garcia (2009) e Possas (2009).

79 Embora construa um caminho inteiramente diferente do nosso, Foucault traz uma explicação muito importante para a compreensão do estabelecimento de uma obrigação de punir, na punição moderna. Com efeito, ao mostrar o declínio da punição dos suplícios e a emergência da punição moderna da sociedade disciplinar, Foucault mostra como, para os reformadores, era importante limitar o poder absoluto do soberano, no momento de punir. Se, em um sentido, isto significava "racionalizar" e "humanizar" a punição, de modo a acabar com os castigos demasiado violentos; em outro sentido — e este é o ponto que aqui nos interessa —, tratava-se, também, de limitar o arbítrio do soberano em seu poder de graça. Para um sistema penal "eficaz", como pretendiam os reformadores, a punição devia ser não só "moderada", como também "infalível" — o que significava excluir qualquer possibilidade de perdão e de composição entre as partes (Foucault, 1975).

É importante enfatizar que, observando-se apenas as justificativas para essa obrigação de punir, verificamos que elas variam amplamente, a depender da teoria escolhida. As justificativas de uma podem ser questionadas pelas outras (o que fica bem evidente ao se passar de uma punição utilitarista para uma retributivista), mas jamais se coloca em questão a ideia geral de que o direito de punir é uma *obrigação* de punir, se houver um crime. Sem punição, não se faz justiça (retributivismo); sem punição, a sociedade se arruinará, pois nada nos impedirá de passar ao ato (dissuasão); sem punição, não se podem estabelecer medidas terapêuticas para o contraventor (reabilitação); sem punição, não se reafirma a norma, não se corresponde às expectativas da sociedade (denunciação). A justificativa varia, mas não a forma criada no *medium* "o direito de punir".

b) a pena substancializada como sofrimento:

As teorias da pena não só investem o *medium* "direito de punir" com a ideia de uma obrigação de punir, como generalizam a ideia de que a punição criminal é a inflição de um sofrimento. A forma criada é tanto um "direito-obrigação", como também a obrigação de imposição de um mal. Se, de um lado, as teorias da pena criam uma obrigação de reagir, de outro lado elas garantem que tal reação seja, primeiramente, uma reação negativa e aflitiva.

Para um operador do SDC, qualquer que seja a ideia que enfatize uma proposição de reparação antes da inflição de sofrimento é vista como uma pena "inapropriada", uma "sanção civil". A sanção "criminal" deve, antes de tudo, infligir um sofrimento. O *medium* "punição" é investido do conteúdo sofrimento: para punir "verdadeiramente", é preciso fazer sofrer.

Christie (1981 [2005], p. 52) também observou essa legitimação do sofrimento (em seu caso, a crítica se dirige a essa legitimação, com base na dissuasão e na reabilitação), que caminha junto com a impossibilidade de outras soluções para o conflito penal, por ele analisado de uma maneira bastante crítica:

> Há algo pior do que a importância conferida ao crime e à condenação individual: a legitimidade dada ao sofrimento. O sofrimento infligido intencionalmente é elevado ao nível de resposta legítima ao crime. No entanto, eu aprendi na escola [...] que a melhor resposta era oferecer a outra face àquele que me havia agredido. As simplificações neo-clássicas[80] encobrem soluções altamente apreciadas, como a não reação, o perdão e a bondade. [...]. O neo-clacissismo apresenta a pena como solução inevitável, como uma evidência, fazendo dela a alternativa única e infalível.

Concluindo, devemos apenas acrescentar que, mais uma vez, se a imposição do sofrimento é unanimidade para as teorias da pena, as razões para tanto variam. A distribuição de sofrimento é uma condição necessária para o cálculo custo/benefício (pelo infrator) do qual nos falam os adeptos da dissuasão, ela é necessária porque a pena deve ser a exata resposta ao mal do crime (retributivismo), ela é necessária para reforma o indivíduo etc.

c) a proteção da sociedade:

Uma outra ideia presente nas teorias da pena, e que parece fortemente enraizada na punição moderna, é a concepção de proteção da sociedade pelo penal, implicando, primeiramente, no raciocínio de que é preciso conceber um bem futuro e imaterial para justificar o mal atual e tangível. O que Pires (2004b, p. 43-44) chama de caráter abstrato da concepção de proteção da sociedade da RPM é essa ideia que justifica a imposição do sofrimento concreto, tangível e imediato, por um suposto bem futuro e imaterial[81].

---

80 O autor se refere, aqui, às ideias de alguns defensores da dissuasão, nos Estados Unidos e nos países nórdicos, nos anos 1970.

81 A teoria da retribuição não valoriza o *medium* "proteção da sociedade », que tem uma conotação utilitarista; entretanto, os tribunais geralmente ignoram esse posicionamento da teoria retributivista enquanto tal.

Em segundo lugar, e contrariamente a outras áreas do direito, o penal, para proteger a sociedade, deve recorrer à resposta mais contundente. O direito penal, na concepção da RPM, é o último guardião, a instância final de defesa da sociedade, e é por essa razão que ele dá respostas mais duras. Porém, essa concepção do direito penal, que interpreta de uma determinada maneira o princípio da *ultima ratio*, reverte a lógica de moderação que pode ser atribuída a ele. De fato, segundo essa representação da *ultima ratio*, a punição do penal deve bater com mais força, já que esse sistema é o último a intervir (depois da família, da escola, da comunidade, de outras áreas do direito etc.).

No sistema de pensamento da RPM, a ideia de proteção da sociedade comporta, também, uma visão hostil do infrator (Pires, 2004b), que passa a ser concebido como o inimigo da coletividade. Ele ofendeu um bem caro à sociedade, e o valor desse bem ofendido deve doravante ser traduzido em uma quantidade de sofrimento apropriada.

Cabe ainda acrescentar que a concepção de proteção da sociedade — formulada pelas teorias da pena, com sua visão hostil do infrator e sua concepção punitiva da *ultima ratio* — também contribui para a exclusão de outras modalidades de penas menos centradas no sofrimento, bem como de outras alternativas de resolução de conflitos. As teorias da pena, exceto a reabilitação, são indiferentes a qualquer possibilidade de uma ação positiva para com o indivíduo. Assim sendo, não se pode pensar em uma outra concepção da pena e, menos ainda, na reconciliação entre as partes, ou no perdão como forma de intervenção no caso de um crime.

d) outros princípios norteadores da RPM:

A RPM também se apropriará de outros princípios ou conceitos do direito, que adquirem uma forma específica a partir do momento em que são selecionados pelas teorias da pena para exprimir a sua maneira de conceber a punição. Esse é o caso, por exemplo, do conceito de proporcionalidade. Relembremos que a ideia de proporcionalidade em si não tem um sentido preciso. Trata-se de um *medium* que, no quadro da RPM, ganhará formas específicas. O *medium* proporcionalidade tomará tanto a forma dada pela teoria da retribuição, como pela teoria da dissuasão. No conjunto, esse *medium* se desloca de uma teoria à outra — conforme o uso que é feito — e mantém a característica designada por ambas, de que uma pena deve ter um *quantum* mínimo e máximo de sofrimento, para ser uma pena justa e/ou eficaz. Mas, no contexto da RPM, entendemos que se enfatiza o mínimo de sofrimento a impor. Tal como os *media* "gravidade", "responsabilidade", "dissuasão", "retribuição" etc., o *medium* "proporcionalidade" modifica seu sentido, ao passar de um sistema a outro, ou ao adquirir seu sentido dentro ou fora desse sistema de ideias (a RPM).

O mesmo tipo de fenômeno pode ser observado quanto ao *medium* "responsabilidade". Vejamos, primeiramente, o exemplo dado por Pires, para, em seguida, darmos continuidade aos comentários:

> [...] o conceito de "responsabilidade" ou a ideia de "tornar responsável" parecem existir em todo lugar e atualmente gozam dessa pressuposição. Os discursos portadores desses termos atravessam, assim, vários sistemas sociais, são óbvios, evidentes, e fazem pensar em uma espécie de slogan. Ele [Günther] relata que, na Inglaterra, uma companhia farmacêutica multinacional fazia uma propaganda de vitaminas retratando um pai sorridente de braços abertos para sua filhinha, enquanto uma única palavra aparecia: "*responsibility*". Günther salienta que tudo é dito e, no entanto, nada é suficientemente dito. Nestas circunstâncias, a palavra — escreve ele — não suscita, assim, nenhuma objeção direta e passa por uma mínima reflexão sobre a diversidade de sentido que adquire em cada sistema. [...]. Pode-se supor, por exemplo, que o sentido atribuído a esses termos pelos vários sistemas de recepção seja o mesmo, e que as consequências lógicas que cada sistema confere à transferência que opera sejam similares (e positivas) em todo lugar. Ora,

> essas pressuposições me parecem bastante questionáveis. Deve-se, antes, supor, a título de hipótese, que cada sistema social trata tais termos de diferentes maneiras; isto é, segundo a sua própria forma de pensar. Isso significa que, a despeito de um mínimo de sentido compartilhado que nos impede de confundir, por exemplo, "responsabilidade" com "liberdade" [...], o sentido da palavra "responsabilidade" se modifica e se constrói diferentemente, quando passamos de um sistema a outro (Pires, 2006, p. 217-218).

Assim, tal como o *medium* "proporcionalidade", o *medium* "responsabilidade" adquire, no sistema de direito criminal, uma forma específica, uma forma dada pelas teorias da pena, e que preconiza uma inflição de sofrimento como tradução dessa responsabilização. Entretanto, esta é somente uma das maneiras de construir essa "responsabilização": é importante ter sempre em mente que tal forma não é a única possível, e que o SDC poderia tê-la construído de outra maneira.

4.3.4 Teorias da pena, teorias da prática

Até o momento, abordamos as teorias da pena, explicamos como elas se conectam em uma racionalidade comum que dá sustentação ao edifício da punição moderna, e mencionamos ideias/*media* que elas selecionam para viabilizar a sua concepção de punição. Entretanto, ainda não discorremos sobre o que são essas teorias da pena. Para tanto, vejamos, primeiramente, como Durkheim apresenta seu conceito de teorias práticas, ao discorrer sobre o sistema pedagógico:

> Seu objetivo não é descrever ou explicar o que é ou foi, mas sim determinar o que deve ser. Elas não se orientam nem para o presente, nem para o passado, mas para o futuro. Elas não se propõem a expressar fielmente as realidades dadas,

> mas editar preceitos de conduta. Elas não nos dizem: aqui está o que existe e por quê, mas sim eis o que é preciso fazer (Durkheim, 1922 [1966], p. 67).

Essa definição das teorias práticas é muito pertinente para explicar as teorias modernas da pena criminal, que são teorias que não pretendem nos explicar uma realidade, mas sim dizer o que deveria ser feito e o que a prática deveria ser. Eis suas características fundamentais:

a. não se trata nem de teorias científicas, nem da arte de decidir. De certa maneira, Durkheim nos dirá que elas se encontram entre ambas. Para ele, de um lado, a arte constitui um "sistema de maneiras de fazer que são ajustadas a fins específicos, e são o produto tanto de uma experiência tradicional comunicada pela educação, como da experiência pessoal do indivíduo". (Durkheim, 1922 [1966], p. 69). A arte não busca explicar, mas sim colocar em prática; trata-se da "prática pura, sem teoria" (op. cit., 68-69). De outro lado, uma teoria científica visa a descrever ou explicar a realidade, "descrever coisas presentes ou passadas", compreender as questões referentes a um determinado objeto. As teorias práticas resultam de uma outra categoria. Elas não são arte pura, visto que, tal como as teorias da ciência, elas são teorias. Contudo, elas não são teorias científicas, pois não visam a explicar uma realidade presente (ou passada). Elas se propõem a dirigir a ação, a dizer o que fazer. À semelhança da arte, "elas não são movimentos, mas são bem próximas ao movimento que elas têm a função de orientar" (ibidem);

b. segundo Pires (2008a), as teorias práticas mantêm uma relação conflituosa com as práticas. Elas tentam orientar a ação, mas há sempre uma distância entre a prática e seus comandos. Elas são a favor de determinadas práticas e contra outras; valorizam algumas delas, ao mesmo tempo em que "sabotam" outras. Se o sistema social tenta adotar uma nova prática e ela não está em conformidade com as orientações dessas teorias, diversos observadores podem "denunciar" que a nova prática não está de acordo com a teoria, não constitui a "boa" maneira de agir;

c. mesmo quando se trata de programas de ação voltados a orientar a prática, tal orientação, sendo sempre teórica, não pode determinar exatamente a configuração prática dessas orientações. Resumindo, as teorias práticas condicionam o que fazer, mas não podem determinar exatamente como fazê-lo. A ideia nos parece mais clara, quando pensamos concretamente nas teorias da pena: elas determinam um objetivo e várias condições para atingi-lo; elas não podem garantir que a prática, em seu conjunto, siga seu programa;

d. baseando-nos novamente em Durkheim (ibidem), podemos acrescentar que as teorias práticas são intermitentes, enquanto a prática em si é contínua. Mesmo não se refletindo sobre a ação ou sobre a maneira de agir, a prática acontecerá até na ausência das teorias;

e. podemos dizer, como Pires (2008a), que as teorias práticas servem para motivar e justificar tomadas de decisão. Assim, as teorias da pena servem às autoridades, para justificar sua escolha (tanto política como jurídica) referentemente às penas;

f. por fim, podemos resumir, a exemplo de Garcia (2009), que as teorias práticas são combinações de ideias articuladas a programas de ação; isso é, instruções de quando, quem e como punir.

Grosso modo, pode-se dizer que as teorias da pena são "ensinamentos" — sobre a maneira de punir e sobre o sentido que uma pena deveria tomar — endereçados a determinados atores sociais (especialmente, os juízes e os políticos) (Pires, 2008a, p. 18). A questão do sentido é aqui fundamental: "as teorias da pena são atribuições de sentido a maneiras de agir" (op. cit., p. 19). Assim, o juiz, ao atribuir uma pena (ou um político, ao criá-la), pode assegurar-se do fundamento de sua conduta: ele não atribui simplesmente um sofrimento ao transgressor de uma norma penal; ele participa de um projeto de reabilitação do indivíduo, de dissuasão de criminosos potenciais, e de retribuição ou de denunciação de um comportamento inaceitável para a sociedade. Com o suporte das teorias da pena, não se trata de uma mera atribuição de sofrimento, mas sim de comunicar a necessidade de fazer um mal, de modo a obter um bem para a sociedade (esse bem variando conforme a teoria escolhida).

Agora, iremos nos debruçar sobre as teorias que formam a racionalidade penal moderna. Quando falamos aqui nas teorias da pena que constituem a RPM, estamos pensando não só nas quatro teorias que parecem compor o eixo principal para a tomada de decisão em matéria de pena — a teoria da dissuasão, a teoria da retribuição, a teoria da denunciação e a teoria da reabilitação —, como também em um objetivo de operação externo à RPM, que, por vezes, adquire a forma de uma teoria na RPM: o objetivo ou a teoria da neutralização. Examinemos cada um desses elementos, mais detalhadamente[82].

4.3.4.1 A TEORIA DA DISSUASÃO

Inegavelmente, o livro de Cesare Beccaria constitui a primeira grande referência do utilitarismo penal[83] em sua versão moderna, especificamente da teoria da dissuasão. Para o autor, a questão em matéria penal consistia em opor-se ao arbitrário e à crueldade do Antigo

82 Nossa análise será, porém, bem mais breve, já que o tema é bastante vasto. No âmbito deste livro, não seria realista pretender percorrer todas as derivações que tais teorias podem tomar, tampouco todas as discussões empíricas que elas produzem (sobretudo no caso da reabilitação, da dissuasão e da neutralização).

83 Na literatura anglófona, Beccaria é, contudo, menos conhecido do que Jeremy Bentham, na qualidade de primeira grande referência teórica da teoria da dissuasão.

Regime, e em "humanizar" e "racionalizar" a aplicação da pena criminal. Em sua metodologia, ele sintetizou os elementos mais recentes de uma teoria que iria constituir um dos pilares do sistema de direito criminal moderno.

Quais são, então, os elementos da teoria da dissuasão? Em primeiro lugar, ela fará uma clara distinção entre moral e interdição penal[84]. Contrariamente aos retributivistas (ver seção 4.3.4.2), para Beccaria a resposta a um ato criminal justifica-se não pelo restabelecimento de uma moral metafísica manchada pelo ato criminal, mas sim pela utilidade que essa pena pode ter para a sociedade.

Em segundo lugar, a utilidade da pena só pode existir se a própria pena for inevitável: em oposição à arbitrariedade do soberano do Antigo Regime (que, mesmo quando punia frequentemente com uma severidade extrema, podia, de outro lado, simplesmente perdoar e abrir mão da punição), busca-se contrapor a certeza da pena. Não tanto fagulhas punitivas, mas uma punição sistemática e difundida no corpo social. Nesse cenário, a afirmação da teoria da dissuasão impõe uma pena que deve ser sempre obrigatória. A graça do soberano é um poder nocivo[85], que deve ser afastado, assim como o

---

84 Ver, a respeito, a análise de Pires (1998).

85 No que se refere ao poder da graça, Beccaria será bem explícito sobre sua inaceitabilidade e seu lado nocivo: "Mas, ensinar aos homens que os delitos podem ser perdoados, que as penas não são nunca a sua necessária consequência, é tornar contagiosa a esperança da impunidade; e quando o perdão é possível, as condenações executadas não são mais do que atos violentos da força, e não a expressão augusta da justiça. Ao conceder graça, o príncipe entrega a segurança pública à mercê de um particular; este ato privado, de uma imprevisível indulgência, transforma-se em um decreto solene de impunidade" (ibidem, p. 98-99). Ou ainda: "Os tribunais, por vezes, concedem a remissão da pena incorrida por um simples ato, quando o ofendido perdoa. Este ato de humanidade e de desinteresse, honroso em um particular, é contrário ao bem público; e, se ele puder renunciar à reparação da ofensa que recebeu, deverá ser-lhe permitido destruir a necessidade do exemplo? O direito de punir não é o direito de um só; é o direito de todos os cidadãos, ou do soberano; um cidadão pode facilmente renunciar ao seu direito individual, mas não pode anular o dos demais" (ibidem, p. 97).

perdão de uma vítima sem papel nessa punição estatal. A resposta penal não deve ser, portanto, severa e incerta — como a do soberano absoluto —, mas sim moderada e infalível:

> O freio mais poderoso aos delitos não é o rigor das penas, mas a sua infalibilidade e, consequentemente, a ativa vigilância dos magistrados. [...]. A certeza de um castigo, mesmo moderado, impressionará sempre mais do que o receio de um outro mais terrível, receio que sempre atenua a esperança da impunidade, pois as menores penas, quando sua aplicação é infalível, jamais deixam de abalar os espíritos de um salutar terror [...] (Beccaria, 1764 [1821], p. 96).

Em terceiro lugar, uma ideia essencial da teoria da dissuasão: a finalidade da pena — pela ameaça que deixa planar — reside tanto em impedir que o culpado recidive, como em dissuadir eventuais criminosos de passar ao ato. Nas palavras de Beccaria: "a finalidade das penas consiste, portanto, em impossibilitar que o culpado cometa novos delitos contra a sociedade, bem como impedir os cidadãos de cometê-los" (op. cit., p. 66-67). O terror da pena criminal deve ser suficiente para provocar um estímulo negativo naqueles que pensam em partir para o ato. Se a pena não puder ser útil — isso é, se ela não tiver como dissuadir eventuais infratores —, ela será de uma crueldade injustificável.

Enfim, para que a pena seja capaz de dissuadir, ela deve não só ser uma consequência absolutamente incontestável do ato criminal, como também uma consequência mais "dura" do que as próprias consequências do crime. Ou seja, a teoria da dissuasão julga poder criar, na mente de cada indivíduo, não só uma associação imediata entre crime e pena (infalível), como também busca assegurar-se de que a consequência que o eventual criminoso sofrerá seja "mais custosa" do que o benefício que ele poderia extrair do crime. Nas palavras de Beccaria, "para que uma pena tenha seu efeito, basta que o mal que ela inflige exceda o bem que possa advir do delito". (ibidem: 68). Evidentemente, para que prevaleça essa ideia de uma pena que supere minimamente o ganho do crime, é preciso fundamentalmente pressupor que o criminoso é um ser racional que fará um cálculo de custo/benefício.

4.3.4.2 A TEORIA DA RETRIBUIÇÃO

A teoria da pena de Kant pode ser considerada como a primeira versão moderna da teoria da retribuição[86]. Com efeito, uma das justificativas da pena mais conhecida é aquela que defende que a pena aflitiva "faça justiça", e seja uma consequência "natural" e "moralmente obrigatória" do crime. Vejamos como a teoria se apresenta no pensamento do autor:

> A pena jurídica *(pœna forensis)* [...] jamais pode ser decretada como um simples meio de se obter um outro bem, mesmo em benefício do culpado, ou da sociedade da qual ele faz parte; mas ela deve sempre ser ordenada contra o culpado, pela *simples razão de que ele delinquiu*, pois jamais um homem pode ser tomado por instrumento dos desígnios de um outro homem, nem ser contado na quantidade das coisas, objeto do real direito; sua personalidade natural, inata, assegura-o contra semelhante ultraje, ainda que ele possa ser condenado a perder a personalidade civil. O malfeitor deve ser julgado punível, antes que se tenha pensado em extrair de sua pena alguma utilidade para ele, ou para seus concidadãos. A lei penal é um imperativo categórico, e azar daquele que se arrasta nas tortuosas sendas do eudemonismo para encontrar algo que, pela vantagem que disso poderia ser obtida, desencarregaria o culpado de toda ou parte da pena que merece. Segundo o

86 Berman (1983 *apud* Pires, 1998) identificará as raízes da teoria retributivista em Santo Anselmo, no século XI.

provérbio fariseu "mais vale que um *só* homem morra, do que todo o povo pereça", pois quando a justiça é desconhecida, os homens nada têm a fazer senão viver na terra" (Kant, 1785 [1837], p. 199-200; itálico no original, mas aqui sublinhado).

Com base na citação acima, os elementos fundamentais do retributivismo penal podem ser claramente identificados. Em primeiro lugar, a pena é um imperativo categórico. Ela é uma obrigação moral da sociedade: a pena se deve ao culpado, pois ele a merece, e porque a falta de punição é um germe de injustiça que corrompe a sociedade. A pena é, portanto, muito carregada moralmente: a não punição diante de um crime é a "perdição" na terra.

Em segundo lugar, e logicamente com o fato de a pena ser mais pesadamente carregada em termos morais, é inaceitável que "um homem possa ser tomado por instrumento dos desígnios de um outro homem". Verifica-se claramente um diálogo com os utilitaristas penais: a pena não deve *servir* a nenhuma outra finalidade do que a direta consequência do restabelecimento da justiça. A pena existe para se fazer justiça, e é imoral pretender utilizá-la (ou melhor, utilizar o culpado) para a obtenção de um bem qualquer na sociedade (salvo, evidentemente, o "bem" imaterial "justiça", "naturalmente" resultante da punição). Por fim, cabe salientar que, para essa teoria, a pena é, em primeiro plano, uma questão moral para a sociedade, e não exprime uma preocupação maior em relação ao destino do culpado (a vítima não mais é observada pela teoria).

A citação de Kant, em que a pena aparece, eminentemente, como uma obrigação moral é aquela, bem conhecida, sobre a ilha:

> É como se a sociedade civil se desvencilhasse do consentimento de todos os seus membros, como se, *v.g*, um povo habitante de uma ilha se decidisse a abandoná-la e a se dispersar: o último assassino detido em uma prisão deveria ser condenado à morte antes da dissolução da sociedade, para que cada um

> carregasse a pena de seu crime, e o crime de homicídio não recaísse sobre o povo que negligenciaria infligir tal pena, pois poderia ser então considerado cúmplice dessa violação da justiça (Kant, op. cit., p. 203).

Em outras palavras, não executar a punição, mesmo a mais inútil para a sociedade, é repartir a desaprovação ao crime e à violação da justiça entre todos os concidadãos. Aqueles que não punem são responsáveis por manchar a justiça.

Nessa justiça impregnada de moralidade, a atribuição da pena deve ser proporcional à gravidade do crime:

> Mas, a qual espécie e grau de castigo a justiça pública deve se propor, por princípio e regra? Nenhum outro, a não ser o princípio da igualdade, apreciado na balança da justiça, sem pender mais de um lado do que de outro. Por consequência, o mal não merecido que você faz a um outro, dentre o povo, você faz a si mesmo; se você o desonra, você desonra a si mesmo; se você rouba, você rouba a si mesmo; se você o agride e se você o mata, você se agride e mata a si mesmo. Só o direito de *Taleão* (*jus talionis*) pode atribuir de forma determinante qualidade e a quantidade da pena nas barras do tribunal, mas não no julgamento privado; [...]" (Kant, ibidem, p. 201).

É o *medium* "igualdade" que será utilizado para condicionar o tipo (qualidade) e a intensidade (quantidade) da pena, que deve ser similar ao tipo e quantum de mal cometido. Há, aqui, um posicionamento fundamental dos retributivistas, que os contrapõe aos utilitaristas: o de que não se deve motivar a pena por sua eventual utilidade. A pena deve ser apresentada como o espelho do crime.

Em suma, a retribuição é uma teoria que estabelece uma forte obrigação moral de punir e valoriza a inflição intencional do sofrimento.

4.3.4.3 A TEORIA DA REABILITAÇÃO[87]

Ao contrário das duas primeiras teorias, a teoria da reabilitação carcerária é dificilmente associada a uma obra de referência específica. O ideal de reabilitação é, efetivamente, um projeto que acompanha a evolução da punição na modernidade e está intimamente ligado ao desenvolvimento dos primeiros sistemas penitenciários, no início do século XIX[88].

Nessa teoria, o fundamental é a mudança de perspectiva que ela promove no SDC: o criminoso é colocado no centro da cena. Há

---

87 Pires faz uma distinção entre três versões da teoria da reabilitação. A primeira é a "pré-moderna", a qual não será aqui examinada detalhadamente. A segunda, originada dos modelos penitenciários e das ideias dos criminologistas positivistas, propõe uma reabilitação na prisão. A inflição de um mal antecede o projeto de reabilitação. A terceira visão, tributária dos movimentos de reforma penal dos anos 1960, reconstrói a teoria da reabilitação, dá ênfase à pena não carcerária e busca reduzir o máximo possível o recurso ao encarceramento — este terceiro caso está fora do quadro da RPM (Pires, 2008a; 2008b).

88 Por exemplo, os dois primeiros grandes modelos penitenciários, o de Auburn e o da Pensilvânia (ambos do início do século XIX), tinham um projeto de transformação do indivíduo como razão de ser. No primeiro, a transformação pelo silêncio e pelo trabalho; no segundo, a transformação pelo isolamento silencioso. Em ambos os casos, o objetivo declarado do encarceramento do indivíduo residia em transformá-lo, a partir da moral do trabalho ou da penitência silenciosa. Mas, já bem antes da modernidade, a própria ideia de um aprisionamento "penitente" tem origem no direito canônico, no qual a ideia de transformação do indivíduo, pelo arrependimento e pela oração, já está bastante enraizada. Sir Francis Palgrave nos dá uma boa descrição de uma pena eclesiástica medieval de aprisionamento: "*In the theory of her criminal jurisprudence, the medieval Church had fully and unhesitatingly adopted, the wise and truly beneficent doctrine that punishment is to be inflicted by fallible man upon his fellow creatures, not merely in terror but in love. The imprisonment, with its accompaniments of hardships and privations, was considered as an ecclesiastical penance. Not thundered in vengeance for the satisfaction of the state, but imposed for the good of the offender: in order to afford the means of amendment, and to lead the transgressor to repentance, and to mercy. From the doors of the dungeon he was to come forth, not as a degraded criminal, but as a pardoned sinner. This was the doctrine of the legislation of the Clergy*" (Palgrave, 1838, p. 177).

menos interesse pelo ato, do que pelo personagem. A emergência da reabilitação produz toda uma mudança de perspectiva não só no que se refere ao desenvolvimento da pena (transformações no penitenciário), como também na maneira de justificá-la. Colocar o personagem — e não o ato — no centro da cena significa dizer que a justificativa da pena se volta, nesse momento, para os efeitos que esta terá sobre o condenado. Muito resumidamente, para a teoria da reabilitação, pune-se para promover uma mudança no infrator. A punição se justifica, portanto, pelos efeitos de transformação (moral, médica e psicológica) que ela possa ter sobre o indivíduo criminoso e pela possibilidade de reintegrá-lo à sociedade.

Assim, a teoria da reabilitação estabelece que o indivíduo deve ser punido, deve ser objeto de um sofrimento (com privações), e depois, de uma intervenção "terapêutica ou educacional" (Pires, 2008a), com a finalidade de tirar-lhe a vontade de cometer outros crimes. A teoria da reabilitação demanda que o indivíduo seja "mantido em um ambiente fechado" e durante um certo tempo, para que possa ser punido/tratado. A pena é, assim, investida de uma lógica de tratamento: "*the correctional model proposes that sentences should be designed, at least in part, to meet the treatment needs of offenders, in terms of both method and the duration of the intervention*" (Von Hirsch; Ashworth e Roberts, 2009, p. 5).

Conforme já enunciamos, essa lógica penal reabilitadora pressupõe (ao menos em sua versão original — ver notas de rodapé da página anterior) a imposição de uma medida punitiva obrigatória. Ou seja, quando se trata da determinação da pena (já que após a imposição, a lógica pode ser diferente), a lógica do tratamento é uma lógica de exclusão do infrator e de imposição de um sofrimento. Para ocorrer, a transformação depende desse momento inicial de exclusão do indivíduo.

Para permitir esta transformação do indivíduo, os conceitos de proporcionalidade das teorias da dissuasão e da retribuição são bastante inapropriados. Se o foco reside no indivíduo e em sua periculosidade, punir conforme o crime — segundo propõem as teorias da dissuasão e da retribuição — não teria sentido. Citando Garofolo, Digneffe assim resume a sua crítica:

> [...] este (o princípio clássico de proporcionalidade) chega a punir da mesma maneira dois indivíduos que cometeram um mesmo ato, sem levar em conta o fato de que este ato pode manifestar anomalias do senso moral bem diferentes e, consequentemente, uma maior periculosidade. A repressão não tem por finalidade primordial ser justa; ela visa a preservar o estado social, "para prevenir novos delitos da parte do mesmo indivíduo" (Digneffe, 1998, p. 243)[89].

Assim, a medida da pena é a medida da necessidade da sociedade de se proteger desse indivíduo, até que ele possa ser adaptado à vida social. A medida da pena é, portanto, a medida do tratamento (quando possível): a escala das penas em relação ao crime é totalmente não pertinente, quando a pena tem um projeto de reabilitação.

Estamos claramente diante de uma pena utilitária. A pena só se justifica por um bem futuro a ser propiciado à sociedade com a transformação de um indivíduo problemático em um cidadão respeitoso das leis. A expiação do mal não é, aqui, uma questão e a dissuasão de eventuais crimes só o é, de maneira secundária (pelo encarceramento, definitivamente): para a teoria da reabilitação, a pena é um mecanismo social de defesa da sociedade, a partir da transformação dos indivíduos.

89 Esta referência, tal como apresentada, poderia certamente constar da seção sobre a neutralização (4.3.4.5). Seu objetivo de "preservação social" é idêntico. A diferença entre as duas residirá no abandono — pela neutralização — de um projeto de transformação do indivíduo.

Se, por um lado, com a reabilitação o indivíduo se encontra no centro da cena penal, por outro lado, essa teoria se caracteriza por sua preocupação quanto à prevenção. Nesse sentido, a atenção da reabilitação em relação ao indivíduo não se justifica por um projeto humanista, mas sim por uma necessidade utilitária de proteção da sociedade face àqueles que cometeram um crime[90].

4.3.4.4 A TEORIA DA DENUNCIAÇÃO[91]

A teoria da denunciação passa a ser cada vez mais conhecida a partir das últimas décadas do século XX. Não tendo nem o caráter sistemático, nem a difusão (seja no próprio SDC, como na área da filosofia do direito) da dissuasão ou da retribuição, a teoria da denunciação adquire uma forma bem particular, que parece convir maravilhosamente a um sistema que enfrenta a crescente visibilidade dos assuntos penais nas mídias.

---

90 Nessa breve descrição da teoria da reabilitação, omitimos complexificações (notadamente, a visão de "não exclusão", muito presente no século XX, e que possibilitará a identificação dos defensores da reabilitação como o grupo "progressista" da criminologia), uma vez que nosso objetivo é apenas ter pontos de referência para analisar a racionalidade penal moderna, sem esmiuçar a teoria. Entretanto, é impossível deixar de mencionar que essa outra maneira de considerar a reabilitação (de forma desassociada do penitenciário, enquanto um projeto de transformação do indivíduo, sem a obrigação de impor um sofrimento) constituía um dos caminhos mais significativos no SDC para contornar a RPM. Para essa nova teoria da reabilitação, "punir" exige o abandono da ideia de tentar produzir intencionalmente um sofrimento ao culpado. Além disso, cabe dizer que o ideal de reabilitação experimentou, em geral, um importante declínio, a partir dos anos 1970. A teoria da reabilitação passou por uma crise de legitimidade que, não por coincidência, é contemporânea de uma virada punitiva, bem como da ascensão do populismo penal examinado em nosso primeiro capítulo (seção 2.1). Ver, a esse respeito, Garland (2001) e Cohen (1985).

91 Toda a reconstrução da teoria da denunciação aqui desenvolvida baseia-se largamente na tese de Lachambre (2011).

Embora essa teoria não evidencie ter adquirido amplitude, a não ser na segunda metade do século XX, Lachambre (2011) aponta que ela já se encontrava integralmente formulada nos trabalhos do jurista clássico inglês, James Stephen, na segunda metade do século XIX. Porém, cabe salientar que ele ainda não havia dado o nome de "teoria da denunciação" à sua teoria da pena, o que contribuiu para torná-la pouco visível. Mas, em que ela consiste?

Em primeiro lugar, "denunciar" significa, entre outras coisas, exprimir o grau de reprovação do público por meio da pena. A pena deve servir para traduzir o julgamento moral que a sociedade faz do crime, pois, ao fazê-lo, ela refirma seus valores fundamentais. Na formulação de Lachambre, denunciar (em matéria de punição criminal) é "punir em nome dos valores fundamentais caros ao público, e expressar sua repugnância ao crime" (op. cit., p. 357). Trata-se, simultaneamente, de um ato de expressão do sentimento suscitado no público e de preservação dos valores da sociedade[92].

Em segundo lugar, a decorrência lógica do enunciado acima é a de que a pena deve ser proporcional ao grau de desaprovação do público ao comportamento criminal (ibidem). A teoria atribui, portanto, um outro sentido ao *medium* "proporcionalidade":

> When public attention is strongly directed to a crime, and the public imagination is greatly shocked by it, it is of great importance that the punishment should be exemplary and calculated to impress the public as much as the crime, and in the opposite direction. The criminal is triumphant and victorious over his enemy and over the law which protects him until he himself has suffered a full equivalent for what he has inflicted (Stephen, 1883 *apud* Lachambre, 2011, p. 353-354).

92 A descrição dada por Primoratz também traduz bem o espírito da teoria: "*[...] the main function of punishment is not so much to reform or deter, but rather to maintain social cohesion by safeguarding a vigorous collective conscience*" (Primoratz, 1989, p. 190).

Eis uma formulação que dá margem à imaginação do legislador e do juiz criminal: os limites são, nesse caso, muito mais fluidos do que aqueles propostos pela dissuasão ou pela retribuição. Stephen parece escolher o juiz como o ator ideal para mensurar esse grau de equivalência: "*practically speaking, a wide discretion as to [the type and] the amount of punishment to be inflicted in particular cases must always be vested in the judges of criminal courts*" (Stephen, 1885 *apud* Lachambre, 2011, p. 351). A única exatidão do que seria uma pena que responde às demandas do público é dada pela negativa:

> Que uma pena que não chame a atenção do público seja conforme à teoria. É por meio da "sentença", que o juiz pode utilizar seu poder discricionário para visar a um outro efeito — o que significa dizer que a prevenção direta do crime não deve acarretar uma pena fora dos limites impostos pela opinião pública [...] (Stephen, 1885 *apud* Lachambre, 2011, p. 355).

Para a teoria da denunciação, uma pena proporcional seria, então, uma pena que não se opõe ao sentimento do público (ou não desperta seus sentimentos negativos). A ideia de "sentença" é a de que a pena não pode ser nem demasiado clemente (e, consequentemente, incapaz de acalmar o público e denunciar o crime), nem demasiado dura (sendo, então, percebida como injusta pelo público). Comparativamente à dissuasão e à retribuição, estamos aqui totalmente em um outro mundo: o ponto de referência da pena é construído a partir da projeção daquilo que seria aceitável para o público.

Em terceiro lugar, é interessante notar que esta teoria da pena foi entendida, simultaneamente, como utilitarista e como uma variante retributivista. Evoca-se não só um sentido moral para justificar a pena (não uma moral metafísica, mas os limites de tolerância do público), como também um objetivo utilitário de reforço da moral coletiva (que pode ser percebida como uma dissuasão a longo termo). Radzinowicz compreendeu perfeitamente a dificuldade de situar essa teoria:

> Such a stark doctrine — in which even retribution or expiation was relegated to a minor place — stands in a sharp and irreconcilable contrast to the utilitarian teaching that punishments were justified only so far as they secured the prevention of crimes (Radzinowicz, 1957 *apud* Lachambre, 2011, p. 326).

Em resumo, podemos afirmar que é passível de críticas tanto situar essa teoria do lado dos retributivistas quanto dos utilitaristas. Por fim, pode-se dizer que também a denunciação reforça o *medium* "direito de punir" como uma obrigação de inflição de um sofrimento, uma vez que é preciso satisfazer as expectativas de punição que emergem do público[93]:

> The punishment of common crimes [...] may be justified on the principle of self-protection, and apart from any question as to their moral character. It is not, however, difficult to show that these acts have in fact been forbidden and subjected to punishment not only because they are dangerous to society, and so ought to be prevented, but also for the sake of gratifying the feeling of hatred — call it revenge, resentment, or what you will — which the contemplation of such conduct excites in healthily constituted minds. If this can be shown, it will

93 Como a denunciação é construída enquanto uma satisfação a dar a um desejo de vingança, resta, evidentemente, pouco espaço para pensar em uma resposta não punitiva. Todavia, ao se construir a denunciação como a expressão da reprovação do público, a margem de manobra torna-se considerável. É possível perguntar, por exemplo: por que a expressão do sentimento coletivo de reprovação deve ser feita por meio de uma pena aflitiva, e não por uma outra medida qualquer? Hart, em uma crítica que se tornou bem conhecida, elabora de maneira muito clara esse ponto de vista: "*What is meant by the claim that the punishment of offenders is an appropriate way of expressing emphatic moral condamnation? The normal way in which moral condamnation is expressed is by words, and it is not clear, if denunciation is really what is required, why a solemn public statement of disapproval would not be the most appropriate or emphatic means of expressing this. Why should a denunciation take the form of punishment?*" (Hart, 1963, p. 66).

> follow that criminal law is in the nature of a persecution of the grosser forms of vice, and an emphatic assertion of the principle that the feeling of hatred and the desire of vengeance above-mentioned are important elements of human nature which ought in such cases to be satisfied in a regular public and legal manner (Stephen, 1874 *apud* Lachambre, 2011, p. 331).

Face a um público que experimenta sentimentos de ódio e de vingança, a atitude "sadia" do Estado é exprimir seus sentimentos por meio da pena. Assim sendo, essa não pode ser nada mais do que a imposição obrigatória de um sofrimento. Um sofrimento não expiatório, mas sim "gratificante" e tranquilizante para o público, e que reafirma que nós, membros da sociedade e observadores da punição, temos os bons valores.

4.3.4.5 A TEORIA DA NEUTRALIZAÇÃO

Eis aí um objetivo e uma teoria que causam simultaneamente problema. A neutralização tem uma história de difícil reconstituição enquanto justificativa autônoma de uma pena e, no entanto, ela é frequentemente presente. Em geral, ela aparece conjugada a outras teorias da pena, como, por exemplo, uma condição de possibilidade de realização da reabilitação. A construção completa da RPM, tal como originalmente concebida por Pires e descrita em nossas últimas seções, não desenvolve o papel da teoria da neutralização[94] como uma das teorias que complexifica a tomada de decisão

94 Se, até agora, nossa descrição da teoria da RPM foi uma retomada dos trabalhos de Pires, acrescentamos agora, com a neutralização, algo que não se encontrava nos desenvolvimentos feitos pelo autor. Entendemos ser importante analisá-la como uma teoria prática autônoma em relação à retribuição ou à dissuasão, sobretudo por haver, nos últimos anos, uma onipresença da ideia de neutralização (principalmente com a emergência de uma "justiça atuarial") na prática de encarceramento.

do SDC; sendo que uma das justificativas desta exclusão seria justamente o fato de ela não existir como uma teoria independente[95].

Entretanto, vamos considerá-la como uma possibilidade independente de justificativa das penas criminais. Para tanto, a justificativa (sem dúvida, precária, dado o fato de ser uma questão que merece muito mais tempo e espaço de discussão, do que aqui podemos dedicar) é a ubiquidade, sobretudo desde os anos 1970, de uma preocupação penal de gestão de risco. A pena criminal passa a ser muito fortemente percebida como um elemento de prevenção do crime, excluindo da sociedade os indivíduos considerados perigosos. A própria emergência de conceitos como "justiça atuarial" denota a importância da ideia de neutralização.

Essa ideia pode ser inicialmente considerada de fácil apreensão, por ser realmente muito simples: "*it involves punishing particular individuals to prevent them from committing further crimes*" (Zimring e Hawkins, 1995, p. 15). Não se pune com uma finalidade de prevenção geral, para dissuadir eventuais criminosos, e nem pelo propósito de um sentido moral de fazer justiça. Pune-se para neutralizar o alvo da punição. Punir, para a teoria da neutralização, é interpor uma coerção na vida do infrator, visando impedi-lo de recidivar.

Esta ideia é facilmente associada às penas criminais, já bem antes da emergência do sistema de direito criminal moderno. Embora seja bastante antiga a existência de penas — como a pena de morte e o banimento que denota uma propensão a neutralizar o indivíduo, excluindo-o da vida social —, parece mais difícil retraçar a sistematização dessa ideia de neutralização como teoria racionalmente organizada e coerente, podendo justificar uma prática. Há, porém, algumas pistas, a começar por um dos mais importantes teóricos da teoria da dissuasão: Bentham, no início do século XIX, apontará a

95 Sendo a outra justificativa o fato de não se tratar de uma teoria "geral", como as outras, por ser pertinente somente para justificar a pena de alguns criminosos (os mais perigosos).

neutralização como um objetivo da pena. Para ele (Bentham, 1802 [1838], p. 174 e ss), a pena tem como função principal a dissuasão, mas também deve desempenhar um papel de reforma do indivíduo, de compensação do dano causado e de neutralização ("*rendering a man incapable of commiting offences*") (op. cit., 183). A neutralização figurava, assim, como uma possibilidade subsidiária (sobretudo, no caso da pena de banimento, fartamente comentada pelo autor, e na qual o efeito de neutralização por exclusão é evidente), como uma finalidade que podia ser cumprida, desde que o objetivo principal de dissuasão fosse atingido.

A neutralização surgirá, porém, não só associada à dissuasão, mas também como um elemento importante de algumas formulações da teoria da reabilitação. Ferri e Garofalo, dois dos grandes representantes da escola positivista italiana, criticarão o princípio da proporcionalidade da retribuição e da dissuasão, que não considera que indivíduos "perigosos" devam ser banidos indefinidamente. Digneffe resume o ponto de vista dos autores, conforme segue:

> Em se tratando de indivíduos que não são adaptáveis (no sentido de Garofolo), ou são anti-sociais (no sentido de Ferri), uma separação total do meio social mostra-se indispensável às necessidades da defesa social. Ela pode se dar pela relegação "em uma ilha ou colônia" [...], ou em instituições penitenciárias, mas sempre com uma duração indeterminada. A liberdade condicional jamais pode ser concedida a indivíduos qualificados como criminosos natos, ou criminosos insanos" (Digneffe, op. cit., p. 274; citação de Garofalo entre aspas).

Note-se, portanto, que para dois dos principais representantes de uma corrente que pretendia analisar cientificamente o criminoso, bem como promover mudanças na política penal a fim de "transformar" os indivíduos, há essa percepção da existência de indivíduos irrecuperáveis, para quem a única solução penal é a exclusão definitiva da sociedade. Verifica-se, já, uma clivagem entre os indivíduos suscetíveis de passar por um tratamento e os demais, para os quais uma pena de reabilitação não serviria de quase nada. Essa preocupação em relação a criminosos considerados perigosos, para quem a pena consistiria apenas em medida de contenção, estava bem presente nas diversas legislações penais[96], ainda que isso não fosse abordado nas discussões de filosofia penal.

De fato, a neutralização parece ser, muito frequentemente, uma prática penal subsidiária das grandes teorias da pena. Uma prática à qual faltava uma teoria, ou ao menos um teórico mais conhecido e capaz de organizá-la e de dar a ela uma densidade argumentativa, como observaram, na literatura anglófona, Zimring e Hawkins:

> In both England and America, the great debates about penal policy in both the nineteenth and twentieth century were principally about whether retribution and deterrence or reform should be the major principles under which the treatment of prisoners should be regulated. [...]. As late as 1972, it was generally assumed "that the primary conflict in prison is between reformation and deterrence". [.... For almost two

96 Zimring e Hawkins (op. cit., p. 23) apresentam diversos exemplos de penas de neutralização para os criminosos recidivistas, na história legislativa dos Estados Unidos: "*In America preventive detention was achieved by the prolongation of prison sentences for specially designated classes of offenders. Between 1920 and 1930, twenty--three states enacted laws increasing the severity of sentences for recidivists. Thus, the Penal Code of California was amended in 1927 to provide that a prisoner convicted after two previous convictions for certain specified crimes (e.g., robbery, burglary, arson) incurred imprisonment for life as an habitual offender with no possibility of parole before the expiration of twelve years, and that any fourth conviction for a felony incurred imprisonment for life with no prospect of parole. In the same spirit, the Baumes Law added to the Penal Law of New York in 1926 provided that a prisoner convicted of a felony for the fourth time should incur imprisonment "for the term of his natural life" [...]. By 1979 recidivist statutes were in force in forty-four states, the District of Columbia, Puerto Rico, the Virgin Islands, and at the federal level [...].*

> centuries after its mechanisms and limits had been identified, incapacitation played no role in the debates about justification for imprisonment (Zimring e Hawkins, 1995, p. 21-22).

Mas, esse cenário começa a se modificar progressivamente, a partir dos anos 1970. É principalmente com o declínio da reabilitação, que a neutralização passa a ganhar espaço como justificativa aceitável para a determinação da pena criminal. Nos anos 1990, os autores acima referenciados afirmam que: "*Incapacitation now serves as the principal justification for imprisonment in American criminal justice: offenders are imprisoned in the United States to restrain them physically from offending again while they are confined*" (Zimring e Hawkins, 1995, p. 3). A emergência da neutralização, como uma teoria de justificação da pena, está em grande parte associada ao aparecimento de uma "nova penologia", que tem a sua razão de ser na gestão do risco.

Sem dúvida, a emergência de uma penologia de gestão do risco[97] conferiu uma nova dimensão a uma pena que visa, sobretudo, neutralizar um indivíduo considerado demasiado problemático para a sociedade. À primeira vista, um argumento político criminal muito convincente, em uma lógica de prevenção do crime, reside em assumir que, retirando-se da vida social aqueles que iriam provavelmente reincidivar (sendo essa, claramente, uma suposição bastante difícil de justificar por argumentos empíricos), a frequência dos crimes diminuirá. Alguns[98] farão valer a alegação de que a maioria dos crimes é cometida

---

97 Entendemos que uma referência-chave na descrição da penalogia, a partir dos anos 1970, concerne a Feeley e Simon (1992). Estes dois autores identificam três elementos em uma "nova penologia": 1) a emergência de um discurso de risco e de probabilidade, no centro das preocupações de políticas criminais; 2) novos objetivos para o sistema, como a neutralização (objetivos que não são novos em si, mas o são em termos "sistemáticos"; 3) o emprego de novas técnicas para o tratamento do problema de grupos de infratores, não mais endereçadas a indivíduos específicos.

98 Ver as referências trazidas por Zimring e Hawkins (ibidem, p. 25 e ss).

por uma minoria de criminosos recidivistas, e que com sua neutralização, promete-se uma redução significativa de casos criminais. Com base nesse raciocínio, passa-se do tema "indivíduo perigoso" ao de "grupos perigosos" ou "categorias de indivíduos com forte risco de reincidir". Assim, a pena se transforma, do ponto de vista da política criminal, em um instrumento de isolamento de grupos problemáticos da sociedade, em razão de uma necessidade de prevenção do crime.

Mas, se o argumento da neutralização, como política criminal, parece-nos hoje evidente (por sua onipresença, e não por seu bom senso ou sua lógica), ele é mais duvidoso enquanto teoria da pena. Como é possível considerá-lo uma teoria prática com a mesma posição das outras teorias aqui apresentadas? Retomando o que dissemos, uma teoria da pena, entendida como uma teoria prática, busca determinar o que a prática deve ser. Podemos fazer um exercício de formulação de uma teoria da neutralização, nos seguintes termos: em primeiro lugar, punir é exercer uma coerção sobre o indivíduo, visando a impedi-lo fisicamente de reincidir. Em segundo lugar, cumpre observá-lo menos como uma "individualidade" do que como membro de um grupo: quanto mais esse grupo traz riscos, mais a pena deve ser infalível. Ao contrário da reabilitação, "*the task is managerial, not transformative*" (Feeley e Simon, 1992, p. 452). Em terceiro lugar, trata-se, evidentemente, de uma teoria utilitária: a finalidade de neutralizar é a prevenção do crime. Punir é prevenir a recidiva. Não se trata de considerações morais, mas, sobretudo, de uma teoria que também busca fazer um mal (a neutralização de um indivíduo), no momento presente, para dele extrair um bem futuro (a não recidiva deste indivíduo). Além disso, ela se centra, mais do que todas as outras, na exclusão social; ou seja, é uma teoria absolutamente indiferente ao culpado, enquanto membro da sociedade. Por fim, é uma teoria que abarca um forte reforço da obrigação de punir da RPM. Com a neutralização, há uma outra boa razão para infligir um sofrimento: a proteção da sociedade por meio da neutralização do risco de reincidência.

4.3.5 A RPM e sua atualização em diferentes circuitos de comunicação da sociedade

Após definir as teorias da pena, que são o foco quando se fala em racionalidade penal moderna, voltamos a examinar esta última. Até o momento, desenvolvemos a ideia de que a RPM é o sistema de pensamento dominante do sistema de direito criminal e do sistema político (em seu papel de legislador criminal).

Porém, é realmente possível circunscrevê-la a esses dois sistemas sociais? No SDC, ela constitui um elemento-chave de sua atividade identitária fundamental — isso é, a determinação da pena –; ao passo que, no sistema político, ela se refere apenas a um dos campos de operação (o sistema político tem inúmeras outras atribuições, além da criação de normas sobre crimes e penas).

Seja como for, algumas operações, tanto do sistema político como do SDC, atualizam a RPM. No primeiro caso, os políticos, ao justificar modificações nas normas penais, evocarão as teorias da pena. Um aumento da pena, a criação de um crime, modificações processuais na execução das penas etc., tudo isso demanda uma motivação, uma justificativa teórica — a qual, para não ser surpreendente e problemática para o sistema político, precisa atualizar a RPM. Assim, alguns comportamentos podem ser criminalizados, por estarem "na moda", e é preciso dissuadir os indivíduos de adotarem esse novo comportamento problemático: as penas podem ser aumentadas em crimes de natureza sexual, pois constituem um comportamento menos tolerável do que outrora, e que precisa ser denunciado; pode-se praticar cada vez mais "*the truth in sentencing*" (a supressão dos benefícios na aplicação das penas), já que os condenados devem "pagar" pelo mal que fizeram. Eis algumas justificativas "naturais" para os políticos interessados em motivar suas decisões em matéria de políticas penais. Em resumo, o sistema político também desempenha um papel fundamental na atualização da RPM: ele é responsável por colocar em prática uma série de discursos acerca da pena criminal.

De igual modo, o SDC também atualiza a RPM em suas operações. A condenação penal, justificada pelas teorias da pena, é também o momento de reprodução desse sistema de pensamento em operações concretas. Mesmo quando a motivação da pena não é explicitada e se demanda que os operadores não revelem os motivos pelos quais a pena foi estabelecida (retornaremos a essa questão no capítulo 6), constata-se o afloramento de todas as razões coercitivas da RPM. Ou seja, o SDC reproduz continuamente esse sistema de pensamento, pela reiterada implementação de decisões dele decorrentes e que a ele se ajustam completamente; assim como, contrariamente, também o faz, quando se opõe a decisões que fogem à RPM.

De certa forma, pode-se dizer que a RPM constitui um ponto de acoplamento estrutural[99] entre o sistema político e o SDC. Não se trata de teorias relacionadas a um único sistema — visto que elas figuram tanto no sistema político, quanto no SDC —, mas sim de um sistema de ideias compartilhado, cuja evolução não pode ser explicada sem passar por esses dois sistemas sociais.

Mas, ainda que a existência e a permanente atualização da RPM sejam tributárias do sistema político e do SDC, esses não são os únicos espaços de atualização desse sistema de ideias. Embora as teorias só ganhem forma no sistema político e no SDC, elas circulam (e são atualizadas) em diversos "espaços comunicacionais" (Pires, 2008a: 16) da sociedade. Assim, além de tais espaços, que são seu campo por excelência, elas estão presentes nas comunicações das ciências sociais acerca dos "problemas da punição" e das maneiras de fazer do sistema de direito criminal; nas comunicações do sistema das mídias de massa que demandam "soluções" para escândalos, violações das normas, crimes midiáticos etc. (Pires, op. cit., p. 17). Notemos que tais comunicações não fazem necessariamente referências explícitas às teorias da pena, mas as atualizam, quando demandam, por

99 Ver a explicação sobre o contexto teórico, no início do presente capítulo (seção 4.1).

exemplo, penas mais severas para "proteger a sociedade" (levando a que esta proteção passe por uma dissuasão penal de delinquentes eventuais). Seja como for, em todos esses circuitos de comunicação, veem-se ideias sendo reproduzidas, difundidas e constantemente atualizadas quanto ao sentido a ser dado à punição; isso é, ideias que não fogem ao quadro da RPM.

4.3.6 A distinção norteadora

À guisa de conclusão, parece-nos importante apontar que a teoria sobre a RPM propõe uma outra distinção norteadora para observar as teorias da pena, em substituição à distinção clássica retributivismo/utilitarismo. A distinção fundamental com a qual estamos habituados efetivamente contrapõe os defensores do retributivismo penal aos das diferentes formas utilitaristas (principalmente, a dissuasão).

Ora, a distinção que orientou a observação, permitindo-nos inferir a existência da RPM, decorre totalmente de uma outra ordem. Pires (ibidem) fala em teorias "indiferentes" à inclusão social do culpado em oposição a teorias com essa preocupação. Essa distinção norteadora, que pode ser resumidamente representada por meio dos termos inclusão/exclusão, permite-nos, simultaneamente: (i) estabelecer uma distinção entre as teorias da pena que defendem a RPM (o lado exclusão) e aquelas que não o fazem e permanecem à margem; (ii) enfatizar os pontos comuns entre essas teorias que integram a RPM.

Examinando, então, as teorias da pena, podemos notar que existem outras possibilidades de justificativas teóricas para as penas, que não chegam a exercer um peso fundamental nas operações do SDC, já que se opõem a essa racionalidade dominante que, há dois séculos, foi escolhida como quadro de referência desse sistema: esse é o caso de algumas ideias sobre a pena, como as de Montesquieu, no século XVIII[100], e também de outras que formam uma teoria da reabilitação mais recente e se opõem à exclusão do condenado, ao defenderem a ideia de sua inclusão.

Conforme já dito, a referida distinção torna mais fácil a tarefa de observar os pontos em comum das teorias que formam a RPM:

- uma obrigação de punir, qualquer que seja a finalidade;
- uma supervalorização do sofrimento e das penas aflitivas, sobretudo carcerárias;
- uma oposição fundamental ao perdão e uma desconfiança em relação a sanções alternativas.

A partir da distinção norteadora exclusão/inclusão, vê-se melhor em que essas teorias da pena se interligam e como elas formam, a despeito de suas oposições, uma unidade de base para o SDC. Pode-se também compreender por que o sistema penal se vê de uma maneira radicalmente diferente em matéria de penas, comparativamente a outras áreas do direito: a "ontologização" da distinção entre o direito civil e o direito penal está no cerne da RPM, em cada ponto em comum compartilhado pelas teorias da pena.

Concluindo, a racionalidade penal moderna torna tão "natural" a atribuição de um autorretrato punitivo ao SDC, que há dificuldade de ver hoje que essas seleções e essa maneira de fazer e de ver são somente uma das possibilidades de responder a transgressões consideradas criminais. A RPM não é uma consequência "natural" do processo de diferenciação do SDC. Ela era, repitamos, uma possibilidade dentre outras, escolhida por volta do final do século XVIII, e

100 "Em Montesquieu [...], a paz entre as partes parece uma solução totalmente aceitável no direito criminal, e, segundo ele, "tudo o que a lei chama de pena é, efetivamente, uma pena" [...]: a simples condenação pode ser vista como uma pena [...], pode-se dar conselhos [...] e pode-se também indenizar a vítima por perdas e danos [...]. A ideia de pena está, portanto, presente, mas de modo algum é substancializada; não mais, aliás, do que a de punição (Pires e Cauchie, 2007, p. 13).

que é agora constantemente atualizada, embora sua espécie permaneça contingente. Ela constitui, no entanto, um imenso obstáculo a inovações criativas em matéria de soluções de conflitos penais. Essas observações são importantes, para lembrar que apesar de nossa dificuldade de ver e até de conceber outras possibilidades de gestão de conflitos no SDC, as possibilidades fora da RPM existem e podem ser sempre atualizadas.

5 QUESTÕES METODOLÓGICAS

Neste capítulo referente à metodologia, buscamos explicitar o processo de pesquisa realizado para o desenvolvimento deste livro, como também os pressupostos epistemológicos que a nortearam.

5.1 CERTAS QUESTÕES EPISTEMOLÓGICAS E METODOLÓGICAS GERAIS SUBJACENTES

Nesta seção, examinaremos algumas questões epistemológicas e metodológicas que julgamos importantes para elucidar nosso processo de pesquisa. Primeiramente, discutimos a insuficiência do modelo explicativo causal e a adoção de um modelo "estímulo/reação". Em seguida, examinamos a questão da explicação por desigualdade de probabilidades. Em terceiro lugar, explicitamos o enquadramento construtivista operacional do estudo e certas consequências dessa escolha (como o abandono da semântica "sujeito/objeto"). Por fim, concluindo a seção, debatemos o enquadramento da pesquisa como proveniente de uma sociologia do direito com o direito e esclarecemos o que entendemos por isso.

Iniciemos discutindo um ponto importante no estudo. Nosso problema, conforme já enunciado (capítulo 1 e seção 2.2), concerne às relações do SDC com estímulos identificados como público/opinião pública (retomaremos, detalhadamente, a problemática de pesquisa na seção 5.2, a seguir). No que se refere a esse tipo de relações, cabe de pronto afirmar que uma explicação do tipo causal se mostra amplamente insuficiente para dar conta da complexidade do problema. Em outras palavras, não podemos tratar as relações "opinião pública (ou público)/SDC" a partir de uma análise causal direta, já que esse tipo de análise é bem mal provido para explicar um efeito em um sistema complexo.

Assim, em termos de explicação, é bastante insuficiente afirmar que "porque a opinião pública diz X, o SDC fará X, Y ou Z". Qualquer operador do mundo jurídico, face a uma explicação desse tipo, irá percebê-la como insuficiente, e até a julgará como não pertinente. Por exemplo, um juiz que crê decidir um caso de maneira totalmente livre e independente das repercussões midiáticas, ficará, com justa razão, insatisfeito com tal análise, que pretende estabelecer uma relação de causa e efeito entre uma pressão midiática e uma decisão que tenha proferido. Além disso, no caso do presente estudo, uma explicação de causa e efeito seria claramente insuficiente para dar conta da complexidade e autonomia do SDC. Portanto, aquilo que concerne à opinião pública não é concebido, no âmbito deste estudo, como tendo uma relação de influência direta sobre o comportamento do referido sistema. Em nosso caso, uma explicação cientificamente válida não pode ser construída de maneira causal direta, precisamente pelo fato de não levar em conta a complexidade que caracteriza o "receptor" da influência.

Está claro, para nós, que devemos recorrer a outros tipos de modelos explicativos, de modo a poder descrever e compreender nosso problema de pesquisa. Um modelo de explicação que entendemos ser bastante pertinente à nossa proposição deixa de lado a questão causal, e busca ver o problema como "estímulo/reação". Examinemos, primeiramente, como Bateson descreve a dificuldade relativa à explicação causal, para depois explicarmos o modelo que adotamos:

> When one billiard ball strikes another, the motion of the second is energized by the impact of the first, and such transferences of energy are the central subject matter of dynamics. We,

> however, are not concerned with event sequences which have this characteristic. If I kick a stone, the movement of the stone is energized by the act, but if I kick a dog, the behavior of the dog may indeed be partly conservative – he may travel along a Newtonian trajectory if kicked hard enough, but this is mere physics. What is important is that he may exhibit responses which are energized not by the kick but by his metabolism; he may turn and bite (Bateson, 1972, p. 171).

Eis aqui, então, o problema: nosso "cão", o SDC, não pode ser pensado em termos de reações mecânicas. Não é possível pensar em termos de causa/efeito, simplesmente porque esse tipo de análise não dá conta dos complexos mecanismos desencadeados pela "causa". Como explicar a reação do cão? Em função do pontapé, ou considerando o conjunto dos mecanismos físicos/psíquicos acionados pelo animal? Evidentemente, o pontapé pode ser associado à existência de um efeito, mas ele não explica de qual efeito se trata. Assim, é possível predizer que algo irá ocorrer após o pontapé, mesmo que não se possa explicar o comportamento do animal exclusivamente por esse golpe. Talvez, ele me morda, mas é igualmente possível que ele fuja. Qualquer que seja o efeito, só se pode compreendê-lo a partir de uma análise dos processos internos do cão[101]. O acontecimento "pontapé" não pode ser tomado como explicação suficiente para compreender tudo o que se passa com o cão, em seguida.

De igual modo, a opinião pública não pode constituir uma explicação do que se passa no SDC. O sistema é demasiado complexo, para provocar uma reação uniforme a um estímulo externo, ou para que se possa explicar sua reação simplesmente com base nesse estímulo. Existe todo um circuito interno ao sistema, todo um conjunto

---

101 Salvo, evidentemente, que só nos interessamos pelo efeito físico em si; isso é, o fato de que o cão se moveu alguns centímetros, devido à impulsão provocada pelo pontapé.

de comunicações que não podem ser atribuídas diretamente à "causa" externa. Em outras palavras, o modelo de explicação causa/efeito é, em nosso caso, insuficiente para compreender os mecanismos associados à reação a um primeiro "pontapé".

Assim, deixamos de lado o modelo "causa/efeito", para recorrer, no âmbito deste estudo, a um modelo "estímulo/reação". Nele, não se afirma que existe uma "causa", que (sem escapar da redundância linguística) "causa" algo, mas sim que há um "estímulo" que desencadeia algo. Tampouco se fala em "efeito", mas em "reação". Esse novo modelo apresenta uma dupla vantagem. Primeiramente, não se desvencilha de uma causalidade direta bem redutora e determinista, que é pouco apropriada para tratar dos sistemas de comunicação fortemente complexos. Em segundo lugar, cria-se espaço para poder analisar os processos do sistema receptor que irão "construir" a referida reação. A diferença entre o "efeito", do primeiro modelo, e a "reação", do segundo, é o caráter ativo e construtor do segundo. Enquanto o efeito é quase uma consequência inexorável e lógica da causa, a reação é uma construção contingente de um sistema receptor desencadeado por um estímulo proveniente de seu ambiente. Retornando ao exemplo do cão, e dizendo agora, que o pontapé provoca nele uma reação, a nova formulação parece muito menos rígida na consideração da relação entre o "pontapé" e a "reação", como também favorece bem mais o interesse por essa reação imprevisível. Cria-se — por assim dizer — uma abertura no campo da análise da reação. Liberta-se, aqui, da restrição da "causa" como explicação da "reação", e abre-se todo um espaço de investigação em torno do fato de que a reação tem uma forma imprevisível que depende dos processos internos do cão. Uma vez mais, toda essa análise sobre o cão aplica-se tal e qual ao SDC[102].

---

102 A leitura centrada no modelo estímulo/reação baseia-se diretamente nas contribuições de Bateson (1972).

Abordamos, agora, uma segunda questão epistemológica referente à análise aqui desenvolvida. Como veremos, o próximo capítulo (6) está inteiramente dedicado à teoria da racionalidade moderna, que permite apreender como algumas ideias serão importantes para compreender que o SDC toma em consideração uma opinião pública que manifesta um viés punitivo (capítulos 6 e 8). Para entender, aqui, o sentido da utilização da questão dos estímulos da opinião pública associada à maneira de pensar do SDC, devemos inicialmente expor o tipo de análise que permite unir esses dois elementos. Bateson explicita o funcionamento dessa análise:

> Causal explanation is usually positive. We say that billiard ball B moved in such and such a direction because billiard ball A hit it at such and such an angle. In contrast to this, cybernetic explanation is always negative. We consider what alternative possibilities could conceivably have occurred and then ask why many of the alternatives were not followed, so that the particular event was one of those few which could, in fact, occur. (...) In cybernetic language, the course of events is said to be subject to *restraints,* and it is assumed that, apart from such restraints, the pathways of change would be governed only by equality of probability (Bateson, 1972, p. 287).

Deixemos de lado a ideia de cibernética (que pode acrescentar uma camada de complexificação que não nos auxilia, no momento[103]) e guardemos simplesmente essa ideia de explicação pela negativa. A citação acima trata das condições para que um acontecimento ocorra no sistema. De tudo o quanto pode se dar no sistema, por que o acontecimento X teria mais probabilidade de ser produzido, do que o acontecimento Y? A resposta a essa questão deve ser dada

103 Sobre o conceito de cibernética e a importante distinção entre cibernética de primeira e de segunda ordem, ver von Glasersfeld (2002).

por uma abordagem do tipo "corrida de obstáculos". Teoricamente, todos os acontecimentos deveriam ter, de início, uma probabilidade igual de ocorrer. No entanto, o sistema apresenta alguns obstáculos que aumentarão as chances de alguns acontecimentos se produzirem, mas reduzindo as possibilidades de outros ocorrerem.

Esse tipo de explicação nos permitirá compreender (capítulo 8) por que um gênero de estímulo tem maior probabilidade de ressoar no SDC. Isso se configura de modo a que ele seja bem mais aberto a ouvir certos tipos de reivindicações da opinião pública, do que outros. É esse mesmo tipo de explicação que evidencia a importância que damos a esse sistema de pensamento da RPM (item 4.3 e capítulo 6). Ela será precisamente um dos grandes obstáculos a certos tipos de estímulos, mas abrirá a porta para outros que lhe são adequados.

Mudando um pouco de direção, há uma terceira questão epistemológica que orienta nossa pesquisa: a questão do construtivismo. A colocação de Von Foerster resume bem uma preocupação que permeia nosso trabalho: "*Objectivity is the delusion that observations could be made without an observer*" (Von Foerster *apud* Von Glasersfeld, 1995). Ele se baseia no quadro de um construtivismo que Luhmann denomina "construtivismo operacional": a ideia de que a realidade existente fora do observador só pode ser conhecida pela observação de um observador; e que, enquanto tal, ela só pode ser conhecida a partir das operações (ou melhor, das distinções) necessariamente introduzidas por esse observador.

Para o construtivismo operacional, não se trata de negar a existência de uma realidade externa à nossa consciência. A realidade existe; os sistemas (sociais, biológicos, psíquicos) existem. Nossa própria cognição é uma prova da existência de uma realidade: enquanto observadores, devemos poder ter uma existência como entidade distinta do resto do mundo, antes de podermos observar o que quer que seja. Todavia, o fato de a realidade existir não significa que possamos ter acesso a ela, independentemente das operações que fazemos como observadores. Nossa observação da realidade é limitada por nossas operações internas, pelas distinções que fazemos para sermos capazes de observar. Assim, a realidade que é conhecida por cada observador depende do fato de que o observador observa a partir de um ponto de vista particular, com suas coerções internas e suas distinções, que só lhe permitem ver essa realidade com base em suas próprias construções cognitivas. Tomando uma citação de Piaget — utilizada por von Glasersfeld (1988, p. 27): "a inteligência [...] organiza o mundo, organizando-se a si mesma" —, pode-se dizer que o sistema observador organiza a realidade, organizando-se. Construindo seus dados de observação com suas distinções, o observador se constrói, simultaneamente, como unidade de observação distinta. A melhor metáfora que conhecemos para explicar essa ideia vem de Moeller:

> By making sense of the world, we also make sense of ourselves — and so does communication. This is similar to a ship that finds its position and direction by locating itself within the horizon of the sea. Of course, this horizon continuously changes. Through its motion, the ship continuously relocates itself within a horizon and thus has the horizon change with it. The horizon — the ship's environment — is a direct product of the ship's own operations, of its own movement (Moeller, 2006, p. 66).

Em resumo, a ideia aqui é a de que, mesmo se uma realidade existe, ela não pode ser ontologizada[104], já que só pode ser apreendida por sistemas observadores que têm uma posição única de observação; a qual é, enfim, dada pelas distinções únicas que cada observador realiza.

---

104 Luhmann descreve bem essa ideia de desontologização da realidade: "*The effect of the intervention of systems theory can be described as a de-ontologization of reality. This does not mean that reality is denied, for then there would be nothing that operated — nothing that observed, and nothing on which one would gain a purchase by means of distinctions. It is only the epistemological relevance of an ontological representation of reality that is being called into question*" (Luhmann, 2002, p. 132).

A distinção — conceito aqui empregado sem muita definição — deve ser mais explorada. Observar, no quadro do construtivismo operacional, constitui o meio de apreender uma (e não a) realidade: para ser capaz de observar, o observador recorre sempre a distinções. Nas palavras de Luhmann: "*all observation [...] presupposes the operative deployment of a distinction that at the moment of its use must be employed 'blindly'*" (2002, p. 135). Para observar uma cadeira, fixamos nosso olhar sobre ela, excluindo completamente o restante dos móveis que a cercam. Porém, essa distinção entre a cadeira e seu ambiente só existe no observador que opera a distinção. É ele que constrói, em sua cognição, uma maneira de ver que lhe permitirá observar o mundo. Mas, distinguindo o que vê, o observador será, ao mesmo tempo, incapaz de ver a "realidade" que não está em sua observação. Assim, observar implica também a criação de espaços que não se podem ver: alguns cuja existência se conhece (apesar de sua invisibilidade à nossa observação), e outros que são verdadeiros pontos cegos; ou seja, aspectos da realidade dos quais se ignora completamente a existência.

Retomando, nesse contexto, nosso problema de pesquisa, podemos dizer que o que fazemos é uma observação do sistema de direito criminal em sua relação com determinados estímulos externos; ou melhor, da maneira pela qual ele observa (constrói) tal relação. Estamos interessados na observação do sistema de direito criminal, no sentido do construtivismo operacional: como o sistema constrói sua realidade internamente; como ele se atribui distinções para poder observar e operacionalizar certos elementos, e não outros e ainda — o que é muito importante — quais são os elementos que o SDC não pode ver a partir de seu ponto de vista? O SDC constrói uma realidade nessas operações e é sobre ela que nós aqui nos debruçamos.

Podemos descrever a operação que fazemos como uma observação de segunda ordem. O presente estudo consiste, enfim, em uma observação da observação que o SDC faz de certos estímulos que lhe causam problema. O leitor, por sua vez, terá duas opções na leitura deste estudo, podendo nos seguir em nossas distinções nessa observação de segunda ordem, e verificar a pertinência de nossos resultados de pesquisa (o que significa aproximadamente dizer, em uma semântica tradicional da pesquisa social, que a partir de nosso problema de pesquisa, e com os mesmos dados, o leitor deverá chegar a resultados similares). Mas, ele também poderá realizar uma observação de terceira ordem e se tornar, assim, um observador de nossa observação (isso é, das operações de distinções que fizemos ao longo da pesquisa) da observação feita pelo SDC, em suas operações.

Cabe acrescentar que a opção de enquadrar esse estudo em uma concepção epistemológica construtivista operacional implica algumas consequências. A mais evidente é o abandono da semântica clássica de pesquisa "sujeito/objeto". Um outro esquema é aqui adotado: o par distinção/observação. Cremos que tal terminologia, longe de ser uma simples troca linguística, é um instrumento que permite melhor dar conta dessa concepção da realidade que existe, mas que não pode ser conhecida fora das operações de um operador. Nas palavras de Pires:

> Se notará que esta nova distinção *atenua*, para o observador, a sua maneira de conceber a observação (Luhmann): ele pode ver mais facilmente que ela é estritamente conectada a suas operações de distinção. A noção de "objeto" é demasiado realista, ao passo que a noção de observação, sem negar a possibilidade de melhor ver, enfatiza que o resultado é uma observação (e não, por assim dizer, "um objeto", "uma realidade"). A coincidência entre observação e os aspectos selecionados da realidade não é uma impossibilidade lógica, mas é considerada como contingente, sempre parcialmente incerta (Pires, 2008b, p. 3-4).

Em resumo, nas páginas que seguem, vocês encontrarão o resultado de nossa observação: uma construção contingente sempre limitada pelas coerções de nossa cognição e das distinções feitas (incluindo aquelas que possibilitaram a coleta de dados — etapa de pesquisa na qual presumivelmente colhem-se informações da "realidade"). Nossa primeira distinção fundamental será a definição de um problema de pesquisa. Retornaremos a isso, na próxima seção, em que descreveremos detalhadamente o processo de pesquisa propriamente dito — e na qual o abandono do esquema "sujeito/objeto" estará mais evidente.

Por fim, mudando de direção uma última vez, cabe uma consideração sobre o enquadramento disciplinar do presente estudo. Entendemos que desenvolvemos um trabalho que pode ser qualificado como concernente à sociologia do direito. Entretanto, essa classificação merece algumas precisões. Nosso objetivo era trabalhar com o direito e a sociologia, simultaneamente, em uma reflexão interdisciplinar que tematiza o direito e o considera como um sistema observador que é, ao mesmo tempo, um "centro de reflexão" (Gunther, citado par Pires [2004a]). Em outras palavras, retomando a definição de Luhmann (1983), fazemos aqui "uma sociologia do direito com o direito". Entendemos que esta pesquisa é um trabalho que envolve o direito em uma reflexão que leva em consideração os conhecimentos e o instrumental teórico das duas disciplinas. Assumimos que uma pesquisa da sociologia do direito com o direito insere o direito (suas categorias, princípios, normas etc.) em uma reflexão com as categorias (e as técnicas de pesquisa) da sociologia. Constitui, fundamentalmente, uma reflexão sociológica, que pode ser útil ao direito, para a revisão de suas próprias estruturas e "autodescrições". Essa observação nos parece necessária, dado o panorama atual da sociologia do direito: uma disciplina notadamente teórica e crítica (basta pensar em todas as pesquisas sobre as desigualdades de acesso à justiça, sobre o pluralismo jurídico, ou mesmo, sobre os efeitos sociais problemáticos que a aplicação da lei pode ocasionar), mas que irá utilizar o direito mais como uma ponte para uma crítica social, sem insistir nas categorias próprias à disciplina. A sociologia do direito, que toma bem pouco em conta as categorias do direito (fato que, em si, não a torna "ruim" ou "sem interesse" — cabe salientar —, mas simplesmente um pouco "estranha" ao direito), não é nossa finalidade. Explicitamente, os conceitos do direito e sua percepção da realidade constituirão um elemento fundamental de nossa análise.

5.2 A CAMINHADA DE PESQUISA[105]

Discutimos, nesta seção, o problema e os objetivos de nossa pesquisa, e também expomos o processo desenvolvido para responder ao problema (ou complexificá-lo) e atingir os objetivos. Nosso problema de pesquisa é a gestão, pelo sistema de direito criminal, de certos estímulos provenientes de seu ambiente, quanto a seu papel de dar uma resposta aos crimes. De maneira menos abstrata, buscamos saber como o sistema de direito criminal — tendo em conta seu discurso de intransigência às demandas de pena derivadas da opinião pública — aborda tais demandas, que parecem cada vez mais numerosas, sobretudo com a explosão da midiatização dos assuntos criminais. Em uma sociedade na qual os dramas penais vendem jornais e atraem audiência, o sistema de direito criminal se torna alvo de diversos protestos: mais do que nunca, este sistema é visto como destinatário das demandas sociais por "justiça", "punição", ou "proteção", de algumas categorias sociais que se sentem inseguras. Enquanto alvo de todas essas expectativas, como também de protestos, como o sistema de direito criminal reage? Quais são as operações, os argumentos (pró ou contra) e as maneiras de representar tais estímulos dentro do sistema de direito criminal? Em outras palavras, como o SDC observa e reage às pressões de seu ambiente? Acrescentando

105 Nosso processo de pesquisa e sua descrição, na presente seção, baseiam-se amplamente no processo sugerido por Quivy e Van Campenhoudt (1995). Ainda que com diferenciações, as explicações desses autores contribuíram muito para a nossa pesquisa.

uma camada de complexidade ao problema, nós nos indagamos como essa observação e essa reação se produzem, tendo em conta um sistema de pensamento dominante no SDC, que condiciona sua resposta aos fatos que lhe são apresentados, no sentido de uma valorização da imposição de uma pena aflitiva.

Essas questões nos levam a algumas hipóteses. Primeiramente, a de que o peso que os estímulos da opinião pública (bem como do público — seção 4.2.2) têm sobre as decisões em matéria criminal é muito mais importante do que um discurso de aparência do sistema — que anuncia uma "independência" total do sistema em relação a esse tipo de estímulos de seu ambiente — poderia nos fazer crer. Além disso, formulamos a hipótese de que o sistema de direito criminal, sob a égide de uma racionalidade dominante que o obriga a tratar dos conflitos penais com a obrigação de infligir um sofrimento, é bem menos capaz de considerar estímulos que se deparam com essa racionalidade. Ou seja, as demandas externas de punição seriam muito mais fáceis de "ouvir" e de "digerir", do que demandas de soluções não aflitivas.

Face a esse problema e essas hipóteses, estabelecemos alguns objetivos:

1. descrever a relação entre o SDC e os estímulos externos identificados até aqui como público e opinião pública (conceitos definidos na seção 4.2);

2. descrever o sistema de pensamento — RPM — e a maneira pela qual ele se constitui como um obstáculo a soluções de conflito alternativas no SDC;

3. mostrar empiricamente a emergência de categorias jurídicas que permitem ao SDC acomodar a pressão de seu ambiente; ou seja, mostrar como e por onde as demandas da opinião pública podem entrar no sistema;

4. demonstrar empiricamente a presença desse sistema de ideias (a RPM) e nuançar, a partir do empírico, os diferentes elementos que defendem uma obrigação de punir *stricto sensu* no sistema;

5. articular teoricamente essas constatações empíricas, mostrando que a gestão dos estímulos externos pelo SDC também se dá sob a égide da RPM.

Para conseguir estabelecer um problema de pesquisa e esses diferentes objetivos, todo um caminho foi percorrido. Mas, como chegamos especificamente a ele? Como chegamos a nos interessar e a delimitar esse problema da gestão, pelo SDC, dos estímulos externos da opinião pública e do público?

Essa delimitação se inicia pela percepção fluida de um mal-estar dos atores penais face à explosão da midiatização dos casos criminais, há cerca de trinta anos[106]. Pensamos não somente na explosão da midiatização, como também na midiatização em termos bem punitivos, a qual parece se apresentar como uma demanda de "respostas" da parte do SDC[107]. Contudo, por mais interessante que tal questão possa parecer, ela não constitui ainda um problema de pesquisa, assim descrita. Há nela, efetivamente, temas amplos (a punitividade das mídias, a pressão sobre o SDC, o interesse pelos casos penais), que delimitam alguns parâmetros, mas que não podem ser explorados nos termos de uma pesquisa científica, por serem ainda fluidos e imprecisos.

A pesquisa começa a se delinear, com a definição de que buscamos estudar a interação entre os atores penais e a midiatização. O tema vai se definindo, ao se afirmar que não é a midiatização dos casos

---

106 Ver seção 2.1.

107 Ou seja, nos termos teóricos do presente estudo, consistiria na aceitação e utilização da RPM pelo sistema das mídias de massa, com vistas a reivindicar, junto ao SDC, mais RPM.

penais em si que nos interessa, mas sim como sua midiatização afeta o desenvolvimento do que ocorre na justiça penal. Pode-se, então, enunciar que nossa problemática consiste na relação entre o que se diz sobre os casos penais e a reação da justiça penal ao que é dito.

É importante notar que, nessa etapa, não propomos nenhum desenvolvimento teórico na delimitação do problema. A incorporação da teoria se deu progressivamente, à medida que o tema ia se constituindo num problema de pesquisa concreto. Em primeiro lugar, integramos ao nosso problema uma concepção específica do direito, de modo a delimitar o tema que nos interessa. Portanto, a questão não mais era relativa ao problema causado pela midiatização na justiça penal, mas sim sobre a maneira como o sistema de direito criminal reagia a determinadas comunicações de seu ambiente. Essa mudança de perspectiva foi muito importante. Nessa etapa, foi incorporada à concepção do direito como um sistema de função (com todas as consequências que isso implica, conforme já visto no capítulo anterior), centrando nossa atenção nesse sistema. Passamos, assim, de algo muito fluido (a justiça penal e a midiatização dos casos penais) para algo bem mais focado (o SDC e sua reação à midiatização de seus casos).

Contudo, mesmo nos encontrando diante de algo mais específico do que aquelas impressões lá do início, ainda não estávamos em face de uma questão "operacionalizável" no âmbito de uma pesquisa acadêmica. Se a determinação de um ponto de vista (sistêmico) sobre o direito contribuiu para definir como trabalhamos a questão do impacto da "midiatização", ela ainda era, porém, muito pouco especificada. Da mesma forma, uma outra expressão, "opinião pública" também continuava vaga para efeitos da operacionalização da pesquisa. Assim, mais uma vez, recorremos ao quadro teórico da teoria dos sistemas para que fosse possível avançarmos na definição dos conceitos: mantivemos o termo opinião pública, mas agora com uma definição bastante específica (e, ao mesmo tempo, firmemente não substancializada — ver item 4.2). Com o referido quadro, tivemos condição de especificar melhor nosso interesse pelas comunicações do ambiente do SDC, que tomaram a forma da opinião pública no que se refere a casos criminais. Acrescentemos, ainda, que outros elementos do ambiente do sistema foram considerados, como o público (incluindo as vítimas), os movimentos de protesto e o sistema das mídias de massa (seção 4.2). Desse modo, aquilo que constituía "o fluido da midiatização" tornou-se um conjunto de elementos específicos e precisos, cada qual com um sentido bem definido. Passamos então a falar em "estímulos externos" ao SDC, para definir esse novo lado da problemática delimitado pelo quadro da teoria dos sistemas. Assim, o que buscávamos saber era como esses "estímulos externos", que emanam do público e da opinião pública, eram administrados por esse subsistema do direito aqui entendido como sistema de direito criminal.

Foi a partir desse momento que inserimos um outro quadro teórico na delimitação do problema. No início da pesquisa, uma de nossas preocupações residia na "midiatização punitiva"; ou seja, na percepção de que a expansão da cobertura midiática do que ocorre no campo do penal se dava principalmente em termos das demandas de "mais punição". Além disso, tínhamos a preocupação em saber de que maneira esse tipo de tratamento midiático podia implicar respostas punitivas do sistema. Para enquadrar esse tipo de questionamento, inserimos teoricamente a ideia de racionalidade penal moderna, invertendo, assim, a formulação de nosso problema. A partir da perspectiva oferecida por esse quadro teórico, concebemos um sistema formatado de modo a poder perceber muito mais as demandas motivadas por seu sistema de pensamento e que acabam reforçando a sua maneira de se comportar. Assim, as demandas não punitivas figuravam como menos importantes do que aquelas que demandavam que o sistema faça aquilo que desde sempre faz. Uma vez mais, dava-se maior atenção ao que ocorre no próprio sistema (seu "viés punitivo"), do que a seu ambiente. Após esses diferentes detalhamentos, passamos a ter um problema de pesquisa mais específico e mais bem delimitado teoricamente. As relações entre o SDC — largamente norteado por uma racionalidade punitiva — e os estímulos externos (do público e da opinião pública) — tornavam-se, assim, nosso problema de pesquisa.

Por fim, foi possível delinear a construção de nosso problema de pesquisa não apenas confrontando com os quadros teóricos escolhidos e a literatura referenciada, mas também, e essencialmente, estabelecendo um diálogo com a observação empírica. A configuração do problema só adquiriu forma definitiva ao final da pesquisa. Com efeito, um problema de pesquisa pode ser coerente teoricamente, sem ter, contudo, uma base empírica. Em nosso caso, foi a partir das descobertas empíricas (seja quanto às questões relativas à obrigação de punir do sistema [seção 6.2] como das reações à opinião pública [cap. 7]), que se torna possível consolidar a pertinência da pesquisa e atribuir sentido ao problema investigado. A confrontação com o empírico permitiu mudar a configuração do problema, no sentido de melhor defini-lo (por exemplo, na identificação das diversas possibilidades de comunicações externas [ver seção 4.2]) e ajustá-lo.

5.3 UMA PESQUISA QUALITATIVA

A essa altura está claro para o leitor que estamos falando de uma pesquisa qualitativa. Sem esmiuçar muito sobre a escolha entre o qualitativo e o quantitativo, podemos simplesmente dizer que o caráter qualitativo de nossa pesquisa é dado, simultaneamente, pelo tipo de problema proposto e pelo tipo de análise realizada[108]. Um problema tal, que as relações entre o sistema de direito criminal e os estímulos da opinião pública demandam uma análise que dificilmente pode ser expressa por meio da quantificação. Afinal, nos propusemos aqui a

108 Ver, a respeito, Pires (1987).

desvelar as transformações do SDC em reação aos estímulos mencionados. Trata-se de transformações que se produzem nas categorias do direito, nas estruturas de comunicação que emergem para atestar tais estímulos, e que só são visíveis a partir de uma análise qualitativa em profundidade, que possa identificá-los. A pesquisa quantitativa para examinar nosso problema não nos traria muita coisa: não saberíamos nem mesmo dizer o que quantificar, já que as reações ou transformações do SDC não são conhecidas de imediato.

A dificuldade de quantificação persiste quando nos voltamos para um outro lado de nossa pesquisa, o do obstáculo que a RPM constitui para se pensar diferentemente a punição criminal. Aqui, trata-se, portanto, de observar as comunicações do sistema em suas justificativas das tomadas de decisão criminais. Tais justificativas se constituem pela construção de reflexões em profundidade, que são mais interessantes por sua força argumentativa, do que por sua frequência em nossa amostra. Reiteramos que seria difícil conceber como quantificar tal problema.

Para concluir a questão referente à pesquisa qualitativa, cabe acrescentar que se a necessidade de um método qualitativo só emerge com o problema de pesquisa, é, por sua vez, na análise dos dados que o trabalho toma realmente um caráter qualitativo. Ou seja, é o tipo de análise produzida que permite qualificar essa pesquisa qualitativa. Não são nossos dados — o material coletado a partir de entrevistas semiestruturadas reflexivas — que determinam a condição qualitativa desta pesquisa (embora elas sejam claramente mais apropriadas a uma pesquisa qualitativa), mas sim a abordagem delas, por meio de nossa análise.

5.4 A COLETA DE DADOS E A ANÁLISE DO MATERIAL

Com a explicação sobre o processo de pesquisa para o desenvolvimento do problema, devemos agora expor como passamos do problema aos resultados da observação. A questão reside, portanto, em saber como operacionalizamos tal problema; ou seja, qual método foi empreendido para encontrar elementos que possibilitassem compreender a relação entre o sistema de direito criminal e o público/opinião pública, bem como para poder verificar a ação do sistema de pensamento do primeiro, nessa relação.

Para responder a essa questão, desenvolvemos uma análise qualitativa, a partir de dados empíricos provenientes de entrevistas realizadas com juízes e promotores, no Brasil, e justificaremos tais escolhas.

5.4.1 A razão das entrevistas e os resultados entendidos como comunicações do SDC

Como já dito, pretendíamos alcançar resultados a partir da análise de dados de entrevistas, com o intuito de que os juízes e promotores, nossos informantes no âmbito da pesquisa, pudessem nos fornecer os elementos (empíricos) de reflexão necessários para chegar às nossas conclusões. Entretanto, uma dificuldade metodológica fundamental precisa ser superada. Não buscamos o ponto de vista de atores individuais, mas sim o de um sistema de função da sociedade.

Nesse sentido, cremos ser possível fazer emergir o ponto de vista do próprio sistema, com base nas manifestações individuais de seus operadores. Assim, a questão que se coloca é: como se pode ter acesso a um sistema de pensamento, a partir dos dados de entrevistas? Para responder a esta questão, aderimos à seguinte hipótese:

> Realmente, o que dizer se o indivíduo era, em grande número de casos, sobretudo uma cadeia de transmissão da observação e do conhecimento dos sistemas? E se o indivíduo observava por meio de um sistema; isto é, com os esquemas e as distinções propostas por este sistema? E se ele conhecia por meio de um sistema, comunicando-nos suas teorias, sua maneira de pensar os problemas e seu autorretrato identitário? [...] (Pires, 2004a).

No presente estudo, assumimos que as pesquisadas nos dão seus depoimentos mais na qualidade de porta-vozes de um sistema, do que de simples informantes de suas próprias experiências. Considera-se que, mais do que uma visão pessoal do SDC, esses indivíduos compartilham toda uma formação, e mesmo uma socialização, em uma cultura jurídica impregnada de algumas ideias comuns, as quais constituem um ponto de vista que vai além do ponto de vista individual de cada ator. Adota-se, aqui, a perspectiva de que o sistema social tem um ponto de vista, e de que é possível ter acesso a ele interrogando seus operadores.

Evidentemente, uma questão que se coloca muito naturalmente concerne à escolha do acesso às reflexões do sistema pelo viés das entrevistas, e não pelo estudo da jurisprudência. A primeira ideia que poderia nos ocorrer para acessar as comunicações do sistema é a de buscar suas comunicações "oficiais". Como se justifica o fato de termos trabalhado com dados de entrevistas, e não com a jurisprudência? Essa pergunta não é simples, mas temos algumas boas razões teóricas e circunstanciais para justificar nossa decisão.

Em primeiro lugar, ela se explica — quanto às razões circunstanciais — por dificuldades apresentadas pela jurisprudência no Brasil, jurisdição escolhida como campo empírico. Com efeito, nossas consultas exploratórias preliminares às bases de dados dos tribunais nos revelavam pouco sobre nosso problema. No início de nossa pesquisa[109], havia uma dificuldade operacional para explorar as bases de dados referentes às palavras-chave para a pesquisa. De igual modo, faltava, a nosso ver, uma base de dados centralizada, reunindo a jurisprudência de todos os tribunais. Além disso,

109 Decerto, com o tempo, as bases de dados provavelmente se aprimoraram. Todavia, mesmo já no final da redação deste trabalho, uma pesquisa sobre a base de dados da Suprema Corte brasileira, com as palavras-chave "opinião pública" e "pena", apresentou apenas três resultados, mas somente um deles era relativamente pertinente para a nossa proposição.

não tínhamos conhecimento de nenhuma base de dados com as decisões dos juízes de primeira instância. Por outro lado, a opinião desses juízes de primeira instância nos parecia muito importante, tendo em conta o fato de que eles são, na esmagadora maioria dos casos, os primeiros atores a emitir uma decisão em relação a uma pena em casos de repercussão midiática. O juiz do processo é quem tem, mais frequentemente, a "batata mais quente" (digamos) para lidar. A terceira razão circunstancial para não utilizar a jurisprudência na pesquisa se deve à escassez de reflexões sobre as penas, nas sentenças. Muito frequentemente, os juízes brasileiros emitem decisões que apenas cumprem as exigências previstas nos códigos legais, sem se dar ao trabalho de utilizar justificativas para defender suas decisões referentes às penas. No contexto de um estudo que busca apreender construções jurídicas relativas tanto à RPM, quanto à opinião pública, essa ausência de argumentação dos juízes se apresenta como um inconveniente bastante decepcionante.

Mas, há também razões teórico-metodológicas que nos fazem defender as entrevistas como nosso ponto de fixação empírico. Independentemente das circunstâncias da jurisprudência brasileira, uma entrevista é sempre passível de ser um método mais favorável para fazer emergir os dados que interessam ao pesquisador e também aprofundar a reflexão. Na dinâmica de uma entrevista, é possível levar o entrevistado a explorar assuntos aos quais ele jamais se referiria por escrito e que são, no entanto, muito importantes em sua decisão. Podemos "fazer falar" nossa fonte como dificilmente conseguiríamos "fazer falar" um documento. Considerando que o importante para nós é a argumentação jurídica, a entrevista se revela um instrumento indispensável.

Porém, é preciso especificar sobre o que estamos falando, quando evocamos a entrevista, já que as possibilidades abertas por essa técnica de pesquisa são muito variadas. Optamos por realizar entrevistas semiestruturadas, que são o tipo de entrevista que presumivelmente nos possibilita dar liberdade ao entrevistado, para que ele aprofunde seu discurso, mas mantendo um fio condutor articulado aos temas da pesquisa. Nossa pesquisa tem um aspecto teórico bastante importante e, por isso, não se trata de simplesmente deixar o entrevistado falar, sem um direcionamento. Diferentemente de uma entrevista não estruturada (como, por exemplo, uma "história de vida", em que o discurso livre é essencial), tínhamos temas específicos, originados de um conjunto de hipóteses que cumpria examinar.

A estratégia de pesquisa consistia em fazer com que o entrevistado refletisse a partir de um quadro preestabelecido. Para tanto, dispúnhamos de temas amplos, uma ordenação inicial bastante vaga e uma atitude não diretiva[110]. A postura do entrevistador consistia em conduzir a entrevista com base em temas selecionados a partir de técnicas de relance das respostas do entrevistado. Aprofundava-se o assunto, retomando-se as palavras do interlocutor que interessavam à pesquisa, e abria-se espaço para fazer emergir novas construções sobre o tema. Porém, essa atitude não diretiva do pesquisador tem limite em uma pesquisa semiestruturada, como a nossa. Com uma certa frequência, não só tivemos de introduzir os temas (interrompendo, assim, provavelmente, a linha de raciocínio do entrevistado), como também buscamos, por vezes, propor uma reflexão compartilhada. Essa atitude — que foge ao princípio geral da não diretividade — era baseada em um modelo de entrevista em experimentação, na *Canada Reserach Chair in Legal Traditions and Penal Rationality* (centro de pesquisas ao qual estávamos vinculados). Consistia em utilizar a bagagem teórica do entrevistador, para tentar impulsionar o entrevistado a tecer reflexões mais sofisticadas. O princípio residia em realizar uma reflexão compartilhada, com trocas de conhecimento, esperando que isso pudesse permitir aprofundar a reflexão do entrevistado.

---

110 O fato de se ter adotado uma atitude geral não diretiva não significa que, ao longo de nossas entrevistas, não tenha havido vários momentos em que ficou evidente a diretividade do pesquisador. Um leitor atento constatará isso em algumas citações que utilizamos em nossos dois capítulos empíricos (6 e 7).

O resultado foi a constituição de uma ampla base de dados de entrevistas em profundidade acerca de nosso problema de pesquisa. Com 42 entrevistas, de em média 75 minutos de duração, dispúnhamos de uma enorme quantidade de dados a explorar, muito ricos em termos de reflexão, mas também muito difíceis de operacionalizar para a pesquisa. Retornaremos a esse ponto, na seção 5.5, referente à análise.

5.4.2 A escolha do campo empírico, a amostragem e o acesso ao campo

Escolhemos o Brasil como campo empírico de nossa pesquisa, e algumas questões pragmáticas e teóricas justificavam esta escolha. Primeiramente, como país de origem do pesquisador, já havia uma certa familiaridade com as especificidades do direito nesse país. Além disso, o fato de conhecermos alguns juízes e promotores facilitou os contatos para encontrar entrevistados; sem contar que, de um ponto de vista teórico, trata-se de um país de tradição jurídica romano-germânica. Já tendo trabalhado com a questão da opinião pública em um país da tradição do *Common Law* (Xavier, 2005), é importante enfatizarmos o argumento de que esse problema de pesquisa não só transcende as fronteiras nacionais, como também permite identificar um problema comum às duas tradições jurídicas predominantes no Ocidente.

Assim sendo, fica claro que abordamos a configuração específica do direito no Brasil, apenas no sentido de um estudo de caso que nos permitirá realizar uma generalização teórica. Conforme já dito, trata-se de um problema pertinente, simultaneamente, à tradição do Common Law e à tradição do direito romano-germânica. Estamos interessados em uma questão da sociologia do direito, que é fortemente teórica e concerne à maneira de conduzir a punição face ao problema da racionalidade penal moderna e dos estímulos da opinião pública. A despeito de certas particularidades empíricas do direito brasileiro, enfatizamos que em todos os países o SDC se defronta com esse problema e deve desenvolver estratégias internas para geri-lo. Resumindo, o estudo de caso do Brasil constitui nosso domínio empírico de um fenômeno (as dificuldades face à opinião pública e tendo em conta a RPM) que entendemos ser bastante difundido no Ocidente[111].

Depois de escolhido o campo empírico, era necessário compor uma amostra de entrevistados. Nossos critérios eram relativamente flexíveis, de modo a dar conta da diversidade de cargos e funções — de juiz e membro do Ministério Público[112] —, e também havia a preocupação de que tal diversidade propiciasse o surgimento de uma maior variedade de discursos e de construções teóricas. Entretanto, nunca houve a preocupação de criar uma amostra quantitativamente representativa do universo de juízes e promotores. Tendo em conta nosso problema de pesquisa e nosso tipo de análise, era tanto não pertinente, como impossível propor tal encaminhamento.

O critério para validar a pesquisa não residia na representatividade probabilística da amostra, mas sim no princípio da "saturação empírica", que "designa, portanto, o fenômeno pelo qual o pesquisador avalia que os últimos documentos, entrevistas ou observações não mais trazem informações suficientemente novas ou diferentes, de modo a justificar uma ampliação do material empírico" (Pires, 1997b, p. 157). A validade de nossa amostra concerne, portanto, ao

---

111 Na literatura referenciada (cap. 3) e nos trabalhos mencionados em nosso capítulo sobre o contexto que originou nossa pesquisa (cap. 2), apreende-se explicitamente uma nova preocupação com a opinião pública. Nosso estudo sobre a Inglaterra (Xavier, 2005) mostra, como já dito, esse mesmo tipo de preocupação de gestão interna, pelo SDC, da questão da opinião pública.

112 Apenas para facilitar a leitura do texto, ao longo deste livro nos referiremos aos membros do MP como "promotores". No entanto, a amostra de pesquisa é composta, além de promotores, tanto por procuradores estaduais quanto por procuradores federais.

fenômeno da saturação dos dados — a repetição de discursos e ideias, a ausência de novas categorias nas entrevistas —, e não à representatividade matemática da amostra.

No que se refere à constituição da amostra propriamente dita, o princípio da saturação no grupo guiava nosso caminho metodológico. Os critérios mobilizados para a seleção de entrevistados para essa amostra (qualitativamente) representativa eram, portanto, sobretudo a diversidade regional, a diversidade de cargos, a diversidade de idade e de sexo. Tendo em conta nosso problema, considerava-se que o pesquisado ter trabalhado com casos fortemente midiatizados constituía um diferencial para a entrevista, sem ser, contudo, uma condição *sine qua non*, visto que, em nossa proposição, a reflexão dos entrevistados focava em seu vivido.

Nossa amostra final se compôs de 42 entrevistados, com a seguinte configuração:

- juízes e promotores de 7 estados diferentes do Brasil;
- 13 trabalhando em nível federal e 29 em nível dos estados[113];
- 30 homens e 12 mulheres;
- 36 atuando em varas locais e 6 em tribunais.

Para ter acesso a todos esses entrevistados, tivemos que contar com a técnica da "bola de neve". Já dispúnhamos de alguns contatos na comunidade jurídica no Brasil, apontando-nos pessoas para entrevistar, as quais, por sua vez, indicaram outros potenciais entrevistados. Em alguns estados do país, onde não tínhamos conhecidos, o contato inicial se deu por e-mail (desde que disponíveis publicamente seus endereços eletrônicos) e, a partir daí, contávamos com o sistema da "bola de neve".

Concluindo esta seção, cabe mencionar que todas as entrevistas foram gravadas, tendo, para tanto, a autorização explícita

113 No Brasil, a federação se divide em estados, e não em províncias.

(termo de consentimento) de cada entrevistado. Além disso, garantiu-se o anonimato a cada um deles, substituindo-se seus nomes por números, ocultando os nomes de suas cidades e editando a descrição de algumas situações que permitissem sua identificação.

5.5 A ANÁLISE DOS DADOS

Como já dito, dispúnhamos de um corpus analítico considerável: quarenta e duas entrevistas de, em média, 1h15min de duração, resultando em cerca de 1200 páginas transcritas. Uma tarefa substantiva. Mesmo com o auxílio de um *software* de tratamento de dados qualitativos[114], a análise dos dados das entrevistas revelou-se a etapa mais longa da pesquisa. Para realizá-la, tivemos de utilizar a clássica técnica de decomposição das entrevistas em códigos, seguida da reconstrução por categorias de sentidos que pudessem ser pertinentes para a pesquisa, consistindo na operação clássica da teorização enraizada (mesmo não se tratando absolutamente disso, em alguns momentos). Examinemos a questão mais detalhadamente.

A primeira etapa da análise dos dados se constituiu na codificação dos dados das entrevistas. Codificar, em jargão de pesquisa, é a operação de atribuir um código (uma palavra, uma frase curta) a um excerto da entrevista, de modo a dar conta do conteúdo da passagem escolhida. Trata-se grosso modo da decomposição dos discursos apreendidos em pequenos trechos de significado, marcados por códigos, de modo a conseguir relacionar todas as passagens similares identificadas nas diferentes entrevistas. Já se verifica, aqui, um esboço de análise transversal para a associação de todos os excertos similares, através da atribuição de um mesmo código. Na sequência,

114 Nosso processo de codificação das entrevistas foi integralmente realizado com o suporte de um dos *softwares* mais conhecidos de análise qualitativa de dados, o Atlas.ti.

reagrupamos os códigos similares em categorias: todos aqueles que representavam ideias aproximadas eram conjuntamente dispostos em uma categoria analítica mais abstrata. Realizava-se, assim, simplesmente uma decupagem de cada entrevista segundo os códigos atribuídos, para em seguida reunir os excertos das distintas entrevistas, a partir de sua similaridade e de sua pertinência para a pesquisa, de modo a criar várias categorias de códigos que iriam constituir a base para tentativas de interpretação posteriores.

Essa operação de codificação e reconstrução por categorias é central para a análise, ainda que exista uma limitação quanto ao que acaba sendo transmitido em um excerto textual. O papel do pesquisador é aqui fundamental na atribuição de sentido, tanto na etapa de designação de um código a um excerto, como na de reunião dos códigos em categorias de sentidos mais amplos. A criação de cada código referente a um excerto é um ato de interpretação, assim como a criação dessas categorias. Ainda que se trate de uma atividade "muito fixada" — isso é, muito colada ao texto —, a pesquisa já se encontra em plena análise, quando se faz a codificação do texto e a subsequente reconstrução das categorias. Mas, toda análise sempre requer um objetivo preestabelecido. E é preciso atentar, contudo, para uma diferença importante: o termo "objetivo" não significa, aqui, um "ponto de chegada" previamente estabelecido pelo pesquisador. O objetivo pode ser tanto simplesmente fazer emergir novas categorias a partir do empírico, sem nenhum ponto de referência teórico, como também pode ser a busca por elementos empíricos que embasam elementos da teoria.

Essa observação é importante, porque o objetivo da análise condiciona a codificação e a categorização referidas. Assim, precisávamos ter isso constantemente em mente, pois tínhamos exatamente dois momentos de análise, cada qual com seu objetivo. Nosso estudo contém dois capítulos empíricos e, embora a operação de atribuição de códigos seja em ambos aparentemente a mesma, os diferentes objetivos acarretaram abordagens distintas. Assim, em nosso segundo capítulo empírico (que examina a questão da opinião pública e do público), temos um processo de análise fundamentalmente indutivo, diferentemente daquele produzido no primeiro capítulo de análise (sobre a RPM), no qual, mesmo com um lado indutivo, em alguns momentos, a operação de codificação do texto está fortemente orientada pelo quadro teórico da RPM (sendo, portanto, dedutiva). Busquemos elucidar um pouco mais nossa explicação.

Uma parte de nossa análise visava a identificar os elementos da racionalidade penal moderna presentes nos discursos do sistema de direito criminal. Nesse caso, a codificação estava ligada a um quadro teórico subjacente bastante compreensivo, que orienta o modo de olhar os dados. Nessa etapa, nosso objetivo estava fortemente voltado para a verificação empírica da ocorrência dos indícios dessa racionalidade penal, bem como para a identificação das formas precisas que ela podia adquirir na prática. Em outras palavras, tínhamos já uma ideia do que buscávamos — os elementos dessa RPM, tal como descritos pela teoria (seção 4.3), deixando, assim, menos abertura para a observação dos dados. Portanto, nesse caso, nosso quadro teórico guia a codificação dos dados de tal modo que a exploração empírica permaneça restrita à "descoberta" nos limites da teoria adotada.

Tendo escolhido, desde o início, um "par de óculos" (a teoria sobre a RPM) muito específico, sabíamos bem o que queríamos procurar (e, consequentemente, o que não queríamos observar). Assim, a tarefa de codificação se tornava menos "fixada": os códigos para descrever os excertos das entrevistas eram mais "abstratos", com uma carga teórica mais pesada e encaminhando-se menos no sentido de "descrever" os excertos, do que de tecer um fio mais rápido entre as passagens empíricas e os conceitos teóricos (nesse caso, da racionalidade penal moderna). Entretanto, mesmo que a orientação de verificar a presença da RPM nos dados seja predominante nessa parte da análise, há sempre uma possibilidade de descoberta a partir da observação do empírico. Longe de buscar somente uma confirmação do que procurávamos, há também, na referida parte, a descoberta de algumas *formas* de expressão ou de manifestação ligadas à racionalidade penal moderna, as quais contribuirão para o enriquecimento da teoria. Essa ideia se tornará mais clara, quando examinarmos as categorias empíricas concernentes ao quadro da RPM — tais como a "*ultima ratio* ou o direito indisponível de punir" (seções 6.2.1 e 6.2.4) —, as quais nos permitem avançar muito mais do que uma simples experimentação empírica.

Mas, havia um segundo momento na análise, que se ocupava não da RPM, mas sim da questão do público e da opinião pública. Nessa parte, o objetivo da análise (e não somente o tema) mudava, e não dispúnhamos de pontos de referência teóricos. As categorias teóricas relativas a essa parte foram construídas pela interação entre o empírico e nosso quadro mais amplo da teoria dos sistemas. No momento em que iniciamos a análise dessa parte, não havia, então, nenhum quadro teórico para essa observação, salvo o tema mais amplo e fluido dos "estímulos externos" percebidos no interior do sistema. Evidentemente, para haver tais noções ("estímulos externos" e "SDC"), é preciso existir uma certa elaboração teórica (e a presença da teoria dos sistemas nessa construção é indiscutível). Porém, não são essas noções que podem guiar a observação. O enquadramento teórico é, aqui, muito mais fluido, no sentido de nem dispormos de categorias conhecidas para buscar no material empírico. A construção das categorias é eminentemente fruto da abstração a partir do empírico, com pontos de referência sobretudo fluidos, que nascem mais da existência de um problema de pesquisa, do que de uma teoria que guia a análise. Os desenvolvimentos teóricos são, assim, fortemente tributários daquilo que se sabe dos dados. Resumindo, essa parte da análise foi uma grande viagem no universo da indução.

5.6 NOTAS FINAIS

Neste breve capítulo metodológico, pudemos expor o processo de pesquisa e alguns pressupostos epistemológicos, mas ainda estamos longe de ter esmiuçado todas as questões que surgiram ao longo de nossa pesquisa.

Algumas dificuldades práticas de uma pesquisa consomem muito mais tempo do que o leitor pode imaginar e, apesar de tudo, aborda-se bem pouco esse aspecto na descrição da pesquisa. Esse foi o nosso caso, tendo em vista toda a preparação teórica e mesmo logística necessárias para podermos conduzir as entrevistas realizadas. Há, ainda, outras dificuldades relativas ao tratamento dos dados; dificuldades um pouco mais teóricas, que consomem igualmente muito mais tempo do que o texto pode dar a entender; como, por exemplo, quando tivemos de abordar as dificuldades referentes à delicada coincidência entre as categorias dos entrevistados e as nossas. A conceitualização de termos, como "opinião pública" e "público", torna-se, em dado momento, muito complicada devido, de um lado, ao caráter equívoco desses termos no discurso dos entrevistados e, de outro lado, à nossa necessidade de definir tais conceitos na operacionalização da pesquisa.

Mas, também há dificuldades de outra ordem. Dizendo melhor, trata-se do desafio de realizar uma pesquisa sociológica com o direito. Paterson e Teubner enunciam o problema para o qual sempre tivemos de atentar:

> Today, the field is still suffering from this deep hiatus, which renders theory rather empty and empiricism rather blind. Or to put it more mildly, empirical research in law and society has developed a highly sophisticated methodology which is, however, based on poor and rather ad hoc theorizing, while theorizing about law and society has become more

> and more philosophical and speculative, relying, however, on poor and rather ad hoc empirical support (Paterson et Teubner, 1998, p. 452).

Eis o problema e o desafio que nos colocamos nesta pesquisa: escapar, simultaneamente, do empirismo cego e da teorização vazia. O desafio que temos de considerar é de sermos capazes de realizar uma pesquisa empírica que é, além disso, fortemente carregada de teoria, em que a empiria seja realmente essencial para a reflexão teórica, e na qual essa seja, de fato, aberta à observação empírica. Como Bateson (1972), também cremos que "*observations cannot be denied, and the fundamentals must be fitted*". O presente livro constitui, portanto, uma tentativa de vencer tal desafio.

6 A RACIONALIDADE PENAL MODERNA NAS OPERAÇÕES DO SISTEMA DE DIREITO CRIMINAL[115]

Nosso objetivo, neste capítulo, é identificar empiricamente os parâmetros dessa racionalidade penal moderna, que predomina na maneira de pensar as sanções do sistema de direito criminal. Ao identificá-los, pretendemos evidenciar e reforçar o argumento teórico sobre a dificuldade de pensar fora desse quadro teórico-normativo, gradualmente construído e constantemente atualizado pelo referido sistema de pensamento. Ao realizarmos esse trabalho, que consiste em descrever teoricamente e identificar empiricamente essa racionalidade dominante do sistema de direito criminal, estabelecemos as bases para poder pensar criticamente a questão do público e da opinião pública no próximo capítulo (7). Antecipando um pouco a discussão, podemos dizer que os estímulos externos são problemáticos (no caso, do ponto de vista do observador externo, e não desse próprio sistema), não necessariamente por serem elementos inusuais na tomada de decisão, mas sim porque um sistema colonizado por tal racionalidade penal é muito mais aberto a captar mensagens que reforçam a sua própria racionalidade — ou seja, mensagens que demandam mais punição, do que estímulos que preconizem uma outra direção.

---

115 Parte deste capítulo já apareceu num texto publicado na RBCCrim (Xavier, 2010).

Mas, antes de chegar a esse ponto, é preciso, então, "ver" empiricamente esse sistema de pensamento coercitivo. Assim, a questão que nos interessa agora ver — por meio das comunicações jurídicas emitidas por aqueles que tomam decisões dentro do sistema de direito criminal — é como a racionalidade penal moderna se torna um quadro decisional incontornável, que limita as possibilidades de pensar diferentemente da intervenção do SDC. Embora tais possibilidades sempre existam, procuraremos demonstrar aqui como isso pode ser difícil de alcançar. Com efeito, uma argumentação que adere à racionalidade penal moderna parece, muito frequentemente, aos nossos entrevistados, algo "evidente", que não necessita de muita reflexão, e que se tornou senso comum jurídico. Contrariamente, um ator do sistema de direito criminal, que produz uma comunicação que se furta a essa racionalidade, terá muito mais trabalho para justificá-la.

Com base em uma interpretação pessoal dos trabalhos de Pires, afirmamos, anteriormente, que a RPM é um sistema de pensamento formado pelas teorias modernas da pena criminal. Apesar de sua aparente oposição, tais teorias podem ser colocadas sob um olhar que vai além de suas divergências para encontrar diretrizes que se harmonizam, convergências que defendem a tomada de decisão referente à pena criminal.

A primeira convergência importante seria a concepção do direito de punir. Tal "direito", colonizado pelas teorias da pena, não é concebido como uma autorização para reagir diante de um crime, mas é sobretudo construído como uma obrigação de reagir. Segundo essas teorias da pena, a autoridade não tem a opção de dispor desse direito ao seu bel-prazer: não agir, aceitar uma outra maneira de resolver o conflito, ou perdoar não são opções autorizadas por esse sistema de pensamento. Em segundo lugar, essa obrigação de reagir não é simplesmente uma obrigação de reagir e ponto, mas sim uma obrigação de infligir um sofrimento. Conforme já enfatizado, a pena criminal no quadro da RPM é concebida como devendo infligir intencionalmente um sofrimento. Em terceiro lugar, existe a ideia, compartilhada pelas teorias da pena, de que o mal atual e tangível da pena é necessário, pois ele acarretará um bem imaterial no futuro (ou, ao menos, no presente, como no caso da retribuição). E aqui, já estamos abordando uma quarta característica compartilhada pelas teorias utilitaristas da pena: a ideia de proteção da sociedade traduzida pela pena. A pena criminal é concebida como um elemento de defesa da sociedade, fazendo com que o infrator seja visto como um inimigo do grupo, como um elemento que causa problema. Por fim, podemos ainda dizer que outras ideias próprias a cada teoria culminam nesse sistema de pensamento e contribuem para fortalecê-lo: aqui, pensamos especificamente na proporcionalidade e na responsabilização. A primeira, concebida diferentemente pelos retributivistas e utilitaristas, parece se tornar — quando associada às outras características da RPM — menos uma questão de *quantum* de pena especificamente, do que uma questão de limite mínimo de punição, de um piso mínimo abaixo do qual não se pode cair, que acaba reforçando a obrigação de infligir um sofrimento. De igual modo, a ideia de responsabilização — dentre todas as interpretações que um termo tão equívoco pode assumir —, parece adquirir aquela de uma responsabilização-punição: responsabilizar não é simplesmente atribuir uma culpa a alguém, mas sim atribuir uma pena aflitiva ao autor do acontecimento[116].

Eis, então, brevemente esboçado, um resumo da interpretação que construímos em nosso capítulo teórico sobre a ideia de RPM, introduzida pelos trabalhos de Pires. Doravante, nas linhas que seguem, retomaremos algumas comunicações jurídicas extraídas de nosso corpus empírico e buscaremos descortinar os argumentos que revelam a presença dessa racionalidade penal moderna. A intenção não é somente mostrar sua presença em suas comunicações, mas também revelar os mecanismos e os argumentos jurídicos pelos quais essa racionalidade chega a coagir o SDC a decidir em seu quadro.

---

116 Especificamente sobre a ideia de responsabilização no quadro da RPM, ver Pires (2006).

6.1 AS TEORIAS DA PENA COMO FUNDAMENTO EMPÍRICO DA PUNIÇÃO

Encontrar, nas comunicações do SDC, passagens que invocam as teorias da pena criminal não parecia ser, de imediato, uma tarefa muito difícil. De fato, conhecendo o caráter indutivo da teoria da RPM, bem como outras pesquisas[117] que verificaram empiricamente a presença de tais comunicações, e ainda por nossa própria experiência e conhecimento do SDC, contávamos encontrar em nosso material empírico várias passagens que recorressem às teorias da pena, visando a justificar a punição criminal. Se a ideia da RPM, segundo a qual uma decisão em matéria de imposição de pena criminal deve se dar no quadro das teorias clássicas da pena, para não ser percebida na SDC como "desviante" ou "errônea", deveríamos ser então capazes de vê-las em profusão nas comunicações fornecidas por nossos juízes e promotores.

De fato, esse resultado se produziu conforme esperado. Discorrendo sobre os objetivos da pena, os promotores e juízes entrevistados aludirão geralmente à retribuição e à dissuasão (específica e geral), e menos amiúde à denunciação, à neutralização e à reabilitação. Todavia, o que nos parece interessante constatar é que muito frequentemente não se considera somente um único objetivo da pena (associado a uma teoria); o mesmo juiz ou promotor invocará diferentes objetivos para defender a sua ideia de pena. Por vezes, essa defesa das diversas "razões para punir" se dá em momentos distintos da entrevista, embora também possa suceder que, para responder a um exemplo, ou mesmo falar teoricamente sobre a pena, o entrevistado mobilize, simultaneamente, mais de uma dessas teorias para justificar seu próprio ponto de vista. Trata-se claramente da presença do sistema de pensamento da RPM.

---

117 Ver a respeito, Garcia (2009) e Possas (2009).

6.1.1 As justificativas retributivistas da pena

Primeiramente, consideremos os juízes que têm uma visão claramente retributivista. Trata-se, aqui, simplesmente de conceber a pena como um mal a ser imposto ao delinquente como consequência de um crime, sem a ideia de que essa pena deva "servir" para algo específico. A pena deve existir, porque ela representa a justiça, ela a exprime pura e simplesmente, sem outras preocupações quanto a seu resultado.

O juiz 3, por exemplo, evoca, de modo geral, a função de uma pena, nos seguintes termos:

> É função punitiva apenas, sancionatória. É apenas pagar o mal pelo mal. Para mim, eu não tenho ilusão com relação a isso [JUIZ 3].

Argumentando não haver ilusão, ele descrê numa possível "função positiva" (no sentido de um bem futuro, como propõem os utilitaristas) da pena, ou que a pena possa "servir" ao que quer que seja. Para ele, trata-se simplesmente de causar um mal, em razão de um mal que foi cometido. Com a certeza da inutilidade de outros efeitos da pena, punir torna-se uma mera questão de não deixar sem resposta o mal feito: punir consiste simplesmente em infligir um sofrimento de retribuição para fazer justiça. Contudo, esse não é o único entrevistado a ter uma visão retributivista da pena:

> Só existe pena se ela for de um caráter negativo de retribuição. Sem ser negativa ela não é pena. Eu acho que ela tem um caráter retributivo — uma função retributiva — e uma finalidade preventiva. Então é algo que ela busca, ela nem precisa atingir isso, mas é um dever ser, ela procura atingir uma finalidade preventiva que não necessariamente precisa ser atingida. (...) Função é um alvo em si mesmo; ela [a pena] existe por isso. Então a função da mesa é ficar numa certa

> altura e receber coisas em cima, prato, livro pra estudo, seja o que for. Essa é a própria função, ela é em si mesmo. [Mas] ela pode ter várias finalidades além disso. Então a função da pena é retribuir um mal: se ela não for mal ela não é pena, se ela não estiver retribuindo para a pessoa que praticou o mal, não é pena. Então isso é a função porque é da própria essência dela. A finalidade é algo que ela vai buscar atingir, é algo que é externo a ela. (...) Se ela for retributiva ela é pena, se ela não tiver a finalidade de prevenção, ela continua sendo pena (...) [JUIZ 2].

Nesse depoimento, há uma forte substancialização da noção de pena, na medida em que ela exige a intenção de infligir um sofrimento. Para esse juiz, mesmo que a pena contemple outros objetivos, sua "razão de ser" é a inflição de um mal. Ele estabelece uma distinção entre finalidade e função da pena, possibilitando-nos caracterizá-la como retributivista. Outras finalidades podem ser perseguidas, há abertura para considerar que a pena tenha outros efeitos, que ela possa dissuadir o culpado, prevenir outros crimes etc., porém, para constituir uma verdadeira pena, ela deve ter essencialmente o objetivo de que o culpado sofra um mal como pagamento do mal que causou.

Entretanto, são inúmeros os exemplos retributivistas, sendo que alguns deles são acompanhados de pouca reflexão, como os dois a seguir:

> Eu não sei avaliar o quanto... o quanto ela tem outro caráter, a pena, que não seja retributiva. Eu não consigo enxergar no nosso sistema o quanto isso é real; e que ela tem que ter essa função retributiva ela tem que ter, ela existe assim, não dá pra eu dizer que não funciona assim, porque isso é um dado da realidade para mim [JUIZ 5].

> (...) [E]u acho que independente das outras finalidades da pena eu não consigo afastar a pena da ideia de retribuição pelo crime mesmo pela punição. Eu sei que é uma posição doutrinariamente até superada, desde o banco de faculdade que as pessoas me dizem que essa minha visão é superada. Já faz aí mais de uma década e eu continuo realmente achando que ela foi superada, mas eu não consigo desvincular esse aspecto também de punição. Agora, quando eu vejo um crime de extrema violência de desproporcionalidade, eu acho que esse aspecto é exacerbado, eu acho que a pena tem que ser mais alta, né?
>
> [ENTREVISTADOR] Então a ideia de retribuição pra você ela perpassa todas as penas?
>
> Pra mim, todas as penas. (...) Eu acho que eu não consigo achar uma pena no sentido penal mesmo, não cível ou uma indenização, uma pena realmente no processo penal que não tenha um aspecto retributivo [JUIZ 17].

Verifica-se, no primeiro excerto, uma substancialização muito importante do conceito pena: para o juiz 5, o caráter retributivo da pena é incontestável empiricamente; constitui um "dado de realidade". No segundo excerto, a despeito das restrições que ele possa ver em relação à sua concepção, é-lhe impossível não ver a pena como retributiva. Nesses depoimentos, podemos constatar a força dessa teoria da pena: para alguns operadores do direito, a retribuição se apresenta como inevitável; como sendo, enfim, o principal objetivo a atingir para fazer justiça.

É também possível encontrar retributivistas "por exclusão"; isso é, pessoas que não creem que outra finalidade qualquer da pena, que não a retribuição, possa funcionar. Assim, na falta de um outro resultado, mantém-se a retribuição como o único objetivo passível de ser realizado:

> Eu vou ser bem sincero, eu não tenho nenhuma esperança de que com a pena ele se transforme em um cidadão de bem, respeitador da... um cidadão normal, né. É possível a recuperação? É se houver o esforço individual. Eu não acredito em nenhum programa desses daí que vai se reabilitar preso e quando aplico a pena o fim eu não estou com isso acreditando que ele vá retornar ao convívio social, quando eu aplico a pena eu estou vendo como uma forma de punição mesmo [JUIZ 11].

Por fim, é também possível encontrar juízes que identificarão a pena como retributiva, não porque ela seja, necessariamente, a melhor opção, mas sim devido às especificidades dos apenados com quem eles se deparam e que, nesse caso, não são oriundos de meios desfavorecidos.

> Você poderia me perguntar se eu sou retributivista ou utilitarista. É... eu, eu, porque atuo na esfera federal, sou mais retributivista do que utilitarista, eu acho que normalmente nos meus processos a ressocialização dos meus réus é uma questão que não se suscita, que não se procede. Muitas vezes eles são plenamente socializados já, enfim... Eu não estou falando de, na maior parte dos casos pelo menos, de um cara que cresceu numa comunidade muito carente, que não teve acesso à educação, que tinha estruturas familiares completamente depauperadas, e por tudo isso e mais as desigualdades de renda que existem no Brasil foi guindado à criminalidade patrimonial violenta ou astuta. (...) Eu tô falando do cara que enxergou uma oportunidade de ganhar um pouco mais de dinheiro, mas que tem meios de sustento. (...) Às vezes o ordenamento incrimina a atividade empresarial mal sucedida, então essas são as pessoas. E eu sempre enxerguei uma dificuldade no debate retributivismo e as diversas formas de utilitarismo. (...) Se a gente for pensar (...) nos objetivos do utilitarismo que são *deterrence, incapacitation and rehabilitation*, no máximo

> a gente vai pensar em algum grau de *deterrence*. Mas pouco, porque as penas têm uma divulgação muito pequena e há uma percepção difusa na sociedade de que a pena aplicada de alguma forma não vai ser cumprida porque (...), e isso já ficou mais ou menos notório Brasil, o regime de execução penal é brando. O cara é condenado a 10 anos, mas ele não vai ficar nem perto de 10 anos e tal, então a aplicação de pena no Brasil propicia muito pouca medida de *deterrence*. É... então eu sou essencialmente retributivista, eu acho que a pena é uma punição. (...) Eu movo ação penal pra punir, pra criar uma sensação de que não compensou para a pessoa tomar uma bordoada capaz de fazê-la achar que não valeu a pena e com isso reafirmar a vigência do sistema pena, é uma questão meio moral [PROMOTOR 11].

No excerto acima, podemos facilmente identificar, paralelamente a uma desvalorização do tempo de prisão, a ideia de que a retribuição deva se traduzir em uma pena severa, para constituir "verdadeiramente" uma retribuição. Além disso, há a escolha da retribuição como única alternativa face à construção da pena enquanto uma questão moral e, também, face à descrença na pertinência de uma opção utilitarista.

Mas, se o retributivismo se apresenta, para alguns operadores, como opção de "última saída", em termos de justificativa de uma pena, nossos entrevistados também o verão como podendo ser combinado a outras teorias da pena, para justificar uma punição criminal. Conforme já argumentamos, no âmbito das teorias aceitas pelo SDC, a preferência por uma teoria específica, ou o uso de mais de uma, ou ainda o recurso a diferentes teorias em diferentes momentos (como para justificar a escolha do legislador, a escolha do juiz, e a maneira de fazer cumprir a pena) são opções que nada têm de inovadoras enquanto tais.

Nos excertos, a seguir, verificamos essa combinação entre retributivismo e diferentes formas de utilitarismo penal, notando-se, por vezes, a preocupação de se teorizar sobre essa aparente incoerência — como no caso, por exemplo, das comunicações do juiz 4 e do promotor 6:

> A função da condenação (...) é pra fazer com que aquela pessoa tenha um retorno do mal que foi feito e que se evite uma nova conduta dessas em outros casos, né? Basicamente esses dois elementos são os que eu levo em consideração. Se você for falar ressocialização, esse tipo de coisa eu não vejo nenhuma utilidade da pena nisso, salvo prestação de serviços que às vezes, se der muita sorte, pode levar a isso [JUIZ 4].

> O direito penal tem (...) a função repressiva ou retributiva e tem a função preventiva, que no meu ver é até mais importante. Se as pessoas começam a achar que podem cometer crimes e não acontece nada, como muitas vezes não acontece mesmo, isso é um incentivo para que elas cometam mais crimes. É uma questão assim uma coisa banal [PROMOTOR 6].

Eis um relato muito simples, que demonstra a aceitabilidade de duas diferentes teorias da pena, mas que são colocadas juntas, sem muitas reflexões sobre suas eventuais incompatibilidades. Essas duas teorias, fortemente contrárias nos debates da filosofia penal, serão mobilizadas de maneira cumulativa pelos operadores que, amiúde, não verão problemas em mobilizá-las conjuntamente, com vistas a justificar suas práticas[118].

O mesmo se verifica, nas próximas citações, que conjugam a reabilitação na prisão com a retribuição:

---

118 Alguns filósofos farão esforços de harmonização entre estas teorias (ver Pires e Acosta, 1991).

Veja, a finalidade na verdade da pena qual que é? É a ressocialização, né? É evidente que também tem aí a finalidade da pena que é a retribuição, o cidadão fez um mal ele vai pagar com a privação da liberdade. Mas enfim, o objetivo é a ressocialização que ele seja reintegrado ao convívio social [JUIZ 21].

Quando eu aplico uma pena, na hora que eu sento eu estou pensando na ressocialização e também na retribuição. Você deve tentar recuperar aquela pessoa que praticou aquele ato ilícito, mas também essa pessoa deve receber uma retribuição pelo ato que cometeu. Agora, esse é um objetivo meu, é um pensamento do juiz no caso. Mas o problema que existe, um grande problema na execução... Nós sabemos todos (...) como a pena no Brasil é executada. Saindo até do Brasil, no mundo inteiro hoje não existe um consenso sobre a forma mais eficaz, sobre o que deve ser a pena, pra que deve servir a pena, até que ponto vão os direitos de um condenado... Existe muita discussão sobre isso. Agora na minha forma de ver, há casos em que não há como ressocializar. Na minha forma de ver, há pessoas que são irrecuperáveis, infelizmente. (...) Percebemos isso quando você analisa cada caso, você percebe se a pessoa teria condições ou não de ressocializar. Isso eu tento considerar na pena, na quantidade da pena, na forma da pena, durante a execução da pena [JUIZ 22].

Agora, eu, uma pessoa que está aí 13 anos de Ministério Público, mais 4 anos de advocacia, 17 para 18 anos de formado, dizer a você que o sistema brasileiro privilegia essa ressocialização... Não é verdade, né? Privilegia muito mais a retribuição, o caráter retributivo do que o caráter ressocializativo. Agora a minha ideia seria exatamente você poder trabalhar com essa duplicidade de funções [PROMOTOR 8].

> Agora, por que você aplica a pena? A pena tem dois aspectos principais. O primeiro tem sim efetivamente um aspecto punitivo, retributivo. E depois você tem o segundo aspecto que é o aspecto (...) ressocializante. Então você tem a punição e depois você tem a ressocialização. A pena deveria ser teoricamente suficiente para cumprir os dois [PROMOTOR 5].

Às vezes, as diversas teorias da pena podem ser situadas, pelos operadores do sistema, em diferentes momentos no tempo, ou em relação a diferentes crimes ou situações. No primeiro caso, tem-se o tipo de argumento que pode separar o momento de criação da lei penal pelo legislador, seja do momento de determinação da pena pelo juiz, como daquele da execução da pena: para cada momento, pode-se atribuir um objetivo diferente da pena. Entretanto, é igualmente possível encontrar — como no segundo caso — um tipo de argumentação que evocará diferentes teorias da pena para crimes diferentes. São diferentes maneiras de conciliar objetivos diferentes. Vejamos o relato de nosso juiz 16, de modo a elucidar os dois argumentos referidos:

> Creio que, primeiro, dentro da nossa legislação, me parece que a função retributiva é uma das funções estabelecidas para a pena. Talvez criminologicamente se possa até questionar se efetivamente a pena criminal deveria ou não ter uma função retributiva, se não deveria ter só uma função preventiva ou geral ou especial, mas eu creio que na nossa legislação não há como escapar. Agora, me parece que a concretização dessas funções, desses objetivos da aplicação da lei penal, com certeza deve ter em mente o caso concreto. Há penas que são mais retributivas, há penas que são mais de prevenção, há penas que estão no limite, há penas que são mais apenas para excluir o agente delituoso do convívio social, há penas que são para excluir e tentar readaptá-lo a esse convívio... Eu creio, embora seja uma questão discutível, que há penas que não têm função de readaptação porque o agente não é

> readaptável, não há como inseri-lo no convívio social, pelo menos não se vê uma forma prática de fazê-lo. Então isso tudo vai depender do caso concreto, claro que dentro dos limites que a legislação estabelece (...) E aí tem a ver também com o juízo da execução penal, quer dizer, aí transcende o juízo necessariamente da aplicação da pena. Eu acho que na motivação do juiz, quanto à dosimetria da pena, a questão da dosimetria é influenciada pela questão retributiva ou não, pela questão da prevenção geral da prevenção especial... Mas talvez para o juiz na execução é que isso esteja mais presente da forma da execução da pena [JUIZ 16].

Com base nesse depoimento, pode-se verificar uma concepção empírica dos dois argumentos que acabamos de mencionar, utilizando mais de uma teoria da pena: as teorias da pena podem ser distinguidas como justificativa para crimes diferentes e como justificativa para momentos diferentes da concepção da pena. Para o referido juiz, o essencial parece ser o fato de que a justificativa da pena deve ser feita caso a caso: as teorias da pena não passam de um leque de possibilidades, motivações abstratas que só teriam sentido quando confrontadas ao caso empírico. Note-se que não estamos falando em quantum da pena, algo que se espera que varie conforme o crime, mas sim em objetivo da pena: é como se um objetivo fosse insuficiente para justificar todas as situações perante os entrevistados.

6.1.2 As justificativas utilitaristas da pena

Evidentemente, sendo o retributivismo bem visível em nossos dados empíricos, tampouco é surpreendente constatar um vasto recurso às diferentes justificativas utilitaristas no discurso dos juízes e promotores. Novamente, se é válido o argumento fundamental da teoria da RPM — que defende que a punição criminal não pode "normalmente" escapar do quadro das teorias clássicas da pena (o que significa dizer que essa possibilidade está sempre presente, mas quando ela acontece, há um certo espanto do sistema, uma certa percepção de que se trata de uma decisão "mal formulada" ou "errônea") —, deveríamos ser capazes de encontrar, em nossas entrevistas, várias passagens em que se verifica uma argumentação utilitarista para justificar a inflição do sofrimento como pena criminal.

Contrariamente a uma justificativa retributivista, que tenta simplesmente infligir um mal, as justificativas utilitaristas são aquelas que conferem uma razão de ser à pena, a partir de uma consequência positiva que ela acarretaria. Nessa categoria de justificativas utilitaristas da pena, há tanto aquelas que são muito conhecidas — como a teoria da dissuasão e a teoria da reabilitação na prisão, dois grandes e antigos pilares do sistema de direito criminal —, quanto teorias mais recentes, como a da denunciação, ou teorias menos claras em seus contornos, como a da neutralização. Seja como for, trata-se, aqui, de examinar empiricamente como essas teorias utilitaristas são vistas por nossos entrevistados.

Antes de tudo, podemos afirmar que a justificativa utilitarista da pena mais presente em nosso material empírico foi a da dissuasão. Trata-se, de forma resumida e simplificada, da ideia de convencer potenciais infratores a não transgredir a norma, intimidando-os com a ameaça de uma pena. A teoria representa os indivíduos como dotados de um único tipo de racionalidade, que essencialmente residiria na capacidade de tomar decisões por um cálculo custo/benefício, levando necessariamente em conta o benefício do crime em oposição ao custo da pena do direito.

Em nosso material empírico, há várias citações que podem ser associadas a uma visão dissuasiva da pena:

> É justamente isso. É atingir aquela pessoa que cometeu um ilícito penal, (...) uma forma até de que sirva de exemplo, (...) de prevenção geral, entendeu? Então geralmente a gente aplica as penas tentando punir, (...) que a punição sirva pra

proporcionalmente impor um castigo. Eu acho que isso daí da pena não ser um castigo (...) é uma ilusão, né. E que também sirva de exemplo para que as outras pessoas não delinquem, entendeu? Acho que esse é o papel principal da pena [JUIZ 6].

Uma função seria a função preventiva, seria uma função preventiva porque você imagina (...), se o Estado permite que alguém consinta que outrem lhe tire a vida e esse outrem ficaria imune à jurisdição penal, me parece que outros seriam tentados a fazer o mesmo [PROMOTOR 12].

[ENTREVISTADOR] Mas você de fato você acredita que uma pena criminal tem esse poder de prevenção geral?

Pra mim tem. (...) Por exemplo, um crime de homicídio que eu acho que qualquer pessoa pode cometer, entendeu? Assim, nem que seja por relevante valor moral e social você é capaz de cometer, eu pensaria duas vezes, entendeu? Eu não sei se funciona pra todo mundo, mas eu pensaria duas vezes, então eu acho que funciona sim. Não só, não só aquela questão assim, porque às vezes naquele caso ali moralmente você... não sei um, como eu digo, uma legítima defesa, mas um momento assim de violenta emoção mesmo eu acho que nessa hora você não está pensando muito se a pessoa, você pode estar perturbado, tudo e todos os seus valores ali por alguma perturbação momentânea você pode não enxergar isso, e tem muitas pessoas que podem cometer um homicídio nessas circunstâncias. Eu me lembraria da prisão, eu me lembro, eu vou criar uma situação horrível pra mim e pra minha família, então eu pensaria duas vezes. Eu acho que funciona sim [PROMOTOR 14].

Resumindo, em todos os excertos acima apresentados, depreende-se fortemente que os operadores adotam as motivações oferecidas pelas teorias da pena. Tem-se igualmente a ideia, decorrente da primeira, de que a pena é, assim, fundamental para manter a ordem na sociedade. O argumento é de que, sem essa maneira específica de punir, a tentação de passar ao ato seria muito mais forte e, consequentemente, a sociedade seria mais violenta, anárquica e imprevisível.

Entretanto, em outros momentos, a dissuasão será criticada, mas será uma crítica "branda", restrita a algumas situações mais evidentes, que não a questionarão fundamentalmente. Ela não é vista como sendo fundamentalmente problemática e interpondo dificuldades com seu argumento do cálculo do custo/benefício, mas simplesmente como sendo mal aplicada e ocasionando uma prática que está longe de ser a ideal:

> [A] pena não é aplicada efetivamente, né? Pelo menos aqui no Brasil, essas pessoas ficam um tempo na cadeia e depois retornam por vários motivos às ruas, entendeu? Então eu acho que elas chegam até a debochar da questão da prevenção. Porque ficar pra eles (...) 2 anos na prisão de repente pode ser até vantajoso, entendeu? E curtindo 10 anos com uma vida, vamos dizer assim, fácil, né, com os recursos que eles querem pra tudo... De repente para eles vale a pena. Uma pessoa que não tem outros valores a não ser econômicos... e de prazer, de curtir a vida, obter o prazer de viver bem... De repente realmente não vai dissuadir. Agora, a partir do momento que uma pessoa é presa, participou de uma organização, por exemplo, relacionada ao tráfico de drogas ou violenta e ficar 20 anos presa, eu acho que a sociedade de uma forma geral vai começar... As pessoas que vivem em sociedade, que tem a intenção de praticar crimes vão pensar mais, vão pensar duas vezes [JUIZ 6].

O discurso — que esse juiz 6 faz do Brasil, mas que poderia ser facilmente encontrado em vários países no Ocidente — atribui os "fracassos" da teoria à sua aplicação, que jamais seria aquela que idealizada pela teoria. Essa maneira de ver faz com que a teoria seja sempre "boa", já que a causa de seu fracasso é externa, está nos operadores do sistema. Além disso, é interessante observar como esse discurso de fracasso na aplicação da teoria vem acompanhado de uma banalização do sofrimento infligido e, também, de uma demanda por mais severidade. Segundo o juiz, "dez anos de uma vida fácil" na prisão seriam insuficientes. A solução é que "ela dure 20 anos". A teoria propriamente dita nunca é questionada: prefere-se banalizar o sofrimento atual e fazer apologia de maior severidade.

Em outros momentos, acredita-se na dissuasão, porém não como uma teoria geral, mas apenas como uma teoria que se aplica às penas atribuídas a determinados tipos de criminosos/delitos:

> Vejo que são situações diferentes realmente pelo tipo de criminoso, pelo nível de informação, pelas motivações de cada criminoso desses. Então, por exemplo, a questão do roubo: dificilmente são pessoas que vão se informar a respeito de condenação. No máximo eles vão saber do processo ali no âmbito da criminalidade. É... as motivações também. São crimes que (...) muitas vezes têm componente econômico e social muito forte, que também a notícia de condenações anteriores nem sempre vai dissuadir um criminoso dessa prática. Agora, acho que na justiça federal, por exemplo, esses crimes de colarinho branco... A divulgação pode ter esse efeito [dissuasório]. Me parece que sim, porque é um criminoso que ele é mais informado. Ele vai ter ciência dessa notícia dessas condenações. Ele é um delinquente também que ele tem muito a perder em termos... Não é que o criminoso comum não tenha muito a perder, tem também, mas o delinquente... o corrupto, o agente público, ele tem uma condição econômica que faz com que o crime pra ele seja realmente muitas vezes uma opção de vida, né? De se enriquecer mais, de gerar recursos... É algo a que ele pode renunciar, ele pode deixar, é um caminho que ele pode não

> tomar. [Por outro lado], enquanto você fala em crimes onde é possível que haja uma causa mais social, como eu acredito que existe nos crimes contra o patrimônio, isso é mais difícil [PROMOTOR 15].

A argumentação do promotor 15, correta ou não, remete à dificuldade de a dissuasão atingir toda essa gama de diferentes motivações. Vendo-se em um ambiente social de forte desigualdade econômica, esse promotor observa que alguns criminosos dificilmente serão dissuadidos pela severidade da pena; para eles, o risco da pena compensa, tendo em conta sua situação bem desfavorecida. Em contrapartida, para outros criminosos, como os do colarinho branco, que dispõem de meios para viver bem, e não carecem de instrução e de informação sobre a lei e suas penas, a dissuasão funcionaria: a ameaça da pena poderia eliminar a audácia e a avidez, uma vez que este tipo de criminoso não age por necessidade, mas sim por um cálculo do risco.

Por fim, concluindo esta seção sobre a dissuasão, é interessante notar como tal teoria se torna uma expectativa normativa dentro do SDC (seção 4.1.2). Tomando-se os três blocos de argumentos sobre a dissuasão, aqui expostos, verificamos o seguinte: 1) em primeiro lugar, uma vertente de crença irrestrita na dissuasão; 2) uma segunda vertente, em que se crê na teoria da dissuasão, mas critica-se sua aplicação prática, deplorando que ela não seja bastante estrita e suficientemente severa; 3) uma crença na dissuasão somente em relação a determinados delitos/criminosos. Salvo esse último caso, em que há uma relativização da expectativa normativa da teoria quanto a determinados crimes/criminosos, a regra geral é uma crença nessa teoria da pena, que é impermeável a uma confrontação empírica. Para aqueles que creem na dissuasão, o fato de ela não ter funcionado pode resultar de diversos fatores (penas não suficientemente pesadas, dificuldades em sua aplicação ou publicização etc.), exceto um problema na própria teoria. Como expectativa normativa, ela não é questionada.

Estabelecendo, aqui, um paralelo com o sistema científico, a dissuasão funciona, enquanto expectativa normativa, como uma hipótese não falsificável: qualquer que seja o resultado apresentado pelo empírico, somos capazes de confirmar nossa hipótese. No caso da crença do SDC na dissuasão, ela funcionar, ou não, na prática não constitui uma questão fundamental. As razões para seu não funcionamento podem ser encontradas em outro ponto, mas ela continuará sendo invocada como uma sólida razão para justificar a punição criminal.

Examinemos, agora, outras formas de utilitarismo penal bastante presentes. Esse é o caso da reabilitação carcerária, que aparece com uma certa frequência. Na seção anterior, notamos a sua presença simultânea à retribuição; por sua vez, na citação abaixo, ela aparece associada à dissuasão:

> (...) [O] conflito que se estabelece é entre o Estado e o indivíduo, não o Estado e a vítima. Porque o homicídio (...) embora atinja o bem jurídico pertencente individualmente a uma pessoa, mas de uma maneira indireta atinge toda uma coletividade. A função da pena... a função da pena não como função de vingança, mas ela tem a função de ressocializar o autor do fato (...), mas a pena também tem uma outra função de se evitar outras práticas, mas não outras práticas por esse agente, mas outras práticas por quaisquer outros agentes. (...) Eu acredito que a função da pena não é tão somente a ressocialização, mas é uma função inibitória também, a sociedade precisa acreditar que quem quer que seja que uma vez tenha praticado um crime (...) será alcançado pela sanção. (...) Mas inclusive é um dos vícios do Estado brasileiro, ou seja, o autor do crime às vezes tem a convicção de que não vai ser sancionado porque a norma não vai alcançá-lo. Eu acho que é muito importante que o cidadão tenha consciência de que uma vez praticado o crime ele será alcançado pela norma e poderá ser sancionado, ou seja, se no caso concreto o Estado retrocede na sanção porque acredita que não vai haver nenhuma reincidência por

> parte desse cidadão ele está simplesmente abrindo mão e permitindo que (...) outras pessoas cometam crime (...) desde que se arrependa no futuro. É uma abertura muito perigosa (...) [PROMOTOR 17].

Verifica-se, nessa citação, a associação entre as teorias da reabilitação e da dissuasão, com a punição sendo vista como produzindo um duplo efeito: dissuadir potenciais infratores e também transformar o indivíduo culpado para que ele possa ser reintegrado à sociedade. A reabilitação não aparece, aqui, como uma possibilidade independente, mas sim associada à dissuasão. Efetivamente, em nosso material empírico, a reabilitação não aparece como uma possibilidade independente, como uma possibilidade em si de justificar uma pena, sem a associação com uma outra teoria da pena. Nessa citação, ela vem colada à dissuasão, assim como pode vir colada à retribuição (como mostramos na seção anterior).

Temos a impressão de que a reabilitação não é percebida como uma teoria apropriada para os tribunais e parece estar associada regularmente à pena de prisão. O tribunal envia para a prisão, para dissuadir (ou retribuir) e, uma vez na prisão, pode-se pensar eventualmente na reabilitação. Portanto, é possível especular que a reabilitação seja percebida menos como uma teoria para orientar a escolha de uma pena, do que para orientar a prática do sistema penitenciário; isso é, para o juiz, ela seria menos uma fonte de justificativa de uma pena, do que de justificativa para os ajustes da pena (pelo sistema que se encarrega de sua execução).

Por outro lado, é interessante notar que, em nosso material empírico, a reabilitação aparece principalmente como constatação de um fracasso. Examinemos, nesse sentido, as citações a seguir:

> Eu não tenho nenhuma presunção de achar que eles vão se recuperar, que vão se reeducar, que vão se ressocializar. Até porque cadeia não se presta a isso, você não pode ensinar

ninguém a viver em sociedade tirando da sociedade. Tem um penalista argentino chamado Zaffaroni, ele tem uma alegoria, uma metáfora interessante — ”não se ensina ninguém jogar futebol dentro de um elevador”. É exatamente isso, se você quer ensinar o cara a viver em sociedade, não é tirando da sociedade. Então não é para isso a cadeia. E veja, no fundo é isto, dentro desta concepção do sistema penal como controle social é mesmo para tirar de circulação aquele sujeito que começa a criar uma tal dificuldade, perde os freios morais e coloca um revólver carregado no rosto de uma pessoa que está parada no semáforo, ou que está andando na rua, ou o trabalhador que acabou de receber o seu salário do mês, enfim, e chega a esse ponto, não dá pra você permitir que ele continue fazendo isso para outras pessoas [PROMOTOR 1].

Eu acredito na reabilitação num sistema ideal. Só que sistema ideal não existe. E eu não acho que ele vá ser mudado. Então, quando eu faço a minha denúncia, eu tenho que trabalhar com o que eu enxergo, com o sistema penal com o qual eu lido hoje, o sistema penal até o final da execução da pena. E isso não me dá esperança nenhuma de reabilitação, nenhuma, eu te falei, é zero. Agora, como operador do direito, como cidadão, eu tenho que acreditar que um dia vai baixar a luz em alguém e perceber — “olha, a gente está... tem um barril de pólvora aqui e a gente tem que mudar isso radicalmente”. E quando isso ocorrer, aí a minha denúncia vai ser... vai ter outro enfoque, eu falo — “olha, eu acredito inclusive que ele punido ele possa sair um pouco melhor do que entrou, vamos dizer, ou sair em condições de tentar, enfim, emprego, tentar, enfim ser um cidadão” [PROMOTOR 2].

O ideal (...) da lei era que o cidadão voltasse para o convívio social adequado, vamos dizer assim, reestruturado, repaginado, para que ele pudesse agora manter relações melhores. Mas

> isso não acontece de fato. Por quê? Porque na realidade lá dentro ele não tem a oportunidade de travar novos contatos, de travar novos conhecimentos, de ter novas experiências, de adquirir novas culturas. Muito pelo contrário. Ele é jogado dentro de uma cultura mais apurada da criminalidade, com pessoas que vão acabar puxando ele mais para dentro do buraco da criminalidade, e ele volta para o convívio social talvez em alguns casos muito pior do que ele ingressou no sistema penitenciário [PROMOTOR 17].

Resumindo as ideias contidas nas citações acima, a prisão é apontada como o local menos apropriado para iniciar um projeto de reabilitação (promotor 1); não é possível trabalhar com a ideia de reabilitação que, embora muito positiva, é utópica e não pode funcionar no sistema que temos (promotor 2); a prisão, nosso meio para implementar a reabilitação, sabota o ideal reabilitativo, pois ela não passa de uma escola do crime (promotor 17). Em suma, essas citações são a constatação empírica de uma percepção de que a reabilitação, do ponto de vista do SDC, é uma ideia interessante, que deve existir, mas que, na aplicação prática da pena, torna-se inacessível. É curioso notar que as críticas sobre os efeitos negativos da prisão não levam os operadores a questionar nem as longas penas, nem as penas mínimas de prisão. Eles abandonam a teoria da reabilitação, mas não a prisão, nem a severidade das penas.

Além disso, é interessante notar que todas essas críticas bem intencionadas da reabilitação têm alguns efeitos perversos. Por exemplo, cabe observar que a crença na reabilitação "em um sistema ideal" — como diz o promotor 2 — é um elemento de reforço de uma "solução carcerária" para os problemas criminais. Em seu sistema ideal, não se trata de mudar as teorias que defendem a inflição intencional do sofrimento. A utopia nos parece, aqui, bastante pouco exigente em termos de transformação: não um sistema diferente, que pensa na questão das soluções penais fora do quadro da RPM, mas somente uma prisão que "funcione"; isso é, que "reabilita" com as penas e as teorias da pena de que se dispõe (o local da pena de prisão e sua duração não são questionados).

Seja como for, cremos estar aqui diante de uma teoria da pena enfraquecida, sobretudo no que se refere a crimes graves ou casos de recidiva. A reabilitação mantém sua condição de teoria prática, mas os praticantes não parecem estar convencidos de que ela sozinha possa orientar a tomada de decisão dentro do SDC.

Mudando um pouco de direção, vejamos agora a teoria da denunciação. Conforme já dito (seção 4.3.4.4), segundo essa teoria, a finalidade de uma pena consiste simplesmente em comunicar a não aceitação do comportamento criminoso e assim validar a norma penal. Como tal teoria se apresenta empiricamente a nós? Vejamos, a seguir, o depoimento do juiz 16:

> Eu creio, embora seja uma questão controversa, que a atuação da justiça criminal, talvez da linha funcionalista, ela tenha uma função de reforço da mensagem para a sociedade de que aquelas normas devem ser cumpridas não é, e quer dizer, embora a validade da norma não dependa, pelo menos para uma parte da doutrina, da sua eficácia social, da sua efetividade, do seu cumprimento, pelo menos em alguns casos né e que não haja uma perda de validade pelo descumprimento em repetido essas normas né, eu creio que esse descumprimento sem resposta ele deslegitima não a atividade judicial, mas a existência da norma, né? (...) Se a própria sociedade concebe que aquela norma perdeu a sua importância ela está deslegitimando a aplicação dela. (...) Mas eu creio primeiro que a repercussão social, esse reforço no imaginário da sociedade (...) da validade daquela norma e da necessidade de cumpri-la. Ela pode ser exercida em diversos graus e a depender da lesão ao bem jurídico que é protegido pelas normas penais. (...) Essa pena pode ser extremamente branda, desde que ela

seja aplicada rapidamente. A meu ver, é o seguinte: quanto mais rápida a aplicação da lei, porque a lei penal, menor a necessidade de uma pena excessivamente rígida, porque o reforço, a sensação social de cumprimento da norma, é mais efetivo. Eu acho que psicologicamente o efeito individual e social é mais efetivo [JUIZ 16].

Nesse relato, que nos parece difícil de compreender, há um elemento que entendemos ser fundamental: o reforço da mensagem para a sociedade, que afirma que o comportamento criminalizado é inaceitável. A pena existe para comunicar à sociedade que algumas proibições existem e devem ser respeitadas. Se, porventura, a justiça penal não cumpre seu papel de perseguir aqueles que transgridem a norma (e, no limite, não lhes impõe uma pena) — ou seja, a não observação sem resposta —, a norma penal acaba caindo em uma situação de "deslegitimação". A penal serve, portanto, para comunicar a interdição e, consequentemente, a validade e a legitimidade da norma penal.

Nesse sentido, entendemos que há dois caminhos possíveis de interpretação. De um lado, consideramos a possibilidade de interpretar que o depoimento citado não substancializa a pena. Se uma pena criminal deve meramente validar a norma, comunicando a não aceitação do comportamento que a transgride, não é necessário que ela o faça por meio da inflição obrigatória de um sofrimento. Na realidade, o juiz dirá que "uma pena rigorosa" é menos necessária mediante uma resposta rápida. É difícil afirmar com exatidão o que ele considera como pena, mas podemos formular a hipótese de que ela não consistiria necessariamente na inflição intencional de um sofrimento. Nesse caso, sua fala apresentaria simplesmente a ideia de denunciação, sem estar necessariamente associada à teoria da denunciação (que demanda uma pena aflitiva) e à RPM. Por outro lado, considerando a imprecisão de sua fala (cuja ideia essencial é a necessidade da pena para a validade e a legitimidade da norma), podemos também dizer que é possível interpretá-la como associada à RPM. Eventualmente, a pena seria a inflição de um sofrimento[119].

O promotor 6 aborda igualmente a questão da denunciação. Em dado momento da entrevista, ele nos diz o seguinte: "Eu creio que a função mais importante (da pena) é de prevenção, de afirmação dos valores sociais. Penso que esta é a função mais importante". Em seguida, ele desenvolve mais a sua maneira de conceber essa questão:

> [A pena] é uma resposta para a sociedade. Sei lá, o cara agrediu valores que são caros para a sociedade. Tanto é que caracterizam crimes, né? E eu acho que isso, a mensagem que você tem que passar é — "olha, a sociedade não vai admitir esse tipo de agressão". Então você vai ter uma espécie de resposta, pode ser que o cara vá preso, pode ser que ele vá prestar serviços para a comunidade, pode ser que ele vá pagar cesta básica... Mas tem que ter alguma resposta. Na minha concepção eu acho que é isso, senão você está estimulando na verdade que as pessoas continuem atentando contra esses valores [PROMOTOR 6].

Uma vez mais, a problemática da mensagem para a sociedade e de uma resposta à sociedade constituem a ideia principal emergente nesse depoimento, cuja concepção essencial é a de que se deve comunicar a não aceitabilidade do comportamento. Não parece haver nela — assim como na citação anterior — uma substancialização do conceito de pena. A preocupação do promotor consiste em existir "uma resposta qualquer", que permita manter um leque amplo de possibilidades de resposta (inclusive de sair do quadro da RPM,

---

119 Já mencionamos, em nosso capítulo teórico (seção 4.3.4.4), a crítica que Hart (1963) formulou sobre essa substancialização da denunciação. Segundo ele, para denunciar não há necessidade da inflição de um mal: a sociedade pode comunicar a reprovação ao ato, de diferentes maneiras.

caso essa resposta não seja a inflição de um sofrimento). A ideia de denunciação reside justamente nessa concepção de que o objetivo fundamental da pena criminal é comunicar a reprovação social e, assim, validar a norma. Tanto melhor se isso acarretar a dissuasão, a neutralização, ou a reabilitação; porém, tais consequências não são necessárias para justificar a sanção penal.

Por fim, a última teoria da pena que aparece nas falas de nossos entrevistados é a da neutralização. Como já visto (seção 4.3.4.5), o próprio estatuto da "teoria da pena" causa problema, quando tratamos da neutralização, pois ela não é uma teoria autônoma, no momento inicial de formação da racionalidade penal moderna, no século XVIII. Talvez, seja possível vê-la associada à teoria da reabilitação (quando neutralizar constitui uma primeira etapa da reabilitação), ou mesmo a alguns momentos da escola positiva italiana (como "solução" ao problema do "criminoso-nato"); contudo, ela parece se tornar uma teoria independente a partir do declínio da reabilitação, no final dos anos 1970.

Seja qual for seu estatuto teórico, a neutralização é realmente uma comunicação bastante frequente no SDC. Nós a encontramos em vários momentos de nossas entrevistas. Vejamos, por exemplo, a citação do juiz 9, que afirma que, em determinados casos, a neutralização constitui uma resposta pragmática necessária:

> Então, por exemplo, o pai cometeu uma violência sexual contra uma filha. (...) Nesse caso, eu não tenho dúvida de que quando eu condeno a uma pena em regime fechado eu estou fazendo exatamente isso: eu estou segregando, eu estou realmente retirando aquele indivíduo daquele convívio ali que causou uma grande comoção e que poderia ele... E que simplesmente não é caso de prevenção geral, Esse é caso realmente de que o sentimento do juiz naquele momento, que ele pensa que está fazendo é isso: essa pessoa não merece estar aqui no convívio da mesma família da esposa dos filhos não [JUIZ 9].

Eis um argumento bem pragmático, seguido de um exemplo, para ilustrar a questão: face a alguns crimes, a presença do criminoso em seu ambiente constitui uma ameaça ao seu entorno; portanto, é preciso privá-lo de sua liberdade, para a segurança dos outros indivíduos. A neutralização parece operar, nesse caso, menos como uma teoria da pena em si, do que como um princípio objetivo e pragmático ao qual o juiz recorre quando não vislumbra outras soluções para resolver um problema a curto prazo.

Uma outra concepção da neutralização figura nas duas citações a seguir, em que se pode ver a neutralização como uma marginalização generalizada:

> Aí eu vou te dizer qual que é a pena, qual é a função pra mim. Hoje (...), depois de 21 anos no Ministério Público, (...) eu não alimento mais mito. Embora eu acredite, até por uma convicção religiosa, enfim, que nenhum homem é irrecuperável, isso não existe, mas certamente não é o sistema penal que vai recuperar ninguém. Aí, botar o sujeito na cadeia e quando pegar um assaltante e dar uma pena para ele de 6 anos e 4 meses num roubo duplamente qualificado tem uma única finalidade: tirá-lo de circulação para que ele não roube mais. Só isso [PROMOTOR 1].

> Olha eu vou te falar concretamente o que acontece no Brasil. Quem fala que a pena tem uma questão de educação, etc e tal, e ressocialização, tá fazendo uma piada. No Brasil, ela não tem essa função. Quer dizer, as cadeias brasileiras não cumprem essa função em hipótese alguma (...). Então você tem que pensar muito na pena como uma questão (...) de tentar afastar o sujeito que demonstra claramente uma periculosidade do convívio da sociedade. É isso que você tem que pensar. Esse sujeito pode conviver? Ele é bandido e tudo o mais [PROMOTOR 3].

Nesses dois casos, chega-se à neutralização por uma espécie de decepção em relação à reabilitação na prisão: se a reabilitação não funciona, mantém-se ao menos a prisão como instrumento da neutralização.

Esse pessimismo e essa percepção de falta de opções, aliados a uma concepção bastante negativa do infrator, são amplificados no discurso do promotor 4, quando ele fala de alguns casos que considera mais graves:

> O agente demonstra que ele vive assim [em delinquência reiterada], então eu acho que eu tenho dever, como promotora, como agente pública, de proteger a sociedade de indivíduos que reiteradamente comentem crimes. Ou que, embora não reiteradamente no papel, (...) você não consegue comprovar a reiteração na folha de antecedentes dele, [mas] você consegue comprovar no comportamento. E o seu dia-a-dia aqui no Fórum você acaba percebendo, não porque você seja muito esperto, entendeu? Mas o cara que corta cabelo todo dia durante 5 anos quando ele pega o cabelo ele fala — "esse cabelo vai ficar bom assim ou assado", entendeu? É uma comparação boba, mas quando o réu senta você fala — "nossa, esse caiu de gaiato aqui ou nossa, esse aí vamos olhar, tem 2 antecedentes, não, mas pelo amor de Deus". (...) Então eu acho que a gente tem um pouco o dever de manter a sociedade protegida de alguns tipos de pessoas [PROMOTOR 4].

Considera-se aqui, explicitamente, o argumento de que se necessita da pena criminal, com uma finalidade de neutralização na prisão, dada a existência de "certos tipos de pessoas" diante das quais a sociedade deve se proteger. Aqui também se está longe de pensar, por exemplo, na dissuasão: a atenção não recai sobre os criminosos potenciais, mas sim sobre a pessoa, ou a categoria de indivíduos que causam problema. Pensando-se concretamente, é a neutralização que se torna justificativa. A retribuição nos parece igualmente distante:

não se punem esses indivíduos para se fazer justiça, e dar-lhes o que merecem, mas sim para nos proteger deles. Essa é uma lógica bem popular nos últimos anos, e essencial para a emergência de uma justiça de gestão do risco, que parece retirar a ênfase colocada na responsabilidade individual, para focar em uma punição orientada para a "proteção da sociedade".

Entretanto, em outros momentos, a neutralização aparece muito próxima da ideia de retribuição. Podemos observar, no relato a seguir, como é, às vezes, difícil separar uma da outra:

> Nos dois aspectos, primeiro pela punição retribuição: uma forma dele responder [sobre o caso de um pai que abusava sexualmente da filha] perante ela e perante a sociedade o que ele fez e porque pessoalmente eu acho que um indivíduo desses tem que ficar encarcerado porque vai tornar a delinquir. Eu acho que o crime sexual deveria ser tratado de forma diferente porque não é uma pessoa que furta porque quer dinheiro ou porque vai comprar droga ele é um ele tem um desvio e ele vai tornar a agir, então eu acho que a pena que a gente tem no Brasil hoje que acaba sendo 6, 9 anos na prática é insuficiente porque eu acho que nesse caso se havia não sei se um tratamento ajuda ou teria que realmente tirar da sociedade e não poderia voltar ao convívio, então eu busco a pena mais alta pra que ele fique afastado mais o maior tempo possível [PROMOTOR 19].

No caso acima, o promotor parece conferir mais peso à teoria da retribuição: a pena constitui claramente a maneira de se fazer justiça "para com a vítima e a sociedade". Contudo, a neutralização a acompanhará na qualidade de objetivo pragmático. Em tais casos, a pena de prisão se tornaria necessária para proteger a sociedade contra a ameaça representada por esses indivíduos; ela se justificaria, uma vez que nós, a sociedade, precisamos excluir fisicamente essas pessoas da vida em sociedade.

Por fim, para concluir a seção sobre a neutralização, podemos dizer que nós a observamos em nosso material empírico como sendo, em geral, somente associada a determinados casos, aqueles percebidos como mais graves e com elevado risco de recidiva. Os juízes e promotores entrevistados muito frequentemente recorrerão à ideia de neutralização como justificativa da pena, mas também a manterão para justificar os casos que consideram como mais problemáticos. Aliás, é justamente aí que reside o problema teórico de conceitualizar a neutralização enquanto teoria: em princípio, uma teoria da pena deveria ser passível de servir para justificar todo o espectro de crimes possíveis.

6.1.3 Duas observações sobre as teorias da pena em nosso material empírico

Em seguida a essa exposição, que demonstra a presença das teorias da pena em nosso material empírico, consideramos importante enfatizar dois argumentos bastante fundamentais na continuidade de nosso estudo.

Primeiramente, a constatação de que todas essas teorias que constam de nosso material empírico denotam sua importância, e mesmo seu caráter inegável, quando se trata de justificar uma punição em matéria criminal. Retomando o delineamento apresentado no capítulo teórico (seções 4.3.2 e 4.3.3), cabe dizer que o SDC construiu um autorretrato de protetor da sociedade, fortemente ancorado nessas teorias. Na modernidade, punir significa implantar um sistema de pensamento que exige um sofrimento do infrator, em nome de um bem comum à sociedade (a justiça ou sua proteção, ou ainda a afirmação de suas normas). E essa racionalidade penal, a RPM, é o resultado de uma contingência histórica: a própria emergência dessas teorias que monopolizam o campo das comunicações "aceitáveis" no que se refere à motivação de uma pena criminal. Em resumo, o que se viu empiricamente aqui é o reflexo da RPM, uma racionalidade que confere um autorretrato punitivo ao SDC, e que está fortemente ancorada nessas construções históricas conhecidas como teorias da pena criminal.

Em segundo lugar, todas essas justificativas fazem parte de um mesmo sistema de ideias punitivo do SDC, que defendem igualmente uma obrigação de reagir com um mal. Portanto, ainda que no plano teórico os objetivos sejam diferentes, não é de surpreender que eles apareçam juntos. Na verdade, eles são intercambiáveis ou complementares em vários aspectos, e tais teorias podem exercer as mesmas funções de atualização do referido autorretrato punitivo, de obrigação de fazer um mal e de exclusão do criminoso.

De fato, elas são não só intercambiáveis, como também justapostas: em geral, a justaposição não é vista como uma fonte de incoerência, mas sim como um reforço do argumento. Eis porque vários de nossos entrevistados evocarão mais de um objetivo. E eles não estão desacompanhados nessa empreitada: o legislador faz uso da mesma estratégia[120], pouco preocupado com as incoerências que esta justaposição possa suscitar.

---

120 Consideramos, aqui, tanto o legislador brasileiro como o canadense. Quanto ao primeiro, o artigo 59 do Código Penal brasileiro determina que a pena a ser aplicada pelo juiz seja "necessária e suficiente para a reprovação e prevenção do crime"; ao passo que a lei referente à execução da pena (Lei nº 7210/84a, artigo 1º) fala em "proporcionar condições para a harmônica integração social do condenado". No caso do Canadá, o Código Penal é ainda mais prolífico quanto à justaposição das teorias da pena. O artigo 718 do Código Penal canadense estabelece que a determinação de uma pena criminal deve visar a "um ou vários objetivos seguintes: a) denunciar o comportamento ilegal; b) dissuadir os delinquentes e quem quer que seja de cometer infrações; c) isolar, se necessário, os delinquentes do resto da sociedade; d) propiciar a reinserção social dos delinquentes; [...]". Ainda nesse mesmo Código, quando se fala em liberdade condicional (743[2)]), tem-se o seguinte enunciado: "Fica estabelecido que os princípios supremos que devem orientar o tribunal na aplicação do presente artigo são a reprovação da sociedade e o efeito dissuasivo, estando a readaptação do delinquente, em todos os casos, subordinada a esses princípios supremos".

6.2 ARGUMENTOS PARA CONSTRUIR UMA OBRIGAÇÃO DE INFLIGIR UM SOFRIMENTO COMO PENA CRIMINAL

Em nosso material empírico, despontam frequentemente argumentos jurídicos que vêm reforçar os vários enunciados das teorias da pena que defendem o princípio da obrigação de punir do sistema de direito criminal. Embora tais argumentos nem sempre se refiram explicitamente às teorias da pena, desdobrando-os um pouco, podemos ver claramente uma obrigação de infligir um sofrimento que não poderia ser justificada a não ser por uma das teorias clássicas da pena. Em outras palavras, algumas ideias apresentadas nas próximas citações, justificando uma obrigação de infligir um sofrimento, surgirão de uma forma um tanto "marginal". Entretanto, quando são analisadas mais detidamente, fica difícil não ver uma associação com as teorias da pena.

Os argumentos que apresentaremos, a seguir, parecem contribuir para limitar o leque de possibilidades do sistema de direito criminal, no que se refere à sua resposta ao crime. O interessante é que tais argumentos parecem ter "vida própria", ou seja, eles defendem uma obrigação de punir, mesmo que sua ligação com as teorias da pena não seja evidente (e para vários de nossos interlocutores, ela não o era realmente).

6.2.1 A obrigação de punir como um direito "indisponível"[121] do Estado

Como veremos (seção 6.3), para alguns juízes, o problema de sair da monotonia da pena de prisão decorre simplesmente do fato de que as opções para o fazer não estão disponíveis no Brasil. Elas se

121 Definiremos melhor o termo, ao longo desta seção, mas cabe logo dizer que a expressão "direito indisponível" é um termo jurídico, pelo qual entende-se um direito do qual não se pode "dispor", no sentido de que não se pode aliená-lo, ou deixar de exercê-lo.

conformam ao enquadramento de um dispositivo legal que determina penas mínima e máxima, o que não só retira muito do poder discricionário do tribunal, como também impede uma reflexão mais aprofundada dos atores penais sobre a pena aplicada. Em tais casos, há muito pouca reflexão sobre a "obrigação" de punir, enquanto tal: nota-se somente um mero automatismo, uma visão bem pouco reflexiva, contextualizada pela dogmática penal.

Todavia, há, às vezes, argumentos mais elaborados para defender o princípio da obrigação de punir, o qual encontra, assim, novos argumentos inesperados para se opor àqueles que defendem uma abordagem mais criativa em matéria de penas criminais. É o caso do argumento do direito indisponível ou dos bens indisponíveis.

Vejamos como esses conceitos se apresentam empiricamente. Iniciando por um relato referente ao papel da vítima, examinemos como aparece a distinção disponível/indisponível, para tratar da apropriação do conflito pelo Estado:

> [ENTREVISTADOR] Nos crimes contra a vida, o senhor acredita na possibilidade de trazer a vítima?
>
> (...) Acho que é um pouco difícil. Eu acho que nos crimes patrimoniais sim, porque nós estamos falando de alguma coisa que a pessoa pode abrir mão, é um bem disponível, é um patrimônio. A vida não, a vida não é só dela, né? A vida é de todos nós. E assim como hoje ele agrediu você e você o perdoou, amanhã eu agrido o seu semelhante, o seu vizinho, o seu parente. Então eu acho que com a vida é mais complicado, mas com o patrimônio é um bem disponível. Isso é comum, nos casos de inquérito policial de furto, a vítima é intimada duas, três vezes para ir lá explicar o que aconteceu. Não vai à delegacia, então está claro, ela não está nem aí mais. E quem foi furtada foi ela. Ela está abrindo mão disso, tranquilo, vamos arquivar o inquérito, não há interesse da perseguição [PROMOTOR 1].

Dentre os vários elementos que podem ser extraídos dessa citação (notadamente, uma referência específica à dissuasão), a alusão à distinção disponível/indisponível surge, enfim, para justificar o ponto de vista de que não deveria haver tanta preocupação com a necessidade de punir crimes que só afetam o patrimônio de um outro indivíduo. Nesse caso, a comunicação utiliza a distinção em questão, para defender um ponto de vista bem interessante: a possibilidade de solucionar o problema de uma maneira que difere do recurso à pena, e contando com a participação da vítima. Assim, quando se trata de "bens disponíveis", há abertura para pensar na solução do problema, utilizando outros meios de resolução de conflito fora do SDC.

Porém, ao mesmo tempo em que abre essa possibilidade para "crimes contra o patrimônio", a comunicação do promotor reforça, com o auxílio da distinção disponível/indisponível, a obrigação de punir nos casos de crimes que atentam contra a vida (reforçando, além disso, a exclusão da vítima do conflito). Em outras palavras, por tal distinção, aparentemente progressista em relação ao que ela exclui do penal (os comportamentos que atacam os bens "disponíveis"), chega-se a construir um sólido argumento para defender a obrigação de punir nos crimes contra a pessoa. Esses atingem "bens indisponíveis" e produzem um direito de punir "indisponível" do Estado.

Em resumo, essa distinção disponível/indisponível desemboca — nos casos de crimes contra a pessoa — na impossibilidade, para a vítima, de dispor (no sentido jurídico de optar por exercê-la, ou não) da sanção criminal. De certa forma, o direito constrói, com essa distinção, uma "autolimitação" (em matéria de bens disponíveis") e uma "auto-apropriação" (em matéria de bens "indisponíveis"): nesse último caso, exclui-se a vítima e enfatiza-se a obrigação de uma resposta aflitiva.

Contudo, a distinção disponível/indisponível parece ainda mais potente quando associada ao direito de punir. Se a proteção de "bens indisponíveis" era já um forte elemento de defesa da obrigação de punir, essa ganha força redobrada quando se fala em "direito indisponível" de punir. Vejamos como a questão se apresenta empiricamente:

> [S]e o cidadão for condenado no direito penal, é um direito indisponível do juiz, da sociedade. O juiz aí... enfim, o Ministério Público representando a sociedade tem que fazer (...) o indivíduo cumprir essa pena (...). Agora, se é no direito civil, (...) se for um título executivo judicial de direito disponível entre cidadãos... aí, se eu quiser renunciar, eu renuncio a minha execução. Agora, o Estado não dá pra renunciar (juiz 21).

Essa distinção entre direito disponível e indisponível nos parece um curioso argumento para defender a obrigação de punir. Notemos bem que caracterizar um direito como indisponível — um direito do qual não é possível "se livrar" e que não nos dá nenhuma alternativa a não ser exercê-lo — pode ser considerado como um forte argumento para se passar de uma autorização de punir a uma obrigação de punir. A pena criminal, contrariamente às crenças do direito civil, seria um direito indisponível: o título executivo oriundo de uma condenação criminal deve inevitavelmente ser executado. Se, no direito civil, uma condenação dá ao credor um direito — no sentido de uma autorização para exigir sua compensação —, no direito criminal, essa mesma condenação dá ao Estado um direito-obrigação de punir.

A construção — oposição entre direito disponível e indisponível — nos parece ser, simultaneamente, uma consequência e um ponto de constante atualização de uma importante distinção presente no autorretrato do SDC: sua distinção radical em relação às sanções do direito civil. Retomando brevemente a discussão de nosso capítulo teórico (seção 4.1.2), podemos dizer que, para ter uma identidade própria, o sistema de direito criminal deve produzir sua diferença referentemente a outras áreas do direito criminal. Ele deve produzir suas próprias categorias, estabelecendo o que lhe é próprio e o que faz parte do direito civil, do direito do trabalho, do direito administrativo etc. Produzir suas próprias categorias significa produzir não só seus elementos para suas operações internas, como também elementos para reproduzir sua identidade. Conforme já dito (seção 4.3), um dos autorretratos do SDC é aquele da proteção contra o crime[122], segundo o qual a função do SDC consiste em proteger "a sociedade, a vítima e a moral contra o criminoso" (Pires, 2001b, p. 73, tradução nossa). Para corresponder a essa "autoimagem", o SDC deve atribuir-se elementos para agir em conformidade com sua autopercepção; deve produzir elementos para corresponder a essa concepção de "protetor da sociedade". A construção do direito de punir, como um direito indisponível, pode ser compreendida nesse contexto. Ademais, contribui-se, aqui, para reforçar e reproduzir o direito de punir como direito-obrigação, e não como direito-autorização.

Cabe, ainda, tecer uma outra consideração — aquela que nos parece a mais importante, na presente seção — sobre a distinção entre direito disponível e indisponível. Tal construção parece causar problemas no que concerne à autonomia do sistema jurídico, o qual aceita um instrumento jurídico em que não há nenhuma margem de manobra que permita alguma interpretação. Como o SDC pode ser autônomo do sistema político, se o direito que ele aplica é, enquanto direito, indisponível? A decisão de estabelecer e obrigar uma interpretação estrita de tal direito já é dada pelo sistema político, e o SDC simplesmente a aceita. Parece-nos que, com essa distinção, o SDC constrói, para ele mesmo, um paradoxo no que se refere à sua autonomia e ao seu papel de dizer o direito. Ele cria uma autolimitação de seu poder discricionário de intérprete do direito, e utiliza seu próprio poder de interpretação do direito para reduzir seu poder de ação e sua margem de manobra para solucionar conflitos jurídicos.

Por fim, vale a pena examinar uma outra fala do juiz 21, que menciona a ideia de indisponibilidade. Aqui, a ideia de direito

---

122 Ver a respeito Pires (2001b).

indisponível, ligada à obrigação de punir com uma pena aflitiva, aparece muito claramente em um comentário que ele tece sobre o caso da família de uma vítima que havia perdoado um homicida:

> [E]le cometeu uma conduta gravíssima e é um bem indisponível que é a vida (...) do seu semelhante (...) Ele tem que ser punido, tem que receber uma consequência por isso. Porque eu (...) — eu vejo os juízes às vezes na hora de quantificação das penas... eu sempre fui um juiz de uma linha assim mais rigorosa na dosimetria da pena — às vezes digo aos colegas: "mas vocês estão fixando pena baixa"... (...) É como se a gente fosse fazer cortesia com a vida dos outros. Como é que eu vou fazer cortesia com a vida dos outros? Aí porque a família perdoou, a família falou "não, eu estou bem, já aceitei o erro que ele fez, ele tá perdoado"... Crime doloso! Nós não estamos falando de crime culposo. Culposo é outra história, vale até o perdão judicial. Mas o crime doloso... "Não, já está tudo bem, nós já aceitamos já entendemos as circunstâncias que ele cometeu o delito"... Ou seja, eu estaria fazendo cortesia para ficar de bem talvez perante o Criador com a vida da outra pessoa... Ninguém perguntou pra vítima se ela daria a ele delinquente, ele infrator, esse perdão [JUIZ 21].

Buscando interpretar essa fala, podemos dizer que o entrevistado faz radicalmente distinção entre uma justiça punitiva estrita e uma justiça centrada na pacificação social e na inserção social do culpado. Essa última concepção é entendida por ele como um humanismo deslocado, como uma caridade perigosa, porque, afinal, não se pode transigir com esse direito "indisponível" de punir (severamente). Os juízes clementes estariam fazendo caridade — e não justiça — com o que não lhes concerne, com aquilo sobre o qual eles não têm "o direito" de transigir, visto tratar-se de um direito do qual o Estado não pode dispor. Por ora, deixando novamente de lado a questão da vítima, verificamos aqui, uma vez mais, a força dessa concepção da pena criminal como um direito indisponível do Estado. Não punir poderia ser uma prova de clemência, mas de uma clemência que, no limite, não seria saudável: o Estado, enquanto titular de um direito indisponível de punir, não tem senão a escolha de exercer esse direito.

Tentando agrupar os três depoimentos da presente seção, podemos dizer que aceitando-se as argumentações neles contidas, chega-se à conclusão de que o Estado é não só obrigado a punir um crime, tendo em conta o fato de ser titular do direito indisponível de punir, como ele é também obrigado a fazê-lo devido à existência de "bens indisponíveis".

É importante salientar que não pudemos encontrar a origem dessa distinção entre direitos disponíveis/indisponíveis. Verificamos a sua utilização em diferentes áreas do direito, para situações bastante diversas, mas sem referência a uma possível origem do conceito[123]. Aqui, um ponto interessante de observar é que tal distinção nos parece ser própria da tradição do Direito Civil (opostamente ao Common Law). De qualquer modo, não encontramos nenhuma referência ao conceito equivalente na tradição do Common Law.

Enfim, é possível verificar que essa utilização da distinção é somente um adendo às teorias da pena, quando se observam os textos da filosofia penal. Notemos o que diz um comentador de Hegel (Cattaneo, 2006). Evidentemente, o próprio Hegel não utiliza a expressão "direito indisponível", nem fala em um direito do Estado de punir como direito indisponível. Entretanto, Cattaneo introduz essa ideia relacionando-a à posição de Hegel, para fortalecê-la mais. Segundo Hegel, a pena é um direito do criminoso. Ela é o resultado de sua própria ação e ela "honra" o criminoso, pois é o resultado escolhido por ele enquanto ser racional. Para Hegel, portanto,

---

123 Encontramos a referência, por exemplo, no direito internacional privado francês (o juiz deve suscitar de ofício o conflito de normas, quando se trata de "direitos indisponíveis") e no direito da família (o direito da mãe de determinar a filiação de seu filho, o direito da criança à alimentação, a autoridade parental).

a pena não é devida ao criminoso, mas ela é, antes, seu direito[124]. Para responder às críticas endereçadas contra esse "direito de se fazer punir", Cattaneo (2006, p. 78 e ss.) dirá que seria bem possível classificar tal direito como um "direito indisponível, um direito que é submetido à disposição de seu titular"[125]. Evidentemente, a resposta de Cattaneo (lembremos que se trata de uma concepção moderna de um texto clássico da filosofia pena, e não de expressão do próprio autor) não examina, nem resolve os problemas do reforço da obrigação de punir e da perda de autonomia do SDC, mostrada na presente seção.

Resumindo, ainda que não tenhamos encontrado a origem da expressão, é impressionante constatar o grau de compatibilidade da referida distinção com textos clássicos que defendem a obrigação de punir. Pensemos, por exemplo, no discurso de Beccaria:

> Por vezes nos abstemos de punir um delito pouco importante, quando o ofensor é perdoado. É um ato de caridade, mas um ato contrário ao bem público. Um particular pode muito bem não exigir a reparação de um dano que lhe foi causado; mas o perdão que ele concede não pode destruir a necessidade do exemplo (Beccaria, 1764 [2002], p. 69).

---

124 "A lesão que atinge o criminoso não é somente justa em si — enquanto justa, ela é, ao mesmo tempo, sua vontade que é em si, uma existência de sua liberdade, seu direito —, mas ela é também um direito para o próprio criminoso; ou seja, ela é localizada em sua vontade existente, em sua ação... O fato de que nisso a punição seja considerada como contendo seu direito próprio, honra o criminoso enquanto ser racional" (Hegel *apud* Cattaneo, 2006, p. 78).

125 Cattaneo depois enfrentará um problema graças a essa defesa de Hegel, já que este admite a pena de morte e, portanto, não vê como indisponível o direito à vida, "que é, contudo, o direito indispensável por excelência" (Cattaneo, 2006, p. 79).

Não se trata, evidentemente, de um direito indisponível de punir; mas, com essa crítica ao perdão, revela-se, aqui, uma visão da obrigação de punir — associada à dissuasão — que é bastante difundida em nossa maneira de construir a punição moderna. Beccaria opõe, aqui, a caridade à justiça, assim como o juiz 21 opôs a "cortesia com a vida alheia" à justiça. Em outras palavras, nos dois casos há uma oposição entre justiça e humanismo. As tentativas de moderação, de pensar diferentemente a punição, de dispor livremente da pena etc., são percebidas como um humanismo que nutre a injustiça. A questão do direito indisponível parece ser, simultaneamente, um desenvolvimento empírico-dogmático e um elemento de reforço da obrigação de punir e, consequentemente, da distinção que opõe "justiça" a "humanismo".

6.2.2 A obrigação de punir em função da improbabilidade da composição e para garantir a pacificação da sociedade

Um outro argumento apresentado nas comunicações do SDC para defender a obrigação de punir é aquele que preconiza a pena para evitar a violência que surgiria em sua falta: a pena é aqui concebida como podendo vir a substituir definitivamente uma situação de "justiça privada" — seja pela vingança das vítimas, seja pelo motim sublevado por um público ultrajado pelo crime —, que, certamente (segundo tal ponto de vista), predominaria sem a referida pena. Ou seja, a obrigação de punir encontra também um ponto de apoio importante na ideia de que sua falta resultaria em uma situação de violência social.

A ideia de que o Estado substitui a vingança privada está fortemente enraizada entre os teóricos do direito penal. Em uma longa citação, Carrara resume bem a ideia do direito penal como uma "conquista da civilização", um sinal de progresso. Nesse texto, que data do século XIX, Carrara vê também a vingança como um "sentimento inato":

> O sentimento inato da *vingança privada* foi, nas sociedades primitivas, de natureza de paixão elevada para a grandeza de um direito: direito exigível, direito hereditário, direito resgatável ao sabor do ofendido, direito que ao longo dos séculos enxergamos como *exclusivamente próprio ao ofendido* e aos seus. Essa é a origem histórica da penalidade. Nós a vemos nos livros de Moisés, de Homero, e os viajantes a encontraram na Ásia, na África e entre os povos do Novo Mundo (...). Assim, a civilização se desenvolvendo sob a influência da religião, esta tomou a direção de todos os sentimentos do ser humano, e imaginávamos que os padres deviam ser apreciadores da vingança privada. Uma vez a ideia religiosa entrando na penalidade, e os julgamentos atingindo uma forma teocrática ou semi-teocrática, a concepção de *vingança divina* veio substituir à de *vingança privada*. Vista como muito útil e muito civilizadora na origem: com efeito, esses homens brutos em sua ferocidade, que viam a vingança como seu direito próprio, não teriam consentido a renunciar a esse pretenso direito em face de outros semelhantes. Ao contrário, foi tranquilo convencê-los de abandonar esse sentimento dizendo-lhes que seu exercício era um direito exclusivo da divindade. (...) Mas o progresso da civilização deu aos povos a ideia de Estado, e a sociedade civil estando assim personificada, fundava-se sobre essa nova ideia a organização do governo, deixando de lado pouco a pouco toda sombra teocrática. Assim, a essa nova ideia adaptou-se o velho princípio da *vingança* nas penas. Não se via mais no delito uma ofensa ao *particular* ou à *divindade*, mas uma ofensa contra *toda a sociedade*. Não se via mais na pena uma vingança *privada*, ou uma vingança *divina*, mas uma vingança da *sociedade ofendida* (Carrara, 1876 [1890], p. 301-302, grifo nosso).

Vê-se, aqui, claramente, com Francesco Carrara, um dos teóricos mais importantes do direito penal no século XIX, como a pena do direito criminal moderno é concebida como um sinal do progresso da civilização. De início, pela via da religião e, depois, pela do Estado, teriam sido "domesticados", primeiramente, a vingança selvagem e, em seguida, o direito de punir privado, para que ele se tornasse essa forma mais evoluída de punir do Estado. Essa ideia de um "sinal do avanço da sociedade" nos parece, ainda hoje, bastante presente na concepção da punição estatal. E, para o bem e para o mal, essa imagem idealizada da pena parece constituir um obstáculo a uma observação crítica da punição do direito criminal moderno.

Notemos, contudo, que essa descrição histórica não define o que é a vingança. Em outras palavras, a resposta ao ato criminal, que passa do indivíduo à sociedade ofendida, é aqui representada como uma simples transferência do exercício da sanção da vítima à sociedade. Todavia, o que veremos, a partir de nosso material empírico, é que essa ideia da transferência da pena será aplicada a um conceito substancializado da pena, como sendo uma resposta aflitiva e, também, obrigatória.

A partir de um raciocínio que lembra o de Carrara, um dos juízes entrevistados chegará à conclusão de que a pena do SDC, esse signo do progresso e do desenvolvimento da civilização, não poderia ser demasiado clemente, senão perderia sua conexão — por assim dizer — com seu papel histórico e sua função de substituir a vingança privada. Vejamos a citação a seguir, na qual esse juiz fala de um crime que acabara de ocorrer no Brasil[126]:

> Então esse tipo de conduta (...) gera na sociedade uma repercussão (...) de exigir uma maior apenação, uma maior rigidez

---

126 Trata-se de um duplo atentado contra um jovem casal, que fazia uma caminhada no campo, e foi abordado por um indivíduo armado. Este atirou no rapaz e o matou; e, em seguida, sequestrou a garota, violentou-a, e disparou contra ela, antes de abandonar o local. Ela foi encontrada com vida, no dia seguinte. O crime havia acontecido na semana anterior à entrevista.

> da aplicação da lei penal como uma resposta, como uma espécie de satisfação de um sentimento coletivo de justiça. E justiça (...) nesse caso como uma reprimenda retributiva, uma retribuição do mal, uma retribuição com outro mal que seria a aplicação da lei penal (...) E essa função de satisfação dessa ânsia por retribuição aos atos ilícitos, sobretudo de natureza criminal, ela é uma função que tem a ver em grande parte com a legitimidade também, ou melhor, com a percepção da legitimidade da atuação do poder judiciário na seara criminal. Quer dizer, um poder judiciário que se colocasse completamente ao longe dessa ânsia de justiça que certos fatos delituosos de maior gravidade geram... Ele seria um poder judiciário que perderia legitimidade na sua atuação se ele não levasse em consideração de forma alguma essa maior repercussão social. E aí talvez ele prejudicasse ou diminuísse a importância social da atuação substitutiva do Estado em relação a essa aplicação da retribuição. Eu acho que um dos grandes elementos de demonstração de civilidade de uma sociedade é a facilidade com que nós atribuímos às nossas instituições a prática de atos que às vezes nós gostaríamos de praticar. E nessa seara da atividade criminal, sobretudo violenta, (...) as pessoas indiretamente atingidas, mas [sobretudo as] mais diretamente atingidas — os familiares, etc —, por uma questão cultural, eles têm uma tendência a querer retribuir... a fazer justiça com as próprias mãos. Então, à medida que o judiciário (...) se distancia dessa necessidade de dar uma resposta mais dura a determinados fatos, ele estimula a tendência da sociedade a perder a confiança nessa atividade substitutiva e ele estimula que a sociedade queira fazer justiça com as próprias mãos (...) [JUIZ 16].

Deixando de lado, por enquanto, a temática da recepção da opinião pública e da confiança na justiça (ver seção 7.2.5.1), é interessante aqui verificar o sentido dado ao termo "civilidade". A mal da pena que emerge em virtude do mal do crime seria importante como demonstração de civilidade, pelo simples fato de ela substituir a resposta violenta do grupo. Nós "canalizamos" a violência latente do grupo ofendido (vítima, familiares, sociedade) por meio dessa resposta "reflexiva" e "neutra", que, por essas razões, simboliza a civilidade da sociedade.

Por tal ponto de vista, torna-se difícil não considerar a pena severa como útil e necessária, como também desenvolver uma outra concepção da pena, já que se assume que sua falta — em sua forma mais violenta — causaria outras violências ainda maiores: o aumento da justiça privada ou dos linchamentos. Consequentemente, a pena seria, em sua forma atual, um sinal "de civilidade da sociedade", um instrumento indispensável da vida social, um componente sem o qual voltaríamos a uma vida "pré-moderna". Portanto, numa tal concepção, fazer o mal recorrendo à pena deveria ser percebido como um bem para a sociedade, ou numa visão pessimista, um mal necessário sem o qual arrisca-se a uma violência maior. Eis uma outra razão importante, no SDC, para a defesa da obrigação de punir.

Vejamos uma outra citação contendo o mesmo argumento:

> Porque assim qual é a minha visão sobre o direito penal? É uma visão de que ele é necessário, ele não é totalmente suficiente, (...) mas ele é necessário. Eu não tenho como enfrentar e eu não posso ser hipócrita de defender teoricamente uma coisa que eu na prática não vou fazer. Dizer assim: "não, abafa a pena pelo Estado, ela é opressiva" ... Não tenho a menor dúvida de que ela é opressiva, mas assim, eu me pergunto até que ponto é mais opressiva a pena que é aplicada pelo Estado ou a pena que é aplicada no morro, que também é aplicada, é um sistema penal paralelo. Então eu acho que muita da discussão quando se critica o Estado e com alguma razão na figura do opressor daquele que se legitimou pela violência real e simbólica para apenar terceiros não se pensa que se eu

desmonto esse sistema, se é que um dia vai poder ser desmontado, pra onde vai o sistema? Esse sistema vai pros feudos, ele retorna pra Idade Média, vai pros feudos. Claro que com outra concepção, não é Idade Média, mas é um pouco isso, ele vai pros feudos. Quem vai assumir esse processo? Porque a pena ela sempre vai existir e em algum momento ela vai ser, ela vai acontecer, a não ser que eu parta do pressuposto que é possível aos homens promoverem autocomposições. Eu no trânsito ir lá e não bater em ninguém — "ah, vamos sentar e vamos conversar". Partindo desse pressuposto a pena se torna sem sentido, mas se eu parto de um pressuposto de que é um pouco improvável que isso aconteça de uma forma tão plena a pena tem o seu lugar. E tem o seu lugar como? Inevitavelmente como um modo de vingança, embora as pessoas não digam isso, mas é uma vingança, mediatizada pelas estruturas, mas é vingança [JUIZ 13].

Nosso entrevistado tem razão em dizer que a pena (no sentido de uma sanção criminal qualquer) é necessária para o sistema de direito criminal. É difícil conceber um sistema de direito sem nenhuma sanção. Todavia, nesse depoimento, verifica-se novamente a reprodução da ideia de que a pena existe para evitar uma "explosão" da justiça em diversas justiças privadas. E, sob essa perspectiva, torna-se muito difícil não substancializar o conceito de pena como infliçãoobrigatória de um sofrimento. O juiz entrevistado compara a pena do direito criminal a outros sistemas sociais normativos (a "pena do morro"), para concluir que a pena do Estado é relativamente muito mais moderada na canalização dos sentimentos de vingança, do que essas outras práticas sociais paralelas. Com tal comparação, não é possível conceber a resposta penal como podendo ser diferente daquilo que ela é: se ela não fosse uma resposta obrigatória e aflitiva, ela não permitiria canalizar o sentimento coletivo de vingança diante de um crime. Frente a toda essa animosidade presente na sociedade em virtude de um crime, o mal da pena só pode ser visto como o menor dos males.

Que fique claro, entendemos que é preciso reconhecer que a falta completa de uma sanção criminal pelo SDC poderia, eventualmente, suscitar graves problemas na sociedade moderna. Contudo, tal constatação não nos autoriza a idealizar a atual estrutura punitiva do SDC, tampouco pressupor que a vingança privada e o linchamento seriam uma consequência do fato de que o SDC não faria os culpados sofrerem obrigatória e suficientemente.

6.2.3 A obrigação de punir em virtude do interesse da sociedade

Para além desse pressuposto de prevenção da violência privada (acima referida), a ideia da obrigação de punir é reforçada por uma outra construção muito similar: a de que o crime é uma ofensa à sociedade e, consequentemente, a punição é de seu interesse, tanto ou mesmo mais, do que das partes envolvidas. Trata-se de uma ideia que constitui um componente do conceito de pena (Pires, 1998, p. 32 et ss.)[127]. Essa interposição no conflito de uma terça parte é, inclusive, uma ideia fundadora do direito penal moderno. Ela é originária dos séculos XI e XII e atravessa os séculos como a expressão do poder do soberano, que, em seguida, será substituído pela sociedade que se arroga a condição de vítima e o direito de exigir uma reparação[128].

---

127 Ela é bem explícita, por exemplo, na própria citação de Carrara (1876 [1890]), utilizada na seção anterior, para discorrer sobre a ideia da pena como elemento de pacificação da sociedade.

128 A ideia de um intermediário no conflito que era, no início, privado tem por trás uma longa história que não cabe trabalhar aqui. Para uma genealogia da ideia de interesse da sociedade (bem como para a genealogia do conceito de infração ao qual está estreitamente ligada), ver Foucault (1973 [1994]; 1975).

Para o direito criminal moderno, o crime é sobretudo uma ofensa contra a sociedade e, consequentemente, a pena constitui uma resposta dessa vítima imaterial constituída pelo sistema político e o SDC. A RPM encontra na ideia de um intermediário do conflito penal — que, para os operadores do SDC, passou a ser muito natural — um potente mecanismo para bloquear tentativas de provocar mudanças em nossa maneira de conceber a punição. Vejamos, agora, como essa ideia de interesse da sociedade na pena reforça a obrigação de buscar infligi-la.

Primeiramente, um promotor entrevistado nos explica por que um simples acordo entre agressor e vítima não basta como solução ao conflito:

> [ENTREVISTADOR] A possibilidade de recompor a situação, porque ao mesmo tempo que o senhor fala que a função é retribuir e recompor a ordem jurídica, se isso se trata de recompor a ordem jurídica por que o autor do delito não pode transacionar diretamente com a vítima?
>
> Porque aí você tem o interesse do Estado. O crime não é só um interesse da vítima, ele é um interesse do Estado, a vítima tem o seu interesse predominante para aqueles crimes que afetam a sua esfera de intimidade mais própria. Agora, nos crimes patrimoniais, por exemplo, no tráfico ou no roubo, ou nos crimes sem vítima até, o interesse do Estado nem interfere nesse tipo de relação. Porque quando um fulano A pratica um roubo contra o fulano B, a vítima o fulano B é quem tem um interesse maior em se ver ressarcido etc., mas o Estado tem o interesse predominante de não ver aquela conduta se repetir. Tanto o interesse é do Estado que prevalece sempre nos crimes de ação penal pública [PROMOTOR 5].

Com uma argumentação oriunda da teoria da dissuasão (o interesse do Estado de que essa conduta não se reproduza), esse promotor exprime claramente a ideia de que o interesse do Estado prima sobre o das partes envolvidas. Nesse caso, o interesse decorre da finalidade de dissuadir outros indivíduos (ou o próprio criminoso). De qualquer modo, o fundamental, aqui, é a ideia de que o conflito "concerne" ao Estado[129].

Mas, é sempre possível conceber — externamente às teorias da pena — que o interesse da sociedade poderia também ser muito bem servido por uma transação entre as partes envolvidas. Ou por um perdão. Não seria possível considerar que o interesse da sociedade poderia ser unicamente a pacificação de um conflito? A questão que nos interpela é a maneira pela qual a ideia de interesse da sociedade está associada, aqui, a um argumento (oriundo da teoria da dissuasão) que reforça uma obrigação de punir.

No depoimento a seguir, vê-se que a pacificação entre as partes está relacionada a uma privatização da justiça. Consequentemente, a punição será novamente valorizada, tal como é concebida pelas teorias da pena:

> Eu acredito que a punição vai ser necessária (falávamos de um caso no qual a família da vítima havia perdoado o agressor), mas pode se levar em conta, né (a opinião da família da vítima). Mas aí eu acho que a questão é circunstancial ao caso, eu acho que transferir isso para as vítimas eu acho um pouco complicado porque senão a gente volta até a questão do... daqui a pouco a justiça volta a ser... a privatização né da justiça.
>
> [ENTREVISTADOR] Mas por que isso é um problema? Você não pode conceber a justiça como um instrumento de resolução de conflitos?
>
> Eu acho que até certo ponto entendeu esses conflitos, porque aí você também entra na questão da politização né, de negociação,

129 Ver, a respeito, Christie (1977).

> e aí eu tenho minhas dúvidas se isso seria o papel da justiça a questão de só solucionar conflitos de interesses ou se você também tem aspectos de se fazer o que é reto o que é justo né, determinados valores que são resguardados ou aceitos pela coletividade em geral.
>
> [ENTREVISTADOR] Então o que é reto nesse caso seria dar alguma pena...
>
> Alguma pena...
>
> [ENTREVISTADOR]... aflitiva.
>
> ... aflitiva na minha opinião [JUIZ 6].

A afirmação de que o papel da "justiça" (enquanto sistema) reside em fazer valer certos valores da sociedade nos parece bem pertinente. Porém, o problema se situa no desvio que ocorre a seguir: fazer o que é "direito" é atribuir uma pena aflitiva. É preciso se perguntar se "os valores da sociedade" (o que entendemos ser, nesse caso, um equivalente funcional do "interesse da sociedade") estão efetivamente mais bem protegidos pela aplicação de uma pena aflitiva, em um caso, por exemplo, no qual a vítima não demanda punição.

6.2.4 A obrigação de punir: as duas faces da *ultima ratio*

Nesta seção, verificaremos a maneira com a qual alguns operadores do sistema de direito criminal fizeram uso do princípio jurídica da l'*ultima ratio*. Tendo em conta a utilização particular que dele parece ter sido feita por alguns dos entrevistados, devemos inseri-lo em um contexto mais amplo, de modo a elaborarmos uma argumentação sobre uma contradição que emerge com a sua interpretação e aplicação pelo SDC.

Iniciemos, lembrando que o referido princípio é um *medium* que pode adquirir diversas formas. Aqui, trataremos de duas formas opostas: uma, que parece reforçar uma ideia de moderação da intervenção penal; e outra, que parece reforçar a obrigação de infligir um sofrimento enquanto pena criminal. Antes de tudo, façamos uma breve exposição da questão, para termos condição de revelar o problema colocado por essas duas formas opostas.

Esse princípio (ou *medium*) jurídico faz referência à ideia de que o direito penal deve ser a *ultima ratio;* ou seja, de que o direito penal é a última instância de solução de conflitos que a sociedade deve utilizar. Segundo tal princípio, a pena criminal seria o "último argumento ou recurso do Estado" para impor a ordem ou defender a sociedade. A pena (severa, visando a infligir um sofrimento) seria o último instrumento de preservação do laço social e, como tal, só deveria ser utilizada ao se constatar um acontecimento criminal verdadeiramente grave para a sociedade.

Mas, de onde se origina essa ideia de *ultima ratio*? Este princípio foi importado no direito penal a partir de uma doutrina bem conhecida no direito internacional: o *jus ad bellum* e o *jus in bello*. Trata-se da doutrina que aborda a guerra justa e as condições necessárias para que um soberano possa recorrer à força de seu exército de uma "maneira legal", e ainda, o conjunto de regras para que as ações durante a guerra sejam justas. Com uma longa tradição na filosofia do direito (que passa por clássicos da filosofia, ao longo dos séculos, como Platão, Aristóteles, Santo Agostinho, Santo Tomás de Aquino e Hugo Grotius)[130], essa discussão foge um pouco ao âmbito do presente estudo, visto que pretendemos simplesmente retomar, em grandes linhas, os princípios gerais dessa doutrina, visando a demonstrar uma certa ambiguidade da herança desse princípio no direito criminal moderno.

A doutrina da guerra justa determina que a guerra só ocorra como último recurso, quando as negociações não são mais possíveis, e que, além disso, ela seja declarada pela autoridade competente, que o

---

130 Sobre a história da doutrina da guerra justa, bem como sobre a origem da ideia do conceito de *ultima ratio*, ver Isakovic (1998), Christopher (1994), Mattox (2006), Husak (2004) e Minkkinen (2006).

inimigo seja informado da guerra e que ela tenha a paz como objetivo[131]. São Tomás de Aquino (que considerava que a guerra podia servir para punir uma injustiça) acrescentava que a guerra era necessária quando não havia um outro meio de corrigir essa injustiça. Além disso, ele especificava que para que a guerra permanecesse justa, a violência utilizada não devia ser maior do que a necessária para conter um ataque, e que o dano causado tampouco devia ser maior do que o da injustiça que causara a guerra[132]. Assim, pode-se constatar, nesse princípio da *ultima ratio*, tanto uma limitação do uso da guerra, quanto um princípio de proporcionalidade. Além de a guerra ser somente um último recurso, ela também pode ser abandonada a qualquer momento, para a retomada das negociações. A guerra é concebida como algo negativo, como necessidade em face de um mal maior, como o derradeiro recurso para se proteger ou punir o agressor.

Assim, em sua origem, o princípio da *ultima ratio* tinha uma face moderadora. O *jus ad bellum* (direito de entrar em guerra) limita o mais possível o recurso à guerra, e o *jus in bello* (direito na guerra) integra um princípio de proporcionalidade para determinar que existe "o direito de utilizar a mínima força suficiente" (Mellon, 1995, p. 1703).

Por outro lado, se, na origem, o princípio determinava que a guerra era um meio extremo, ele era também suficientemente ambíguo para dar margem ao recurso dos usos repressivos: tal princípio pode se apresentar, também, como uma expressão equivalente a "*extrema ratio*", ou ainda, a "*ultima ratio regum*" (Tosi, 1991, n. 1212). Como salienta Pires (2012), a ambiguidade se tornará totalmente visível em um fato histórico: em 1650, "Luís XIV demanda que se escreva *ultima ratio regum* ("o último argumento dos reis") nos canhões que eram fabricados" (Tosi, 1991, p. 550 *apud* Pires, 2012). Vê-se bem que, nesse caso, o *medium ultima ratio* não toma um sentido de um princípio

---

131 São as linhas gerais já presentes em Cícero. Ver Isakovic (1998) e Mattox (2006).

132 Sobre São Tomás de Aquino e a guerra justa, ver Isakovic (1998).

de moderação: "uma vez em guerra, não mais se trata de utilizar o menos possível o canhão e de parar de atirar o máximo possível, mas simplesmente de marcar mais agressiva e claramente possível sua presença e sua superioridade face a seu adversário" (Pires, 2012).

Ora, esses dois sentidos, o moderado e o não moderado, vão se encontrar nas comunicações do direito criminal. Tentemos, agora, demonstrar como a ambiguidade do conceito é ainda presente, a partir de exemplos empíricos, recorrendo, para tanto, ao nosso material empírico e, também, a um exemplo canadense.

A Comissão de Reforma do Direito do Canadá conferiu um lugar de destaque ao princípio da *ultima ratio*. Segundo a Comissão, esse princípio deveria ser aplicado não só pelo legislador, mas igualmente pelos tribunais. De maneira geral, no que se refere a ambos, "mais vale fazer muito pouco, do que muito" (C.R.D.C., 1976, p. 18). A Comissão insistia na ideia de que "o que conta não é a quantidade de casos tratados pelo sistema, mas sim a própria natureza do sistema". Acrescentava que, no tocante às penas, "é uma questão de qualidade, e não de quantidade". No que concerne ao legislador, é preciso haver menos leis penais e criar mecanismos para melhor selecionar os conflitos que devem ser submetidos aos tribunais (inclusive por meio do poder discricionário da ação). No que diz respeito ao tribunal e à gestão das penas, deve-se recorrer o menos possível à pena de prisão e infligir as penas menos longas possíveis.

Uma comunicação de nossos entrevistados construirá igualmente uma forma moderadora na *medium ultima ratio*. No depoimento, a seguir, o promotor 12 defende a redução do tamanho da malha penal e a abertura a medidas alternativas à pena de prisão, com o auxílio do conceito da *ultima ratio:*

> Eu decididamente não acredito no poder de dissuasão do direito penal. Se eu acreditasse, meu caro, eu não seria eu não poderia acreditar no direito penal mínimo, no direito penal como *ultima ratio*, como eu acredito. E sou favorável

> à descriminalização de inúmeras condutas. E quando não se descriminaliza a conduta, eu sou favorável a dificultar a persecução penal por parte do Ministério Público tornando muitos crimes que hoje são de ação penal pública incondicionada em ação penal pública condicionada. Então, (...) eu não posso afirmar que eu acredito que o sistema penal seja dissuasório, tenha essa função. Eu não acredito, por exemplo, que ninguém deixe de sair pra assaltar um banco porque esse crime é gravíssimo, eu vou pegar uma prisão uma pena perpétua etc... Entendeu? Agora, eu também eu também sou obrigado a afirmar o seguinte: que se você admite em toda e qualquer hipótese, em toda e qualquer lesão a bem jurídico, (...) que por parte da vítima ou dos seus familiares haja a possibilidade de excluir o sistema penal da solução desse conflito... [entonação de desaprovação] Quer dizer eu acho que isso aí... Quer dizer, é como se fosse 8 ou 80, eu fico no meio termo, sem ser utilitarista, eu não me entendo utilitarista, entendeu? Eu acho que o Estado penal tem que agir sim em determinados delitos, tem que agir com proporcionalidade, com racionalidade, com penas adequadas, (...) com medidas despenalizadoras, com penas alternativas à pena privativa de liberdade, não necessariamente pena privativa de liberdade para todo e qualquer crime, com a possibilidade de substituir penas privativas de liberdade por penas restritivas de direito, com possibilidade de despenalização como ocorreu com crime de menor potencial ofensivo que podia ser estendido para outros com uma transação penal com uma composição civil dos danos com uma composição... [PROMOTOR 12].

Identificamos, nessa citação, a possibilidade de se pensar em outras soluções para além de uma pena aflitiva. O princípio da *ultima ratio* está aí presente, em associação a um "direito penal mínimo": não se nega a necessidade do recurso à força da pena aflitiva, mas ela deve ser considerada após a avaliação da necessidade da ação criminal, da possibilidade das "medidas despenalizadoras", ou mesmo das penas de limitação de direitos (diferentemente da prisão). Consideramos que os argumentos desse depoimento, aos quais se soma uma não crença na dissuasão em matéria penal, valorizam o direito penal como *ultima ratio* no sentido moderador.

Após ter criticado a dissuasão, o promotor 12 afirma, com base em um discurso colonizado pela RPM, que ocorre de não ser possível excluir o penal, e que uma composição entre vítima e agressor é inaceitável, em alguns casos de "lesões a bens jurídicos". Todavia, ele defende que o Estado deva até mesmo utilizar penas alternativas à prisão, medidas "não penais", como a composição entre os atores envolvidos no conflito por meio de uma transação penal. A abertura a um horizonte fora da RPM está presente nessa concepção, mas é preciso reconhecer que ela fica muito limitada. Há abertura para soluções alternativas, desde que relativamente a questões menos importantes para o SDC.

No entanto, tal maneira de compreender o princípio da *ultima ratio* irá divergir de outra construção do mesmo princípio, encontrada em várias passagens de nossas entrevistas, e é essa forma que julgamos particularmente problemática. A seleção de sentido seria a seguinte: a pena aflitiva é efetivamente observada como um instrumento de último recurso para o SDC; em contrapartida, em virtude desse fato, a pena deve ser muito forte, de bastante intensidade. O princípio da intervenção como último recurso se torna uma simples diretriz (frágil) para o legislador (e é por ele frequentemente ignorado); porém, a partir do momento em que um comportamento entra na esfera do penal, as precauções contra a utilização da guerra (isso é, a intervenção mais violenta) são já superadas, o princípio é neutralizado e não há mais argumentos para defender a moderação. Tudo se passa como se o aspecto da doutrina que aconselha uma moderação após o ingresso na guerra (os elementos que defendem que o objetivo da guerra é a paz, que a guerra deve ser o menos devastadora possível, e que ela pode ser abandonada a qualquer momento, se as negociações forem possíveis) não parecesse ter sido incorporado por essa compreensão restritiva do *medium ultima ratio*. Portanto, esse tipo de comunicação integra o princípio, de maneira tal que, entrando-se em guerra (convocando o direito penal), a moderação não mais teria sentido. Assim, a *ultima ratio* continua sendo um discurso (fraco e apologético) de moderação no penal, que concerne exclusivamente ao legislador.

Examinemos mais detalhadamente como tudo isso figura em nosso material empírico. Primeiramente, é preciso reconhecer que o discurso de que não podemos utilizar o direito criminal para qualquer comportamento problemático está sempre presente. Certas infrações não constituem uma "justa causa", ou melhor, parecem ser suscetíveis de ser reguladas por outras áreas do direito antes que se faça a "guerra" contra elas. Vejamos, por exemplo, o que diz um de nossos entrevistados:

> Então eu acho que é preciso que o estado atue para evitar a pirataria, mas não em instância criminal. A instância criminal é a última. Aquela história do princípio da *ultima ratio*... É aquele zagueiro de espera que só atua quando todos os outros falharem e o cara chegou na porta do gol, ou é ele ou ele toma o gol. É aí que entre a justiça criminal... Então não é o primeiro pra ir lá no Viaduto do Chá e prender o cara. Então, administrativamente, vai lá a prefeitura, o rapa, e pega a mercadoria dele, aplica-lhe uma multa, ou coisa que o valha, se ele tiver alvará e cassa o alvará dele. Na esfera administrativa está tudo certo, mas prender, sujar a ficha dele para daí nunca mais ele arrumar emprego nenhum porque ele se torna criminoso, eu acho isso abominável [PROMOTOR 1].

Observa-se bem como a comunicação sobre o princípio da *ultima ratio* se apresenta aqui: é uma seleção que remete ao legislador. Face a um comportamento que ele não considera demasiado ameaçador para a sociedade, o legislador não deveria utilizar o direito criminal. Essa é uma solução draconiana, que traz graves consequências para o indivíduo (uma ficha criminal e a estigmatização daí decorrentes), e, portanto, só deveria ser colocada em prática quando realmente existisse uma ameaça para a sociedade. Assim concebido, o princípio funciona como um "divisor de águas" entre o que conta verdadeiramente (os crimes mais graves) e aquilo que é percebido como não devendo ser um crime. Entretanto, a partir do momento em que se pensa tratar-se de um crime, a moderação possível acarretada pela *ultima ratio* desaparece, ou quase.

Acompanhemos a sequência da argumentação do promotor 11:

> Mas de qualquer maneira, este critério da *ultima ratio* tem que estar presente na atuação de qualquer operador do direito criminal. Sobretudo de juízes e promotores. Você não pode banalizar a atuação criminal de uma tal maneira que ela perca a sua relevância de *ultima ratio* e de mais poderoso instrumento de controle social. Não tem nenhum depois dele. Então você banaliza todo o resto e daí a gente chega ao cúmulo... essa última lei de drogas, por exemplo, é... é... o porte de entorpecentes para uso próprio, eles não vão ter coragem de descriminalizar. Era essa a tendência. Não teve coragem. Eu pessoalmente acho que a questão foi política, era ano eleitoral e alguém falou para o presidente da república — "olha, você não pode sancionar em ano eleitoral uma lei descriminalizando o porte de entorpecentes". "Ah bom, então eu tenho que arrumar uma solução alternativa". Aí arrumaram uma solução que bota lá como pena advertência. Então você veja, nós chegamos a um tal grau de falta de lógica em que um crime, portanto última instância de controle social, tem uma pena mais leve do que a instância administrativa, que é a primeira, dos controles estatais é o primeiro. Tem os controles extra-estatais, de família, de religião etc, mas dos estatais o primeiro é o âmbito administrativo, a pena é multa. E aí você traz para o crime uma pena de advertência. Quer dizer, isto é um absurdo, isto é absolutamente ilógico [PROMOTOR 1].

Aqui, verifica-se claramente como, nessa utilização do princípio da *ultima ratio*, o direito criminal não pode ter penas moderadas, mas somente "canhões" muito potentes. Estamos diante de uma clara representação militar e belicista do direito criminal, mas sem a doutrina do *jus in bello* (de moderação na guerra).

A questão que se coloca, por ora, é a seguinte: qual relação entre o princípio da *ultima ratio* e a obrigação de punir (tema da presente seção)? Como já dito, o princípio da *ultima ratio* é um *medium* (em referência ao pensamento de Luhmann, exposto nas seções 4.1.1 e 4.1.2). Enquanto tal, ele nos permite fazer uma certa delimitação de sentido, mas é aberto a diferentes "formas"). Contudo, na forma que ele adquire aqui, ele produz o resultado inverso de seu sentido moderador, tomando uma forma que reforça a obrigação de punir. Em resumo, sob essa forma, o princípio da *ultima ratio* permite neutralizar a resposta dura e aflitiva do direito criminal. Portanto, ele se apresenta, paradoxalmente, como um obstáculo a um novo direito criminal, mais complexo e moderado.

Essa forma aparece também claramente na fala do juiz 8. Após um questionamento sobre uma possível abertura do leque de penas ao SDC, toda uma construção teórica é produzida para defender o caráter incontornável de uma obrigação de punir, e com penas aflitivas, tendo o princípio da *ultima ratio* como um dos argumentos fundamentais:

> Isso [a alargamento do leque de possibilidades do direito penal] é um problema pela própria estrutura filosófica do ramo do direito e do direito penal. Bom, o direito penal (...) é um direito de exceção, é um direito que chega a uma condição crítica da regulação social. No cível você tem toda a liberdade do direito alternativo porque a regra é a da criatividade. No cível então eu posso ter a liberdade de forma (...). No crime não tem essa liberdade. Muito pelo contrário: ele trabalha com a restrição. Então ele trabalha com a restrição porque ele é a última barreira para que haja possibilidade de vida em

> sociedade (...) A peneira mais fina de defesa da sociedade é a do direito penal. Então o direito penal (...) só consegue ter razão de ser quando você olha que situações fariam que ocorresse uma desagregação do grupo. (...). Ora, o direito penal ele se restringe a examinar isso, ele entra na frequência de corte do tecido social no momento em que sem que haja uma resposta, sem que haja uma ação diante de um comportamento deletério coletivamente, então a própria sociedade está em risco. Ele entra pra proteger essa dimensão final. Logo a justificativa até filosófica pra que ele adote uma restrição ou uma punição mais intensa do que as outras é porque ele é a última barreira de defesa da sociedade. Se não se defender aqueles interesses, se não se defender aqueles bens, a sociedade se desintegra. Ora, se ele então é (...) a última defesa da sociedade, então é necessário que ele tenha uma diferenciação de tratamento compatível com a gravidade do objeto sobre o qual ele se debruça. Daí é que essa sanção ela tem que ser basicamente a restritiva de liberdade, não há dúvida [JUIZ 8].

Nessa citação, apreende-se bem a mobilização do argumento do direito penal como *ultima ratio*, para justificar não só a obrigação de punir, como também de fazê-lo com uma pena de prisão. O juiz retoma a ideia de que o direito penal e sua pena são os últimos elementos de defesa da sociedade e, como tais, só se deve recorrer a eles quando um comportamento coloca em perigo a sociedade. Contudo, ele aqui enfatiza o fato de que, enquanto última defesa, ela deve ser uma defesa forte, mais intensa. Uma vez mais, o sentido moderador do princípio é neutralizado.

Atentando para essas observações empíricas, devemos concluir que mesmo o princípio da *ultima ratio*, que numa primeira leitura superficial pode ser entendido como um princípio moderador, funciona como um obstáculo cognitivo à evolução do direito criminal, contribuindo com a obrigação de punir com penas severas e assim reforçando a RPM.

6.3 OS LIMITES DO ARBÍTRIO DO JUIZ: A CONSTRIÇÃO DOS DISPOSITIVOS LEGAIS

Em algumas ocasiões, a obrigação de punir é percebida menos como uma consequência do sistema de pensamento do SDC, do que como uma simples consequência dos limites impostos pela legislação. Realmente, para alguns juízes, os limites legais das penas põem fim à discussão sobre as possibilidades de resolver de outras formas o conflito criminal, bem como de encontrar penas diferentes ou menos severas. Nessa concepção, a falta de criatividade no repertório das normas de sanção não é atribuída ao SDC, mas ao legislador (sistema político). Efetivamente, é preciso reconhecer que, no Brasil, o legislador não contribuiu para o desenvolvimento do campo da autonomia dos tribunais em matéria de normas de sanção. Examinemos uma comunicação (e seu tom crítico) relativa a essa maneira de representar o problema:

> [ENTREVISTADOR] Mas o maior problema pra você então, nessa questão de determinar uma pena, é a falta de arbítrio pelo juiz?
>
> Falta de liberdade, falta de decisão verdadeira? Provavelmente, até porque, quer dizer, todo sistema eu acho que ele é contaminado, é um sistema punitivista. É um sistema seletivo desde a escolha do bem jurídico, quer dizer, a propriedade privada ela tem muita importância no Código, isso é coisa de império, isso é coisa de... é ser reacionário, entendeu? (...) E aí o critério, a eleição dos bens jurídicos eu acho, tem conduta aí que (...) nem tem bem jurídico pra proteger, né? Então já começa a contaminar por aí, que critério é esse? Que bem jurídico é esse que foi eleito? Por que tá mais valorado que outro? Então assim, eu já acho que o tipo penal nem sempre atende ali a... a estruturação do sistema ali já não acho, já acho que é falha.

> Além disso tudo, o juiz, principalmente o juiz criminal, ele tem muito pouca liberdade, ele tá totalmente tolhido na sua decisão. Em várias hipóteses ele apenas sanciona o que está definido pelo legislador. Eu acho que existe uma ingerência aí do legislador na competência judicial, por falta de confiança de um poder sobre o outro. (...) O nosso judiciário é muito tímido, é até mesmo a nossa formação é conservadora, ela é muito positivista né? A força da lei é muito grande, você tem que ficar na lei e tudo... e a gente assimila isso né, e no crime é muito complicado você quebrar esse paradigma [JUIZ 3].

Eis um olhar crítico sobre o que é percebido como a falta de liberdade dos juízes na tomada de decisão. A escolha do limite das penas se dando alhures, o que resta ao juiz — uma decisão dentro do hiato preestabelecido pelo sistema político — é, certamente, uma limitação para a criatividade judiciária.

O mesmo problema aparece em uma outra comunicação:

> Então você tem a punição e depois você tem a ressocialização. A pena deveria ser teoricamente suficiente para cumprir os dois. Se ela é ou não é suficiente para cumprir os dois, se ela não tem um caráter punitivo que deveria ter ou também não tem o caráter ressocializante que ela deveria ter... Isso não tem margem, eu posso ir até aonde a margem de manobra que a lei permite, mas eu não posso ir (...) nem além daquele limite nem aquém da possibilidade legal. Então você fica mais ou menos preso dentro de uma estrutura... (...) Na nossa tradição forense, você não tem uma... na legislação, você não tem uma margem de, digamos assim, uma margem discricionária muito grande na pena. Você só pode aumentar a pena por critérios muito específicos e só pode abaixar a pena também por critérios muito específicos. Entoa você está preso dentro daquela estrutura, segue esse modelo [PROMOTOR 5].

Consideramos que se trata de um problema que pode variar de intensidade, conforme diferentes jurisdições. Em alguns países, os juízes têm mais liberdade para a resolução de conflitos do que em outros e esse problema nos parece particularmente acentuado no país em que realizamos nossas observações, o Brasil[133]. A oportunidade de surgimento de inovações — isso é, de construções jurídicas que fogem ao quadro da RPM — parece bem limitada em um contexto de coerção legislativa estrita. E não se trata, necessariamente, de criticar os juízes pela "não inventividade" em matéria penal; mas sim, em nossa opinião, de um problema mais amplo, no nível da autonomia do SDC. Esse sistema se depara com constrições ao seu funcionamento a partir da legislação (o ponto de "acoplamento estrutural" com a política, para retomar os termos da teoria dos sistemas), as quais irão reduzir a liberdade de decisão dos juízes pelo sistema político.

6.4 AS PISTAS PARA UMA ABERTURA: POSSIBILIDADES PARA PENSAR OUTRAS FORMAS DE PUNIÇÃO

Julgamos ter mostrado, até aqui, a presença massiva da RPM nas comunicações do SDC. Agora, pretendemos focar em algumas comunicações que mais se distanciam do sistema, fogem à norma e tentam entrever outros caminhos para abordar a resposta penal. A despeito da presença dominante da RPM nas comunicações do SDC, a existência de outras racionalidades, outros discursos acadêmicos, e outras possibilidades sobre a forma que a punição moderna deve assumir, não está completamente excluída. Consiste em discursos periféricos, que não chegam a ser estabilizados e generalizados no sistema, mas que ainda assim estão lá. Ou então, retomando os

133 Sobre a questão da pena mínima no Brasil (comparativamente ao Canada e à França) e a restrição do poder do juiz, ver Machado *et al.* (2009).

termos que utilizamos em nosso capítulo teórico (seção 4.3), vemos a RPM como uma "resultante de forças" no plano das ideias: dentre um arsenal de discursos que circulam no SDC, há alguns que nos permitem questionar a obrigação de punir, a pena como inflição obrigatória de um sofrimento e a concepção do delinquente como inimigo da sociedade. Assim, o que nos interessa na presente seção são as argumentações periféricas e virtualmente inovadoras que se constituem em uma direção diferente daquela harmonizada pelas teorias clássicas da pena.

Para iniciar, eis, por exemplo, a formulação de um juiz que acredita em outras possibilidades de afirmação da norma:

> Sim, sim, eu creio que... (...) mesmo as respostas não punitivas (...) podem reafirmar a validade da norma (...). Mesmo naquelas situações onde há uma absolvição (...) [por] uma circunstância meramente de natureza acessória... tanto do direito penal como do direito processual penal... Mesmo nesses casos o processo é um elemento de afirmação da validade da norma. Quer dizer, não é só a pena que afirma. (...) Bom, então acho que há uma afirmação inclusive na própria ação judicial e mesmo na absolvição pode e deve haver por parte da justiça uma função, uma atuação de afirmação na validade da norma, de reforço da consciência social em relação a isso [JUIZ 16].

Esse é um exemplo da presença de ideias minoritárias e não estabilizadas, mas que fazem sempre parte das possibilidades do SDC. Para aqueles que temem que a falta de uma pena criminal possa significar "não fazer nada", um desprezo ao conflito ou ao dano causado à vítima, o juiz 16 nos lembra que não há necessidade de uma pena criminal para afirmar a validade de uma norma. Há outras possibilidades não só para afirmar a validade de uma pena jurídica, como também para comunicar a preocupação em relação a um "bem jurídico" (termos utilizados pelos entrevistados), "dar satisfação" à vítima, e estabelecer o caráter não aceitável de um comportamento tido como crime.

Assim, como nos lembra nosso entrevistado, a própria existência de um processo jurídico é sinal de que a norma é válida e que o comportamento é inaceitável. Para ele, um processo para condenar uma suposta infração à norma é suficiente para reafirmá-la. Encontrar algum culpado de um crime é contingente (se é a pessoa certa, se há elementos suficientes para prová-lo etc.); porém, o simples fato de instaurar um processo criminal como resposta ao comportamento que contraria a norma constitui uma mensagem inequívoca da sociedade de que se trata de um comportamento inaceitável.

Tal argumento se aplica igualmente no caso de uma condenação penal, no qual a pena criminal não se constitui como resposta — como é o caso do conceito de "perdão judicial", presente na legislação brasileira. Esta figura jurídica, existente em algumas jurisdições ocidentais[134], confere ao juiz a possibilidade de condenar uma pessoa julgada culpada de um crime, sem contudo impor uma pena que, de outro modo, ele seria obrigado a determinar. Para que o juiz possa não infligir tal pena, mesmo após uma condenação, o culpado deve ter cometido um crime em uma categoria muito específica: é preciso se tratar de um crime culposo (cuja possibilidade de perdão

---

134 Aguiar (2004, p. 17) identifica o mesmo conceito de perdão nos sistemas jurídicos italiano e francês. Em nosso conhecimento, esse tipo de perdão judiciário não existe como tal, no Canadá. Há várias possibilidades, quando se pensa no "perdão" relativamente a um ato criminal, proveniente por vezes do político, por vezes do próprio SDC. Dumont nos apresenta alguns exemplos (2000, p. 301). No Canadá, o mais conhecido nos parece ser o perdão que foi inserido na legislação (Lei sobre os antecedentes criminais), como reabilitação ("perdão" sendo mantido na grafia inglesa). Porém, não se trata aqui deste perdão. Por outro lado, os tribunais no Canadá dispõem de mecanismos ainda mais extensos e passíveis de desempenhar um papel equivalente (interromper um processo, conceder uma absolvição incondicional ou condicional etc.).

esteja prevista no código[135]) e o impacto do crime deve ser tal sobre o infrator, que a pena seria um sofrimento redundante[136]. O exemplo clássico é de um pai que, dirigindo seu automóvel, é implicado em um acidente que causa a morte do filho que está ao seu lado. Em casos como esse, a legislação brasileira aceita o "perdão" do juiz; ou seja, ela prevê que se possa condenar sem impor uma pena, tendo em conta o fato de se julgar que a mesma não traria nada de positivo à sociedade e que o culpado já tenha passado por um sofrimento muito mais importante.

Esse exemplo do "perdão judicial" como uma possibilidade para sair do quadro da RPM é bem representado na citação a seguir:

> Mas eu acredito que sim, pessoalmente, mas a nossa lei brasileira não permite perdão judicial. É somente em casos em que a vítima é parente, é filho, e que afetou de tal forma aquela pessoa que... não caberia isso num homicídio doloso, num homicídio culposo talvez, um acidente de trânsito, você vai responder por homicídio culposo, mas a vítima era a tua filha, por exemplo, cabe perdão judicial. Agora, em outros casos não cabe perdão judicial. O juiz não pode, a lei não permite isso. Seria uma decisão ilegal, inconstitucional. Agora, hipoteticamente, sim, eu acho que poderia ser feita essa analogia, porque tem caso que realmente você percebe que aquela pessoa já sofreu. Existe um dito por aí popular que é válido que diz que muitas vezes o processo, você responder o processo, é muito mais desgastante,

---

135 Para a lista desses crimes que incluem o homicídio e as lesões culposas, ver Aguiar (2004).

136 Desde o surgimento de uma lei de 1999 (Lei nº 9807/99), o efeito do perdão judicial mudou no direito brasileiro. Grosso modo, esta lei autoriza o perdão ao acusado de qualquer crime, quando o delinquente não é reincidente e colabora com a investigação e o processo criminal. Tendo em conta a inexistência da defesa de culpabilidade (que em si pode ser vista como uma forma de perdão) no direito brasileiro, essa lei constitui uma maneira de encorajar a colaboração dos acusados na elucidação de crimes.

> muito mais estressante, muito mais sofrível do que a própria pena que ele pode [receber]. E isso realmente acontece. Em muitos casos você percebe que a pessoa, só por ter recebido uma denúncia, só por ela comparecer a uma audiência, só por ela estar com aquela expectativa de condenação de absolvição, você vê que a pessoa se sentiu arrependida. Há certos casos sim, que você vê que aquilo já é suficiente [JUIZ 22].

Resumindo o argumento, mesmo que o processo jurídico não resulte em uma condenação e uma pena, ele reafirma a norma. De igual modo, a condenação criminal reafirma a norma, mesmo quando não está imediatamente associada a uma pena criminal. Retomando uma crítica já feita a Hart (1963), para se comunicar algo, é sempre possível recorrer a diferentes meios. A pena criminal constitui um meio para comunicar a reprovação social, mas de forma alguma ela é a única a poder fazê-lo. Comunica-se a reprovação — ou denuncia-se o crime, reafirma-se a norma penal — com uma simples condenação (sem pena), com um simples processo não seguido de uma condenação (por diversas razões), e com o perdão. A simples existência desses meios dá conta — isso é, comunica — (d)o caráter não aceitável de algo que ocorreu. Além disso, a pena não precisa ser severa, nem visar à inflição do sofrimento, para afirmar a norma de comportamento.

Mas, há outras possibilidades de abertura do SDC a um modelo menos punitivo. A comunicação, a seguir, expressa uma possível apropriação de mecanismos extra jurídicos de resolução de conflitos pelo SDC:

> Eu sou convicto de que o direito penal tem que ser o mínimo do mínimo, isso é inevitável. (...) Mas também entendo que o direito penal tem o seu lugar sem nenhuma dúvida, mesmo que o sistema como um todo tenha deficiências. Alguns dizem falido, outros dizem que é insuficiente, outros dizem que ele poderia ser totalmente fragmentado, que não faria falta. Eu acho que não, eu acho que fortaleceria a justiça penal por grupos. Mas assim,

> o Estado na representação desses grupos pode ser, mas uma representação mediatizada, ela tem outros instrumentos que amortizam as expressões. Eu não sei até que ponto seria bom e razoável uma justiça comunitária, isso é uma discussão muito forte da teoria... (...) Eu sou do interior do Sergipe e conheço muito bem como alguém que ofende a honra de alguém, um senhor da comunidade chama os dois [e media o conflito]... Eu acho que isso tem o seu espaço, mas acho que você retirar a possibilidade de isso ir ao judiciário não é razoável. E não seria razoável por quê? Porque nada me garante que o conselho comunitário será menos infenso a interferências, menos infenso ao autoritarismo, menos infenso à impossibilidade de justiça. Nada me garante isso. Eu não posso partir do pressuposto de que o Estado é opressor e que a comunidade, que o bairro, que a favela, que o conselho comunitário sejam instâncias mais democráticas. Não necessariamente. Mas também acho que o judiciário deve mediatizar esses instrumentos, porque afinal de contas o que talvez a vítima ou o autor do crime queiram apenas não é que o conselho comunitário faça essa justiça, mas que a mesma resposta que o conselho comunitário poderia dar que o judiciário dê, ou seja, com outros instrumentos que não a pena, que não encarceramento, etc. Acho que caminha por aí [JUIZ 13].

Se resumirmos a proposição dessa comunicação, o juiz admite que outras modalidades de resolução de conflitos, em matéria criminal, existem fora do sistema jurídico e têm espaço na sociedade. Em que pese a possibilidade delas serem eventualmente instrumentos de injustiças, elas poderiam ser instrumentalizadas pelo judiciário para que ele abrisse seus horizontes para outras formas de solução de conflitos. Não se trata portanto de substituir o SDC, mas sim de "arejar" um pouco as possibilidades de solução para conflitos. Em sua opinião, o cenário ideal seria que o SDC se apropriasse dessas formas de justiça existentes na comunidade, bem como de certos meios de resolução de conflitos que passam mais por um acordo ou outras sanções, do que pelo encarceramento. Trata-se, assim, de um discurso que, embora bastante cioso do papel do SDC, vê a possibilidade de uma certa abertura a outras formas de resolução de conflitos não baseadas na prisão.

No depoimento, a seguir, há uma certa mudança de foco, com a comunicação do juiz deplorando o fato de que o SDC se preocupa muito pouco com o impacto que ele tem sobre as pessoas implicadas no caso — o que abre a porta a uma defesa da justiça reparadora:

> Eu acho que a justiça penal ela tinha que ser mais pessoal, mais humana. É um braço tão forte do Estado, é uma ação tão violenta sobre o indivíduo, que a gente tinha que parar pra pensar. Eu (...) até sou a favor da justiça restaurativa, eu acho que a experiência que eles estão tentando é produtiva e eu acho que seria possível aplicar a justiça restaurativa nos processos criminais. Eu tenho vontade de aplicar aqui para os réus que confessam. Só que o problema é a legalidade etc e tal, porque se eu faço círculo restaurativo com o sujeito que confessa (...) e faço (...) uma aproximação de vítima, de repente de cair a ficha dele de ele perceber que de repente não vale a pena continuar naquilo ali, não sei... Nesse círculo restaurativo talvez eu consiga chamar pai de alguém, mãe de alguém, sei lá, alguma coisa que seja mais humana que leve o sujeito a algum tipo de reflexão. Porque eu vou te dizer, eles chegam aqui algemados, saem e às vezes eles voltam lá pra carceragem e eles nem sabem o que aconteceu. (...) É... um círculo restaurativo eu acho que seria interessante em alguns casos... (...).
>
> [ENTREVISTADOR] Que tipos de casos?
>
> Roubos, por exemplo, isso a lei não permitiria, mas roubo que... a própria vítima tem uma imagem às vezes de um ladrão e quando ela chega e vê algemado ela fala — “nossa, ele tá

> diferente, ele tá menor eu achei que ele era maior". Até pra vítima aquilo ali às vezes é saudável, ver de novo e tirar aquela imagem de violência, de trauma. Essa aproximação da justiça restaurativa com esse acompanhamento psicológico do sujeito eu acho interessante, pra gente ter noção de quem está ali e pra gente ter um diálogo. O problema que eu acho, talvez eu tenha me expressado mal, da justiça penal é que a gente não dialoga, a gente trabalha pela força, a gente impõe, a gente não tem nenhum nível de diálogo com o indivíduo que está sendo acusado. O sistema não é aberto pra isso. E eu acho que isso brutaliza, isso não resolve, a forma como é conduzido o processo, a forma como o legislador determina, a forma socialmente sancionatória não chega a lugar nenhum, só distancia. Então isso vai levar à reincidência, vai levar a mais violência. Eu acho que é uma resposta violenta que a gente dá [JUIZ 3].

O interessante, nessa citação, é a constatação do juiz sobre a possibilidade de outros tipos de resposta e de sanções, inclusive, para alguns crimes mais graves, bem como a verificação de que o SDC poderia buscar soluções que não valorizam a exclusão social. Em resumo, há, nesse depoimento, uma concepção do SDC que deixa de lado um *ethos* belicoso em benefício de uma concepção conciliadora.

Outros juízes manifestaram, igualmente, um ponto de vista aberto a soluções conciliadoras, embora aplicadas a casos muito mais simples. No excerto a seguir, o juiz 13 nos narra a história de um caso criminal que lhe foi apresentado e pelo qual ele julgava que uma solução mais "criativa" era necessária. Tratava-se de um simples caso de insulto feito por um vereador a um policial. O juiz fez uma proposta de acordo, antes de decidir: ele propôs que o acusado pagasse uma pequena indenização e, principalmente, que ele apresentasse suas desculpas aos policiais. Examinemos como ele descreve a situação e a analisa:

“Olhe, vou propor novamente, o senhor paga uma multa X e (...) o senhor faz um pedido de desculpas aqui na audiência que vai ficar registrado aos policiais. Aceita?” “Aceito”. Manda entrar as supostas vítimas, elas entram, e assim, por incrível que pareça, as supostas vítimas do desacato ficaram muito mais satisfeitas com o pedido de desculpas solene. Ele dizendo que realmente ele nunca teve o intuito de ofender desacatando, tanto que o pai dele também fora policial rodoviário, então ele jamais ia desacatar ou ofender um policial rodoviário. Então eu diria pra você: é uma forma heterodoxa? É. Mas assim, seguramente o policial rodoviário não tem interesse em outra pena a não ser ele ser restaurado na sua autoridade de policial rodoviário, o que fora feito efetivamente, publicamente, numa audiência, com todo mundo ali. Eu acho que o judiciário não ter alguma solução (...), eu ousaria chamar de criativa nessa questão o que impede? Impede a que soluções “criativas”, mas muitas vezes autoritárias sejam tomadas num âmbito extra penal, num âmbito extra penal e judicial, no âmbito da comunidade, no âmbito familiar. [Mudando de exemplo], a mulher ofendida ela quer muito mais ver alguém dizer que ela foi ofendida, que ela tá certa, já que ela na visão ela está sendo vilipendiada vamos dizer pelo marido. Não tô colocando um caso de agressão física (...), mas ela quer muito mais ser restaurada na sua honorabilidade, vamos colocar assim, do que o marido receber uma pena. (...) Vou dar outro exemplo. Tráfico internacional de drogas, aqui na 2ª vara, a mula que conduzia a droga ingerida, prisão em flagrante, confessou, colaborou, etc e tal... Com todas as possibilidades de redução de pena, eu pergunto pra que processar mais ele? O processo é muito mais uma pena, ele ter que vir do que ele chegar num interrogatório e dizer - “eu reconheço etc e tal”, e você encerrar o processo aí [JUIZ 13].

Novamente, vê-se aqui espaço para soluções que fogem ao quadro da RPM. Em dois dos três exemplos apresentados nessa comunicação, o essencial é o desejo de "ver sua honra restaurada", muito mais do que punir o infrator. No outro exemplo, o magistrado vê claramente o próprio processo como uma pena. Se fizermos o exercício de pensar que a decisão do juiz não precisa ser inserida no quadro das teorias tradicionais da pena, vemos emergir uma decisão altamente satisfatória para as partes envolvidas no conflito, assim como para a sociedade. Com essa resposta, afirma-se a norma penal, satisfaz-se a vítima, e abstém-se de infligir um sofrimento ao culpado. Evidentemente, não será possível vislumbrar tal solução, se cairmos na armadilha de pretender retribuir o crime, ou dissuadir quem quer que seja.

Na comunicação, a seguir, há um outro tipo de crítica ao SDC. Para o juiz entrevistado, reduzir o reenvio dos conflitos ao SDC poderia trazer resultados mais interessantes:

> De fato a gente tem muitos crimes hoje no Brasil e muitos tipos penais, né? Eu acho que precisa reduzir esses tipos, eu diria que diminuir o direito penal. (...) O que a gente vê hoje e acontece muito no interior é que os conflitos estão muito judicializados, então o menor conflito hoje é judicializado. Isso eu vejo que em parte é consequência da falta de outras instâncias de mediação, (...) então a solução é com o judiciário, é preciso judicializar. Então, nesses casos, por exemplo, os crimes contra a honra em que às vezes nessas instâncias de associações civis comunitárias de igreja, a figura antiga que a gente tinha do juiz de paz né, onde esses crimes são resolvidos ali e no caso a vítima no caso o ofendido vai pedir ao juiz que quer retirar que não quer continuar com o processo, juntando essa redução do tipo e a criação dessas instâncias todas de mediação... Eu acho que a gente teria um direito penal bem mais enxuto. a gente teria um direito penal com poucos tipos, com poucas figuras e acho que se o juiz então

> mais possibilidades de fugir ali do mínimo, do máximo e de mínimo e lhe fosse também oferecidos os mecanismos no sistema penal, no sistema penitenciário, no sistema mais punitivo lá do Estado... Que tivesse o juiz mais alternativas de aplicar penas alternativas... Eu acho que seria (...) uma possibilidade [JUIZ 9].

Cabe dizer que reduzir a quantidade de comportamentos criminalizados, tal como defende esse juiz, não implica necessariamente em sair do quadro da RPM. Apesar de se poder fazer valer o argumento (com o qual concordamos) de que o SDC se ocupa muito mais com comportamentos do que o desejado, cai-se, assim, na armadilha de defender um sistema, como o atual (ou ainda mais punitivo), para crimes que seriam mantidos na esfera do penal. A despeito de sua preocupação humanista quanto à expansão da judicialização dos conflitos, tal crítica é bastante limitada. Não se buscam inovações, soluções diferentes, que mobilizem justificativas distintas daquelas dadas pelas teorias da pena. Em suma, seria a defesa de um SDC menor, mas que permaneceria essencialmente o mesmo.

Finalmente, para concluir esta seção, cabe lembrar que, até aqui, vimos uma abertura a algumas formas jurídicas que fogem, em diferentes graus, ao quadro da RPM. Alguns discursos aprofundam mais do que outros, mas todos apresentam uma possibilidade de pensar soluções penais fora do contexto de imposição obrigatória de um sofrimento. São variações interessantes, mas que não chegam a se generalizar no SDC.

6.5 CONSIDERAÇÕES FINAIS

Para concluir este capítulo, queremos simplesmente acrescentar que sempre existem possibilidades alternativas, tanto para pensar diferentemente a punição quanto o papel do SDC mais como instância de resolução de conflitos do que espada da sociedade. Há também sempre possibilidades para considerar soluções que humanizem o delinquente e levem em consideração a opinião de pessoas atingidas pelo crime. As comunicações que podem oportunizar a emergência de estruturas alternativas surgem sempre, tanto na prática dos juízes, como nos casos aqui vistos, quanto na esfera da filosofia do direito e da doutrina penal. Podemos encontrar, por exemplo, construções de importantes teóricos, como Del Vecchio, que contrariam a naturalização do direito de punir:

> Toda ação realizada em face de outrem (por consequência, também uma ação delituosa) implica, numa ordem puramente abstrata, [...] a autorização da recíproca, isto é, torna-a juridicamente *possível* [..]. Ela não a torna, no entanto, *necessária* (um dever), uma vez que não existe nenhuma *obrigação* de fazer prevalecer, até o limite, uma tal autorização. E, entrando também na faculdade de que dispõe o sujeito que sofreu um dano, outras possibilidades igualmente jurídicas, como a de se satisfazer ou de se contentar com uma reação atenuada ou simbólica, ou ainda de perdoar o dano seguindo o conselho sublime da Moral cristã, especialmente quando o autor do dano o repara e se mostra arrependido, são possíveis. A renúncia a um direito, como a remissão de um débito (é preciso aqui ter certas verdades elementares presentes no espírito), não nega o próprio direito. Ao contrário, ela o pressupõe e, implicitamente, o afirma (Del Vecchio, 1955, p. 138).

Se podemos nos apoiar em Del Vecchio para desconstruir o direito de punir como obrigação de punir, podemos igualmente encontrar alguns autores que irão promover a desontologização da pena enquanto sofrimento — como Montesquieu, já no século XVIII[137], e em contemporâneos, como Poncelat[138]. Em resumo, é preciso sempre atentar para o caráter contingente das escolhas penais feitas pelo SDC, nos dois últimos séculos. A RPM e sua obrigação de infligir um mal, de conceber o delinquente como inimigo da sociedade, e de não se preocupar com as consequências sociais das penas, são construções históricas que, em nossa concepção, não mais servem a sociedades democráticas do século XXI. O SDC continua preso a essa estrutura cognitiva originária dos séculos XVIII e XIX, e que evoluiu muito pouco desde então.

Para finalizar, cabe dizer que a desconstrução da pena aqui feita não se confunde com um projeto abolicionista do direito penal. Sempre acreditamos que o direito penal exerce uma função pertinente na sociedade, bem como seguimos acreditando que a inflição do sofrimento enquanto pena criminal também pode ter um papel indispensável na sociedade. A questão não é a existência dessa inflição como recurso do direito penal, mas sim seu caráter primordial, incontestável, destruidor e generalizado. Casos problemáticos, que pedem uma resposta "robusta" e demandam ao SDC a proteção da sociedade, sempre existirão, mas isso não pode justificar o fato de que se permaneça preso a uma racionalidade punitiva (que sempre faz valer as mesmas teorias da pena e a mesma solução) para resolver toda a gama possível de conflitos sociais que desembocam no SDC. De todas as razões que encontramos empiricamente para defender

137 "[...] nos governos moderados, tudo, para um bom legislador, pode servir para formar penas. [...]. Ou seja, tudo o que a lei chama de pena é efetivamente uma pena" (Montesquieu, 1748 [1838], p. 231-232).

138 "Por pena [...], é preciso entender toda sanção ligada a uma incriminação e pronunciada por uma jurisdição penal" (Poncelat, 2001, p. 39).

a obrigação de punir, não há nenhuma que seja capaz de alegar um argumento convincente para justificar todas as intervenções do penal realizadas atualmente. Em resumo, continuamos crendo que o SDC exerce sempre um papel fundamental de estabilização das expectativas normativas da sociedade (conforme dissemos anteriormente; seção 4.1.2), mas estaria muito mais adaptado às expectativas de uma justiça "humana" e "democrática", se fosse capaz de se desvencilhar dessas estruturas cognitivas antigas, que o obrigam, invariavelmente, a fazer o mal.

7 O SISTEMA DE DIREITO CRIMINAL FACE AO PÚBLICO E À OPINIÃO PÚBLICA

Como observar a recepção da opinião pública, dos movimentos de protesto, ou do público, no SDC? Como eles "influenciam" tal sistema? Como conceber sua relação com esses estímulos externos, essas "pressões" ou "influências" — que, em teoria, contrapõem-se à concepção de uma "justiça independente", norteada por princípios jurídicos, e não pelo clamor popular? Qual é, então, o impacto sobre o sistema dessa "efervescência" em seu ambiente, e como o sistema determina seu próprio interesse a partir daquilo que ocorre em seu ambiente? Como ele se comporta face a comunicações externas, que pretendem influenciar seu trabalho? Quais são as dificuldades experimentadas e as soluções (novidades) implementadas, quando ele se defronta com um caso extremamente midiatizado e uma pressão para dar "respostas" e "satisfações"? Ademais, é pertinente indagar se uma pena criminal deve ser determinada em função do público, ou daquilo que o tribunal construiu como sendo da opinião pública? Qual é o impacto desse tipo de estímulos externos sobre a construção da "justiça criminal", considerando que estamos no campo do jurídico, e não do político? Qual objetivo o SDC atribui à pena e como ele se situa face às demandas de moderação/severidade que ele crê observar em seu ambiente? E, por último, será que a legitimidade da pena ou do sistema dependem da opinião pública (ou do público) de alguma maneira?

Todas essas questões, bastante atuais, tocam problemas difíceis de abordar. Não pretendemos trazer respostas definitivas, mas sim complexificar as questões e mostrar um cenário que vai bem além de uma consideração cega ou de uma rejeição total aos estímulos externos ao SDC. Nas páginas que seguem acreditamos contribuir para clarear um pouco esse terreno árduo, a partir das descrições, distinções e teorizações.

7.1 UMA ELUCIDAÇÃO TEÓRICA PRELIMINAR: SOBRE OS CONCEITOS DE "IRRITAÇÃO" E DE "RUÍDO"

Para descrever essas relações, é preciso, simultaneamente, retomar (e complementar) considerações teóricas já feitas (capítulo 4), bem como recorrer ao nosso material empírico. Entretanto, não se deve entender tal abordagem como um mero preenchimento de categorias teóricas: os dados empíricos não se inserem simplesmente nas categorias preestabelecidas do quadro teórico, e essas também trazem o quadro teórico para se ajustar ao empírico. Ou seja, há um vai-e-vem de ajustes recíprocos.

Comecemos lembrando que aquilo que identifica um sistema é a constante produção da diferença de sua "existência" em relação ao seu ambiente. Portanto, o SDC deve ser identificado não pelas propriedades de suas estruturas internas, mas por sua constante apropriação (ou exclusão) de elementos por ele definidos como lhe pertencendo, ou não. É esse o perpétuo processo de autodistinção em relação ao ambiente que garante a sua existência enquanto sistema social. Lembremos, igualmente, a distinção entre abertura cognitiva e fechamento operacional. Afirmamos, na seção 4.1.2, que o sistema é impermeável a intervenções diretas externas. Somente ele pode decidir (operar) por si mesmo (é o fechamento operacional). Em contrapartida, isso não significa que o sistema não seja aberto para buscar em seu ambiente elementos para construir a sua própria realidade. O sistema pode perceber o que se passa em seu ambiente e pode se deixar "irritar" por essas comunicações externas. Essa maneira de formular o problema tem por objetivo refutar uma concepção causal convencional: os estímulos externos em questão (a opinião pública, o público, as mídias, e os movimentos de protesto) não serão observados como podendo determinar diretamente o que ocorre no SDC. Evidentemente, esse sistema tem uma percepção de seu ambiente e pode se deixar "irritar" por aquilo que percebe e seleciona.

Teubner explica muito claramente a lógica dessa relação:

> A autorreferência parece dar a chave do problema proposto pela compreensão da dependência e independência do sistema jurídico em relação à sociedade: o direito só se modifica reagindo a seus próprios impulsos. A ordem jurídica — normas, doutrina, instituições, organizações — reproduz-se em seus elementos, mas reage, assim, aos interesses do ambiente. Os processos das "coerções" e das "respostas institucionais" só se desenvolvem entre as estruturas internas do sistema jurídico, mas essa mudança autoprogramada sensibiliza o direito para as exigências externas da sociedade. *Se os desenvolvimentos externos não são ignorados, eles não seguem para tanto o esquema estímulo-resposta para se traduzir em efeitos internos: as estruturas jurídicas os filtram, segundo critérios de uma seletividade específica, e os adaptam à lógica interna da evolução normativa*. Mesmo as pressões sociais mais potentes são percebidas e tratadas juridicamente, somente na medida em que figuram nos "cenários" internos das construções jurídicas da realidade. É nesse sentido que os desenvolvimentos sociais "modulam" a evolução do direito, sem impedi-lo de seguir obstinadamente sua lógica de desenvolvimento (Teubner, 1994, p. 10-11; grifos nossos).

Neste capítulo, examinaremos, portanto, a construção desses "cenários" internos: estruturas normativas e cognitivas, que dão conta do que o SDC apreende de seu ambiente, quanto à relação entre suas decisões (principalmente em matéria de penas) e a opinião pública e/ou o público (e, eventualmente, os movimentos de protesto e as mídias). Em outras palavras, a questão reside, aqui, em saber quais são os "filtros internos" que o SDC constrói para reagir a essas comunicações externas.

Especifiquemos brevemente o conceito de "irritação", que nos será essencial para compreender a questão da construção dos "filtros internos". Para a teoria dos sistemas, tal conceito encontra sua razão de ser no fato de que os sistemas, para existir, devem estar acoplados ao seu ambiente. Considera-se que esse último oferece um leque de possibilidades inesgotáveis ao sistema, o qual, por sua vez, seleciona os elementos do ambiente que transformarão a sua realidade interna, produzindo modificações estruturais.

> A irritação é, portanto, um estado do sistema, que estimula a continuidade de suas operações autopoiéticas, mesmo que, como simples irritação, ela deixe em aberto, num primeiro momento, o fato de as estruturas deverem (ou não) se modificar. Em outras palavras, se deve-se introduzir processos de aprendizagem face a outras irritações, ou se o sistema acredita que, com o tempo, a irritação desaparecerá por ela mesma, visto que se trata de um acontecimento isolado (Luhmann, 2006, p. 626, nossa tradução).

Esse conceito de irritação é central para nós: nosso material empírico (as comunicações de juízes e promotores do SDC) revela, geralmente, uma percepção das comunicações do ambiente às quais o sistema deve reagir. Mas, o que tal percepção do ambiente denota, antes de tudo, é um estado de sensibilidade do sistema a determinados estímulos e é, nesse sentido então, que se fala em irritação: um estado de sensibilidade a certas comunicações externas que podem, ou não, acarretar transformações, mas jamais passam sem ser vistas e "consideradas" de algum modo.

Para elucidar melhor o conceito de irritação, devemos agora apresentar um conceito que é o seu oposto: o de "ruído". Se, de um lado, a irritação é essa percepção do estímulo externo captado por uma "sensibilização", e que pode ser objeto de um "tratamento" qualquer; de outro lado, o ruído é o estímulo externo que não é captado pela sensibilização do sistema. O sistema não se sente concernido pelo estímulo. O ruído é simplesmente um "barulho" (ou, talvez, até gritos), cuja existência é percebida pelo sistema, mas que não é uma mensagem com pertinência para ele (e, consequentemente, não deve ser "tratada" por ele). É um barulho de fundo indistinto e não processado pelo sistema.

Esclareçamos um pouco mais o conceito, utilizando um exemplo prosaico. Imaginemos um indivíduo em um restaurante de um país estrangeiro, cujo idioma é incompreensível para seu sistema psíquico. Esse indivíduo está cercado de pessoas que dizem termos que lhe são inacessíveis e aos quais ele não dá atenção. Evidentemente, ele ouve essas conversas em seu ambiente (ele acusa, portanto, a existência de um estímulo), ele sabe que elas existem, mas ele as categoriza como ininteligíveis e não concernentes a ele. São apenas "ruídos". Entretanto, repentinamente ele escuta da conversa do casal ao lado a palavra "café". Daí, ou lhe vem a ideia de tomar um café, ou ele se lembra que detesta café, ou ainda, ele simplesmente raciocina que, em sua língua materna, o termo é o mesmo. Quando tudo isso se produz, dentre todas as comunicações envolvendo seu sistema psíquico (e que foram construídas por ele como sendo "ruído"), acontece uma "comunicação irritante"; isso é, um estímulo que acarreta algo mais do que a reação (de indiferença) a um "ruído". Uma "irritação" (querer o café; lembrar-se que odeia café; ou pensar que se trata da mesma palavra) é desencadeada no referido sistema.

Notemos que a "irritação" e o "ruído", tal como definidos, são construções internas ao sistema. De um lado (exteriormente ao sistema), temos estímulos externos (em nosso caso, a opinião pública, público, movimentos de protesto etc.), e de outro lado (no sistema), temos uma reação que pode ser a construção de um "ruído", ou de uma "irritação". Se ignorarmos o estímulo (no sentido de sabermos que ele existe, mas entendermos que ele não nos concerne), nós o construiremos em nosso sistema psíquico como sendo um "ruído". Se reagirmos a tudo isso em função dele, nós o construiremos como sendo uma "irritação".

Vejamos como podemos representar o problema, graficamente:

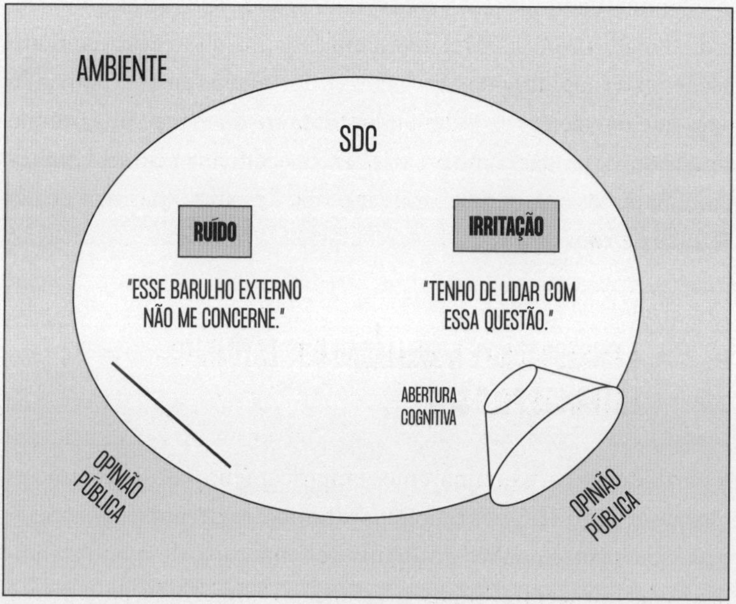

Esse quadro dá o sentido da distinção: de um lado, uma operação de indiferença para com a opinião pública; de outro lado, uma operação de escuta e de eventual tratamento, de criação de mecanismos para "aceitar" o estímulo externo, com os dois sendo operações do próprio sistema.

Todavia, o gráfico não revela um outro elemento muito importante na análise empírica, tendo em conta a relação dinâmica entre ambos. Essa distinção ruído/irritação está inserida em um processo dinâmico do sistema, de constante avaliação dos estímulos que ele percebe. Aquilo que, em um primeiro momento, é captado como ruído pode se tornar, em um segundo momento, uma irritação, e vice-versa. Assim, o sistema avalia e reavalia permanentemente a sua própria distinção.

Por fim, cabe fazer uma última especificação teórica. Enquanto observador externo, podemos observar, ou não, alguns estímulos externos como uma "pressão". Ou seja, podemos constatar a presença de algumas comunicações concernentes ao SDC, que exigem dele uma tomada de posição relativa a um caso qualquer. Essas comunicações externas, dirigidas ao sistema e portadoras de uma demanda para que ele faça algo, independentemente da reação do sistema, serão aqui definidas como pressão. Tal conceitualização será importante para nos auxiliar a examinar o tipo de estímulo com o qual o SDC se defronta[139].

7.2 A OBSERVAÇÃO E A AVALIAÇÃO DOS ESTÍMULOS EXTERNOS PELO SDC

A partir de agora, examinaremos empiricamente como se darão as relações entre o SDC e os estímulos externos, começando (seção 7.2.1) pela exposição e análise de alguns depoimentos, de modo a enfatizar a distinção entre "ruído" e "irritação". Em seguida, passaremos à análise da percepção do SDC aos estímulos externos e aos mecanismos que ele cria para deles se distanciar; ou, contrariamente, para torná-los aceitáveis. Na seção 7.2.3, abordaremos o que chamamos de "zonas de possibilidade" para a recepção dos estímulos externos — ou seja, estruturas às quais o sistema recorre para dar conta dos

139 Debuyst, Digneffe e Pires (2008, p. 26) utilizam o conceito de "influência", que se aproxima de nosso conceito de "pressão", a despeito de certos elementos distintos.

estímulos externos e recebê-los, preservando, porém, sua autonomia e seu fechamento operacional. Na sequência (seção 7.2.4), comentaremos algumas transformações no processo, que são pertinentes à nossa proposição, sem chegar a constituir estruturas de recepção aos estímulos externos. E, finalmente, na seção 7.2.5, abordaremos, separadamente, as possibilidades para a recepção, no SDC, de um público particular (o das vítimas).

7.2.1 Uma dinâmica permanente do sistema: do ruído à irritação, da irritação ao ruído

7.2.1.1 O RUÍDO MAIS MARCANTE

Iniciamos, salientando que alguns operadores do sistema descreverão o que se passa em seu ambiente, concernentemente ao público ou à opinião pública, como sendo simplesmente ruído. No depoimento abaixo, o operador se refere à prisão provisória, uma questão sensível nos casos midiatizados. Ele comenta o julgamento do acusado, conforme segue:

> [...] eu nunca peguei um caso em si famoso que foi pros jornais, mas eu simplesmente iria ignorar essa questão. Porque se eu fosse fazer isso, eu ia ou ter que manter preso sem ter uma justificativa razoável, a não ser a opinião pública, e a opinião pública não é um motivo de prisão, ou então ia ter que condenar independentemente de provas porque saiu no jornal que ele é o culpado, ou seja, a imprensa julgou antes da análise das provas que é feita pelo juiz. Então, eu entendo a preocupação de muito juiz até quando dá entrevista na TV (...), mas eu discordo totalmente. Eu pessoalmente ignoro a existência da matéria de um processo meu que fosse tratado na imprensa [JUIZ 2].

A atitude é aqui clara: é preciso lidar como "ruído" o que as mídias dizem, pois elas trazem um julgamento sobre o caso (mais frequentemente, um julgamento de condenação do que o contrário), que pode prejudicar a análise dos fatos pelo magistrado. As comunicações externas não passam, assim, de um ruído, e devem ser rejeitadas.

O juiz 6 discorre mais sobre a proteção contra as comunicações externas, evocando a blindagem formada pela ordem normativa, para afastar a opinião pública:

> Eu acho que nós temos a Constituição, que ela é o parâmetro que deve ser seguido. É lógico que a interpretação vai variando com o tempo, mas é uma coisa muito mais sólida do que a fluidez aí da opinião pública, do que se pensa sobre determinadas coisas, né? Então eu acho que a opinião pública ela é difusa, fluida, ela não, ela muda e as pessoas esquecem os momentos, é muito fácil você distorcer fatos que são evidentes. Você consulta os documentos clássicos, as obras clássicas da época e você tem determinada informação e 20 anos depois, 30 anos depois aquelas informações já não... já são totalmente distorcidas, entendeu? As pessoas não querem acessar, é muito mais forte o poder da mídia. (...) Porque você distorcer a verdade dos fatos é possível, né? (...) Se o juiz for levar em conta isso e não outros elementos, eu acho que ele vai acabar se perdendo [JUIZ 6].

Em outras palavras, o juiz deve buscar na legislação elementos (critérios) para decidir, mas que correspondam a balizas relativamente estáveis, que não consistam em decisões feitas conforme o impacto passageiro provocado por determinados acontecimentos. A opinião pública é "difusa e fluida"; na realidade, ela não é nem mesmo um critério fixo, mas sim "uma decisão já tomada" — o que não permite propriamente decidir (já que a decisão é tomada alhures). Em resumo, o sistema de direito lembra, aqui, a estabilidade e a segurança da lei face a variações ao gosto da opinião pública. No fundo, ele está aqui evocando que o judiciário existe e que é ele que decide.

O juiz 14, mesmo ressalvando que os juízes são "seres humanos com suas fraquezas", definirá explicitamente os estímulos externos da opinião pública como um ruído, como algo que deve ser logo rejeitado. Vejamos o que ele diz:

> Acho que traz problema sim, traz muito mais problema do que benefício esse tipo de repercussão na imprensa, essa pressão que a imprensa faz... Às vezes a crítica, às vezes e principalmente o elogio... O elogio pode levar alguns juízes à vaidade e tal, a crítica pode levar o juiz a se retrair a se acovardar. A gente tem que partir sempre do princípio de que juiz é um ser humano, uma pessoa igual a outra qualquer. (...) Então, quando a pessoa vai fazer concurso pra juiz, se entra não recebe uma armadura, não recebe nada. Tá lá um ser humano com as suas virtudes, defeitos, suas grandezas, suas fraquezas, pessoa normalíssima, sujeita a todo tipo de influência. A experiência de vida, o passar dos anos ali, sempre naquela área, traz uma certa tranquilidade, traz uma certa fortaleza, mas mesmo assim ser humano é humano, né? Nós somos humanos, né? Por isso que eu acho que essa influência é nefasta. Porque afasta o juiz do caminho único e puro do processo, do que está no processo. Nossa lei diz que o que não está nos autos não está no mundo, você tem que julgar de acordo com o que está ali no processo. É bem restrito isso aí, tem umas... tudo tem suas exceções, porque eu também sou do princípio de que a justiça, entre a lei e a justiça o juiz deve se posicionar sempre ao lado da justiça. Quando tá um conflito entre lei e justiça, e isso acontece todo dia, eu acho que deve se posicionar do lado da justiça, do que é mais justo e tal, que é bem subjetivo e é difícil, mas que no caso concreto você tem ideia do que seria, né? Então eu acho que esse clamor é nefasto em todos os aspectos [JUIZ 14].

Esse entrevistado reconhece, portanto, que a influência pode se dar através dos sistemas psíquicos, sem que isso seja visível ou expresso nas comunicações; uma influência ou uma pressão que pode levar alguns dentre eles a buscar outros elementos de convicção, ou a escolher uma outra possibilidade no plano das decisões. Todavia, a tomada de decisão deve ser feita com elementos do processo. Seu julgamento, quanto a isso, é muito claro: a repercussão midiática dos casos penais pode ser "nefasta" para o bom funcionamento da justiça, considerando-se o impacto que ela pode ter sobre os magistrados.

Por fim, o juiz 14 apreende uma opinião pública ou um discurso midiático punitivos (que ele situa em seu ambiente no Brasil). Essa percepção de uma demanda "punitiva", no que concerne à detenção provisória e ao veredito de culpabilidade, é assim observada como sendo dificilmente aceitável pelo SDC. Assume-se que ela é portadora de julgamentos precipitados de tal intensidade, de um sentimento de vingança tão agudo, que levá-la em consideração seria — para o sistema de direito criminal — quase a antítese da ideia de fazer justiça, do ponto de vista de suas regras de processo. Vejamos como o entrevistado vê o problema:

> Eu penso que não deve se levar em consideração. Isso são coisas diferentes, o público é leigo, o público, a sociedade, estamos falando em termos de Brasil... (...) A sociedade brasileira de uma maneira geral ela tem um sentimento, uma necessidade, de ver as pessoas presas. Ela tem um sentimento de vingança muito grande, né? O que eu sinto nesse período que eu sou juíza é o desejo de vingança que a sociedade tem. Vingança pela miséria, pela dificuldade, por tudo, pela sua vida. E a sociedade vê em qualquer pessoa que tenha relevo, que tenha um nome, uma autoridade no Brasil é sinônimo de... se for indiciado, por exemplo, um deputado todo mundo vai querer que ele vá preso. Se for suspeito de algum crime um juiz aí, a população quer que vá preso, nesses casos. E no outro

> caso que é o caso do crime violento, o crime estarrecedor, o crime que choca muito, as pessoas querem ver essa pessoa punida, morta, presa, seja lá o que for. Então esse clamor público é muito leigo e parte muito do sentimento, na minha opinião, de vingança da sociedade. Vingança pela vida que tem, né... Pela impunidade que grassa no país, o sentido de impunidade, o sentimento de impunidade que a população sente, a população tem. Então, quando acontece alguma coisa que chama a atenção, todo mundo quer se vingar, quer que prenda. E é a lei, esse sentimento é um sentimento que na minha opinião não deve ser levado em consideração, a população é leiga né, é bem desproporcional. (...) Sei lá, se fosse deixar para a opinião pública decidir não cabia gente nas cadeias, nem na entrada e nem saía nunca né, nunca saía preso das penitenciárias. O clamor público pra mim funciona negativamente na justiça brasileira [JUIZ 14].

É preciso atentar, aqui, para o fato de que esse discurso fala em "punição" e "vingança", e, enquanto tal, não faz referência à pena, mas exclusivamente à detenção e ao veredito de culpabilidade. A semântica não é clara; mas, seja como for, para esse juiz, as pressões externas são e devem continuar sendo ruído, ao menos quanto a esses dois aspectos relativos ao processo penal.

Então, o que podemos apreender com os depoimentos apresentados nesta seção? De imediato, constatamos o seguinte:

- O SDC pode observar seu ambiente como sendo muito punitivo e pretender neutralizar esses estímulos em relação a certos tipos de decisão (no caso, a detenção provisória e o veredito de culpabilidade);
- O SDC observa as mídias como selecionando acontecimentos para demandar "fazer justiça" e, também, tomando algumas decisões expeditivas em substituição (prisão preventiva e veredito de culpabilidade);

- A autonomia e mesmo a própria existência do sistema dependem dessa capacidade de não ser perfeitamente permeável a seu ambiente.

Considerando tais fatores, a atitude deverá ser (no processo) a de tomar distância em relação a essa opinião pública volátil e reivindicativa, de modo a refugiar-se na lei. É preciso tratar esse estímulo como um ruído externo, para que o sistema possa funcionar segundo as disposições da lei.

Embora sendo uma representação do SDC, bastante presente e difundida, ela descreve apenas uma parte do problema, ao passo que pretendemos mostrar, aqui, um cenário mais complexo: o de que a segurança e a coerência da lei para a tomada de decisão são menos evidentes quando se perscruta mais o campo. Ainda que os estímulos externos não sejam igualmente problemáticos, as comunicações do SDC, mesmo sendo sempre articuladas à sua autonomia na tomada de decisão, são bastante ambivalentes quanto à aceitação da opinião pública.

Nos dois próximos excertos, verificamos um cenário já um pouco mais complexo. Trata-se, ainda, do "ruído" — isso é, o sistema ouve as comunicações externas, mas não as considera pertinentes —, mas de um ruído mais intenso, certamente mais desconfortável para os operadores. Iniciemos pelo relato do juiz 17, que nos fala sobre suas dificuldades frente a um caso penal midiatizado:

> Ali eu acho que tem um sério problema de quando a mídia aparece né muito em determinado processo. Você fica um pouco ansioso de querer dar uma satisfação ao caso grave, né... E você tava querendo dar uma satisfação, uma resposta, e aí se torna um pouco às vezes meio justiceiro assim... meio busca de descobrir a verdade, né? E eu (...) acho que acaba sendo um pouco do papel de juiz né, eu acho que precisa ter... os [inaudível] recentes estavam defendendo que o juiz tem sim compromisso no combate ao crime, né... Ele tem

> compromisso sim, tem que garantir a ordem social e tudo. Na verdade, até o compromisso dele com o combate ao crime não é usurpar as funções da polícia ou do Ministério Público, não é virar o acusador ou o julgador sem ter elemento, né? (...) A impressão que eu tenho é que quando a mídia pressiona muito, eu não tive um caso desses na minha atuação, mas às vezes você tem uma intenção de dar uma satisfação logo, né... Isso causa eventualmente alguns problemas, né? [JUIZ 17].

O entrevistado vê, claramente, uma dificuldade nos casos midiatizados. Além da necessidade de "apressar-se", sente-se, ainda, a necessidade de mostrar ao público "que se trabalha". O juiz se torna mais ativo do que habitualmente, ou do que deveria sê-lo, buscando atribuir-se papéis que não lhe competem. Voltaremos a essa questão das transformações que esse sentimento de "querer mostrar trabalho" acarreta no processo (seção 7.2.5.1); por ora, pretendemos apenas enfatizar a "pressão" e a "angústia" que os juízes sentem, nos casos de repercussão nas mídias. Seu discurso é o de que a pressão externa deve ser tratada como ruído, como não pertinente às operações do sistema, embora acabe causando problema para o operador em sua tomada de decisão.

Nesse mesmo sentido, o juiz 4, irritado com a pressão que sente das mídias, revela uma atitude de distanciamento para tentar contrapor uma pressão que percebe como inevitável:

> A primeira coisa que vale a pena salientar é minha atitude diante das mídias. Não importa qual seja a questão do processo, eu não dou entrevistas, não respondo aos jornalistas. [...]. Não vou falar dos meus processos, ou de seja o que for relativo a isto. Não tenho que prestar contas disso à sociedade. São os advogados, os promotores, os legisladores que devem fazer isso. Eu não me sinto obrigado, nesta situação, de satisfazer aos interesses *x* ou *y* da opinião pública, ou de seja o que for similar. Em contrapartida, será que as mídias influenciam o

trabalho do juiz? É inegável. O juiz vai sofrer pressão, vai se sentir ofendido por coisas que serão ditas, como também pode se sentir lisonjeado. Ele está sujeito a isto. Se for um caso [inaudível] de repercussão midiática, que interessa ao povo, será inegável.

[ENTREVISTADOR] Então, quando se trata de um caso de repercussão (midiática), isto lhe causa um certo problema... o sr. sofre uma certa pressão, e vai precisar geri-la, trabalhar com ela...

Perfeitamente. [...]. Tem influência. É inegável. O indivíduo não vive em um outro mundo, em uma redoma onde as coisas não o afetam. É justamente por isto, que eu penso que a atitude que se deve ter é a de não ter relações diretas com as mídias; essa pressão vai ser muito mais direta, muito mais pessoal.

[ENTREVISTADOR] Mas, isso influencia como? Como isso lhe causa problema? [...].

O problema é que você deve aí tomar uma decisão, segundo as suas convicções, e as pessoas, muito frequentemente, não irão gostar desta decisão. Então, a gente se preocupa por ser uma pessoa inserida na sociedade, que vive com o que existe. Daí, a gente pensa: "será que isso vai perturbar as pessoas e criar um problema enorme?". Se isto chega a influenciar a decisão, eu não sei te dizer, mas certamente leva a uma reflexão mais aprofundada [...] [JUIZ 14].

Há claramente nessa fala uma atitude de defesa em relação às mídias, de não se submeter à pressão delas, de modo a poder executar bem seu trabalho. Aqui, o ruído é percebido como mais intenso, mais incômodo, mas não precisaria se tornar uma irritação. Não se estabelece que essas pressões mudarão o conteúdo da decisão, mas serão desenvolvidas estratégias de autodefesa.

7.2.1.2 A IRRITAÇÃO DO SISTEMA E A ABERTURA AOS ESTÍMULOS EXTERNOS

Observemos, agora, como o ruído e a irritação podem se apresentar dentro de um mesmo acontecimento, mas em diferentes momentos no tempo e em relação a diferentes questões de direito. O depoimento abaixo traz, de certa forma, um complemento aos anteriores. Assim como os operadores anteriores, esse entrevistado trata como "ruído" as influências em matéria de processo. Entretanto, ele reconhece que o que era ruído se torna irritação, no momento da "quantificação da pena". Vejamos como ele expôs sua argumentação:

> [ENTREVISTADOR] o senhor não utilizou essa palavra, mas foi assim que eu entendi que é impossível ignorar esse impacto, essa repercussão...
>
> O impacto social.
>
> [ENTREVISTADOR]... que esse crime causa.
>
> Veja, que nem eu lhe disse, o juiz é produto do meio, né? Eu saindo aqui do fórum eu sou um cidadão qualquer, eu sou um cidadão comum. Aqui no fórum eu sou um agente do Estado, eu sou um juiz, um agente do Estado. Mas, enfim, eu leio jornal, assisto televisão, converso com meus filhos... Eu converso com as pessoas, eu estou inserido no contexto social, né... E isso, claro, na hora de você ver pra julgar um processo o juiz leva em consideração esse tipo de coisa, não tem como você dizer — "não aqui dentro eu sou uma pessoa e lá fora eu sou outra", você se distanciar, não você... lá fora é extensão daqui de dentro e aqui dentro é extensão de lá fora, no convívio social, né? Então, você acaba enfim levando em consideração isso. O que é diferente do juiz (...) se deixar levar e se deixar pressionar pelo meio social. (...) <u>O juiz tem que ser isento na condução do processo,</u> né? Na condução

> do processo de se buscar a verdade real, né... na liberdade, enfim, de se produzir as provas tanto pelo lado do Ministério Público quanto pelo lado da defesa... o princípio da defesa contraditória... Mas no momento em que ficar comprovado que aquele indivíduo realmente praticou o crime, ou seja, existe prova da materialidade, existe certeza da autoria, aí sim, no momento da quantificação da pena, de exigir vamos dizer assim uma resposta do Estado. O juiz, e eu não consigo separar o juiz cidadão do juiz Estado... você leva digamos assim em consideração... você acaba sofrendo uma certa influência da sociedade no momento da quantificação da pena. E aqui, por exemplo, na Vara de Execuções Penais, no momento assim também da execução da pena, né? Enfim, eu não vejo como dissociar isso. Só que, veja, é preciso ficar bem claro na condução do processo é uma coisa: há a isenção do magistrado. Mas na hora em que se apurar que ele é culpado, na quantificação do Estado impor a resposta e dizer, "olha você errou e se você errou você vai estar sendo punido", então você acaba levando em consideração enfim o meio social [JUIZ 21, grifos nossos].

Com tal concepção, vê-se uma clara aceitação da opinião pública como um elemento da punição criminal. Há dois momentos importantes nesse depoimento: primeiramente, a reação "ruído" às pressões externas no momento do processo e da determinação da culpabilidade; em segundo lugar, uma clara irritação no momento da quantificação da pena. É o momento da mescla entre "o juiz-cidadão" e o "juiz-Estado". Em sua opinião, há diante dele uma pressão não só impossível de ignorar, como também absolutamente aceitável como critério para a imposição da pena (ele especifica: não pela culpabilidade, mas pela severidade da pena). Em termos teóricos, verifica-se claramente nessa fala em relação à pena, não só a irritação do sistema (seu estado de sensibilidade que reage ao ambiente), como também uma reação de aceitação direta do estímulo externo.

Vê-se, então, que tal aceitação tem uma direção: aumentar a severidade. Não sabemos se a direção contrária é igualmente aceitável para favorecer a moderação.

O mesmo entrevistado desenvolverá mais sua percepção, no excerto a seguir. Ele pressupõe uma grande redução da pena no plano da execução — sem levar em conta a maior ou menor severidade das próprias sentenças iniciais —, e vê essa redução exclusivamente como negativa:

> [ENTREVISTADOR] eu não sei se eu peguei direito o termo que o senhor utilizou, alguma questão que tem uma repercussão maior, que cause um impacto maior na sociedade, isso também é um elemento importante pro juiz?
>
> Com certeza. O juiz, enfim, ele tá como meio, como servidor. Ele tá inserido no meio social e ele não pode (...) desconsiderar, digamos, esses fatores assim sociais. Hoje, por exemplo, aqui na Vara de Execuções Penais, eu acho que existe um abrandamento muito grande. Veja essas decisões do Supremo Tribunal Federal. Com todo respeito, a Suprema Corte... nós temos que nos curvar à decisão do Supremo, mas são decisões assim que, ao meu entender, que trazem uma certa insegurança jurídica pra sociedade. Veja, a Lei dos Crimes Hediondos dizia que os crimes hediondos e os equiparados crimes hediondos tinham que cumprir 2/3 da pena. Então 2/3 de um crime de homicídio qualificado que o cidadão pegava 20 anos é uma situação. Hoje, o que diz a lei? A lei diz que deve cumprir (...) 1/6. Ora, 1/6 de um crime hediondo... que fixa aí 18 anos são 3 anos só no regime fechado, e depois vai pro regime semi-aberto mais 1/6 e ele está em liberdade, ele está nas ruas. Isso trouxe, no meu modo de ver, uma insegurança muito grande pra coletividade, pra sociedade. Então, a sociedade digamos assim ela clama por um endurecimento maior, uma rigidez maior por parte dos juízes, né? E isso se reflete

> basicamente na primeira instância, a gente sente isso, que a sociedade, conversando com as pessoas né, essa insegurança que está hoje aí. Então o juiz não pode digamos estar alheio a isso tudo. Então às vezes o juiz também leva em consideração esses fatores. Até mesmo enfim na quantificação da pena aqui especificamente na Vara de Execuções Penais, na hora de redução de qualquer regime ou a progressão de regime aí ou a concessão de qualquer benefício. O juiz é produto do meio, você não pode desconsiderar assim de forma total a opinião pública, né... Você não pode enfim desconsiderar isso. Não é aceitar a pressão da sociedade, não é isso, mas é levar em consideração o que a sociedade pensa. O juiz não está fechado numa redoma de vidro como se "ah eu estou decidindo aqui no meu gabinete o processo e não me importa o que a sociedade pensa". Não! É isso você tem que levar em consideração, enfim. O que a sociedade também pensa, né? [JUIZ 21].

O entrevistado amplia a ideia anteriormente apresentada, esclarecendo-a mais: há uma expectativa da "sociedade", ou da "opinião pública", do "meio social", da qual ele, juiz, "não pode fugir". Porém, essa expectativa que se impõe a ele é simplesmente aquela que se situa no plano da quantificação da pena e de sua execução, no sentido de torná-la mais severa. Mas, por que a justiça seria mais "vulnerável" em matéria de pena, do que de durante o processo? O que o torna mais vulnerável na primeira, e menos no segundo?

Salientemos, ainda, que o entrevistado aceita essa repercussão como um elemento desempenhando um papel não só na quantificação da pena, como também na tomada de decisão concernente à liberação do condenado. Notemos, por fim, que sua percepção da sociedade é a de uma sociedade punitiva, que exerce pressão, no sentido de penas mais duras, mas é o sistema que aí seleciona onde essa demanda de punitividade será levada, ou não, em consideração.

Ou seja, ele escolhe sobre o quê e onde será determinado por seu ambiente. Ele decide, assim, impor penas mais pesadas e tornar mais difícil a saída dos condenados.

Relembrando, agora, alguns desenvolvimentos teóricos feitos anteriormente (seção 4.2.2), a opinião pública foi definida como um *medium* (além de ser as próprias comunicações que preenchem esse *medium*), como um espaço comunicacional que é, ao mesmo tempo, parte integrante do sistema político e do sistema das mídias de massa, mas que está também à disposição de qualquer observador (incluindo outros sistemas), para ser construído de "n" formas diferentes. Eis aqui este *medium* construído pelo sistema de direito criminal: nossos entrevistados enxergam uma pressão externa no ambiente, e eles a identificam como opinião pública (construída, ou não, pelas mídias). No interior do sistema, instala-se uma reação que pode ser tanto ruído, como irritação, e fica realmente difícil prever, em cada caso, quando o sistema irá tratar o estímulo como ruído, ou como irritação. Contudo, as comunicações que examinamos indicam claramente uma estrutura de probabilidade no campo do processo (excetuando a importante questão da prisão preventiva — voltaremos ao tema, na seção 7.2.3.3) —, mas, no momento da instrução do processo e formação da culpa, o sistema parece estar menos predisposto a se irritar, do que no campo da determinação e da gestão das penas (o que veremos, a partir da seção 7.2.3.2, reforçará tal argumento). As comunicações que examinamos são exemplos da "sensibilidade" diferencial do sistema; isso é, do fato de que ele mostra ter percebido comunicações provindo de seu ambiente, de que ele as identificou como pertencendo a essa opinião pública (ou ao público), e de que ele se organizou para tratá-las de maneira diferencial.

Agora, a questão reside em analisar mais detalhadamente essa construção feita pelo sistema dessas comunicações externas que causam problema (seção 7.2.2), bem como as operações internas para criar "zonas de possibilidade", "filtros", para gerir esses estímulos (seção 7.2.3).

7.2.2 Sobre a dificuldade apresentada pelos estímulos externos e como torná-los aceitáveis

7.2.2.1 MECANISMOS DE DISTANCIAMENTO

O sistema desenvolve algumas considerações, para abordar uma reação sob a forma de "ruído" ou de "irritação" em relação aos estímulos externos. Tais considerações se referem aos "problemas" com os estímulos externos e/ou sobre o papel e os limites do próprio sistema. A maneira de reagir depende, muito evidentemente, de um julgamento de pertinência/não pertinência dos estímulos externos, bem como de um julgamento de aceitabilidade/não aceitabilidade da parte do sistema. Concentrando-nos, agora, nessa pertinência/não pertinência dos estímulos externos, há um argumento recorrente em nosso material empírico para sustentar uma reação sob a forma de "ruído". Consiste no fator da "má qualidade" dos estímulos externos da opinião pública, com base no fato de que ela seria "manipulada" pelas mídias.

A consideração da opinião pública é percebida como problemática pelos operadores do sistema de direito criminal, não só porque ela interfere em certas zonas fortemente protegidas do SDC (processo e veredito de culpabilidade), como também por geralmente haver, da parte do sistema, uma impressão de que se trata de um estímulo que não é necessariamente representativo do que a sociedade deseja. Muito frequentemente, o sistema percebe a opinião pública como "não autêntica", como tendo sido "manipulada", e como sendo "ignorante" das questões do processo criminal. Em um dado momento, as reflexões sobre a legitimidade ou a legalidade dos estímulos parecem ser relegadas a segundo plano, face a essa crítica da qualidade intrínseca dos estímulos externos.

Segundo nossos entrevistados, um primeiro fator evidente da referida "má qualidade" passa pela seleção feita pelas mídias dos casos a midiatizar. Não podendo dar conta de toda a realidade, as mídias devem fazer uma seleção, que é notada pelo SDC como sendo não só tendenciosa, mas também investida de interesses muito diferenciados. Uma primeira clara distorção, que parece particularmente percebida no Brasil, é a seleção dos casos conforme a condição social da vítima. Vejamos como o juiz 3 considera o problema, quando se trata de uma questão de prisão preventiva:

> [ENTREVISTADOR] você acha que num caso de um crime que tem muita repercussão, que choca a opinião pública, em que claramente há um impacto, o juiz de alguma forma ele sente isso, ele tem que levar isso em consideração ou ele tem que refletir sobre isso?
>
> Não, eu acho que o juiz não tem que refletir sobre isso não. O que eu acho que o juiz tem que fazer é cuidado com as suas projeções pessoais, porque a gente se projeta, né? A gente tem medo de sair de carro e parar no semáforo e então chega aqui roubo de carro e você vai fazer inconscientemente uma projeção e a tendência é você punir mais por conta do seu medo e não por conta do fato em si. E eu acho que a gente faz muita projeção, por exemplo, eu tenho birra de fraude, de estelionato. Então às vezes quando eu vou interrogar estelionatário eu tenho birra, no meu íntimo aqui, eu não tenho paciência. Mas eu já sei disso, então eu já me seguro quando eu vou analisar, eu já separo o juiz da pessoa pra poder tentar analisar de forma parcial. Eu não sei até que ponto, a rigor, eu acho que esse clamor público ele acaba contaminando. (...) Agora eu acho que o tal do clamor público, quando tá lá clamor público pra você não soltar, é um negócio meio draconiano, meio reacionário, porque aí você fundamenta por qualquer coisinha, você não olha o fato de forma concreta. Você vai olhar o que conforme a projeção daquele fato, aí você vai fazer uma coisa meio de casta né, porque como você não está lá no morro, você não sabe os fatos que têm projeção lá no morro,

> lá na favela, você mora aqui, você tem projeção aqui classe média e classe alta. Tem coisa que tem mil projeções... que é horroroso que a mídia nem comenta porque não interessa, não tem público ou a mídia nem tá lá pra ver, tá excluído da sociedade, é aparte. Então o que é projeção, o que é clamor público? Que público? Da classe média, da classe alta ou da classe pobre? (...) Quanta violência a gente não conhece e que não tem clamor nenhum porque o clamor é ali (...), é quem tá ali do lado que tá sofrendo, que sabe e vai reclamar e não tem instância de regulação nenhuma pra reclamar, vai correr atrás de quem? Tem que ir no fórum correr atrás do promotor? O promotor às vezes tem até boa vontade, mas não consegue [JUIZ 3].

Portanto, a ideia é de que o "clamor" só acontece em casos que têm "projeção". A emergência desse clamor estaria fortemente ligada às mídias, e teria bem mais a ver com o status social das pessoas envolvidas no caso, do que com a gravidade do fato. O juiz 15 desenvolve um argumento nesse mesmo sentido de uma difusão desigual dos fatos, segundo tal critério:

> Houve aqui Roberto, aqui em xxxx (nome da cidade), proporcionalmente uma das cidades maiores do país, (...) um assalto, um roubo tentado aqui a um médico. (...) Alguém estava tentando assaltar um veículo da frente e ele buzinou e nessa buzina o assaltante atirou nele e matou. Não levou nada, mas latrocínio porque houve morte, mas não conseguiu subtrair os bens. Então hoje há uma fundação, todo um movimento (de lembrança da vítima)... (...) Mas por quê? Por causa do nível social da vítima. (...) Teve um caso aqui emblemático que ainda hoje está para se decidir, o caso de duas jovens que foram mortas aqui na praia, e ao mesmo tempo também houve uma chacina aqui, aqui ao lado em xxxxxx (nome da cidade vizinha) que mataram crianças, adolescentes e a

> imprensa só focou a morte das jovens porque tinha um nível social elevado. Então, como eu vou me conduzir me diga? Se a vítima é pobre não há clamor, se a vítima tem uma situação social melhor, há o clamor. Como é que eu vou decidir? Se não tem clamor eu não decido, pra o que tem clamor eu decido? Como é que eu poderia viver isso em paz com a minha consciência? [JUIZ 15].

Eis, portanto, uma questão da qual os juízes e promotores entrevistados estão bem conscientes: o clamor tem muito mais chance de emergir, quando se trata de um crime que envolve pessoas com um status social mais elevado. No ponto de vista deles, há uma desigualdade usual nessa seleção feita pelas mídias, no clamor que ela suscita. Assim, em termos teóricos, a percepção (pelo sistema) da desigualdade da seleção (feita pelas mídias) opera como um mecanismo cognitivo do sistema, para evitar que o estímulo se transforme em "irritação".

Mas há também outros mecanismos cognitivos internos do SDC, em sua observação do ambiente, que contribuem para barrar os estímulos externos, impedindo-os de se tornarem irritações. Dois desses mecanismos — a ignorância das mídias quanto ao funcionamento do sistema de direito criminal e a necessidade das mídias de sempre dispor de novidades para movimentar seu próprio processo — figuram no depoimento do juiz 4:

> A mídia não entende o sistema penal do ponto de vista que a gente entende. Ela vê de uma forma completamente diferente e sem dúvida alguma ela tem como função vender revista ou aumentar o IBOPE num programa de rádio ou de TV. Isso é uma coisa que é relevante, ela também tem a finalidade dela além daquele sagrado direito de informação que os cidadãos têm e assim por diante. Então muitas vezes a exploração de um fato judiciário, um fato do sistema criminal, ela vem inserida num contexto de que — "olha, a gente precisa dar

> a notícia que mais interessa pro nosso..., não que eu vou distorcer a notícia, mas eu vou pegar aquela parte da notícia que é o que mais interessa pro nosso público e para o público que nós estamos querendo atingir". Esse tipo de coisa. Isso é bom ou ruim? Eu não acho que seja nem bom nem ruim, é um fato da vida com o qual a gente tem que conviver. A mídia por não ver a questão do processo como nós vemos, ela por vezes tem dificuldade em entender as coisas que são feitas — "ah, mas fulano foi condenado e tá solto, como é que pode?". Veja bem, talvez eu até não gostaria que fosse assim também, mas se o sistema me manda soltar, eu vou soltar e ponto final. É um pouco isso [JUIZ 4].

Notemos que o problema se refere, aqui ainda, a uma decisão no curso do processo, e concerne à possibilidade de o condenado aguardar, ou não, em liberdade, o resultado do julgamento. Esse juiz opera dois mecanismos de distanciamento do SDC em relação às comunicações virtualmente irritantes que ele atribui às mídias. Tais mecanismos identificam, por outro lado, diferenças que existem efetivamente entre os dois sistemas (mídias e SDC), as quais podem ser constatadas por uma observação externa feita pela ciência[140].

Mas, há também a questão da ignorância das mídias de massa sobre o funcionamento do SDC. O juiz entrevistado é bastante claro ao dizer que as mídias não compreendem o sistema penal da mesma maneira "que nós compreendemos". Não só as mídias têm seu interesse em produzir notícias, como têm também uma dificuldade real de apreender e dar conta da realidade do SDC. Como as mídias podem produzir tantas distorções e compreender tão pouco o que

---

140 O problema aqui identificado por este juiz é o seguinte: as mídias têm sempre necessidade de notícias, tanto para "vender jornais", ou "aumentar a audiência", como (de uma maneira mais teórica) para permitir sua própria existência, enquanto sistema cuja função "consiste na constante geração e processamento de irritação" (Luhmann, 2000, p. 98).

acontece no SDC? — essa parece ser a questão que habita a cabeça de vários de nossos entrevistados[141].

Os promotores 4 e 13 deploram igualmente a falta de imparcialidade das mídias e a seleção da categoria dos casos:

> Então, eu não acho que mídia não tem que participar. Eu acho que tem que participar, que ela tem o dever. Mas o que me incomoda um pouco é que eu acho que ela tem que ser um pouco mais objetiva e cautelosa. Porque ela não é tão objetiva, ela não quer apresentar... a mídia muitas vezes não quer apresentar os fatos como eles são, quer apresentar os fatos do modo como o público quer receber, né? É muito mais legal você levar para o jornal um homicídio praticado por um promotor de justiça substituto, um caso que você deve conhecer, do que você levar para um jornal um caso de homicídio de uma briga por ponto de tráfico. E é mais glamouroso, mais pessoas vão comprar o jornal, mais pessoas querem saber quem era aquela pessoa que praticou aquele homicídio daquele jeito, não de fato como aconteceu. Então eu acho que isso é um pouco preocupante, é um pouco preocupante [PROMOTOR 4].

> Você vê aquele caso em São Paulo, Eloá, que não sei se você chegou a acompanhar, da menina que foi mantida em cárcere pelo namorado e no final saiu morta. (...) Aquele mesmo

---

141 Preferimos nos distanciar desse tipo de interpretação que sugere que há uma questão de interesses não declarados, ou alguma má fé nessa reconstrução da realidade confeccionada pelas mídias. Mesmo que esse tipo de questão possa, talvez, estar presente, a dificuldade maior nos parece ser o fato de que, como se diz, a reconstrução da realidade de um sistema, feita por um outro, só pode ser uma seleção precária, e norteada pelos interesses do sistema que a faz. Parece-nos que é menos uma questão de manipulações (que podem, evidentemente, existir em alguns casos), do que uma impossibilidade absoluta de fazer coincidir duas exposições de uma realidade, a partir de dois pontos de observação diferentes.

> episódio estava acontecendo uma situação semelhante em vários outros locais, mas não tinha o glamour, não tinha a coisa que foi dada pela Globo naquele episódio especificamente. O que eu acho meio complicado é a seleção que a mídia faz de alguns casos "esse sim nós temos que chorar, cobrar e tal", e os outros a gente faz de conta que não tem que não acontecem. Eu acho isso complicado, né? (...) E a partir daí a gente vê parece que a justiça só tem que funcionar pros grandes casos... E o caso de todo dia? (...) O que é mais interessante, o homem morder o cão ou o cão morder o homem? Poxa, essa é a dinâmica que move a mídia, né... o que é que dá Ibope. E isso não dá não dá pra gente trabalhar... com Ibope, com marketing, com venda... Quando a gente está lidando com bens, com valores, liberdade, vida né, bens (...), É meio complicado, é nesse sentido que eu acho que a mídia é violenta sim né, nesse sentido [PROMOTOR 13].

Novamente, veem-se atuando os mesmos mecanismos de distanciamento dos estímulos externos. Ambos se pronunciam claramente mostrando que os critérios da mídia não podem ser os critérios do julgador. Poderíamos dizer que é o SDC que está dizendo que não pode funcionar da mesma maneira que um outro sistema. Fazê-lo equivaleria a interromper sua autopoiese.

7.2.2.2 CONSTRUÇÃO DE UMA OPINIÃO PÚBLICA ACEITÁVEL

Até o momento, examinamos os mecanismos de distanciamento. Então, cabe indagar como o sistema vai considerar esses estímulos externos, a despeito de tal distanciamento, e, também, como ele vai se deixar irritar pelos estímulos externos.

O sistema construirá, para ele mesmo, uma representação da opinião pública que cause menos problema e seja diversa das distorções atribuídas às mídias. Tal estratégia consiste em fazer uma distinção entre um estímulo "manipulado", "amplificado pelas mídias" ou mal construído por elas, e um estímulo "autêntico", que seria legítimo. O juiz 21 estabelece, logo abaixo, a distinção entre clamor legítimo e clamor ilegítimo. O primeiro constitui uma irritação; o segundo, um ruído. Note-se, também, que as consequências do estímulo autêntico recaem no campo da determinação da pena:

> [ENTREVISTADOR] Se eu bem entendi o senhor faz uma distinção entre um clamor público legítimo, digamos, um clamor espontâneo, e um certo clamor que pode ser produto de uma mídia espetacularizadora que quer criar comoção?
>
> É exatamente isso, exatamente isso. Veja esse caso de Caiubá[142]. Isso é um clamor público legítimo, não precisa a mídia dizer nada... (...) Qualquer pessoa de bem, né, vai... enfim, a imensa maioria, 99,9% da sociedade, choca um crime desses. Esse é um clamor público. Agora, você pega às vezes outros casos que se vê (...) que não é um clamor assim que vai contra os valores sociais, os anseios sociais... Às vezes, enfim, é um interesse da imprensa às vezes pra atingir um adversário político, né... Enfim, atender alguns setores alguma coisa nesse sentido, né... Então você fez a distinção correta. O clamor legítimo... que é o clamor legítimo? Me parece que um caso típico de clamor legítimo esses delitos que se lesam os cofres públicos e que se desvia dinheiro. Às vezes em prejuízo da saúde pública, em prejuízo da segurança, isso não precisa perguntar pras pessoas de bem, pro cidadão de bem se ele se sente ofendido, se ele se sente indignado com isso, se ele

---

142 O entrevistado se refere ao caso, já mencionado (seção 6.2.2 — segundo excerto reproduzido), e que provocou uma enorme midiatização, sobre um jovem casal atacado em um bosque, no qual o rapaz sucumbiu a tiros, mas a moça, mesmo depois de violada e alvejada, conseguiu sobreviver e, posteriormente, fazer o reconhecimento do agressor.

> gostaria que existisse uma resposta mais enérgica por parte da justiça ou não. Isso é ínsito das pessoas, ínsito da nossa cultura. As pessoas ficam indignadas, qualquer um fica indignado com isso. Tem uma roubalheira aí de um órgão público, de uma verba que é destinada à educação, enfim, é destinada à saúde pública e você vê que pessoas ficam morrendo em filas de hospitais aí, de órgãos públicos, né... Isso causa uma indignação pra qualquer um. Não precisa a imprensa falar, quer dizer, basta que você tome conhecimento. Esse fato vem à público, a imprensa comente bastante ou não, (...) isso gera indignação nas pessoas [JUIZ 21].

Quando se observa atentamente esse relato, não se compreende de imediato por que a opinião pública seria um estímulo mais legítimo em relação a um crime contra os fundos públicos do que um assassinato ou um roubo qualificado. Por trás dessa seleção, reside uma grande preocupação nacional quanto à criminalidade das elites políticas, econômicas e judiciárias. Tal criminalidade é observada como fugindo completamente à justiça criminal e causando danos importantes. Entretanto, para além da aplicação que esse operador faz da distinção entre clamor público legítimo/ilegítimo, o que nos interessa aqui é a própria existência desse mecanismo que pode receber outras aplicações. Por exemplo, pode-se vir a considerar que um clamor público pelo assassinato de uma criança é legítimo (do ponto de vista do SDC). Essa distinção é utilizada para criar zonas de sensibilidade diferenciais: problemas em relação aos quais o sistema julga que pode, ou não, distanciar-se.

O sistema se torna, então, mais sensível a certas questões do que a outras e, também, mais receptivo a receber a opinião pública em certos momentos, do que em outros (ou em relação a certos tipos de decisão, do que a outros). Vejamos a sequência do relato do juiz 21, em que podemos observar que a sensibilidade do sistema à irritação, no momento da quantificação da pena, é muito importante:

> [ENTREVISTADOR] E essa indignação...
>
> Esse é o clamor legítimo.
>
> [ENTREVISTADOR] E esse clamor legítimo é legítimo pro juiz levar em consideração digamos em relação ao outro clamor mais forjado. Esse clamor legítimo é legítimo o juiz na hora de quantificar a pena levar em consideração e sopesar isso? Ou não?
>
> Olha eu posso até estar equivocado, mas eu acho que sim. E o juiz é produto do meio. (...) Eu me coloco (...) na seguinte situação: eu sou um agente público, pago pelo erário público, pago pela sociedade. Quem é o meu patrão? É a sociedade. Quem mantém o estado de direito? É a sociedade, (...) Então, veja, a partir do momento em que algumas condutas vão de encontro, ou seja, se chocam com esses valores, esses princípios morais sociais, [isso] exige uma resposta maior porque a sociedade quer isso e o juiz é produto do meio [JUIZ 21].

Observemos, agora, que a comunicação acima opera não só uma distinção entre um "clamor legítimo" e um "clamor ilegítimo", como também coloca o clamor legítimo no campo da escolha e da quantificação da pena. Ou seja, a partir da comunicação acima, podemos constatar uma distinção entre clamor legítimo e ilegítimo (abordados, respectivamente, como irritação e ruído), mas também que a irritação tem um momento privilegiado para se manifestar: o da decisão do *quantum* de pena.

O promotor 12 também fará uma distinção visando a separar o que pode se tornar uma irritação e aquilo que deve permanecer um ruído. Ele enfatizará a distinção entre opinião pública/traço cultural, a qual entendemos ser um equivalente funcional da distinção apresentada pelo juiz 21 (clamor legítimo/ilegítimo).

> É, eu não sou antropólogo e nem tenho conhecimento para enfim fazer uma distinção de (...) forma correta. Para mim, (...)

opinião pública é algo episódico, é algo transeunte por assim dizer, é algo que vai passar, vai ser esquecido. Por exemplo, se o casal Nardoni hoje for solto, não vai causar um mal estar na opinião pública, na opinião das pessoas que causaria se ele fosse solto dois dias depois [do crime] (...). Então, a opinião pública ela tem essa possibilidade do esquecimento, né... de esquecer determinado episódio que num determinado momento foi importante sobre algum aspecto. O traço cultural de um país é diferente, porque é muito mais enraizado na opinião pública. (...) A questão do jogo do bicho no Brasil é uma conduta absolutamente tolerada, mas é uma conduta criminosa, é uma infração penal, é uma contravenção penal. Mas todo mundo tolera o jogo do bicho. (...) Então, culturalmente a sociedade aceitou o jogo do bicho, né? A ponto, por exemplo... em frente ao meu edifício tem um ponto de jogo do bicho, eu sou membro do Ministério Público e não tomei providência absolutamente nenhuma contra o cara que fica lá apostando e contra os apostadores, entendeu? (...) Uma coisa é chocar a população num determinado momento, outra coisa é chocar a opinião pública desde sempre ou a partir de um momento e desde sempre, é diferente, não é? Quando eu digo e faço essa distinção entre opinião pública e traço cultural, quer dizer, a opinião pública é algo transitório. Aquela conduta (...) causou um clamor público, mas por uma determinada circunstância, não pela conduta em si, tanto que essa conduta que causou hoje um clamor público amanhã ela é praticada e não causa esse clamor público. Quer dizer, a opinião pública, por exemplo, ela é indiferente para essa mesma conduta amanhã ou foi indiferente ontem por razões outras diversas, porque a Rede Globo, por exemplo, não fez uma reportagem, porque não saiu no Fantástico, ou porque o sequestrado não foi um político ou não foi um grande empresário, entendeu bem? Então, quer dizer, a opinião pública tem essa característica e é muito manipulável pelos meios de comunicação e isso é um perigo [PROMOTOR 12].

Se, no primeiro excerto, a distinção era colocada entre uma opinião pública "autêntica" e uma outra "fabricada" pelas mídias, aqui trata-se de distinção entre "opinião pública" e "traço cultural". A primeira é fruto das emoções, do impacto do crime; ela é o resultado da manipulação pelas mídias e irá esquecer o acontecimento. Em contrapartida, o traço cultural parece muito mais estável e aceitável: são "opiniões enraizadas", mais profundas, que não variam ao sabor das paixões. Como se pode ver, a opinião pública é, aqui, um ruído com a qual o sistema não tem necessidade de aprender. Por outro lado, o estímulo externo que é visto e digerido pelo sistema é aqui chamado de "traço cultural". Trata-se de uma distinção operacional do sistema que, na observação externa que fazemos, não é nada além do que um mecanismo para filtrar e tornar aceitáveis determinados estímulos externos que o juiz se recusa a tratar como opinião pública. Afinal, a distinção realizada parece bastante improvável de ser operacionalizada no cotidiano do SDC.

Vejamos, por fim, o relato do juiz 2, que se aproxima dos dois primeiros depoimentos desta seção, embora trazendo um importante elemento novo: a ignorância do público em relação ao que se passa nos processos criminais. A distinção conhecimento/ignorância do processo auxilia a fazer a triagem entre legítimo/ilegítimo:

> Não dá pra pegar simplesmente a opinião pública, porque a opinião pública responde de uma forma sensacionalista ao que foi passado na TV. Aliás, o que foi passado na TV foi muitas vezes de forma sensacionalista. E a opinião pública não tem conhecimento de todos os atos do processo. Tem conhecimento exclusivamente daquilo que ao jornalista interessou reproduzir publicamente. Então não dá essa opinião para caso específico. Você tenta se colocar e ver o que as pessoas com todas as informações do processo achariam do crime. O caso do promotor agora que matou o jogador de basquete foi divulgado na imprensa de uma forma que ele é um assassino

> e tudo o mais. Eu não tive condição de ver o processo, mas eu tive alguns colegas que viram o processo e falaram — "olha, pelo que está no processo, pelo depoimento de uma das vítimas que foi atingida por uma bala, mas não morreu, pelos outros amigos, tudo indica que foi legítima defesa, tudo indica que ele tentou, deu um tiro de advertência pra cima, pro chão, antes de disparar contra o rapaz que morreu e os amigos". Então, mas isso não foi divulgado. Então a opinião pública, hoje se fosse pegar na época que saiu o crime, ele é um assassino, ele tem que ser preso e tudo o mais. Agora, precisa ver se a opinião pública seria a mesma com aqueles dados que foram passados no processo, que estavam lá expressos — ele deu tantos tiros de advertência, ele falou que estava armado primeiro, deu tiro de advertência, continuaram vindo pra cima dele; pelo que me passaram no processo. Então já não tem essa aparência (...) que simplesmente no meio de uma festa de réveillon eu saco a arma e saio matando as pessoas. Essa opinião pública, não. E a opinião pública que acontece de fato na ocasião da divulgação do crime, porque ela é pautada por alguns elementos e não por todos... Mas você tenta se colocar na opinião geral — o que as pessoas esperam, o que a sociedade espera desse individuo? [JUIZ 2].

Novamente, observa-se uma distinção entre uma opinião que reage às mídias "sensacionalistas" e uma "opinião geral", ou um "sentido comum de justiça" que seria legítimo. E, mais uma vez, isso é claramente uma referência ao momento de aplicar uma pena. Porém, reproduzindo uma distinção equivalente àquelas que vimos nos outros depoimentos desta seção, o operador aplica à opinião pública o argumento (pertinente) da falta de conhecimento das etapas do processo. Em outras palavras, a reação da opinião pública é tanto menos pertinente, quanto mais ela é desinformada, ignorante do que realmente aconteceu. Para neutralizar essa pressão, o operador imagina a existência de uma opinião pública que conheceria as informações disponíveis no processo. Nesse caso, ela não agiria conforme age, mas sim como o SDC agiria.

De qualquer modo, essa distinção entre uma opinião pública problemática e efêmera e uma outra, estável e aceitável, parece ser fundamental para o funcionamento do SDC de direito criminal face a irritações. Já encontramos tal distinção em outro local[143], exercendo a mesma função. Nesta etapa de nossa pesquisa, o elemento-chave que resulta de nossa análise corresponde a essa estratégia interna do SDC, para fazer passar um estímulo externo e localizá-lo em algum ponto das operações do sistema. Na próxima seção, trata-se menos da maneira como o sistema percebe e constrói os estímulos externos, do que como ele constrói estruturas internas para receber e filtrar esses estímulos que ele julga aceitáveis.

7.2.3 As "zonas de possibilidade" de uma abertura cognitiva

O SDC pode se fazer de indiferente, perceber somente "ruído" em determinados momentos, e assim rejeitar como não pertinentes comunicações que se pretendem "pressões" no ambiente do sistema. Mas também, muito frequentemente, vê "irritações" associadas

---

143 Em um outro trabalho, comentamos essa mesma estratégia de distinção utilizada por um juiz inglês, em um caso muito midiatizado. Trata-se do processo do assassinato de James Bulger, uma criança de dois anos, cometido por outras duas crianças, de 10 anos de idade. No referido caso, o juiz Goff of Chieveley estabeleceu uma distinção muito próxima daquela que verificamos aqui no Brasil: "*In so holding, I wish to draw a distinction in the present context between public concern of a general nature with regard to, for example, the prevalence of certain types of offence, and the need that those who commit such offences should be duly punished; and public clamour that a particular offender whose case is under consideration should be singled out for severe punishment. It is legitimate for a sentencing authority to take the former concern into account, but not the latter*" (*apud* Xavier, 2005, p. 127).

às pressões externas. Para geri-las, como acabamos de ver (seção 7.2.2.2), o sistema criará a distinção entre uma "boa" e uma "má" opinião pública, entre uma "mais estável", "mais sólida", e uma outra, "manipulada pelas mídias", "efêmera" e "problemática".

No entanto, a despeito do fato de essa construção interna tornar alguns estímulos externos aceitáveis para o sistema e passíveis de consideração, é preciso saber ainda mais sobre a aceitação deles. Isso é, há estruturas estáveis e generalizadas às quais o sistema recorre para integrá-los? Se, como já dissemos, cabe ao sistema dizer qual tipo de pressão ele aceita (uma questão essencial para preservar a sua autonomia), a tarefa de decidir como, em qual momento e por qual canal (norma ou conceito) ele irá fazê-lo, compete a ele, igualmente. A seguir, mostramos esses caminhos de entrada: trata-se de estruturas de recepção no sistema, que chamamos de zonas de possibilidade para a consideração jurídica dos estímulos externos em questão.

Notemos bem que a identificação dessas zonas de possibilidade mostra somente que uma entrada para tais estruturas é possível, mas não garantida. Como o material empírico nos evidenciará bem, a dinâmica entre a aceitação dos estímulos e a sua rejeição total está sempre presente. Essa é uma contingência impossível de se prever de antemão.

7.2.3.1 OPINIÃO PÚBLICA E A ZONA DE POSSIBILIDADE "ORDEM PÚBLICA"

A despeito de o sistema ser mais protegido no plano do processo, o momento da decisão concernente à prisão preventiva é, guardadas as proporções, particularmente sensível e presta-se muito às pressões (midiáticas) externas. Efetivamente, durante o desenrolar do processo, está bem presente a dificuldade do sistema face aos estímulos da opinião pública. Nossos resultados empíricos nos indicam mudanças no comportamento dos atores, bem como no curso normal do processo. Em geral, são mudanças na forma de conduzir o processo, que não podem ser tratadas como "estruturas de recepção" do sistema para os estímulos externos (mas que, em contrapartida, revelam todo o desconforto e a dificuldade dos atores diante de casos bastante midiatizados — retornaremos a isso, mais detalhadamente, na seção 7.2.4). Contudo, no caso específico do momento de determinar a detenção preventiva, encontramos mais do que simples mudanças na forma de conduzir o processo: dentre as razões para justificar uma detenção preventiva, há uma verdadeira estrutura de recepção pelos estímulos externos. Trata-se da zona de possibilidade "ordem pública".

Para compreender como essa zona de possibilidade para a recepção da opinião pública surge no momento da prisão preventiva, é preciso, primeiramente, saber da existência de um artigo do Código de Processo Penal brasileiro, que trata da prisão preventiva. Em seu artigo 312, lê-se:

> A prisão preventiva poderá ser decretada como *garantia da ordem pública*, da ordem econômica, por conveniência da instrução criminal, ou para assegurar a aplicação da lei penal, quando houver prova da existência do crime e indício suficiente de autoria (grifo nosso)[144].

A questão se desenvolve, nesse caso, em torno da noção de "garantia da ordem pública". Sem outras precisões sobre o conteúdo dessa expressão, ela se mostra bastante equívoca e aberta a várias interpretações. Uma das interpretações possíveis, e muito pertinente para nós, é a utilização dessa expressão para motivar a prisão preventiva, quando há uma repercussão midiática do crime. Em

144 Essa era a redação do dispositivo legal na época da escrita original deste trabalho. Em 2019, houve uma mudança na redação do artigo: "A prisão preventiva poderá ser decretada como garantia da ordem pública, da ordem econômica, por conveniência da instrução criminal ou para assegurar a aplicação da lei penal, quando houver prova da existência do crime e indício suficiente de autoria e de perigo gerado pelo estado de liberdade do imputado".

outras palavras, a questão que se coloca é a seguinte: será que a ideia de "garantir a ordem pública" pode estar ligada, de alguma forma, à recepção-construção da opinião pública pelo SDC?

Empiricamente, encontramos um tipo de reação (que se reproduzirá nas próximas seções (7.2.3.2 a 7.2.3.5), característica daquilo que nomeamos zona de possibilidade: uma estrutura de recepção que permite, simultaneamente, a integração da opinião pública e a sua rejeição. Alguns operadores construirão a "ordem pública" com base nos estímulos externos, enquanto outros perceberão tal construção como errônea e inaceitável.

Vejamos, primeiramente, a utilização desse *medium* que aceita a opinião pública dentro do sistema, a partir da prisão preventiva. Iniciemos pelo juiz 21, para quem o magistrado "não deve ser insensível" à opinião pública. Segundo ele, a prisão preventiva para garantir a ordem pública deve levar em consideração a repercussão que o crime tenha provocado na opinião pública, inclusive por uma questão de proteção à integridade física do acusado:

> [ENTREVISTADOR] Mudando um pouco o foco da questão, no momento de se decretar uma prisão provisória como é que o senhor vê essa questão do clamor público nesse momento?
>
> Veja, se dissesse que isso não influencia um pouco estaria sendo insincero. Veja, o juiz não pode evidentemente se deixar levar pela pressão social, né... Não pode. Mas aquilo que eu disse... o juiz é produto do meio, o juiz também não pode ser insensível e dizer "não, estou fechado aqui no meu gabinete", a opinião pública lá fora, a sociedade que grita, que é um crime assim, enfim... que chocou, que é repugnante aos olhos aos princípios aos valores e o juiz ficar alheio a isso tudo... [entonação de reprovação]. Não se pode evidentemente (...) se impressionar pelo que diz a imprensa, né... Mas tem, digamos assim, uma certa dose de valoração do que pensa a opinião pública, né? Mas (...) no caso aí pra garantia da

> ordem pública é só se houver assim um clamor, uma insegurança, uma indignação muito grande das pessoas que até mesmo... Olha às vezes isso coloca em risco até mesmo a integridade física do próprio indivíduo, do próprio réu se ele permanecer em liberdade, né? Mas eu não sei se eu consegui fazer a distinção, porque às vezes se o juiz for se deixar assim conduzir pela mídia, aí é outra história, né? Mas enfim, veja, nem sempre o que às vezes alguém fala no rádio ou o que o jornal diz, aquilo representa enfim aquele clamor assim que realmente vem do seio da sociedade, né... Às vezes pode ser a opinião de um repórter, de um jornalista meio que isolado, essa é uma situação. Agora um clamor público, assim que você vê, que você conversa com as pessoas, você sente... é como se você sentisse assim no olhar das pessoas... Assim, as pessoas indignadas com aquela situação, né... que exige digamos assim uma resposta por parte do judiciário [JUIZ 21].

Vê-se bem que este entrevistado emprega o *medium* "ordem pública" para abrir as portas a uma certa forma de clamor público. Ele o faz, ao afirmar que as considerações sobre a garantia da ordem pública devem levar em conta "uma certa dose do que pensa a opinião pública". Ele tem a precaução de dizer que o juiz não deve "se deixar levar pela pressão social" — a questão de afirmar a autonomia do SDC, na tomada de decisão —, mas não há dúvida de que a opinião pública é, aqui, um fator de uma importância considerável na construção do *medium* "garantia da ordem pública". Além disso, verifica-se também uma distinção, tal como já vimos, entre uma "boa" e uma "má" (nos termos propriamente, mas não na fala do entrevistado) opinião pública. Ela é não pertinente ("a opinião de um repórter ou de um jornalista isolados"), mas a "boa" opinião pública (o clamor público que "se sente") não pode ser desprezada e deve ser levada em conta nas considerações sobre a possibilidade de uma prisão preventiva com base na questão da ordem pública.

No caso abaixo do promotor 16, a zona de possibilidade "ordem pública" é também claramente uma via aberta à recepção-construção da opinião pública pelo SDC. O promotor não só aceitará a incursão da opinião pública, no momento da prisão preventiva, como também o fará, no momento da determinação da pena:

> [ENTREVISTADOR] (...) A justiça penal deve levar em conta o fato que esse crime causou uma certa comoção pública, é um crime de repercussão?
>
> Eu acho que sim. (...) Agora, pensando nessa comoção pública, acho sim que é fundamento tanto pra ponderação da pena a ser aplicada quanto fundamento pra decretação da prisão preventiva. O nosso sistema de processo penal tem como um dos fundamentos previsto em lei, e pra mim isso não tem nada inconstitucional, a garantia da ordem pública. Eu acho que certos crimes sim representam um risco à ordem pública pelo que representam pra essa comunidade. A prática de um crime muito grave e a subsequente liberdade dessa pessoa é sem dúvida nenhuma um estímulo pra que outros continuem praticando. Não tenho dúvida nenhuma. Isso em qualquer (...) tipo de crime [PROMOTOR 16].

Em resumo, não só há a utilização da zona de possibilidade "ordem pública", no momento da prisão preventiva, como há também esse uso associado a uma estrutura cognitiva que decorre da teoria da dissuasão. Nesse caso, dar satisfação à opinião pública e dar o exemplo dissuasivo da pena. Ou seja, tem-se aqui uma fala que judicializa a opinião pública, não só no plano do processo (para a prisão preventiva), como também para a determinação da severidade da pena.

Evidentemente, essa ideia de aceitar a opinião pública, no momento das decisões referentes à prisão preventiva, suscita oposições dentro do sistema, particularmente pelo fato de o acusado ainda não ter sido declarado culpado. Reiteremos: como zona de possibilidade, a "ordem pública" pode ser uma estrutura utilizada, ou não, para uma reação de "irritação" (que decide dar algum tratamento ao estímulo).

Na citação a seguir, verifica-se que o juiz 9 vai em direção oposta aos dois depoimentos anteriores. Ele dissocia claramente a ideia de comoção social, do *medium* "ordem pública", embora pareça reafirmar que tal estrutura ainda seja empregada para sua recepção, apesar de uma decisão da Suprema Corte em sentido contrário. Ele declara:

> Você vê muito isso inclusive nos requerimentos de justificativa do Ministério Público no caso das prisões preventivas, porque no caso o STF no Brasil já entendeu de que comoção, repercussão, não justifica a preventiva, mas se vê muito isso. Eu já fiz muito isso também, de embarcar no requerimento do Ministério Público de que foi um crime que causou grande comoção e grande repercussão pra justificar uma prisão preventiva. Eu já fiz isso e muitos fazem isso, não é? Muitos fazem isso, porque no caso nosso da prisão preventiva é garantia da ordem pública. Então querem entender que comoção é garantia de ordem pública e econômica, ordem pública e econômica. (...) Mas aí onde entra a comoção? Em lugar nenhum. Mas eu já fiz e vejo até hoje que muitos juízes justificam a comoção na preventiva, pra decretar a preventiva [JUIZ 9].

O promotor 12 vê a questão de maneira similar. Ele observa que, muito frequentemente, juízes declararão a prisão preventiva para garantir a ordem pública, baseando-se na "gravidade do crime e no clamor público". Ele expõe as razões para seu desacordo, com a seguinte argumentação:

> Observe bem, eu acho que a opinião pública, e aqui eu poderia incluir a mídia, a imprensa, não deveria ser levada em conta sob nenhum aspecto pelo sistema penal. No Brasil acontece, por exemplo, uma coisa muito grave que é o seguinte, um dos requisitos para decretar a prisão preventiva é a chamada garantia

> da ordem pública. Está no Artigo 312 do Código de Processo Penal. Ora, o que os juízes fazem? (...) Mandam prender preventivamente alguém sob o argumento que estariam cumprindo esse requisito de garantia da ordem pública invocando o que? A gravidade do crime e clamor público. (...) Você veja que o clamor público passou a ser no Brasil requisito para a prisão preventiva que é uma prisão instrumental, provisória. Ela visa garantir a segurança do processo penal que não tem nada a ver com clamor público. Eu não sei se você no Canadá deve conseguir em casa (...)ficar ligado aqui no Brasil... Aquele caso dos Nardoni... Aquele cara está preso para a garantia da ordem pública. O casal está preso. Mas onde é que a ordem pública, e olhe que é difícil você ter um conceito digamos assim fechado sobre ordem pública, mas onde é que a ordem pública sofre perigo na liberdade daqueles caras? Do pai e da mãe? Ali aquele caso eu não sei porque o Supremo não soltou ainda... (...) Aquele casal foi preso, dentre outros fatores, principalmente por causa do clamor público, por causa da opinião pública, por causa da imprensa que demonizou o casal e isso fez com que o juiz decretasse uma prisão preventiva. Mas ele não fala em clamor [PROMOTOR 12].

Nesse depoimento, a concepção do promotor é clara: a "ordem pública", da qual nos fala o Código, está sobretudo ligada à "segurança do processo", ao fato de poder conduzi-lo sem sobressaltos. Ele acrescenta que o "clamor público" e a "ordem pública" são conceitos distintos, mas criticando, a partir de um exemplo, o papel que as mídias podem desempenhar para incitar injustamente em favor de uma prisão preventiva.

Verificam-se, portanto, nesta seção, duas maneiras opostas de construir o *medium* "ordem pública" dentro do sistema de direito criminal. Essa zona de possibilidade pode tanto permitir a recepção da opinião pública como fundamento da prisão preventiva quanto bloqueá-la. A ideia fundamental a reter é, portanto, a de que temos aqui uma estrutura de recepção que pode ser instalada para receber os estímulos externos (apesar do fato de a estrutura poder geralmente não ter sido concebida para tal uso), mas essa recepção permanece contingente.

7.2.3.2 OPINIÃO PÚBLICA A ZONA DE POSSIBILIDADE "CULPABILIDADE"[145]

Expomos, nesta seção, uma zona de possibilidade para a recepção dos estímulos externos, no momento da determinação da pena. Contudo, é antes preciso apresentar uma breve informação sobre o Código Penal brasileiro, para que a compreensão desta seção e da próxima seja viável. O Código tem um artigo que estabelece, de maneira geral, os elementos que o juiz deve levar em consideração, no momento de "determinar"[146] uma pena. O artigo 59 do Código Penal brasileiro diz:

> O juiz, atendendo à *culpabilidade*, aos antecedentes, à conduta social, à personalidade do agente, aos motivos, às circunstâncias e *consequências do crime*, bem como ao comportamento da vítima, estabelecerá, conforme seja necessário e suficiente para reprovação e prevenção do crime:

---

145 Conforme pretendemos demonstrar explicitamente, ao longo desta seção, a ideia de culpabilidade não é apenas aquela que diz que um indivíduo cometeu, ou não, um crime (o veredito de culpabilidade). A doutrina penal discute longamente os elementos que compõem esse conceito de culpado, que são notadamente aqueles que podem graduar essa culpabilidade. Tais discussões não são pertinentes aqui. O objetivo da presente nota é simplesmente afastar a possibilidade de uma associação direta, para o leitor, dessa discussão doutrinária com a zona de possibilidade que descrevemos nesta seção.

146 Empregamos a palavra "determinar", embora ela seja um tanto generosa, porque o tribunal, no Brasil, no momento de decidir a pena, tem as mãos bem mais atadas pelo sistema político. Se o condenado é um recidivista e se o crime é considerado medianamente grave, a tarefa do juiz não vai além de "quantificar" uma pena de prisão, nos limites dados por uma pena mínima e uma pena máxima.

I. as penas aplicáveis dentre as cominadas;
II. a quantidade de pena aplicável, dentro dos limites previstos;
[...] (grifos nossos).

Esse artigo 59 nos interessa particularmente quanto à questão da culpabilidade e das consequências do crime. Deixaremos para examinar este último ponto na próxima seção, 7.2.3.3, e nos debruçaremos agora sobre a questão da culpabilidade. Enfatizamos, também, que a expressão "reprovação do crime", no final do primeiro parágrafo, faz referência a duas teorias da pena: a teoria retributivista e a teoria da reprovação social (denunciação).

O conceito de culpabilidade foi objeto de longas discussões na filosofia do direito, quanto a seu sentido preciso. Ao se falar em culpabilidade, não se trata simplesmente de determinar se o indivíduo é culpado, ou não. Essa ideia de ser "culpado" abrange um conjunto de conceitos que são condições de possibilidade para se chegar a uma decisão de culpabilidade. Aqui, não discutiremos o sentido que esse conceito toma na filosofia do direito ou na doutrina.

Basta indicar que, na doutrina jurídica brasileira[147], a ideia de "culpabilidade" se divide em três partes: a capacidade do agente, o conhecimento da norma e o grau de reprovação social do comportamento. É esse último que aqui nos interessa. Ele é um conceito que parece dar lugar a várias construções de sentido diferentes. Nos termos da teoria dos sistemas, temos um *medium* que se presta a diversas formas. Tendo em conta o fato de que o termo "reprovação" está também presente no referido artigo, visando a aumentar (ou não) a severidade das penas conforme o caso, nossa questão é

147 Ver, por exemplo, Nucci (2009). Agradecemos à Profa. Marta Machado, pelo compartilhamento de suas reflexões sobre o conceito de culpabilidade, bem como aos estudantes do grupo de pesquisa da Profa. Maíra Machado, pela indicação dos conceitos de "culpabilidade" e de "consequências do crime", como pistas de pesquisa.

a seguinte: o *medium* "culpabilidade" pode se tornar uma estrutura de recepção para a opinião pública?

O resultado ilustra bem o que definimos como uma "zona de possibilidade": uma via virtual à recepção-construção da opinião pública pelo SDC. Conforme mencionamos, há no filtro "culpabilidade" essa alternativa entre duas visões opostas: aquela que construirá esse conceito, considerando as repercussões do crime na opinião pública e a outra, que exclui tais repercussões da ideia de culpabilidade no que se refere à determinação da pena. Vejamos como o problema se apresenta empiricamente.

Iniciemos pela fala do juiz 13. Ele parece reconhecer o fato de que esse critério de "culpabilidade", tal como formulado no artigo 59, pode efetivamente ser utilizado para ter em conta um estímulo externo associado ao público ou à opinião pública, tal como ela foi moldada previamente pelos jornais:

> [ENTREVISTADOR] (...) Um outro tema que eu tinha na cabeça que você mencionou é a questão da culpabilidade, quer dizer, culpabilidade é reprovabilidade social...
>
> Eu sei.
>
> [ENTREVISTADOR] ... então a hipótese que eu estava fazendo aqui na cabeça, bom num caso em que há um grande clamor...
>
> Sem dúvida, e quando você vai colocar lá a pena base você vai ver: a culpabilidade foi intensa. Mas como foi intensa? Ou seja, porque que eu digo que um crime naquela fundamentação da pena o réu foi acentuadamente criminoso e noutro não foi, ou seja, mas o dolo não tá lá no tipo? Por que a culpabilidade pra efeito da pena base em um foi mais acentuado e no outro não? Eu diria que decisivamente entraria a interferência externa na interpretação daquele fato, sem dúvida alguma. Ou seja, são elementos tipo que o jornal disse que a criancinha que foi molestada, etc. e tal... Isso sem dúvida que vai interferir na cabeça do juiz [JUIZ 13].

Nota-se bem, aqui, o reconhecimento da via aberta aos estímulos externos, a partir da noção de uma "culpabilidade intensa". No momento de decidir uma pena criminal, a estrutura "culpabilidade" presta-se bem à aceitação da opinião pública para uma modulação de sua intensidade. Quanto mais o crime causa repercussões midiáticas, mais se pode verificar um grau de reprovação social elevado e, consequentemente, mais a culpabilidade parece "intensa". Assim, observamos claramente, nessa fala do entrevistado, que a via da culpabilidade é uma zona de possibilidade que permite introduzir a opinião pública: identifica-se o grau de reprovação social nas pressões e nas manifestações externas (percebidas pelo sistema), que mostram uma "indignação" em relação ao crime.

A próxima citação evidencia que o grau de culpabilidade pode ser avaliado em função da percepção da intensidade da "reprovação social". Entretanto, ela deixa ver que os operadores construirão diferentemente a maneira de avaliar a "reprovação social" relacionada à severidade da pena. O operador, a seguir, atribuirá mais importância à "reprovação social local", em oposição à reprovação social nacional, que ele considera mais fortuita e levando a penas desproporcionais ao crime.

> [ENTREVISTADOR] Quando há um crime que causa essa comoção a gente pode pensar que é uma reprovabilidade social maior e, portanto, uma culpabilidade maior?
>
> Eu acho que não necessariamente, porque senão (...) o grau de reprovação dos crimes violentos seria sempre muito mais alto. (...) Não estou dizendo que não interfere. Óbvio que interfere. Mas a reprovação social é a reprovação a meu ver daquela comunidade que está sendo mais afetada pelo crime. Então você tem que considerar numa dimensão não tão macro, mas numa dimensão mais localizada, senão você iria partir muito pro subjetivismo. Eu acho que você tem que tentar objetivar a fixação da pena.

[ENTREVISTADOR] Você me fala que essa questão da reprovabilidade social... Então a gente deve ver de forma mais objetiva na comunidade...

Não, não digo assim no bairro, não é isso. Mas eu tô dizendo um caso como esse, por exemplo, que saiu na imprensa do Paraná e tal, é óbvio que causa uma comoção geral, mas quem são os mais afetados? Qual é a reprovação social que mais interessa pra fins de fixação da pena para aquele condenado? É daqueles da comunidade que está mais próxima. Porque se você for considerar que a reprovação, que a culpabilidade é a reprovação social e houve uma reprovação social imensa em todo o país, você vai considerar que a culpabilidade dele é imensa. Então eu acho que você tem que filtrar um pouco isso e focar mais no aspecto não tão macro no aspecto mais localizado realmente. Eu tento pelo menos na fixação de pena ver dessa forma nesses casos que possam provocar mais repercussão [JUIZ 19].

Tentando fugir do "subjetivismo", ele introduz a distinção macro/micro: ele rejeita a repercussão ao nível macro — a repercussão na opinião pública, em termos mais generalizados, que vai além da realidade da comunidade em que o crime foi produzido — e a aceita ao nível micro, o da comunidade "afetada", das pessoas mais "atingidas" pelo crime.

No entanto, a zona de possibilidade "culpabilidade" parece estar fechada, em outras ocasiões. Se vemos, nas falas anteriores, uma recepção aos estímulos externos, a partir do grau de reprovação social, nos dois próximos verificaremos um desenvolvimento totalmente contrário. O primeiro operador nota um grande risco de cometer uma injustiça e de aumentar, por mera contingência, a severidade da pena de uma pessoa condenada:

> [ENTREVISTADOR] Mas a culpabilidade relaciona com a comoção que ele causa na sociedade nesse caso?
>
> Isso é uma coisa que eu acho perigosa, entendeu? Isso é uma coisa que eu acho perigosa porque por um lado, assim, é tentador você dizer — olha, realmente, se o direito penal ele serve de certo modo (...) para dar um sinal, né? (...) Um caso de muita comoção então deveria também dar um sinal né, positivo. Dizer — "olha ele cometeu essa atrocidade, mas em compensação ele vai sofrer uma reprimenda maior do que normalmente sofreria". (...) Eu acho que isso seria uma coisa que me preocuparia, eu não sei como eu acabaria agindo. Mas seria uma coisa que me geraria uma preocupação porque eu acho que é tentador sim, e de certo modo acho que é justificável, que você queira dar uma pena maior para essa pessoa do que para uma outra pessoa que tenha praticado um fato semelhante, mas não tenha gerado uma comoção social. Mas eu acho complicado, porque (...) às vezes você pode cometer uma injustiça (...) de aplicar uma pena maior para alguém que cometeu o mesmo fato que outra pessoa cometeria com a justificativa que esse ficou conhecido e aquele não [PROMOTOR 7].

Por sua vez, o promotor 12 dissocia radicalmente a avaliação da culpabilidade (tal como formulado no artigo mencionado) da opinião pública. Ele emprega a distinção "reprovação social permanente/episódica", para neutralizar o impacto da opinião pública. Portanto, a culpabilidade parece ser aqui estimada em função da gravidade geral atribuída ao crime na legislação, e não às variáveis mais circunstanciais. Eis como ele formula seu raciocínio:

> Então quer dizer a opinião pública tem essa característica e é muito manipulável pelos meios de comunicação. E isso é um perigo. Então eu acho que a reprovabilidade social

> que sustenta a culpabilidade não tem nada que ver com a opinião pública, a reprovabilidade social nesse sentido, de parte integrante da culpabilidade, ela tem que ser vista como algo muito mais... Como eu diria? Como algo muito mais permanente, não é? Não é algo episódico, não é algo que é extraído por uma ou outra circunstância pelo clamor público, pela vítima, pela qualidade da vítima, ou pela qualidade do autor, né? [PROMOTOR 12].

A distinção feita nessas duas últimas citações é clara: a "culpabilidade" não depende da expressão da opinião pública. Fecha-se explicitamente a porta à opinião pública por meio da culpabilidade e, consequentemente, ao grau de reprovação social, tratando-se, aqui, de dois fatores inconciliáveis.

Em resumo, verifica-se que o *medium* culpabilidade abre caminho para duas possibilidades opostas: introduzir/não introduzir uma construção em função da opinião pública. Ou ela é identificada com estímulos externos, a partir da ideia de grau de reprovação social, ou a construção é categoricamente rejeitada. A culpabilidade permanece, contudo, como uma perfeita zona de possibilidade (que só faz permitir a passagem, sem exigir nada) para a aceitação da opinião pública.

7.2.3.3 OPINIÃO PÚBLICA E A ZONA DE POSSIBILIDADE "CONSEQUÊNCIAS DO CRIME"

Tal como exposto no início da seção precedente, o artigo 59 do Código Penal brasileiro determina que um dos elementos que o juiz deve considerar, no momento de estabelecer uma pena criminal, são as consequências do crime. Assim como em vários dispositivos do Código, também aqui o leque de possibilidades é bastante amplo. Em dada ocasião, indagamos o que poderiam ser exatamente essas consequências do crime e se a percepção da reação da opinião pública podia desempenhar um papel nessa questão.

Nossos resultados, agora, são similares àqueles encontrados para o *medium* "culpabilidade". Se, para alguns de nossos entrevistados, a consequência do crime parece ser um filtro totalmente aceitável para dar conta da repercussão do crime na opinião pública, para outros entrevistados essa operação se mostra categoricamente equivocada.

Examinemos, primeiramente, as comunicações que vão no sentido de aceitar a opinião pública como consequência do crime. Utilizando uma distinção entre uma "repercussão local espontânea" e uma "repercussão artificial" encorajada pelas mídias (distinção, aliás, bem similar àquela feita pelo juiz 19, conforme exposto na seção anterior, 7.2.3.2), o promotor 16 nos diz que a primeira pode ser efetivamente uma "consequência do crime" e, como tal, deve ser levada em consideração na determinação da pena:

> [ENTREVISTADOR] E no momento da pena você acha que essa, vamos pegar esse caso, por exemplo, o impacto que causa a indignação no público, isso pode ser levado em consideração como consequências do crime, por exemplo, o 59...
>
> Acho que sim, acho que sim, mas com muito cuidado. Porque o que se deve evitar é que se leve em consideração a comoção pública criada artificialmente, criada por um jornalismo interessado apenas em vender, uma imprensa marrom. (...) Talvez, por exemplo, um sequestro como o de Eloá, que é uma questão muito pontual ,muito específica, (...) tenha se transformado no que se transformou pelo que a imprensa fez. Mas eu não vejo como não se considerar socialmente relevante, (...) por exemplo, uma pessoa que vai pagar 1 milhão de reais pra não ser multada. Espera aí, quem é essa pessoas? É um grande empresário, uma pessoa que tem um poder de corrupção muito grande, exatamente ganha muito mais que isso... (...) Não há como não se considerar isso relevante pra sociedade, pra população. Então acho que sim, a repercussão pública de um caso pode ser considerada como critério da

> aplicação da pena, mas com o cuidado de que se verificar se aquela repercussão não foi algo artificial, não foi um produto um mero produto da imprensa. Você pode ter uma repercussão pública numa cidadezinha do interior de 2 mil habitantes, isso é relevante, uma a morte de uma criança, sei lá, vítima de estupro por uma pessoa da comunidade que se dizia defensor da moralidade. Isso é relevante. A repercussão que é causada naquela comunidade que não tem imprensa é de boca a boca é assim pra mim deve ser considerado como critério pra aplicação de pena [PROMOTOR 16].

Nessa citação, vê-se tanto a recepção dessa "comoção pública" pelo sistema, a partir do filtro "consequências do crime", como igualmente observa-se a reprodução da distinção entre uma "boa" opinião pública (localizada) e uma "má" opinião pública (artificialmente construída pelas mídias). Então, o SDC é que dirá qual opinião pública é aceitável e qual não é.

Outros operadores parecem ter ainda menos dúvidas quanto à possibilidade de considerar a opinião pública como uma "consequência do crime" devendo influir sobre a severidade da pena:

> Então, consequências do crime, o que eu te falei que eu considero. Eu considero pra sociedade, se choca, causa clamor público ou não causa. Porque nossa preocupação também é... Eu, como agente público, a minha função não é só uma resposta à vítima. Eu não sou advogada da vítima. Eu considero óbvio a consequência do crime específico àquela vítima, para aquela vítima, mas vejo a consequência também para a sociedade, né? [PROMOTOR 4].

Apresenta-se aqui novamente, de maneira clara, a possibilidade de considerar o "clamor público" como uma consequência significativa do crime. A fala do entrevistado é clara: como agente público, ele deve considerar esse "clamor", no momento de avaliar o que são as consequências do crime abordadas no Código Penal.

Porém, como já dissemos, não são todos os operadores que utilizarão esse *medium* "consequências do crime" para receber a opinião pública e aumentar a pena. O segundo operador citado enfatiza que é preciso observar exclusivamente as consequências diretas e limitadas da ação, excluindo, assim, a opinião pública da forma e da intensidade da pena. Ele adota, então, os critérios convencionais das teorias da retribuição e da dissuasão, que não aceitam esse estímulo externo como um critério que deva ser considerado para a determinação da pena:

> [ENTREVISTADOR] A dimensão da repercussão (social), o choque que o crime causa no público, a comoção social que ele causa, isso pode ser considerado como uma consequência do crime?
>
> Penso que não. Se deve considerar a questão... digamos, objetivamente... pelo menos, um pouco mais objetivamente — visto que não existe uma objetividade total nisso aí —, da dimensão do dano específico. Normalmente, tal dimensão acarretará uma reação diferente na sociedade, com um grau de comoção social, às vezes maior, outras vezes menor, mas pode também acontecer que alguns episódios sejam superdimensionados por fatores independentes ao crime. Por exemplo, por uma superexposição especial às mídias. [...]. Eu acho que é mais importante tentar avaliar como consequência (do crime) o dano objetivo [JUIZ 23].

Nesse caso, apreende-se claramente uma distinção entre as repercussões na opinião pública e o "dano objetivo" do crime. A consequência do crime é estimada pelo mal causado pelo crime, e não por sua repercussão social. Aqui, portanto, o sistema fecha a porta à recepção do estímulo externo pela via das consequências do crime.

O juiz acima citado não é o único a defender tal perspectiva. O promotor 5 também adotará os critérios usuais das teorias da pena e bloqueará estímulos externos pela via da consequência do crime, apresentada no Código Penal brasileiro:

> Consequência é o dano que a vítima sofreu né, a periculosidade, o juízo e a periculosidade feita pelo agente. Vou te dar um exemplo. No caso de roubo, o cara vai lá e anunciou o roubo e tira alguma coisa da vítima. Tudo bem, aí o cara vai lá, tira alguma coisa da vítima e ainda espanca a vítima. Então você tem um agravante em relação à conduta anterior. Consequência do crime:, a vítima ficou paraplégica, tetraplégica, ou perdeu a visão, ou sofreu um dano, um prejuízo, alguma coisa... Isso é consequência do crime. Se a mídia noticiar ou não noticiar, isso não faz ter [impacto na] dosimetria de pena ou no oferecimento da denúncia, é irrelevante. (...) Até porque quando o cara for ser julgado praticamente ninguém mais vai lembrar, à exceção de alguns casos emblemáticos, alguns grandes homicídios (...). Mas a repercussão desses homicídios não entra na dosimetria da pena. Aliás, nunca passou pela minha cabeça um troço desse, que eu fosse pedir um aumento de pena pela consequência. Às vezes pode acontecer de dizer o seguinte — "olha, fulano foi assaltado e depois foi espancado", e a mídia noticia — "olha, esse fulano é perigoso porque ele assaltou e espancou", então nesse caso você vai ter aumento de pena porque espancou, mas não foi porque a mídia disse que ele espancou. Ele tem esse aumento de pena e tanto faz como tanto fez a mídia ter noticiado ou não. Aliás, se você tem aqui, nós temos cem investigações não sei o que, você tem sessenta, setenta pedidos de condenação, daqui uma vez, se a mídia esteve aqui uma vez foi muito.
>
> [ENTREVISTADOR] O fato de um crime ter uma grande repercussão pra você não diz grande coisa?

> Em pena? Nada, não diz nada, não é um critério legal, não é um critério legal, não diz absolutamente nada [PROMOTOR 5].

O que deve acarretar uma pena mais grave é a consequência para a vítima, o alcance do mal que ela sofreu, independentemente do fato de esse mal atrair, ou não, a atenção das mídias. A determinação da pena é, em tal construção, absolutamente independente da repercussão do crime na opinião pública. O filtro "consequências do crime" é, portanto, construído de modo a não deixar o sistema irritar-se, na concepção desse operador do direito.

7.2.3.4 OPINIÃO PÚBLICA E AS TEORIAS DA PENA: DENUNCIAÇÃO E O EFEITO PEDAGÓGICO DA PENA

Já sabemos, por meio de outras observações e pesquisas (Pires, 2002, 197-199; Lachambre, 2003; 2011), que a opinião pública encontra espaço para ser recebida pelo SDC, por meio de três teorias da pena que são indiferentes à inclusão social dos condenados: a teoria da retribuição, da dissuasão e, especialmente, a da denunciação (ou da reprovação social). Essas três teorias acabaram por considerar, cada qual a seu modo, que a severidade da pena constituía um importante elemento para exprimir nossa ligação com determinadas normas de comportamento do direito criminal. A teoria da denunciação enfatiza ser sobretudo fundamental que o grau de severidade da pena possa expressar, simbólica e concretamente, o grau de reprovação do crime presente no público ou na sociedade, na ocasião do crime. A teoria demanda às autoridades uma relação proporcional (não uma equivalência) entre as expectativas de severidade do público (ou de um determinado público) e a sentença do tribunal. Paralelamente a isso, tanto a teoria da retribuição como a teoria da denunciação insistem, ainda, no efeito pedagógico do grau de severidade da pena (Lachambre, 2011). No entanto, esse autor também demonstrou, em pesquisa recente, que existe, igualmente, no SDC, uma concepção alternativa e inovadora da teoria da reprovação social e um uso alternativo do *medium* denunciação. Essa concepção alternativa distingue entre reprovação/repressão[148], reprovação/punição ou condenação/severidade da pena; além de não valorizar absolutamente a severidade das penas, inclusive para os crimes mais graves.

Nosso material empírico não nos permite explorar em profundidade esse aspecto do problema, a despeito de podermos nele encontrar (na presente seção e na próxima) traços muito evidentes desse duplo discurso: do discurso dominante, que favorece a recepção da opinião pública, por meio das teorias da denunciação e da retribuição; e resquícios de um discurso alternativo, ou quase, que desvaloriza a severidade das penas. Além disso, no Brasil, o funcionamento global do sistema político e das organizações do SDC acaba concedendo uma imunidade extraordinária às elites. A ideia, então, de obter um "efeito pedagógico" — seja por meio das condenações e/ou da severidade das penas — faz-se muito presente em algumas mensagens do sistema. Como os tribunais se fiam que as penas não sejam de modo algum aplicadas em relação às elites, tendo em conta a inércia das organizações políticas (polícia, governo etc.), o famoso "efeito simbólico" se torna uma espécie de esperança do SDC em conseguir algo de diferente. Nesse contexto, do ponto de vista da observação externa, é, por vezes, muito difícil interpretar o sentido que os operadores atribuem à palavra "condenação". Não se sabe afirmar, precisamente, se eles pensam essencialmente no fato de condenar e de sancionar minimamente as elites — o que se torna efetivamente importante —, ou se eles pensam nas teorias dominantes mais obsoletas, que valorizam a severidade da pena, para exprimir os valores (retribuição, dissuasão, denunciação).

---

148 Essa distinção foi objeto de um debate entre Durkheim e Tarde (ver Pires, 1995).

Na citação a seguir, fica claro que o promotor 6 confere grande importância a essa ideia de transmitir uma mensagem ao público, quando se trata de um indivíduo conhecido e integrante do grupo dos "intocáveis" pela justiça criminal. Contudo, não conseguimos saber se o entrevistado dá ao *medium* "condenação" um sentido convencional, valorizando a punição (teorias da retribuição, da dissuasão, ou da denunciação); ou se, ao contrário, ele distingue entre condenação/penas severas (sentido alternativo). Segundo ele, o fato de se condenar alguém que tenha uma certa visibilidade social é importante, porque isso reforça uma função pedagógica que a condenação ou pena (qualquer? severa?) teriam. Veremos, aliás, que o promotor não parece absolutamente valorizar a severidade das penas, mas essencialmente a condenação (última frase da citação abaixo). Se tal é o caso, não conseguimos dizer que ele acolhe a opinião pública no quadro de suas decisões. Certamente, ele se dirige à opinião pública, e instrumentaliza, portanto, os acontecimentos que são midiatizados, porque, sem a midiatização, ele não vê como o efeito pedagógico possa ser atingido. As repercussões midiáticas — que um crime tem e que uma condenação poderia ter — são uma engrenagem importante em suas considerações. No entanto, ele não se torna mais punitivo para tanto, e a opinião pública não parece modificar o conteúdo ou a orientação de suas decisões. Examinemos como ele expõe seu argumento:

> Eu acho assim, são casos que a gente dá mais atenção, isso é inegável. Vamos dar mais atenção justamente pela função pedagógica que esse caso pode ter. Porque, assim, eu posso condenar alguém por um crime semelhante, mas alguém totalmente desconhecido — eu vou querer condenar é claro — não vai ter maior repercussão. Agora, se eu tenho uma pessoa que é notória, e eu obtiver essa condenação isso acaba tendo [um efeito]: "olha, tá vendo, mesmo o cara sendo um político importante, mesmo o cara sendo um empresário milionário, ele corre o risco de ser preso". Então é um risco de ter que

> responder perante a justiça, etc. e tal. E é relevante isso, eu acho que assim, para a nossa atuação como promotor, é um caso que a gente vai dar maior atenção sim, não tem como negar, é fato. Mas não que eu fosse pedir uma pena maior para esse cara por ele ser político do que de um outro que não fosse [PROMOTOR 6].

Essa citação nos parece de análise complexa. O SDC aceita esse estímulo externo ("opinião pública sobre a desigualdade política e jurídica da justiça"), pois ele mesmo reconhece a existência desse problema extremamente marcante. O SDC sente, assim, não só necessidade de "dar satisfação" ao público (corrigindo, se possível, a situação em uma certa medida), como também de "educá-lo", no sentido de dar a ele uma nova imagem da justiça criminal ("mesmo uma pessoa muito rica pode ser condenada"). A percepção de estar sob o olhar da opinião pública, e de que se trata de um caso de elite tendo uma visibilidade social que mobiliza as mídias etc., tudo isso é fundamental para explicar essa atitude mais aplicada, mais diligente. No Brasil, essa reação do SDC deve ser claramente distinguida de uma atitude ou de uma orientação punitiva mais convencional. Aqui, os efeitos da opinião pública sobre o SDC são mais "positivos", no sentido de que eles vão ao encontro de um modelo "pré-moderno" de "justiça de castas", no qual o SDC organizado não trata todos os indivíduos de modo independente de seu status social.

A citação, a seguir (juiz 16), é também difícil de compreender, porque ela parece combinar a situação precedente e uma maneira mais convencional de pensar a pena — a qual está, contudo, em vias de ser abandonada (segundo qualquer verossimilitude) por nosso interlocutor. Essa maneira mais convencional de conceber a pena decorre de uma associação entre o grau de severidade da pena e a dimensão temporal: quanto mais a pena é expedida rapidamente, menos há necessidade de ela ser severa; e vice-versa (teoria da dissuasão). O juiz entrevistado enfatiza, contudo, a simples necessidade de reafirmar, decisivamente, a norma de comportamento (seja por uma simples condenação; seja, eventualmente, por uma sanção que não precisa ser severa). Aqui, observa-se também essa preocupação de reagir contra uma "abstenção radical" do SDC para com determinados comportamentos de transgressão, que permanecem "sem resposta" da parte do sistema. A opinião pública é, assim, também aquela opinião pública que rejeita a desigualdade jurídica e política do SDC, em seu modo de operação no Brasil. Nesse caso, não se trata da opinião pública que quer punir mais severamente os "crimes de rua" ("*street crime*"). O juiz 16 tampouco substancializa a noção de pena criminal (a pena não é necessariamente concebida como obrigação da imposição de um sofrimento). O que ele pretende dizer é somente que uma resposta da justiça criminal organizada é fundamental para manter a legitimidade da norma de comportamento selecionada pelo SDC. Eis como ele constrói seu raciocínio:

> É eu creio, embora seja uma questão controversa, que a atuação da justiça criminal, talvez da linha funcionalista, ela tenha uma função de reforço da mensagem para a sociedade de que aquelas normas devem ser cumpridas, não é? Quer dizer, embora a validade da norma não dependa, pelo menos para uma parte da doutrina, da sua eficácia social, da sua efetividade, do seu cumprimento, pelo menos em alguns casos... [Para] que não haja uma perda de validade pelo descumprimento em repetido dessas normas, eu creio que esse descumprimento sem resposta ele deslegitima não a atividade judicial, mas a existência da norma, né? (...) [S]e a própria sociedade concebe que aquela norma perdeu a sua importância, ela está deslegitimando a aplicação dela. Então, quando o senhor mencionou aí a minha concepção em relação às funções da pena e a não definição do crime pela pena, fica (...) uma certa possibilidade de contradição entre as duas concepções. Se a função é importante, se é

> preciso haver retribuição ou prevenção, a pena talvez fosse um elemento ao gerar essa retribuição ou prevenção que definisse a natureza do fato como criminal ou não, né? Mas eu creio, primeiro, que a repercussão social, esse reforço no imaginário da sociedade (...) da validade daquela norma e da necessidade de cumpri-la, ela pode ser exercida em diversos graus e a depender da lesão ao bem jurídico que é protegido pelas normas penais. Então, pelos bens jurídicos que são protegidos pelas normas penais, essa pena pode ser extremamente branda desde que ela seja aplicada rapidamente. A meu ver, é o seguinte: quanto mais rápida a aplicação da lei, (...) menor a necessidade de uma pena excessivamente rígida, porque o reforço a sensação social de cumprimento da norma é mais efetivo. Eu acho que psicologicamente o efeito individual e social é mais efetivo [JUIZ 16].

Essa mesma citação foi utilizada em nosso capítulo 6, sobre a racionalidade penal moderna, para abordarmos o *medium* denunciação; porém, trata-se aqui de um sentido inovador, ou ao menos não convencional de "denunciação". Não consiste na teoria da denunciação que desempenha, atualmente, um papel dominante nas operações do sistema. A ideia é de que uma resposta do SDC é geralmente necessária, quando se busca enfraquecer, significativamente, a norma de comportamento de referência. A pena (sanção) tem, assim, a função de expressar que o SDC "apoia" a norma de comportamento em questão, e que esse sistema dá razão àquele que prevê contar com a mobilização do SDC. A resposta penal tem, então, o efeito de comunicar ao público que o comportamento é inaceitável e que a norma é válida. Parece-nos legítimo estender o argumento para dizer que a necessidade de afirmar a validade da norma pode se tornar mais "urgente" face à irritação do sistema em relação a casos que são midiatizados.

Na próxima citação, temos uma situação diferente, embora correlata às questões precedentes. Trata-se, aqui, do problema concernente à criminalização/descriminalização de alguns comportamentos, cuja incriminação pela lei pode ser abertamente contestada por ao menos uma parte do público. Isso ocorre com as incriminações referentes às drogas (mas, também, o aborto etc.). A situação é diferente, porque ela não deriva nem de uma "justiça de castas", nem de uma norma de comportamento que não seja diretamente contestada. E é correlata, porque o SDC evita "reforçar" no público a ideia de um sistema que simplesmente não aplica as leis, ou quer agir "por conta própria". Esse exemplo mostra como, para o SDC, é difícil descriminalizar, por ele mesmo, um comportamento, particularmente em uma situação na qual tal sistema se vê percebido como agindo no contexto de uma "sociedade de castas". Assim, segundo o promotor 7, a não acusação e a não condenação de determinados comportamentos (ele se refere especificamente ao tráfico de drogas) seriam problemáticas, tendo em conta o fato de que isso seria um "sinal negativo" para a sociedade. A opinião pública e o público são aqui percebidos como uma pressão, no sentido de respeitar as normas de comportamento selecionadas pela lei criminal. Vejamos a argumentação do entrevistado:

> Mas se você realmente me pergunta nesse caso [um caso de tráfico de drogas de pequena monta] o que eu estou ali, eu membro do Ministério Público, querendo quando eu estou pedindo a condenação de uma pessoa como essa, eu não acho que eu esteja dando sinal nenhum. Talvez eu esteja evitando um sinal negativo, em que sentido? É... um sinal negativo se por ventura a sociedade através da imprensa descobre que, vamos supor, que eu fosse (...) um procurador que achasse que esses casos de mula não poderiam ser penalizados. Tá, a pessoa é miserável, (...) veio lá da África em condições subumanas, está tentando de alguma forma sobreviver e

> encontrou no tráfico internacional aqui o seu meio para não morrer de fome e para sustentar os seus familiares e em razão disso eu peço a absolvição. Vamos supor que eu fosse assim, e vamos supor que a juíza concordasse também em absolver essa pessoa por conta dessa ordem de fundamentação que poderia ser uma ordem mais sincera. Mas seria uma ordem, é o que eu estou dizendo, eu estou te dando duas alternativas — a minha opinião sobre o fato e a minha opinião como um operador do direito em razão do... seria uma opinião mais sincera, mas seria uma opinião não-jurídica, pelo menos não-jurídica aqui nos parâmetros do direito positivo brasileiro... Eu acho que a sociedade de modo geral... a impressão que eu tenho é que a imprensa ia cair em cima de mim, a sociedade assim... cai em cima com o apoio da sociedade — "é um absurdo esse membro do Ministério Público, esse juiz aí, essa juíza, estão absolvendo traficante". Então talvez eu esteja evitando esse sinal negativo da sociedade. Qual sinal negativo? De que traficante entre aspas não está cumprindo pena [PROMOTOR 7].

Esse entrevistado enxerga a opinião pública como sendo intolerante em relação a um poder judiciário que escolhe por si os comportamentos que deve, ou não, sancionar de alguma forma. Agir de maneira totalmente livre, sem levar em conta a legislação, particularmente em um contexto em que o SDC consagra a imunidade das elites, significaria enviar um "sinal negativo" ao seu ambiente.

A presente seção nos possibilitou ver, portanto, como essa ideia de "buscar enviar uma mensagem à sociedade" é complexa e pode tomar diversos sentidos e direções diferentes, e até opostas. Ela pode tanto favorecer a lógica punitiva do sistema (orientação predominante), como indicar novas formas pelas quais o sistema pode vir a "entrar em relação" com seu ambiente, com seu público e com a opinião pública.

7.2.3.5 OPINIÃO PÚBLICA A ZONA DE POSSIBILIDADE "CREDIBILIDADE-LEGITIMIDADE"

Uma outra zona de possibilidade para a recepção da opinião pública é criada com as reflexões sobre as questões da credibilidade e da legitimidade, realizadas pelo próprio SDC. Não se trata de uma zona de possibilidade construída com o auxílio de normas do direito criminal, ou mesmo de ideias reproduzidas pelas teorias da pena, ou estabilizadas por alguns pontos de vista da doutrina jurídica, tais como os três primeiros: "ordem pública", "consequências do crime" e "culpabilidade". Aqui, a estrutura de recepção se situa no plano de um autorretrato de credibilidade da própria organização judiciária, mas cremos, ainda assim, ser capazes de demonstrar sua existência, a partir das citações apresentadas nesta seção.

Trata-se de uma zona de possibilidade, que aparece principalmente quando uma maior reflexão é construída pelas organizações da justiça sobre a imagem e o papel do SDC. Em outras palavras, podemos ver uma certa referência a estímulos externos, no momento em que essas organizações se indagam sobre sua própria legitimidade, ou inquietam-se pela credibilidade de sua razão de ser e de suas decisões internas junto ao público e à opinião pública. Salientemos que, em nosso material empírico, os dois termos aparecem com um significado tão próximo, em tais casos, que não conseguíamos observar uma diferença entre eles. Acreditamos, inclusive, que para alguns de nossos entrevistados, esses *mediums* tenham sido empregados de maneira intercambiável.

Iniciemos por uma citação que associa os estímulos externos e as teorias da pena criminal — nesse caso, aquelas que são indiferentes à inclusão social dos condenados servirão de estrutura de recepção para a opinião pública e valorizarão a severidade das penas, quando o crime for considerado grave ou importante socialmente. Aqui, as comunicações do SDC combinarão duas estruturas de recepção situadas em planos diferentes: as teorias da pena e uma preocupação com a legitimidade ao nível das organizações. Ao punir segundo tais teorias mais repressivas, o SDC considera que responde, simultaneamente, a critérios "neutros" internos e a seu "eventual" problema de "crise de legitimidade". O sistema se julga autorizado a "punir mais", como deseja a opinião pública, se e quando as teorias da pena dizem que algum crime (norma de comportamento) pode, efetivamente, ser punido mais severamente. Nesse contexto, a "pena severa" é observada como sendo duplamente legitimada: dentro do sistema, por suas próprias teorias da pena e fora do sistema, por uma demanda "retributivista" do público. O tribunal pode, assim, ver-se como agindo de maneira "legítima", segundo seus próprios critérios, como também projetando uma imagem que teria uma certa probabilidade de aumentar sua legitimidade junto ao público (retributivista).

Recorrendo à teoria da retribuição[149], o juiz 16 defende que uma pena de tipo "retributivo" é necessária, quando o crime é grave e "produto das repercussões na sociedade": os estímulos externos seriam não só aceitáveis, como seriam uma razão adicional para justificar uma punição (mais) severa. Examinemos mais detidamente seus argumentos:

> Então, pode esse clamor social, a repercussão social da conduta ser trazida pra dentro do processo? Pode, quando essa repercussão (...) tá em consonância com aquilo que a norma visava proteger, a norma penal incriminadora. Então é... certos crimes que são praticados com requintes de crueldade... Eu creio que essa semana mesmo, em um desses jornais, estava a menção de um casal que no sul do país estava numa praia movimentada e alguém se ofereceu pra mostrar a eles um morro com uma área florestal e eles foram e por alguma razão confiaram nessa pessoa e a acompanharam queriam

149 Esta citação foi, aliás, utilizada em nosso capítulo teórico, para abordarmos a retribuição.

> conhecer. Ao chegar lá, a pessoa estava armada, rende o rapaz e a moça, quer estuprar a moça, mata o rapaz, fere a moça nessa tentativa quando ele reage, os deixa lá, sai e volta 12, 13 horas depois pra continuar a prática delituosa em relação à moça que ainda permanecia viva. Então esse tipo de conduta é uma conduta que gera na sociedade uma repercussão [que] eu creio de exigir uma maior apenação, uma maior rigidez da aplicação da lei penal como uma resposta, como uma espécie de satisfação de um sentimento coletivo de justiça. E justiça nesse caso como uma reprimenda retributiva, uma retribuição do mal, uma retribuição com outro mal, que seria a aplicação da lei penal nesse aspecto do encarceramento [...] [JUIZ 16].

Como se pode constatar pela fala desse entrevistado, quando o clamor público se harmoniza com a gravidade do crime e com a importância do valor que a norma penal busca proteger, é perfeitamente possível integrá-lo à "sentença". A aceitação do estímulo externo é aqui clara, mas sua justificativa não é ainda plena. É, posteriormente, que a ligação entre a teoria retributivista e a zona de possibilidade "credibilidade-legitimidade" se tornará explícita, considerando, então, que a organização judiciária corre um grande risco de perder sua legitimidade, se não agir conforme seu público deseja (e sua teoria autoriza), de maneira retributivista:

> E essa função de satisfação dessa ânsia por retribuição aos atos ilícitos, sobretudo de natureza criminal, ela é uma função que tem a ver em grande parte com a legitimidade também, ou melhor, com a percepção da legitimidade da atuação do poder judiciário na seara criminal. Quer dizer, um poder judiciário que se colocasse completamente ao longe dessa ânsia de justiça que certos fatos delituosos de maior gravidade geram... ele seria um poder judiciário que perderia legitimidade na sua atuação se ele não levasse em consideração de forma alguma essa maior repercussão social. E aí

> talvez ele prejudicasse ou diminuísse a importância social da atuação substitutiva do Estado em relação a essa aplicação da retribuição. Eu acho que um dos grandes elementos de demonstração de civilidade de uma sociedade é a facilidade com que nós atribuímos às nossas instituições a prática de atos que às vezes nós gostaríamos de praticar. E nessa seara da atividade criminal, sobretudo violenta, por exemplo, (...) as pessoas (...) mais diretamente atingidas os familiares etc., por uma questão cultural, eles têm uma tendência a querer retribuir, né... a fazer justiça com as próprias mãos. Então, à medida que o judiciário ele se distancia dessa necessidade de dar uma resposta mais dura a determinados fatos, ele estimula a tendência da sociedade a perder a confiança nessa atividade substitutiva e ele estimula que a sociedade queira fazer justiça com as próprias mãos [JUIZ 16].

Segundo esse juiz, um crime que suscita uma repercussão social — "quando essa repercussão está em consonância com o que a norma queria proteger" — demanda uma resposta que não deve se distanciar muito dessa expectativa do público, sob o risco de perder a sua legitimidade. E tal perda acarretaria consequências graves, como a perda de confiança (credibilidade) na capacidade de o sistema resolver certos conflitos sociais e, consequentemente, a vontade de fazer justiça por conta própria. Na argumentação do entrevistado, nota-se explicitamente uma conexão entre o que ele denomina "a repercussão social do crime" (que ele só identifica, aliás, como uma repercussão em termos de demanda de punição aumentada) e a legitimidade do SDC: não reagir no sentido da demanda punitiva externa (quando, salienta ele, ela está "em consonância com o que a norma que(r) proteger") implica uma perda de legitimidade. Baseando-se em sua concepção retributiva da pena, ele constrói uma associação (punitiva) entre esse tipo de retributivismo, a "repercussão social" de determinados crimes e a legitimidade do sistema.

Além disso, há claramente em sua argumentação, essa concepção da repercussão social enquanto demanda punitiva. Cabe indagar o que, segundo ele, adviria da legitimidade do sistema, ao punir comportamentos cujo "clamor" caminha no sentido inverso, o da "não punição". Visto que seu problema de legitimidade surge em face de uma falta de punição (que pode acarretar o encargo dessa tarefa por indivíduos que não mais acreditam no sistema), como pensar a questão da legitimidade de punir, em face de um "excesso" de punição do sistema? De qualquer modo, a despeito dos problemas que tal concepção suscita, nosso objetivo é simplesmente mostrar como esse juiz associa, explicitamente, a legitimidade do sistema aos estímulos externos.

Um outro raciocínio possibilitando tratar da zona de possibilidade "credibilidade-legitimidade" é desenvolvido pelo juiz 23. Para ele, a questão da "credibilidade da lei" constitui uma questão fundamental, com a qual o SDC deve se preocupar. Segundo ele, não se trata da credibilidade das instituições penais, mas sim da credibilidade na validade e imparcialidade da lei, que é fundamental, e pode ser enfatizada (com uma pena criminal) nos casos em que há uma grande repercussão social. É difícil saber se esse operador tem em mente um crime cometido por um representante das elites — o que justificaria a alusão à impunidade —; ou se ele se refere a qualquer crime tendo semelhante impacto, mesmo quando o autor faz parte dessa categoria social mais pobre, que não goza de nenhuma imunidade:

> Uma credibilidade imposta em relação (...) à finalidade da confiança da sociedade na vigência da lei. Então não é uma credibilidade assim: "olha é importante que as pessoas vejam com bons olhos da justiça". Não é essa a ideia. A ideia é que (...) a justiça tem que funcionar para que ela passe [confiança] em relação à finalidade de observância e cumprimento da lei, né? O que acontece quando a justiça não funciona? Vai caindo a confiança que as pessoas têm na aplicação, vamos dizer, imparcial e igual da lei. Então até tem aí alguns livros que são

interessantes de observadores estrangeiros sobre o Brasil e América Latina em geral enfim, tem um deles tem um título até bem significativo "Declining Confidence on the Rule of Law" ou coisa parecida. Então acho que falta um pouco... Existe um grande sentimento aí de impunidade e isso é colocado pela mídia diariamente. E isso acaba gerando uma falta de confiança que as pessoas têm numa aplicação imparcial da lei, dentre elas a lei penal. Então essa atuação vamos dizer preferencial pra esses crimes graves e muitas vezes também ligada à questão da comoção social, ela pode gerar um, vamos dizer... que as pessoas acreditem... reforce a credibilidade do sistema de justiça, mas principalmente reforce a credibilidade imparcial da lei. E isso é importante pra ter uma, vamos dizer, uma sociedade que tenha respeito à lei, que tenha respeito à Constituição ou coisa que o valha. Então credibilidade da justiça sim, mas faria pequena ressalva porque isso é importante pra confiança das pessoas no estado de direito na legalidade, né... no sistema constitucional também. Então é essa a ideia e não uma questão de pessoal ou vendo a justiça como uma instituição autorreferente. Importante é reforçar a credibilidade das pessoas em relação à justiça? Não, isso é posto em relação a uma finalidade específica da confiança das pessoas de que vivem numa sociedade de regras, num governo de leis e não num governo de homens. Mais ou menos essa ideia [JUIZ 23].

O que chama nossa atenção, nessa citação, é a ideia de uma "resposta preferencial" aos crimes "associados à questão da comoção social". Com base nesse raciocínio, parece-nos que a questão da confiança (na imparcialidade da lei e na ordem jurídica, mais do que nas próprias instituições da justiça — tema que examinaremos, posteriormente) passa por uma atenção particular aos crimes que têm um impacto junto ao público. Portanto, o estímulo externo é um elemento importante na

> reflexão do sistema sobre a sua própria credibilidade e, consequentemente, sobre as respostas que ele dá a tais crimes. É difícil definir exatamente o que o entrevistado entende por uma "resposta preferencial": talvez ele esteja se referindo às elites, como já vimos; porém, seja qual for o sentido, é possível antecipar o argumento de que crimes de repercussão midiática demandam uma atenção especial (mais severidade?) do SDC, porque eles questionam a sua própria percepção dos fundamentos de sua legitimidade-credibilidade.

O juiz 23 prossegue seu raciocínio, especificando melhor a questão da confiança e da "resposta preferencial", na citação a seguir. Nela, ele reforça a hipótese de um crime cometido por um membro da categoria dos "intocáveis", visto que ele insiste nas noções de igualdade e de imparcialidade. Esse é um problema particularmente agudo no Brasil. Mas ele também observa que essa repercussão não deve levar o sistema a "condenar um inocente", uma decisão particularmente "protegida" contra as pressões da opinião pública:

> [ENTREVISTADOR] Então, se eu bem entendi, você faz uma distinção: não se trata de uma questão de se manter a confiança ou não na justiça penal. É mais do que isso: pra você, é uma questão de manter a confiança no ordenamento jurídico e no estado de direito?
>
> Exatamente. Não a credibilidade da justiça como um fim em si mesmo, mas a credibilidade da justiça porque ela é uma instituição importante no sentido de operar a aplicação imparcial da lei. Isonômica e imparcial da lei no estado de direito, etc. e etc. Então, nesse sentido, agora o juiz também não pode se deixar levar pela mídia, né? Então não é porque a mídia dá uma grande atenção ao caso ou que a mídia espera que as pessoas sejam condenadas, que sejam encontrados culpados. Essa é uma tendência no ser humano: oh, teve

> um crime nós temos que encontrar alguém que é culpado, alguém tem que ser punido, né? Esse sentimento de vingança, de retribuição... Então, (...) o papel do juiz, e aí é importante também pra que as pessoas tenham uma confiança no papel do juiz, é que trate esses assuntos com a devida serenidade, né? Não se pode aí sacrificar um inocente no altar da justiça em virtude aí de uma ideia da necessidade de encontrar o culpado. Então isso o juiz tem que ter muito claro, também até porque a longo prazo a credibilidade da justiça e da confiança da lei depende de uma aplicação correta da lei penal, né? (...) Vamos dizer, uma absolvição hoje com base em falta de provas suficientes ou uma absolvição porque foi provado que a pessoa é inocente ou que a acusação não se sustenta ou coisa que o valha pode até ter uma repercussão negativa na mídia, gera um estremecimento social uma quebra de confiança, mas eu acredito que a longo prazo isso reforça também a confiança das pessoas no sistema de justiça [JUIZ 23].

Nessa continuidade de seu depoimento, o entrevistado enfatiza a questão da confiança, que não residiria na "justiça como instituição", mas sim na eficácia de um sistema de leis "imparcial e isonômico". Ele retoma a pauta de uma "resposta preferencial", para afirmar que não se pode sacrificar a lógica do sistema ("uma aplicação correta da lei"), em função da repercussão social negativa que isso possa ter, já que essa resposta rápida às demandas externas poderia, a longo prazo, reduzir a pó a confiança das pessoas no sistema de justiça.

Por outro lado, o juiz 23 irá também associar a imagem da justiça à "serenidade" dos juízes, pois "não se pode sacrificar um inocente". Assim, aceitar o clamor seria, afinal, uma decisão problemática, já que ela acabaria por prejudicar a própria credibilidade do sistema. Salientemos, portanto, a ambivalência aqui presente: de um lado, não ignorar o clamor e dar uma "resposta preferencial" aos crimes de repercussões sociais; de outro lado, não "se deixar levar" pelas pressões das mídias. A solução para tal ambivalência parece residir em construções (já analisadas; ver seção 7.2.2.2) que tentam distinguir entre uma "boa" e uma "má" opinião pública. Além disso, parece claro que se há aqui uma ambivalência quanto à recepção dos estímulos externos, ela deve ser associada aos momentos da direção do processo e da quantificação da pena. Quanto à determinação da culpa, o fechamento do sistema é absoluto: a "resposta preferencial" não pode significar "sacrificar um inocente".

Além disso, é interessante notar, nesse mesmo depoimento, como tal preocupação se soma àquela exposta por todo um conjunto de pesquisas que se interessam pela questão da confiança no sistema de direito criminal. Segundo tais pesquisas (comentadas em nosso capítulo 3), a confiança do público na justiça está associada à ideia de punir de maneira a satisfazê-lo. A literatura tem provavelmente razão ao enfatizar que a confiança na justiça é importante para seu funcionamento, embora pareça, às vezes, sugerir que a obtenção dessa confiança depende de punir segundo as expectativas de severidade do público. Nosso entrevistado vai mais longe: a falta de credibilidade do sistema afeta não só o SDC, como também — o que é mais grave para ele — a própria possibilidade de um "Estado de Direito". Para o juiz 23, se o sistema não transmite à sociedade uma certa credibilidade (recorrendo a uma severidade maior ou menor, conforme o caso), a vida em "uma sociedade de regras", em um "governo de leis" — e não em um "governo de indivíduos" — fica improvável.

Se, até o momento, verificamos uma zona de possibilidade em que a associação entre a "credibilidade-legitimidade" e os estímulos externos é possível, observaremos, nos próximos depoimentos, construções que claramente barrarão tal associação, enquanto maneiras de construir a legitimidade do sistema que não enfatizam o grau de severidade da punição, mas sim o papel imparcial do sistema. O juiz 15, por exemplo, constrói a legitimidade do sistema a partir do respeito às normas processuais. É interessante notar que ele faz uma referência explícita a uma obra de Niklas Luhmann, por coincidência um dos autores que dá embasamento teórico para esta pesquisa, para argumentar que a legitimidade decorreria da racionalidade das etapas construídas pelo SDC, para resolver o conflito:

> [ENTREVISTADOR] [...]. de onde que vem a legitimidade do trabalho do juiz? (...) Pra você, o que legitima a decisão penal?
>
> Olhe, legitimar seria (...) essa racionalidade, né... Buscar ser correto, produzir a prova correta com lealdade, né... Também não é que o juiz produza a prova, a prova pertence às partes, mas o juiz... é aquela paridade das armas, dá as armas iguais para a acusação e defesa e a partir dessa condução da prova lícita. Ele, como agente do Estado, está pronto para decidir, mas não com aquilo que a imprensa... com a opinião da mídia... Claro que essa opinião pode coincidir. (...) Então mesmo com essa legitimidade não só pelo procedimento, como dizia Niklas Luhmann, né, o processo legitima pelo procedimento, então esse procedimento que é formal. ele é que vai legitimar a decisão. Procedimento legitima a decisão, como fala Niklas Luhmann, que fala sobre o sistema autopoiético dos sistemas sociais, né? [JUIZ 15].

Essa maneira de conceber a legitimidade do sistema tem a grande vantagem de impedir um desvio punitivo no momento da determinação das penas — um ponto não suficientemente salientado pela literatura em ciências sociais. De forma bastante evidente, o juiz 15 explicita sua crença que as demandas punitivas externas não são um fator de legitimação da atividade judicial. A lisura do procedimento é que permite manter a legitimidade.

Na citação, a seguir, também se dá ênfase a uma outra maneira de construir a legitimidade-credibilidade do sistema: destacam-se o procedimento, a sua imparcialidade e a qualidade do julgamento, em oposição à busca de uma equivalência entre o grau de punição esperada pelo público e a sentença do tribunal. Com uma resposta reflexiva, passível de ser revista, o papel do juiz se justifica e uma certa legitimidade pode emergir:

> Eu acho que essa legitimação seria, adviria mais do próprio trabalho que o juiz já vem desenvolvendo, dos casos que ele já vem julgando, concordando ou não a opinião pública com o que ele vem julgando, mas ele dando respostas dos casos que lhe são submetidos, essas decisões vão ser submetidas provavelmente a uma revisão por outro órgão né um órgão superior, acho que a legitimação vem disso. É dar a resposta e não dar a resposta que se queira. Até porque a resposta que ele vai dar, a resposta que o juiz vai dar, vai advir exatamente da preparação a que ele se submeteu, dos estudos e tudo e do estudo do próprio caso. E esse clamor público normalmente apela, não conhece, desconhece os casos peculiares de cada caso concreto que precisa ser levado em consideração. É pra isso que existe o juiz. Senão a justiça seria coletiva, né? A condenação seria coletiva, né? Eu acho que a legitimação vem mais disso, dele dar uma resposta, seja qual for, e dessa resposta poder ser submetida a uma revisão de um órgão superior [JUIZ 19].

Uma vez mais, a legitimidade é baseada nas regras de procedimento e no papel de imparcialidade do juiz. Nessa construção, a zona de possibilidade "credibilidade-legitimidade" encontra-se fechada à recepção da opinião pública sob a forma de um estímulo para punir severamente. Em relação à pena, a opinião pública é percebida como "desmesurada" e, também, como perigosa, pois ela se pronuncia sobre a culpabilidade e sobre a pena com total desconhecimento das particularidades dos casos criminais. Assim, enquanto tal, ela não figura como uma fonte de legitimidade para o SDC, que precisa buscá-la alhures, em seus próprios critérios de qualidade interna do julgamento.

Por fim, o juiz 6 trata a questão da credibilidade como decorrente de um problema de "politização" da atividade jurídica e vê isso como problemático. Ele parece querer chamar atenção para os riscos criados por uma espécie de "populismo punitivo". Aceitar o clamor público seria um exercício de "ativismo judiciário", um posicionamento político que foge à sobriedade da atividade judiciária. Eis como ele elabora seu argumento:

> [ENTREVISTADOR] Por que na sua concepção a politização das decisões judiciais é um problema? Como que você vê esse problema? Fala um pouco mais sobre isso.
>
> A decisão não é só um ato intelectivo é um ato de vontade. Em que sentido? (...) Você tem as suas concepções ,você tem a sua forma de ver o mundo, ver a vida, ver as situações. Mas eu acho que a partir do momento que o juiz começa a jogar com determinados setores políticos de, de... questões políticas mesmo, até mesmo ideológica, política ideológica, começa... você acaba perdendo, tirando a confiança de isenção no judiciário, entendeu? O juiz não vai ver o fato realmente como se deu, mas como ele gostaria que tivesse ocorrido, né? E eu acho que isso daí não é o papel do judiciário. (...) Você tem que se afastar disso o máximo possível, eu acho que a justiça é uma coisa ampla, ela engloba tudo. O juiz não está aqui pra fazer ativismo, na minha opinião, ativismo judicial. Ele tem que combater o que está errado à luz da nossa legislação e da nossa Constituição. Eu acho que se a gente começa a optar por politizar a nossa função ou ir em determinados sentidos, aí é perigoso porque tem uma chance de estar errado, e parte da sociedade (...) não concorda com aquilo. Então eu acho que é isso, vai influenciar? Isso daí eu acho que é inegável a pessoa (...) ela é um ser humano, todo mundo está sujeito. Mas você tem como separar da questão da técnica, né? Os instrumentos que você tem pra poder exercer a sua função

> e se distanciar, procurar se distanciar do jogo, desse jogo político, dessa situação. Ser o máximo isento, se é que isso é possível [JUIZ 6].

O que inquieta esse juiz, em relação à opinião pública, é haver uma politização dos julgamentos realizados; ou seja, uma perda de neutralidade e, consequentemente, de credibilidade-legitimidade. A seu ver, quando um juiz se põe "a fazer ativismo", a querer responder com mais entusiasmo às demandas externas, ele ultrapassa a fronteira entre "fazer justiça" e "fazer política". Há, aqui, uma clara preocupação quanto à questão da credibilidade, que é construída barrando os estímulos externos que afetam negativamente a função do juiz: tanto responder às demandas da opinião pública como ser mais ativo no sentido de querer "dar satisfação", em termos de punir mais, podem ser percebidos como algo inevitável e positivo, em um primeiro momento, mas, a longo prazo, acabam por comprometer a neutralidade do SDC e, consequentemente, a sua credibilidade.

7.2.3.6 OPINIÃO PÚBLICA E AS MUDANÇAS NO DESENVOLVIMENTO DO PROCESSO

Nosso material empírico identificou uma questão bastante significativa: o impacto dos estímulos externos sobre o desenvolvimento do processo criminal. Não se trata de mudanças substanciais no processo, que influenciarão o princípio de "paridade de armas" entre a acusação e a defesa, ou que suprimirão os direitos do acusado. O sistema continua, mesmo assim, bem cioso de sua autonomia, no momento de conduzir o processo criminal. A ideia é, sobretudo, de que a pressão externa ativa uma reação de ajuste quanto à dinâmica do processo. São "efeitos colaterais", que não constituem zonas de possibilidade para a recepção da opinião pública, mas são bem tangíveis. Ou seja, face à pressão da opinião pública, alguns agenciamentos internos serão produzidos. São adaptações do sistema às pressões externas, que podem mudar o desenvolvimento do processo, mesmo não tocando em suas questões substanciais.

Elucidemos melhor a questão, examinando-a empiricamente. Os processos dos casos midiatizados serão abordados de maneira diferente. Eles serão alvo de uma atenção especial, que se inicia com um tratamento, ao mesmo tempo, mais rápido e mais cioso, no plano das *expertises* e das análises dos atores, comparativamente a outros processos. Vejamos, por exemplo, como o juiz 13 nos apresenta tal questão:

> [ENTREVISTADOR] Nos casos em que há uma comoção em que você nota (...) que o público fica chocado e fica aviltado, isso de certa forma te impacta? (...)
>
> É, o juiz se ele disser que não, ele tá seguramente distorcendo. Porque pode ser até mesmo que o impacto (...) seja negativo, ou seja, ele seja pra você "afrontar um pouco a opinião pública". Ou seja, não farei o que a opinião pública quer, mas é um impacto que, quer ele queira, quer não, tá interferindo. Ou seja, tá tirando aquele processo da vala comum, quer dizer, ele tá tirando de uma situação de suposta regularidade (...). Ele necessariamente será visto como um processo diferente, isso é inevitável. Por mais que o juiz se esforce no sentido de dizer — "não, a pena ou a forma de processar... isso não terá interferência", quer dizer, eu não vou dar uma pena maior porque a sociedade quer. Mas eu diria, o impacto haverá até mesmo na forma de tramitação.
>
> [ENTREVISTADOR] Me (...) fala da sua atividade prática, como isso impacta na forma de tramitação? Como isso te afeta?
>
> (...) Tem processo que tem uma certa dimensão de opinião pública. Primeiro você observa aquele processo com maior rigor na questão de nulidades, você tende a olhar detalhes, ou seja, pra evitar nulidades. (...) Não deixar que haja um risco

> do processo ser anulado, mais ainda que isso [pode] gerar "uma crise de legitimidade" ou de percepção pra sociedade de que as coisas não são tratadas tão seriamente. Tanto que a sociedade não vai diferenciar uma nulidade que é algo meramente procedimental de algo que seja uma desídia de juiz ou que seja uma negligência. Pra sociedade, houve um erro e houve uma falha do judiciário, vamos supor. Então, o primeiro ponto é esse. Você olha com um certo cuidado quanto a isso, mais do que outros processos, isso é inevitável. [Em segundo lugar], você tende a dar uma tramitação diferente, sem dúvida. (...) Ou seja, aquela questão do processo tramitar segundo "o impulso social". (...) A oficialidade do judiciário ainda é fraca, quer dizer, não há aquela percepção de que o processo deva andar independentemente, quer dizer, pelos mecanismos processualistas que existem. Quer dizer, ele deva caminhar, vamos supor, autonomamente. Nesse processo em que há um grande impacto social, mais do que o impulso social tem o impulso pessoal, quer dizer, ele tende a tramitar mais rápido [JUIZ 13].

Assim, a celeridade e uma maior preocupação no plano técnico aparecem como consequências de um processo midiatizado. O trabalho mais cioso, mais diligente e mais rápido, a percepção de que erros não podem ser cometidos em tais casos, a expectativa de não desapontar a sociedade, o élan social e pessoal do magistrado... todos esses são elementos que mostram o impacto que os estímulos externos terão, em termos de adaptação concernente ao desenvolvimento do processo. Não se trata de um impacto, repitamos, no plano substancial do processo (a questão não reside em suprimir garantias dos acusados, ou eliminar ritos processuais), mas sim no plano da gestão do desenvolvimento do processo. Os estímulos externos são, aqui, claramente, um motor de diligência e de rapidez, mas não um fator para a supressão das garantias jurídicas do processo.

A próxima fala, do promotor 13, vai nessa mesma direção. Ao discorrer sobre o excesso de trabalho enfrentado pelos operadores jurídicos, ele afirma explicitamente que os casos "emblemáticos" são, no entanto, tratados prioritariamente, e dispõem de todos os recursos que um caso comum dificilmente consegue mobilizar:

> Esse processo as audiências foram marcadas seguidamente pra mim não pela gravidade (...), [mas] muito mais pela pressão da mídia. A gente teve audiência... o processo tramitou rápido, né... uma audiência seguidamente atrás da outra. E tinha aquela expectativa: qualquer hora o jornal pode ligar pra saber que fase está. Então temos que fazer, né? (...) Então, assim, eu não consigo também não te dizer que eu vejo que muito da atuação da justiça é em função dessa cobrança. Muito, muito. A gente vê até pela pauta de audiência. Assim, você não tem pauta pra ninguém, todas as varas estão superlotadas, (...), mas se for um caso emblemático, você tem pauta. Você tem escolta, você tem carro da polícia pra ir buscar. Então não dá pra não admitir que isso influencia, que isso é uma tônica na cabeça dos profissionais, não dá pra não admitir isso [PROMOTOR 13].

Vê-se bem que os "profissionais" da justiça atribuem um valor distinto a um caso emblemático. Os estímulos externos são claramente sentidos no interior do sistema e produzem efeitos não só nos comportamentos individuais dos atores, como também em termos de disponibilidade de recursos materiais, que não são usualmente encontrados.

Assim, resumindo o conteúdo da presente seção, podemos dizer que os estímulos externos têm um impacto real no desenvolvimento do processo, em pelo menos três aspectos. Em primeiro lugar, um efeito bem positivo de aceleração do processo, cujos atos acontecem com uma celeridade claramente fora do usual. Em segundo lugar, há uma diligência inusitada: o olhar (ou a percepção do olhar) externo constitui uma questão não negligenciável na preocupação dos operadores com os casos midiatizados. E, por fim, há um efeito de disponibilidade de recursos materiais igualmente incomparável, no que se refere aos casos comuns. Muito evidentemente, não estamos afirmando algo qualquer sobre os critérios de decisão: o sistema continua sendo muito cioso de sua autonomia decisional e da manutenção dos ritos do processo, mas o impacto sobre o desenvolvimento do processo nos parece bastante evidente.

7.2.4 As vítimas, um público particular, e possibilidades para a sua recepção no sistema

Agora, retomemos, rapidamente, um ponto trabalhado em nosso capítulo teórico (4.2). Mesmo que os estímulos identificados como sendo da "opinião pública" (as comunicações que preenchem o *medium* "opinião pública") pareçam majoritários, nós também distinguimos, teoricamente, outras possibilidades de irritação ao sistema, como os estímulos dos movimentos de protesto, das mídias e do público. Conforme já dissemos (seção 4.2.3), entre as inúmeras categorias existentes para classificar as vítimas, a de "público" possibilita dar conta de uma parte dos fenômenos. Enquanto público, as vítimas são atores que, para o SDC, têm uma visibilidade. Suas comunicações-reivindicações são não só percebidas pelo SDC, como são passíveis de ser retraçadas. Em outras palavras, não só o sistema vê uma comunicação, como é também capaz de associá-la a um ou mais indivíduos. Diferentemente da opinião pública, o público (e as vítimas que se inserem nessa categoria) não se reduz simplesmente a comunicações, mas refere-se a indivíduos específicos e identificáveis (para o sistema), que têm uma demanda qualquer em relação a tal sistema. Na presente seção, temos interesse nas irritações desencadeadas por esse público de vítimas e nos mecanismos que o sistema de direito criminal desenvolveu para reagir a elas.

Em nosso capítulo teórico, afirmamos que as vítimas constituíam um elemento multidimensional para o SDC — o que, agora, complexifica um pouco a análise. A depender das configurações encontradas empiricamente, elas podem ser, do ponto de vista do sistema, uma parte interessada no caso, um simples informante no processo, ou uma parte com poder de decisão. Todas essas possibilidades aparecem no sistema, em diferentes momentos. A dificuldade que emerge, em um dado momento, consiste em considerar as vítimas como um elemento externo (pois trata-se, aqui, de estímulos externos), visto que, em certas configurações empíricas possíveis, elas estão presentes no sistema.

Primeiramente, examinemos como elas podem ser vistas como um elemento externo problemático, que nem sempre deve ser considerado. Na citação, a seguir, o promotor 9 fala da vítima não punitiva[150] como sendo um estímulo externo problemático, que deve ser classificado como ruído. Observemos sua argumentação, na qual ele defende explicitamente, com certa ironia, a não pertinência, para o SDC, da opinião de uma vítima:

> Eu vou dizer par o senhor o seguinte: tô pouco interessado no que a vítima quer. Porque o direito da vítima, o direito de opinião da vítima é uma coisa individual. Eu fico preocupado é com o coletivo. Você pode perdoar quem você quiser, é um direito seu pelas suas circunstâncias e acho até melhor pra você, porque você vai crescer como pessoa, você vai atingir o nirvana, você vai o que você quiser. Só que eu aprendi (...) o seguinte: se você não repreende, você não se acerta. Não basta você dizer pra mim, "não (...), olha, eu estou arrependido".

---

150 Infelizmente, uma dificuldade em nossa coleta de dados resultou em termos de vários depoimentos acerca das vítimas não punitivas, e muito poucos sobre as vítimas em geral. De qualquer modo, cremos que as considerações que fizemos a partir dos depoimentos sobre as primeiras podem, igualmente, ser aplicadas às segundas, face ao SDC.

> Sim, e daí? É aquela coisa que a gente aprende desde que o mundo é mundo que todo ato gera uma consequência. Eu mato você num acidente de trânsito, um acidente de trânsito [em que] eu tive culpa. Eu nunca quis matar você. Eu estava em velocidade excessiva, mas eu jamais pensei em matar você. Eu sou uma boa pessoa, eu sou pai de família, crio os meus filhos. De repente, os seus pais vão até me perdoar. Eu não tive vontade de matar você, mas eu cometi um crime. Está ali na lei que aquilo é crime. Por que eu não vou ser responsabilizado? [PROMOTOR 9].

Fica evidente, aqui, que o perdão de uma vítima (ou, genericamente, a opinião da vítima), independentemente do julgamento moral que se possa fazer, é alheio a considerações sobre a pena. O sistema de direito criminal organizado (tribunais) barra, também, frequentemente, a opinião da vítima. A fala desse promotor é sobretudo interessante por mostrar como o sistema identifica a responsabilização promovida pela pena criminal. A responsabilização não pode ser pelo perdão, não pode ser por transação. Só a pena tem o condão de promover essa responsabilização. É isso que depreendemos dessa concepção veiculada pelo promotor 9.

O juiz 8 também construiu sua argumentação considerando como não pertinente, para o tribunal, a opinião da vítima em relação à pena. Contrapondo os interesses da vítima aos da sociedade, ele defende que o interesse da última deva prevalecer no que concerne à pena, pois, do contrário, teríamos um "direito penal ineficaz":

> Bom, eu entendo, eu continuo dizendo por princípio e filosofia que a característica do direito penal é a de defesa máxima social. Assim sendo, a condição de que a vítima possa interferir no processo é e deverá permanecer sendo mínima. Então, a movimentação da máquina e a imposição da pena é uma característica do Estado, transcende muito os interesses pessoais da vítima e de seus familiares. Pra mim isso não é alguma

> coisa que possa ser sequer transferido ou avaliado dentro dessa condição. "Então, olha, pra mim na verdade tá tudo bem, pra mim acabou, foi uma tragédia, uma infelicidade". Me desculpe. Não! Continua não havendo uma relevância na sua posição. A posição aí é uma posição da sociedade, se isso ficar ao bel prazer isso cria distorções e corrupções, e aí sim vai mostrar um direito penal ineficiente [JUIZ 8].

Certas construções teóricas parecem despontar com alguma força, nas duas citações acima: i) o conflito não concerne ao agressor e à vítima; ii) o interesse do Estado em relação à pena prevalece sobre o das partes; iii) o desejo da vítima como resultado do conflito é totalmente não pertinente, quando entra em choque com a lógica punitiva do sistema; iv) dar escuta às vítimas cria "distorções" e torna o direito penal "ineficaz". Todos esses quatro pontos são explicitamente tributários da RPM (teorias da pena).

Tanto em relação às vítimas punitivas (caso que parece ser percebido mais frequentemente pelo sistema), como às não punitivas (apontadas nas duas citações acima), há uma visão bem explícita do SDC: seus interesses são largamente não pertinentes para a solução do conflito penal. A vítima parece ser uma presença "incômoda". Nós a rejeitamos e tentamos ignorá-la, mas é impossível apagá-la completamente, pois é ela, afinal, quem sofre diretamente o mal a ser julgado no processo.

Em contrapartida, se a opinião da vítima, em matéria de penas, não interessa ao SDC, há outras construções no sistema que permitirão que ele a acolha. Em primeiro lugar, ainda que a opinião da vítima seja ignorada pelo sistema, as consequências que ela sofre não o são. Conforme já visto (seção 7.2.3.2), um dos elementos que o Código Penal brasileiro impõe à consideração do juiz são as "consequências do crime". Assim, especificamente para a vítima (como o dizem, explicitamente, os promotores 4 e 5, nos depoimentos referidos na seção 7.2.3.2), elas constituem uma questão que se insere na categoria geral "consequências do crime", e são um fator importante no momento da determinação da pena.

Além disso (conforme já apontado em nosso capítulo teórico, seção 4.2.3.2), as vítimas figurarão, em algumas construções do sistema, como um dado do próprio (e não simplesmente como um estímulo externo). Ou seja, alguns papéis desempenhados pela vítima no SDC estão institucionalizados há um certo tempo e, consequentemente, não mais são percebidos como tendo uma influência indevida. Elucidemos essa questão.

Há, de fato, essa concepção da vítima como público externo, da qual só nos damos conta em momentos muito específicos e contextualizados, quando ela se torna um elemento interno (a vítima é, ao menos, necessária como "informante" no processo, pois é preciso que ela conte o que se passou). Contudo, esse papel bem limitado será, em outros momentos, descartado, de modo a levar em consideração uma vítima mais "ativa". Há certas figuras da vítima no próprio funcionamento do SDC, que já estão estabilizadas, e não são percebidas como originárias de uma pressão externa. Tentemos tornar tal descrição menos abstrata, com alguns exemplos empíricos extraídos da legislação brasileira.

Em certos momentos, a vítima terá um papel mais importante, no sentido de lhe ser permitido dar sua "opinião" sobre o desenvolvimento do processo e sobre o destino do acusado. Esse é o caso, por exemplo, da figura do assistente de acusação, no direito brasileiro[151]. Trata-se de um advogado indicado pela vítima que, sem dispor de qualquer poder para substituir o Ministério Público, pode juntar diversas demandas ao processo (tais como: requisições de

151 Evidentemente, não se trata de uma exclusividade da ordem jurídica brasileira. Como exemplo similar, pode-se mencionar o direito francês, no qual as vítimas podem se constituir como parte civil e manifestar-se ao longo do processo e do julgamento.

provas ou questões às testemunhas, na sessão de julgamento[152]). Nesse caso, o papel da vítima é muito mais importante do que o de um simples informante: a vítima, por meio de seu advogado, tem o poder de fazer demandas relativas ao processo.

Além da figura do assistente de acusação, a legislação brasileira faz uma outra construção jurídica, destinando um papel ainda mais importante à vítima. Pensemos no caso das disposições relativas ao direito de iniciar um processo criminal no Brasil. A legislação brasileira faz uma distinção entre ação penal pública e privada. Grosso modo, a ação penal é em geral pública, sendo o Ministério Público, o encarregado. Entretanto, o Código Penal do país permitirá a possibilidade de que certos crimes sejam objeto de uma ação penal privada[153]. Ainda no campo do direito penal, o legislador não vê, para determinados crimes, o interesse do Estado em acusar os responsáveis, transferindo, então, o direito de acusar (e não, o direito de punir) à vítima: é ela que, por intermédio de seu advogado, irá demandar ao Estado a punição do acusado. Enquanto titular do direito de acusação, a vítima tem plenamente a faculdade de não o exercer, ou mesmo de

---

152 Dois artigos do Código de Processo Penal são importantes para a compreensão do papel do assistente de acusação. O artigo 268 diz: "Em todos os termos da ação pública, poderá intervir, como assistente do Ministério Público, o ofendido ou seu representante legal (...)". Por sua vez, o artigo 271 declara: "Ao assistente será permitido propor meios de prova, requerer perguntas às testemunhas, aditar o libelo e os articulados, participar do debate oral e arrazoar os recursos interpostos pelo Ministério Público, ou por ele próprio (...)".

153 O artigo 100 do Código Penal brasileiro estabelece que: Art. 100 – A ação penal é pública, salvo quando a lei expressamente a declara privativa do ofendido.

§ 1º – A ação pública é promovida pelo Ministério Público, dependendo, quando a lei o exige, de representação do ofendido ou de requisição do Ministro da Justiça.

§ 2º – A ação de iniciativa privada é promovida mediante queixa do ofendido ou de quem tenha qualidade para representá-lo.

§ 3º – A ação de iniciativa privada pode intentar-se nos crimes de ação pública, se o Ministério Público não oferece denúncia no prazo legal.

perdoar o acusado durante o processo (um perdão que, nesse caso, retira do Estado o direito de punir[154]).

Essas são, portanto, exceções das quais a vítima pode se prevalecer no SDC. Entretanto, vendo essa abertura como "problemática", a legislação brasileira limitou tal possibilidade a bem poucos crimes, considerados menos importantes (aqueles contra a honra e alguns outros, como a mudança nos limites de uma propriedade). Mas, ainda assim, há uma exceção muito eloquente: os crimes sexuais[155] entram nessa categoria de ação penal privada.

Essa possibilidade de um papel de protagonista às vítimas ressurge em uma outra abertura do sistema. A distinção entre ação pública e privada não é a única que permite que as vítimas desempenhem um papel importante. Especificamente em uma ação penal pública, o legislador estabelecerá uma distinção entre uma ação penal pública propriamente dita e uma outra condicionada à representação da vítima[156]. Esse tipo de ação (diferentemente da ação privada) é sempre conduzida pelo Ministério Público e a vítima continua não tendo nenhum direito quanto à punição (assim como ela não tem o direito de desistir ou de perdoar[157]). Porém, nesse caso, o processo só pode ocorrer se a vítima demandar[158].

---

154 O artigo 105 do Código Penal brasileiro constitui, aqui, a fonte legal: "Art. 105 — O perdão do ofendido, nos crimes em que somente se procede mediante queixa, obsta ao prosseguimento da ação".

155 Exceto alguns, como o caso do abuso de menores por seus responsáveis.

156 O mesmo artigo 100, §1, mencionado em nossa nota 24, é um dos dispositivos da lei, que defende esse tipo de acusação. Há (dele) um outro, no Código de Processo Penal brasileiro: "Art.24 — Nos crimes de ação pública, esta será promovida por denúncia do Ministério Público, mas dependerá, quando a lei o exigir, de requisição do Ministro da Justiça, ou de representação do ofendido ou de quem tiver qualidade para representá-lo".

157 O artigo 102 do Código Penal brasileiro especifica que a vítima, após ter feito sua representação, bem como da denúncia realizada pelo Ministério Público, não tem possibilidade de voltar atrás e desistir da ação.

158 Os crimes que se inserem nesta categoria não são, no entanto, aqueles considerados

Para concluir, pode-se dizer que a questão da vítima acrescenta uma camada de complexidade em relação às outras possibilidades de recepção dos estímulos externos, desenvolvidas nas seções precedentes (ver 7.2.3). De um lado, como vimos nos dois depoimentos citados na presente seção, a vítima é um público externo ao sistema de direito criminal, um estímulo externo que causa problema e que se rejeita (é somente "ruído"). Por outro lado, tal como os exemplos da legislação brasileira[159] ilustram, as vítimas também são, em alguns aspectos, elementos internos ao SDC. Os casos mencionados, de ação privada e do assistente de acusação, são estruturas do sistema. Constituem elementos que fazem parte de sua autopoiese, de sua reprodução normal, e que não mais são percebidos como comunicações externas.

7.3 CONSIDERAÇÕES FINAIS

Para concluir este capítulo, façamos algumas breves considerações:

a. primeiramente, cremos ter demonstrado suficientemente que, em diferentes momentos, há uma aceitação da opinião pública nas operações do sistema; isso é, uma reação interna de tratamento de um estímulo externo percebido como opinião pública. Essa recepção dos estímulos externos não significa, contudo, que o sistema ceda em seu poder de tomar decisões.

---

de uma gravidade maior. Trata-se, por exemplo, do crime de ameaça (art. 147), do crime de violação de correspondência comercial (art. 152) ou de divulgação de segredos comerciais (art. 153).

159 Poderíamos ter mencionado outros elementos da presença das vítimas no SDC, como o caso do *victim impact statement,* abordado em nosso capítulo teórico. Embora não conste na legislação brasileira, trata-se de um exemplo bem pertinente (onde ele está presente), para fazer valer o argumento da recepção e estabilização de um papel para a vítima dentro do sistema.

Ele continua muito cioso de sua autonomia, mesmo que o fato de exercê-la se traduza, eventualmente, em levar em consideração estímulos externos;

b. nossos dados nos indicam que uma irritação tem mais chance de ocorrer, em certos momentos específicos. Se distinguirmos a prestação jurisdicional — o processo, o julgamento "culpado/não culpado" e a determinação da pena —, poderemos observar, em cada etapa, uma desigualdade nas probabilidades de aceitação dos estímulos externos. Assim, o momento de decisão "culpado/não culpado" é aquele em que a probabilidade que o estímulo seja tratado como "ruído" é mais forte: o sistema não aceita que a opinião pública possa ter um peso qualquer na decisão de se atribuir, ou não, a condenação por um crime a um acusado. Em contrapartida, a probabilidade de que uma irritação ocorra, durante o processo, aumenta consideravelmente. Primeiramente, há não só pequenas transformações internas (a rapidez do tratamento, a disponibilidade de recursos e a atenção que os operadores conferem ao caso), que denotam que os processos midiatizados são casos "especiais"; como há também a zona de possibilidade "ordem pública", que permite a recepção da opinião pública, quando da decisão sobre uma detenção preventiva. Todavia, não mais se trata, aqui, de sacrificar os ritos do processo ou a paridade de armas, em função de uma pressão externa: o sistema continua sendo muito cioso de sua autonomia nas decisões processuais. Por fim, no momento de determinação da pena, a abertura à recepção dos estímulos externos parece ser mais significativa. As estruturas de recepção para a opinião pública desempenham um papel, principalmente no momento de decidir uma pena que seja mais pesada ou menos para o acusado. É nesse momento que as comunicações externas dispõem de maior chance de aceitação pelo SDC;

c. pelos discursos dos operadores, nos damos conta de que o SDC valoriza muito um autorretrato de "neutralidade" (diante da opinião pública). Ele apresenta, até mesmo, um discurso de "moderação" face a uma opinião pública que ele representa como sendo muito punitiva ou, pelo menos, mais punitiva do que ele próprio. Tal discurso e tal preocupação de neutralidade seguem sendo importantes para o sistema, pois permitirão que ele tome uma certa distância das pressões externas diretas, para tratá-las internamente, a partir de suas próprias estruturas de avaliação e recepção. Entretanto, quando se investigam as operações do sistema mais minuciosamente, constata-se que essa preocupação de "neutralidade" se distribui desigualmente, nas diversas etapas do sistema. Por exemplo, o momento do julgamento de culpabilidade/ não culpabilidade não abre caminho para as pressões externas e não encontramos nenhuma estrutura de normas ou ideias que favoreçam a consideração da opinião pública. O momento de decisão da prisão preventiva é já menos protegido em relação à opinião pública que favorece a punição. Os operadores são mais ambivalentes, e nos deparamos com uma estrutura de recepção, no plano das normas (a "ordem pública"), que continua a ser utilizada a despeito de uma decisão da Suprema Corte buscando neutralizá-la. Por outro lado, referentemente às penas, o sistema parece mal equipado para proteger os condenados contra a severidade delas e, também, contra as pressões que a favorecem. A decisão continua sendo uma decisão do sistema, segundo seus critérios. No entanto, como o sistema valoriza a punição, ele encontra facilmente razões próprias para "responder positivamente" (embora à sua maneira) a uma lógica que valoriza a inflição do sofrimento, mesmo contra a própria vítima, quando essa não valoriza o projeto punitivo;

d. a representação de neutralidade que o próprio sistema constrói, no momento de determinação da pena, só é possível porque ele observa a opinião pública como sendo muito punitiva (ou, excepcionalmente, muito indulgente). Face a uma demanda efetivamente excessiva — ou que assim pareça — qualquer decisão referente a uma pena muito severa, mas que continue aquém dessa demanda, pode ser observada como sendo "neutra". Ela parece neutra, inclusive porque os critérios levando à severidade — e motivando-a — são internos: o sistema não pune mais porque isto lhe é exigido, mas sim porque ele tem suas próprias razões válidas para fazê-lo. O sistema vê mal o modo pelo qual ele absorve a demanda de punição; demanda, aliás, que ele mesmo estimula em suas próprias mensagens relativas à pena.

8 CONCLUSÕES

À guisa de conclusão, pretendemos apenas salientar alguns aspectos fundamentais do estudo.

8.1 UM SISTEMA AUTÔNOMO NÃO É FECHADO À OPINIÃO PÚBLICA

Em primeiro lugar, acreditamos ter demonstrado, no capítulo anterior, a complexidade da utilização que o sistema de direito criminal faz da opinião pública. De um lado, o sistema se percebe, mais frequentemente, como "independente", como decidindo apenas com critérios jurídicos, como sendo impermeável às pressões de seu ambiente e, por outro lado, ele cria zonas de possibilidade que geralmente permitirão a passagem de estímulos que ele considera como devendo integrar tal tomada de decisão.

Nesse momento, está claro para nós que o peso dos estímulos externos da opinião pública e do público tem uma ressonância nas operações internas do sistema. Porém, isso se traduz de uma forma mediada nas próprias estruturas do sistema, pela criação ou adaptação de argumentos e procedimentos jurídicos que podem dar conta do estímulo externo, mantendo o fechamento operacional do SDC. O caso dos estímulos externos, aqui analisado, parece constituir um formidável exemplo empírico do mecanismo que um sistema autopoiético desenvolve para se adaptar ao seu ambiente. O SDC percebe o que está em seu ambiente (já que é dotado, em termos luhmannianos, de uma abertura cognitiva) e se abrirá a esses elementos. Mas, abrir-se, como vimos, significa tão somente fazer o movimento interno de ir buscar aquilo que o sistema considera pertinente (e não uma simples passividade de aceitar qualquer pressão). Ele preserva seu fechamento operacional, pois os estímulos externos não podem determinar o que ocorre em seu interior, e não podem produzir um resultado que gostariam de ter, eventualmente. Assim, as zonas de possibilidade examinadas são construções do próprio sistema de direito criminal, que podem permitir o tratamento interno da opinião pública. Tais construções transformarão o que anteriormente era um "ruído", em algo compreensível e pertinente para o sistema.

Esse modelo, destinado a descrever a interação entre o SDC e a opinião pública, parece-nos o mais apropriado para dar conta de um fenômeno bem complexo. O desafio do estudo residia não só na dificuldade de encontrar elementos empíricos que demonstrassem a existência de uma relação importante entre a opinião pública e a tomada de decisão no sistema, como também na dificuldade de se criar um quadro teórico que pudesse contribuir para explicar o fenômeno para além de uma mera relação de causalidade, ou de uma simples ideia de inexistência dessas interações.

8.2 UMA OPINIÃO PÚBLICA QUE REFORÇA A PUNITIVIDADE DO SISTEMA: A RPM COMO FATOR DE "DESIGUALDADE DE PROBABILIDADES" PARA A ACEITAÇÃO DOS ESTÍMULOS EXTERNOS

Nossa intenção, ao longo da pesquisa, era fazer uma descrição da relação do SDC com seu ambiente, especificamente no que se refere aos estímulos da opinião pública. Tentamos evitar, o máximo possível, trazer uma carga axiológica a essa descrição: tratava-se mais de compreender como tal relação se atualizava, do que de vê-la de uma maneira positiva ou negativa.

Todavia, chegado o momento de descrever a RPM, havia não só uma forte preocupação descritiva, como também uma preocupação que, em certos aspectos, apresentava um contexto axiológico: o SDC ser largamente colonizado por tal racionalidade é, ao nosso ver, algo problemático, pois isso impede a emergência de inovações, impede a transformação para um sistema menos centrado na distribuição de sofrimento. A simples descrição resulta de uma preocupação quanto a esse papel negativo, desempenhado pela RPM.

Dito isso (somado aos desenvolvimentos dos dois últimos capítulos), seria difícil não vermos (acrescentando um conteúdo de avaliação) a consideração da opinião pública pelo SDC de uma maneira problemática, tendo em conta a predominância da RPM. Entendemos que a consideração da opinião pública e do público pode tanto produzir resultados interessantes e inovadores, como pode causar problemas. De fato, podemos ver um lado positivo em uma aceitação mais importante, pelo sistema, de alguns elementos de seu ambiente. Tomar em consideração sobretudo os estímulos externos pode efetivamente significar um aumento da confiança dos cidadãos no SDC. Pode também significar uma abertura em relação à participação das vítimas, ou uma contribuição à "re/apropriação" de seu conflito, tornando o processo penal mais satisfatório (ou, ao menos, menos angustiante) para esses atores. Pode, ainda, significar uma porta aberta à conciliação e ao perdão no SDC, se essa for a opinião das pessoas envolvidas no caso e na comunidade. Portanto, em certos aspectos, abrir-se mais (ou deixar-se irritar, conforme conceitualização aqui já feita) ao público e à opinião pública pode revelar-se positivo, na medida em que a percepção da legitimidade do sistema, na sociedade, seria aprimorada pelo próprio fato de ela apresentar uma solução mais satisfatória para as pessoas envolvidas no conflito.

Entretanto, no quadro de um sistema de direito criminal fortemente condicionado pela racionalidade penal moderna, a consideração da opinião pública e do público parece caminhar, quase invariavelmente, no sentido de agravar uma punição, endurecer o sistema, e torná-lo mais intolerante. A RPM funciona como um dispositivo que mais facilmente permite ao sistema entender e tratar (isso é, "ser irritado") estímulos em um sentido punitivo. Em outras palavras, o que causa problema é o fato de a RPM diminuir as chances de um público (ou opinião pública) não punitivo(s) — que não demanda punições mais severas e vê outras possibilidades de solução, além da pena, para resolver conflitos criminais —, de ser entendido e tratado por tal sistema (ou de "irritá-lo", nos termos da teoria dos sistemas), comparativamente a um público (ou opinião pública) punitivo(s).

Esclareçamos um pouco mais tal questão, retomando nossa argumentação. Primeiramente, do ponto de vista de uma observação a partir do SDC, é difícil perceber uma opinião pública dirigida em um outro sentido que não o de uma maior punição. O discurso midiático é, decididamente, um discurso voltado às penas mais longas, soluções mais imediatas e redução de garantias jurídicas. Como já mencionamos (capítulo 2), o discurso das mídias de massa, a par de sua estrutura de funcionamento, tem interesse pelo extraordinário, e pelo que possa ser *newsworthy*. Em termos penais, o interesse recai, em geral, sobre aquilo que é mais grave, que mais acarreta reações do público, e que permite a emergência de uma opinião pública "indignada", a qual se torna mais visível. Certamente, alguns operadores do SDC terão, ocasionalmente, um contato com um público não punitivo (e alguns juízes nos falaram, muitas vezes, de suas experiências com vítimas ou membros de uma comunidade que não desejavam uma pena aflitiva como solução); contudo, considerando a realidade comum, produzida pelo sistema das mídias de massa, torna-se muito difícil, a um juiz ou a um procurador, não perceber a opinião pública como sendo mais punitiva. Podemos dizer, nesse sentido, que as mídias de massa vão tornar desiguais as chances de visibilidade de um público punitivo, comparativamente a um público não punitivo. Pelo próprio funcionamento do sistema das mídias de massa, o primeiro tem muito mais possibilidades de ser visível para o restante da sociedade, incluindo o SDC.

Assim sendo, retomemos agora esse mesmo argumento e o apliquemos ao SDC. De um lado, esse sistema vê, assim como toda a sociedade, uma opinião pública majoritariamente punitiva, a qual tem, consequentemente, mais chance de ser considerada, do que uma opinião não punitiva. Por outro lado — e isso é o fundamental neste estudo —, o SDC se apresenta (e se autorrepresenta) para a sociedade, sob a égide da racionalidade penal moderna, como sendo o responsável pela distribuição do sofrimento em resposta a certos comportamentos que considera como os mais ameaçadores para a sociedade. O próprio sistema diz à sociedade que cabe a ele — é seu papel, sua tarefa — encarregar-se de tais comportamentos, dando-lhes uma "resposta apropriada" (que será, quase invariavelmente, substancializada como uma pena aflitiva). Um discurso, que integra os conceitos de "solução de conflitos", de "conciliação" das partes envolvidas, e até de "perdão", faz muito raramente parte de sua "autorrepresentação" e de sua maneira de se apresentar à sociedade. Assim, tendo em conta tal autorretrato, quais são as possibilidades de que ao desejar uma solução que não seja extrema — distante da monotonia da pena de referência (a prisão) —, essa fatia da opinião pública ou do público seja ouvida pelo SDC? Esse é formatado, sob a RPM, para punir de maneira obrigatória e aflitiva, transformando uma demanda externa de perdão ou de conciliação em um fato não só incômodo, como praticamente invisibilizado.

Cabe, ainda, reconhecer que o sistema é constrangido pelas "pressões" de seu ambiente em geral. As demandas externas de penas mais severas são também irritantes, incômodas, problemáticas. Este tipo de demandas será visto como uma ameaça às decisões tomadas pelo sistema, a partir de seus próprios critérios. Porém, as demandas em um sentido não punitivo são ainda mais problemáticas. Na realidade, elas questionam o seu próprio sistema de pensamento. Uma demanda de mais punição é incômoda (no que se refere à medida da pena), mas, na realidade, no plano qualitativo, constitui um excedente redundante que não se contrapõe ao autorretrato do sistema (que considera que deve infligir um sofrimento, a fim de dissuadir, retribuir etc.). Em contrapartida, uma demanda de solução ou de pena, na qual não exista a intenção de impor uma pena, entrará em conflito com o autorretrato identitário do sistema.

Dito isso, é preciso ver, então, a racionalidade penal moderna como um sistema de pensamento que torna desiguais, no SDC, as probabilidades de operacionalizar uma opinião pública não punitiva, comparativamente a uma opinião pública punitiva. Não só o sistema recebe (assim como todos nós) estímulos de uma opinião pública majoritariamente punitiva, como ele é também mais bem instrumentalizado para gerir demandas de punições aumentadas, do que de soluções alternativas.

8.3 O QUE É QUE "SE DEVE" À OPINIÃO PÚBLICA?

Uma análise que busca examinar detalhadamente as interações entre o sistema de direito criminal e a opinião pública dificilmente tem a possibilidade de chegar a uma conclusão isenta de críticas. Para além dos sobressaltos e das dificuldades intrínsecas a qualquer pesquisa, tivemos sempre a impressão de andar sobre uma linha tênue, que separava dois pontos de vista simultaneamente defensáveis e criticáveis.

De um lado, há um ponto de vista que considera o SDC hermético, "desconectado" da sociedade, fechado em si mesmo, e até "antidemocrático". É geralmente muito difícil, para observadores externos ao mundo jurídico, compreender algumas condutas dos atores do SDC. Como aceitar, por exemplo, o fato de que os juízes possam ficar indiferentes a algumas manifestações populares de demanda de "justiça"? Face a certos crimes mais midiatizados, que chocam a população, os juízes parecem ser os únicos a se opor a essa massiva vontade da opinião pública de punir. Como compreender essa desconexão, esse desprezo, essa arrogância do SDC, fazendo como se nada fosse, como se ele não devesse responder à sociedade? Segundo tal ponto de vista, o que é produzido nos tribunais é geralmente visto como uma caixa preta inexplorável para o cidadão. O sistema de direito criminal ganharia em credibilidade junto à sociedade mitigando esse distanciamento em relação à opinião pública.

De outro lado, há a consideração de que a tarefa de fazer justiça passaria por equilíbrio e serenidade, manifestações que são raras na opinião pública. O papel do SDC residiria em considerar as circunstâncias do acontecimento, analisar as informações por meio de um processo regulamentado pelas regras do direito (em que a acusação e a defesa tenham paridade de armas, em que os direitos do acusado sejam garantidos), e decidir uma solução para o caso. Mas, quando essa solução se traduzisse em uma sanção criminal, para que ela fosse justa, seria preciso que o sistema a infligisse com um certo distanciamento, considerando os princípios jurídicos e os direitos do réu. Tal conduta seria, portanto, intencionalmente incompatível com o *élan* punitivo da opinião pública, uma conduta que parece buscar a justiça pelo distanciamento e a reflexão, e não pela resposta imediata ao clamor. Sob esse ângulo, seria (aqui, também) "antidemocrático" deixar ao grado de uma opinião pública o destino de um acusado de um crime que choca a população. Afinal, a própria existência do Estado e de suas instituições se justificaria para conferir essa estabilidade e esse distanciamento em determinadas decisões.

Há, então, uma possibilidade de solução meio-termo? Essa é uma questão difícil de responder. Seria possível conciliar os *inputs* da opinião pública e do público no sistema de direito criminal, sem que o sistema se tornasse inteiramente permeável à opinião pública? Seria possível aceitar tais *inputs*, sem que o sistema sabotasse suas normas processuais e suas garantias jurídicas para proteger os direitos do acusado? Ou ainda, pode o sistema se abrir para a opinião pública e o público, sem caminhar sempre no sentido de uma solução cada vez mais punitiva?

Se estamos longe de ter respostas a essas difíceis questões, cremos, todavia, ter trazido alguns elementos importantes e necessários para a reflexão. Acrescentemos apenas alguns comentários, a fim de expor nosso ponto de vista ainda com maior clareza:

a) a nosso ver, o sistema de direito criminal dificilmente pode fugir a uma certa imagem "hermética" e "antidemocrática" junto à opinião pública. Isso é inevitável nos casos penais fortemente midiatizados, em que as demandas de julgamentos sumários se contrapõem à própria existência de um sistema de direito criminal que deve dar uma solução para o caso, a partir de regras jurídicas internas que consagram determinados direitos do acusado. Os julgamentos sumários geralmente demandados pela opinião pública seriam, tanto do ponto de vista do SDC, como do nosso (enquanto observadores de segunda ordem), "não direito". Para o SDC, agir de tal maneira seria colocar-se em uma situação de "desdiferenciação" (Pires, 2004b) em relação ao sistema político: seria ir deixando de lado sua função de sistema responsável pela estabilização das expectativas normativas na sociedade, para instaurar um sistema bastante volátil, que perderia a sua identidade.

É por isso que o sistema não pode, em geral, fugir a essa percepção da opinião pública, de ele ser "antidemocrático". Para garantir sua autonomia e diferenciação do político, ele é e deve continuar sendo (e se representar como tal) relativamente impermeável a essa opinião pública (o que não o impede, como vimos, de considerá-la em vários aspectos, embora sempre a partir dos critérios internos ao próprio sistema). Não se pode imaginar — com base no ingênuo argumento de que não se trataria de uma conduta "democrática" — que o sistema se abra à opinião pública momentânea (isso é, que ele a aceite, sem nenhuma restrição ou filtragem). A nosso ver, um certo distanciamento de uma opinião pública mais imediata é próprio das sociedades contemporâneas diferenciadas por sistemas, em diversos domínios. Certas decisões dos poderes do Estado são "contra-majoritárias". Por exemplo, seria razoável deixar ao arbítrio da opinião pública as decisões relativas à divisão e coleta dos impostos na sociedade? Seria razoável pedir a opinião do público sobre questões, tais como a aceitação de preces ou de superstições, em um sistema público de saúde? Nesse sentido, concordamos com Bagaric e Edney[160]:

> Seeking public views on sentencing is analogous to doctors basing treatment decisions on what the community thinks is appropriate or engineers building cars, not in accordance with the rules of physics, but on the basis of what lay members of the community 'reckon' seems about right. Sentencing is an intellectual social discipline. It should have underlying principles which govern the way it ought to be administered. These are ascertained through a process of inductive and deductive logic and analyzing the relevant empirical evidence to determine what objectives are and are not achievable through a system of state imposed punishment. Guidance on sentencing matters should be sought from experts in the field not the uninformed (Bagaric e Edney, 2004, p. 129).

Em sociedades democráticas modernas muito complexas, a gestão dos problemas que emergem implica a implantação de mecanismos que só fazem referência ao público enquanto uma abstração funcional. Mesmo para o sistema político, algumas de suas decisões se oporão a uma opinião pública momentânea. Esse argumento é sobretudo mais verdadeiro para o sistema jurídico, particularmente para o SDC. Não seria realista e factível pretender obter sua legitimidade daquilo que ele percebe como sendo a vontade da opinião pública, em um momento determinado.

---

160 Citação já utilizada em nosso capítulo 3.

b) esse distanciamento em relação à opinião pública, de modo a garantir a sua própria existência enquanto sistema, não exclui a possibilidade de algumas aberturas a partir dos comportamentos internos do próprio sistema. Como já vimos, no capítulo anterior, o sistema é dotado de uma abertura cognitiva, que lhe permite integrar elementos de seu ambiente em sua tomada de decisão. E, frequentemente, parece-nos que seja de fato razoável aceitar estímulos externos nos comportamentos do sistema. Isso nos parece ser mais válido no caso do público (os atores que se fazem visíveis para o sistema), do que no da opinião pública. Pensamos, mais especificamente, na importância de um público de vítimas, um público de uma comunidade afetada pelo crime, um público que está, enfim, próximo ao evento criminal e tem um interesse direto na resposta trazida pelo SDC. Em certas situações em que os estímulos desse tipo de público estão presentes no referido sistema, uma maior presença desses personagens no processo e na solução do caso pode resultar em uma resposta criminal passível de satisfazer tal público (com um efeito de pacificação do conflito), sem passar por cima dos direitos do acusado, ou chegar a uma maior punitividade do sistema. Nas diferentes jurisdições, podemos verificar exemplos de aberturas importantes para o público: esse é o caso, entre outros, do *victim impact statement*, assim como dos modelos de justiça restaurativa. Trata-se de duas inovações relativamente recentes em matéria de punição criminal, que permitem uma integração de atores externos ao sistema, sem uma perda de autonomia, ou uma virada punitiva (embora a primeira possa, conforme o tratamento que lhe é dado, acarretar, na prática, um sistema mais punitivo).

Além disso, quando pensamos em uma abertura do sistema, pensamos não só em uma maior possibilidade de integração dos estímulos externos, como também em uma maior transparência do sistema. Várias críticas da opinião pública dirigidas ao SDC não constituem exatamente pressões para uma decisão no sentido "x" ou "y". Para diversos observadores do SDC, a "legitimidade", ou melhor, a "credibilidade" do sistema junto à opinião pública seria aprimorada, se ele se empenhasse mais em prestar conta de suas atividades. Evidentemente, é, em geral, difícil explicar princípios jurídicos que orientam uma decisão, bem como determinados aspectos técnicos do direito (cabe admitir que somos um tanto "céticos" em relação a esse tipo de pesquisa que acredita ser possível "educar" o público). No entanto, informações simples — como comunicar às vítimas o desenvolvimento do processo, motivar mais detalhadamente uma decisão, ou ser simplesmente capaz de explicar ao público que um processo jurídico leva um certo tempo — podem fazer uma grande diferença, no que se refere à credibilidade. Como um dos juízes entrevistados nos disse, o SDC não tem obrigação, junto à opinião pública, de dar a resposta que ela deseja, mas tem, certamente, a de dar uma resposta, bem como mostrar que o sistema funciona e se encarrega de casos criminais que preocupam a sociedade. A dificuldade dos juízes (e, aqui, isso nos parece ser mais um problema dos juízes do que dos promotores) em aceitar prestar contas de suas atividades parece prejudicar a imagem do sistema. No entanto, uma mudança nesse aspecto não se traduziria em nenhuma perda de autonomia no momento de uma decisão penal.

Seja como for, o SDC parece se encontrar em uma estrada pedregosa há algumas décadas, em virtude de uma superexposição midiática, aliada a uma tradição de fechamento e de falta de hábito de prestar contas de suas atividades. Os entrevistados pareciam partilhar a angústia comum de que o SDC não responderia e nem estaria em condição de responder às expectativas da sociedade. Nesse sentido, o diagnóstico de Salas nos parece muito pertinente (especifiquemos, contudo, que a dificuldade que ele foca nos juízes reside, a nosso ver, na dificuldade do próprio SDC):

> Mas, nesse novo papel (de uma justiça que pretende aproximar-se do público), de certa maneira face à opinião, o juiz está sem proteção. Ele se expõe a uma crítica pública direta,

> por vezes justificada e frequentemente violenta. O olhar da opinião põe a nu as carências de funcionamento, o caráter indecifrável de suas motivações, a fragilidade de seus circuitos decisionais. O público da justiça é não mais aquele de uma sala de audiência. Os meios de comunicação atuais colocam-no em uma outra escala. Um constante mal-entendido decorria do hiato entre a singularidade de uma decisão (concebida para um justiciável) e sua percepção pela opinião (aberta a um público amplo). Ora uns lhe censuram favorecer a impunidade e ei-la culpada de indiferença; ora outros denunciam suas escolhas liberticidas e as expectativas à presunção de inocência. A figura do juiz, o único visível em meio a esses disfuncionamentos, focaliza as tempestades midiáticas. Os mal-entendidos e as críticas revelam as falhas de seu modo de comunicação. Sua credibilidade é nele fortemente atingida (Salas, 2005, p. 233-234).

Em resumo, a justiça criminal está mais do que nunca numa posição de visibilidade, que a coloca em um lugar preferencial para a crítica da opinião pública; uma crítica tanto mais intensa, quanto mais o sistema é incapaz de prestar contas de suas atividades à sociedade. Nesse sentido, repitamos, ser mais transparente, informar mais o público e dar lugar às pessoas envolvidas no caso criminal são fatores que não se confundem absolutamente com a reprodução de uma lógica punitiva da opinião pública. Esse nos parece ser um futuro desejável para o sistema de direito criminal.

c) devemos também considerar o fato de que o SDC se encontra em uma posição miserável no plano das "relações públicas": trata-se de um sistema que não consegue entregar o que promete. De um lado, a promessa de promover uma sociedade mais securitária, de combater o crime, de dissuadir eventuais criminosos e neutralizar outros, de reabilitar e reintegrar na sociedade aqueles que passaram pelo seu crivo etc. De outro lado, expectativas do público de que o sistema de direito criminal fará tudo isso e ainda mais. Em resumo, um cenário de um prometedor pouco realista para com um público de expectativas desmedidas. A relação do SDC com seu público é, portanto, uma máquina de produzir frustrações. Uma relação menos problemática entre o SDC e seu ambiente passaria, certamente, por um improvável ajuste entre promessas e expectativas.

Cabe, ainda, discorrer brevemente sobre o título desta seção, "o que é que se deve à opinião pública?". De um lado, devemos reconhecer que, em diversas "situações-problema", a pena criminal desempenha um importante papel catártico[161] do sentimento de vingança coletiva. Nesse sentido, diríamos que face a determinadas "situações--problema" percebidas como mais graves, deve-se uma resposta (no sentido mais amplo possível) à sociedade (e não à opinião pública).

Não podemos e não queremos negar o papel de certas respostas aflitivas, como a pena de prisão, em determinados casos que chocam a população e fazem emergir muito fortemente um sentimento de vingança coletiva. O direito criminal se encarrega de certos casos muito graves e, em certos momentos, uma resposta mais dura, cujas consequências serão mais pesadas para o indivíduo, parece inevitável. Contudo, essa resposta mais dura nem sempre é necessária, ou precisa ser construída no quadro das teorias tradicionais da pena criminal. A resposta que se deve à sociedade é o restabelecimento das expectativas da validade das normas. O simples encarregar-se dos conflitos pelo SDC mostra já a sua preocupação quanto ao fato de que um ato criminal não abale nossa confiança na existência de um governo de regras. As possibilidades oferecidas ao SDC para responder às expectativas da sociedade são numerosas: pensemos, entre outros pontos, na aceitação de uma conciliação, na concessão de um perdão, na responsabilização (com ou sem pena) do indivíduo julgado culpado.

---

161 E, nisso, concordamos com Ricoeur (1995, p. 200).

Resumindo, face a um crime, algo se deve à sociedade. Uma ação é devida à sociedade, de modo a manter as expectativas normativas (da validade da ordem jurídica). Tal ação pode, em alguns casos, ser o recurso (reconheçamos) a uma pena aflitiva, mas também pode ser, geralmente (decerto muito mais frequentemente do que hoje), a implantação de medidas menos degradantes do que a pena aflitiva.

8.4 ALGUMAS PALAVRAS FINAIS: O PAPEL DA CRÍTICA

Para concluir, uma última consideração breve, mas importante, sobre o estado da crítica social no contexto de nosso estudo. Trabalhar com o quadro teórico da teoria dos sistemas pode, geralmente, suscitar resistências daqueles que apreendem nessa reflexão sistêmica uma anti-humanismo que não contribui para a mudança do *status quo*. Tais críticos poderiam argumentar que uma reflexão luhmanniana aplicada ao domínio do crime e da pena seria conservadora, unicamente pelo fato de não expor devidamente as desigualdades flagrantes produzidas por todo o conjunto punitivo das sociedades contemporâneas. Devemos responder a essas críticas, à guisa de esclarecer nossa posição ética.

Nenhum pesquisador que trabalhe com o domínio do crime e da pena pode ignorar o fato de a punição contemporânea ser não só uma fonte de profundas injustiças, como também um agente de desagregação social. Em qualquer jurisdição, a prisão irá invariavelmente mostrar uma sobrerrepresentação de grupos minoritários e marginalizados. Além disso, a pena é quase sempre muito mais uma fonte de maior marginalização do que uma tentativa de reintegração dos indivíduos à vida social. Ou seja, o complexo penal de uma sociedade é o mecanismo último do estigma e da exclusão social, e tal fato merece ser constantemente criticado.

Essa é a nossa posição ética em relação à punição contemporânea, a qual consideramos ter criticado neste estudo, mesmo que de uma forma não necessariamente explícita. Colocando em questão o sistema de pensamento do sistema de direito criminal, acreditamos ter podido contribuir para a desconstrução das respostas penais vigentes, como também para a abertura de novos horizontes cognitivos, no que se refere a novas formas de resposta aos atos criminais, que tendam menos à exclusão social.

A utilização da teoria dos sistemas nessa tarefa foi fundamental. Em primeiro lugar, ela nos forneceu uma vigorosa "caixa de ferramentas", para "limpar o terreno", permitindo, assim, que nos dedicássemos a uma observação mais aguçada do problema. Entendemos que antes de empreender uma crítica qualquer, uma pesquisa em ciências sociais deve ser capaz de descrever adequadamente um problema. Sem as especificações teóricas que possibilitam apreender os contornos do problema, a pesquisa corre o risco de incidir em uma crítica política inócua, perdendo seu próprio estatuto de pesquisa científica.

Em segundo lugar — sendo esse o ponto mais importante para nós —, a utilização da teoria dos sistemas foi de extrema utilidade para empreender uma reflexão que tenta desenvolver o máximo possível a desontologização dos conceitos. A lição que extraímos do trabalho com tal quadro teórico é a da contingência: as ideias, os conceitos, as estruturas não são dados da realidade, mas sim o resultado de diversos processos de substancialização que adquiriram uma forma específica no presente, mas que teriam podido apresentar uma configuração diferente. Trabalhando com o sistema de pensamento do SDC e com as ideias que defendem a pena e estruturam a maneira de pensar de gerações de juristas-penalistas, é muito difícil fugir de conceitos naturalizados. E se nada mais resultar do presente estudo, esperamos, ao menos, ter contribuído para desontologizar os conceitos utilizados pelo sistema de direito criminal. A grande força da crítica, a nosso ver, reside em mostrar que as estruturas e os conceitos poderiam ser diferentes.

REFERÊNCIAS

ACOSTA, Fernando. *À propos des illégalismes privilégiés.* Réflexions conceptuelles et mises en contexte. Criminologie 21, p. 7-34, 1988.

AGUIAR, Leonardo A.A. *Perdão Judicial.* Belo Horizonte: Biblioteca Digital Jurídica — STJ. 2004. Disponível em: **http://bdjur.stj.jus.br/xmlui/handle/2011/9960.**

ALLEN, Francis. Legal Values and the Rehabilitative Ideal. In: TONRY, M. (Org.). *Why Punish? How Much?* Oxford: Oxford University Press, p. 97-110, 1959 [2007].

BACHELARD, Gaston. *La formation de l'esprit scientifique.* Paris: Librairie philosophique J. Vrin, 1975.

BAGARIC, Mirko; EDNEY, Richard. *The sentencing advisory commission and the hope of smarter sentencing.* Current Issues in Criminal Justice, vo.16, p. 125-139, 2004.

BATESON, Gregory. *Steps to an Ecology of Mind.* Northvale: Jason Aronson Inc, 1972.

BAUMAN, Zygmunt. *Le coût humain de la mondialisation.* Paris: Hachette, 1998.

BECCARIA, Cesare. *Des délits et des peines.* Paris: Dalibon Libraire, 1764 [1821].

BECCARIA, Cesare. *Des délits et des peines.* Paris: Éditions du Boucher, 1764 [2002].

BENTHAM, Jeremy. Panopticon versus New South Wales. In: BOWRING, J. (Org.). *The Works of Jeremy Bentham.* Edinburgh: William Tait, 1802 [1838].

BEST, Joel. *Victimization and the Victim Industry.* Society, vol. 34, n. 4, p. 9-17, 1997.

BOERS, Klaus; SESSAR, Klaus. Do People Really Want Punishment? On the Relationship between Acceptance of Restitution, Needs for Punishment, and Fear of Crime." In: SESSAR, K.; KERNER, H-J. (Org.). *Developments in Crime and Crime Control Research.* New York: Springer-Verlag, p. 126-149, 1991.

BOURDIEU, Pierre. *L'opinion publique n'existe pas.* Les Temps Modernes, n. 318, p. 1292-1309, 1973.

BOYDELL, C. L.; GRINDSTAFF, C. F. Public Opinion and the Criminal Law. In: BOYDELL, C. L.; GRINDSTAFF, C. F.; WHITEHEAD, P. C. (Org.). *Deviant Behaviour and Societal Reaction.* Toronto/Montreal: Holt, Rinehart and Winston of Canada, p. 165-180, 1972.

BURLAMAQUI, Jean-Jacques. *The Principles of Natural and Politic Law.* vol. II. London: J. Nourse, 1763.

CAMPILONGO, Celso F. *Política, Sistema Jurídico e Decisão Judicial.* São Paulo: Max Limonad, 2002.

CARRARA, Francesco. *Programme du cours de droit criminel.* Paris: Marescq Ainé libraire-éditeur, 1863[1876].

CATTANEO, Mario. La peine entre droit naturel moderne et idéalisme allemand. In: VIEILLARD-BARON, J.-L.; ZARKA, Y.C. *Hegel et le droit naturel moderne.* Paris: Librairie Pilosophique J. Vrin, p. 71-80, 2006.

CAUCHIE, Jean-François. *Peines de travail.* Justice pénale et innovation. Bruxelles: Larcier, 2009.

CAUCHIE, Jean-François; SAUVAGEAU, Jean. Le deuil des proches de victimes au service de la pénalité. Quand livrer dela douleur met un peu de baume au cœur. In: CARTUYVELS, Y.; GUILLAIN, C.; TULKENS, F. (Org.). *La peine dans tous ses états — hommage à Michel van de Kerchove.* Bruxelles, Larcier, p. 207-221, 2010.

CHRISTIE, Nils. *Au bout de nos peines.* Bruxelles: Larcier, 1981 [1985].

CHRISTIE, Nils. *Conflicts as property.* The British Journal of Criminology, vol. 17, n. 1, p. 1-15, 1971.

CHRISTOPHER, Paul. *The Ethics of War and Peace.* New Jersey: Prentice Hall, 1994.

COHEN, Stanley. *Visions of Social Control.* Cambridge: Polity Press, 1985.

COHEN, Stanley. *Folk Devils and Moral Panics.* The Creation of the Mods and Rockers. London: Routledge, 1972 [2002].

COMMISSION CANADIENNE SUR LA DÉTERMINATION DE LA PEINE. *La détermination de la peine: sondage d'opinion auprès des juges canadiens.* Ottawa: Direction des communications et affaires publiques, Ministère de la Justice, 1988.

COOK, Beverly B. *Public opinion and federal judicial policy.* American Journal of Political Science, vol. 21, n. 3, p. 567-600, 1977.

DAHRENDORF, Ralf. Homo Sociologicus. In: DAHRENDORF, R. *Essays in the Theory of Society.* Stanford: Stanford University Press, p. 19-87, 1968.

DEBUYST, Christian; DIGNEFFE, Françoise; PIRES, Alvaro. *Histoire des Savoirs sur le crime et la peine.* Vol. 3. Expliquer et comprendre la délinquance. Bruxelles: Larcier, 2008.

DEL VECCHIO, Giorgio. *La Justice — La Vérité.* Essais de philosophie juridique et morale. Paris: Dalloz, 1955.

DELMANTO, Celso; DELMANTO, Roberto; DELMANTO, Jr.; ALMEIDA, Delmanto; FABIO, M. *Código Penal Comentado.* São Paulo: Edição Renovar, 2002.

DIGNEFFE, Françoise. L'école positive italienne et le mouvement de la défense sociale. In: DEBUYST, C.; DIGNEFFE, F.; PIRES, A. (Org.). *Histoire des Savoirs sur le Crime et la Peine.* Vol. 2. Bruxelas: De Boeck, 1998.

DOBLE, John; IMMERWAHR, Stephen; RICHARDSON, Amy. *Punishing Criminals.* The People of Delaware Consider the Options. Philadelphia: The Public Agenda Foundation, 1991.

DOOB, Anthony N.; SPROTT, Jane B.; MARINOS, Voula; VARMA, et Kimberly N. *An exploration of Ontario residents' views of crime and the criminal justice.* Toronto: Centre of Criminology, University of Toronto, 1998.

DOOB, Anthony; CESARONI, Carla. *The Political Attractiveness of Mandatory Minimum Sentences.* Osgoode Hall Law Journal, vol. 39, 2001.

DUBÉ, Richard. *Système de pensée et réforme du droit criminel:* les idées innovatrices du rapport Ouimet (1969). Tese de Doutorado em Sociologia. Montreal: Université du Québec à Montréal, 2008.

DUBÉ, Richard; GARCIA, Margarida; MACHADO, Maira R. *A Racionalidade Penal Moderna.* Reflexões teóricas e explorações empíricas. São Paulo e Ottawa: Almedina e Presses de l'Université d'Ottawa, 2020.

DUMONT, Helène. *Le pardon, une valeur de justice et d'espoir, un plaidoyer pour la tolérance et contre l'oubli.* Revue Canadienne de Criminologie, vol. 42, n. 3, p. 299-322, 2000.

DURANT, Mary; THOMAS, Margaret, WILLCOCK, H.D. *Crime, Criminals and the Law.* A Study of Public Attitudes and Knowledge, Carried out for the Home Office. London: Office of population censuses and surveys, Social Survey Division, 1972.

DURKHEIM, Émile. *Éducation et Sociologie.* Paris: Presses Universitaires de France, 1922 [1966].

ELIACHEFF, Caroline; LARIVIÈRE, Daniel. *Le Temps des Victimes.* Paris: Éditions Albin Michel, 2007.

ENGLISH, Kim; CROUCH, Joan; PULLEN, Suzanne. *Attitudes Toward Crime:* a Survey of Colorado Citizens and Criminal Justice Officials. Denver: Colorado Department of Public Safety, Division of Criminal Justice, 1989.

ENVIRONICS RESEARCH GROUP. *A Qualitative Investigation of Public Opinion on Sentencing, Corrections and Parole.* Report prepared for the Solicitor General Canada. Toronto: Environics Research Group, 1989.

EREZ, Edna. *Victim participation in sentencing: rhetoric and reality.* Journal of Criminal Justice, vol. 18, p.19-31, 1990.

ERNER, Guillaume. *La société des victimes.* Paris: La découverte, 2006.

FEELEY, Malcom M.; SIMON, Johnatan. *The New Penology:* Notes on the Emerging Strategy of Corrections and its Implications. Criminology, vol. 30, n .4, p. 449-474, 1992.

FERRARESE, Estelle. *Niklas Luhmann, une introduction.* Paris: La Découverte, 2007.

FLANAGAN, Timothy J. *Public Opinion and Public Policy in Criminal Justice.* In: FLANAGAN, T. J.; LONGMIRE, D. R. (Org.). Americans View Crime and Justice. A National Public Opinion Survey. Thousand Oaks: Sage Publications, 1996.

FOUCAULT, Michel. La vérité et les formes juridiques. In: *Dits et Écrits I, 1954-1975.* Paris, Gallimard, p. 1406-1514, 1973 [1994].

FOUCAULT, Michel. *Surveiller et Punir.* Paris: Gallimard, 1975.

FOUCAULT, Michel. La poussière et le nuage. In: PERROT, M. (Org.). *L'impossible prison,* Paris: Seuil, p. 29-63, 1980.

GARAPON, Antoine. La Justice Reconstructive. In: GARAPON, A.; GROS, F.; PECH, T. (Org.). *Et ce sera justice.* Punir en démocratie. Paris: Éditions Odile Jacob, 2001.

GARAPON, Antoine; GROS, Frédéric; PECH, Thierry. *Et ce sera justice.* Punir en démocratie. Paris: Éditions Odile Jacob, 2001.

GARCIA, Margarida. *Le rapport paradoxal entre les droits de la personne et le droit criminel:* les théories de la peine comme obstacles cognitifs à l'innovation. Tese de Doutorado en Sociologie. Montréal: Université du Québec à Montréal, 2009.

GARLAND, David. *The Culture of Control.* Crime and Social Order in the Contemporary Society. Chicago: University of Chicago Press, 2001.

GERBER, Jurg; ENGELHARDT-GREER, Simone. Just and Painful. Attitudes Toward Sentencing Criminals. In: FLANAGAN, T. J.; LONGMIRE, D. R. (Org.). *Americans View Crime and Justice.* A National Public Opinion Survey. Thousand Oaks: Sage Publications, 1996.

GOTTFREDSON, Stephen; WARNER, Barbara D.; TAYLOR, Ralph B. Conflict and Consensus about Criminal Justice in Maryland. In: WALTER, N.; HOUGH, M. *Public Attitudes to Sentencing.* Surveys from Five Countries. Aldershot: Gower Publishing Company, 1988.

GROTIUS, Hugo. *On the Law of War and Peace.* Kitchener: Batoche Books, 1625[2001].

GROUPE DE RECHERCHE SUR LES ATTITUDES ENVERS LA CRIMINALITÉ. *Les attitudes du public canadien envers la politique criminelle.* Montreal: Centre Internationale de Criminologie Comparée — Université de Montréal, 1976.

GROUPE DE RECHERCHE SUR LES ATTITUDES ENVERS LA CRIMINALITÉ. *Attitudes of the Canadian Public Toward Crime Policies.* Pilot Enquiry. Les Cahiers des Recherches Criminologiques. Montreal: Centre International de Criminologie Comparée - Université de Montréal, 1984.

GRUBER, Aya. *The Feminist War on Crime*. Iowa Law Review, n. 92, p. 741-833, 2007.

HART, Herbert L.A. *Law, Liberty and Morality*. New York: Vintage Books, 1963.

HART, Herbert L.A. *Punishment and Responsibility*. Essays in the Philosophy of Law. Oxford: Oxford University Press, 1968 [2008].

HOUGH, Mike; LEWIS, Helen; WALKER, Nigel. Factors associated with 'punitiveness' in England and Wales. In: WALKER, N.; HOUGHT, M. (Org.). *Public Attitudes to Sentencing*. Surveys from Five Countries. Aldershot: Gower Publishing Company, 1988.

HOUGH, Mike; MOXON, David. Dealing with Offenders: popular opinion and the views of victims in England and Wales. In: WALKER, N.; HOUGHT, M. (Org.). *Public Attitudes to Sentencing*. Surveys from Five Countries. Aldershot: Gower Publishing Company, 1988.

HOUGH, Mike; ROBERTS, Julian V. Public knowledge and public opinion of sentencing." In: TATA, C.; HUTTON, N. (Org.). *Sentencing and Society. International Perspectives*. Aldershot: Ashgate, 2002.

HOUGH, Mike; ROBERTS, Julian V. *Confidence in Justice:* an International Review. London: Home Office, 2004.

HOWITT, Dennis. *Crime, the Media and the Law*. Baffins Lane: John Wiley & Sons, 1998.

HUSAK, Douglas. *The Criminal Law as Last Resort*. Oxford Journal of Legal Studies, vol. 24, n. 2, p. 207-235, 2004.

ISAKOVIC, Zlatko. *Ius ad Bellum from Grotius to the United Nations*. Paper presented at the International Conference 350th Anniversary of the Peace of Westphalia 1648 — 1998 From Pragmatic Solution to Global Structure, The University in Twente, Enschede, The Netherlands, 1998.

JEWKES, Yvonne. *Crime and Media. Theorizing Crime and Media*. vol. 1 et 2. London: Sage, 2009.

KAISER, Günther; KURY, Helmut; ALBRECHT, Hans-Jöng. *Victims and Criminal Justice.* Legal Protection, Restitution and Support. Freiburg: Max Planck Institute, 1991.

KANT, Emmanuel. *Principes Métaphysiques du Droit.* Paris: Librairie de Ladrange, 1785 [1837].

KERNER, Hans-Jürgen; MARKS, Erich; SCHRECKLING, Jürgen. Implementation and Acceptance of Victim/Offender Mediation Programs in the Federal Republic of Germany: A Survey of Criminal Justice Institutions. In: KAISER, G., KURY, H.; ALBRECHT, H.-J. (Org.). *Victims and Criminal Justice.* Legal Protection, Restitution and Support. Freiburg: Max Planck Institute for Foreign and International Penal Law, 1991.

KING, Michael; THORNHILL, Chris. *Niklas Luhmann's Theory of Politics and Law.* New York: Palgrave MacMillan, 2005.

KÖNZ, Peider. *Public participation in the criminal process.* International Review of Criminal Policy, n. 27, p. 3-8, 1969.

KRITZER, Herbert M. *Federal Judges and Their Political Environments:* the Influence of Public Opinion. American Journal of Political Science, vol. 23, n. 1, p. 194-207, 2004.

KUHN, André. Attitudes towards punishment. In: ALVAZZI DEL FRATE, A.; ZVEKIC, U.; VAN DIJK, J. J. M. (Org.). *Understanding Crime: Experiences of Crime and Crime Control.* Torino: UNICRI, p. 271-288, 1993.

KUHN, André; VILLETTAZ, Patrice; JAYET, Aline. *Opinion publique et sévérité des juges.* Comparaison entre les peines prononcées par les juges suisses et les sanctions désirées par le public. Crimiscope, vol. 19, p. 1-6, 2002.

KUKLINSKI, James H.; STANGA, John E. *Political Participation and Government Responsiveness:* the Behavior of California Superior Courts. The American Political Science Review, vol. 73, n. 4, p. 1090-1099, 1979.

KURY, Helmut; FERDINAND, Theodore. *Public Opinion and Punitivity.* International Journal of Law and Psychiatry, vol. 22, N. 3, P. 373-392, 1999.

KUTCHINSKY, Berl. Knowledge and Attitudes Regarding Legal Phenomena in Denmark. In: CHRISTIE, N. (Org.). *Scandinavian Studies in Criminology* 2. London: Tavistock Publications, p. 125-159, 1968.

LACHAMBRE, Sébastien. *La participation des mouvements sociaux dans le système pénal:* l'affaire Latimer. Dissertação de Mestrado. Ottawa: Département de Criminologie de l'Université d'Ottawa, 2005.

LACHAMBRE, Sébastien. *À propos de la théorie de la dénonciation.* Travail non publié. Département de Criminologie. Université d'Ottawa, 2008.

LACHAMBRE, Sébastien. *La théorie de la dénonciation:* émergence et institutionnalisation en droit criminel. Tese de Doutorado. Ottawa: Département de Criminologie de l'Université d'Ottawa, 2011.

LASCOUMES, Pierre; MOREAU-CAPDEVIELLE, Ghislaine. *Presse et justice pénale:* un cas de diffusion idéologique. Revue Française de Science Politique, vol. 26, n. 1, p. 41-69, 1976.

LASTER, Richard E. Criminal Restitution. *A Survey of its Past History and an Analysis of its Present Usefulness.* University of Richmond Law Review, n. 5, p. 71-98, 1970.

LEWINS, Ann; SILVER, Christina. *Using Software in Qualitative Research.* Traduit par. London: SAGE Publications, 2007.

LUHMANN, Niklas. *Sociologia do Direito I.* Rio de Janeiro: Tempo Brasileiro, 1983.

LUHMANN, Niklas. *Social Systems.* Stanford: Stanford University Press, 1984 [1995].

LUHMANN, Niklas. Closure and Openness: on the Reality in the World of Law. In: TEUBNER, G. (Org.). *Autopoietic Law:* a New Approach to Law and Society. New York, De Gruyter: 335-348, 1988.

LUHMANN, Niklas. *Ecological Communication.* Chicago: University of Chicago Press, 1989.

LUHMANN, Niklas. *Political theory in the welfare state.* Berlin/New York: Walter de Gruyter, 1990a.

LUHMANN, Niklas. The paradox of system differentiation and the evolution of society. In: ALEXANDER, J.; COLOMY, P. (Org.). *Differentiation theory and social change*. New York: Columbia University Press, 1990b.

LUHMANN, Niklas. *Risk.* A Sociological Theory. New York: Aldine de Gruyter, 1993.

LUHMANN, Niklas. *An Interview with Niklas Luhmann.* Interview by David Sciulli. Theory, Culture and Society, n. 11, p. 37-68, 1994.

LUHMANN, Niklas. *Social Systems.* Stanford: Stanford University Press, 1995.

LUHMANN, Niklas. *La Sociedad de la Sociedad*. México: Editorial Herder, 1997 [2006].

LUHMANN, Niklas. *The reality of the mass media.* Stanford: Stanford University Press, 2000.

LUHMANN, Niklas. *L'opinion publique.* Politix, n. 14, p. 25-59, 2001.

LUHMANN, Niklas. *Theories of Distinction.* Redescribing the Descriptions of Modernity. Stanford: Stanford University Press, 2002.

LUHMANN, Niklas. *Law as a Social System*. Oxford: Oxford University Press, 2004.

LUHMANN, Niklas. *La sociedad de la sociedad*. Mexico: Herder/ Universidad Iberoamericana, 1998 [2007].

MACHADO, Maíra R.; PIRES, Alvaro P.; FERREIRA, Carolina C.; SCHAFFA, Pedro M. Pena Mínima. *Série Pensando o Direito*, n. 19. Brasília: Ministério da Justiça — Secretaria de Assuntos Legislativos, 2009.

MADLER, Kurt; MADLER, Silma Marlice. The Past and Present State of Victim's Compensation in Brazilian Law and the Need for Reform. In: KAISER, G.; KURY, H.; ALBRECHT, H.-J. (Org.). *Victims and Criminal Justice*. Legal Protection, Restitution and Support. Freiburg: Max Planck Institute for Foreign and International Penal Law, 1991.

MANDE, Mary J.; ENGLISH, Kim. *The effect of public opinion on correctional policy:* a comparison of opinions and practice. Denver: Colorado Department of Public Safety — Division of Criminal Justice, 1989.

MARÍN, Antonio Lucas; GALERA, Carmen García; SAN ROMAN, José Antonio R. *Sociología de la Comunicación*. Madrid: Editorial Trotta, 1999.

MARTINSON, Robert. *What Works? Questions and Answers about Prison Reform*. The Public Interest, vol. 35, p. 22-54, 1974.

MATTOX, John Mark. *Saint Augustine and the Theory of Just War*. London: Continuum, 2006.

MAUER, Marc. *Race to Incarcerate*. New York: The New Press, 2006.

MELLON, J. G. Rediscovering the just-war tradition. In: DANS, B.; BAZÁN, Carlos; ANDÚJAR, E.; SBROCCHI, L. G. (Org.). *Les philosophies morales et politiques au Moyen Âge - Moral and Political Philosophies in the Middle Ages*. vol. III, (p. 1698-1709). New York & Ottawa, Legas, 1995.

MICHAUD, Pierre. L'administration de la justice et les tribunaux: quelques réflexions sur la perception du public. In: BRISSON, J. M.; GRESCHENER, D. (Org.). *Public Perceptions of the Administration of Justice.* Montréal: Éditions Thémis, 1995.

MILLER, Dorothy; ROSENTHAL, Ann; MILLER, Don; RUZEK, Sheryl. Public Knowledge of Criminal Penalties: A Research Report. In: GRUPP, S. E. (Org.). *Theories of Punishment.* Bloomington/London: Indiana University Press, p. 205-226, 1971.

MILLER, Karen Lee. *Étude sur la déclaration de la victime dans les affaires d'agression sexuelle en Nouvelle Écosse:* aperçu des méthodes utilisées et observations préliminaires. Juste Recherche, n. 14, p. 5-14, 2007.

MINISTÈRE DE LA JUSTICE DU CANADA. *Fiche d'information sur la justice réparatrice.* Ottawa: Centre de la politique concernant les victimes, 2009b. Disponível em: **http://www.justice.gc.ca/fra/pi/cpcv-pcvi/rep-res.html**. Acesso em: 11 ago. 2010.

MINISTÈRE DE LA JUSTICE DU CANADA. *Organisation de l'appareil judiciaire du Canada.* Ottawa: Ministère de la Justice. Disponível em: **http://www.justice.gc.ca/fra/min-dept/pub/ajc-ccs/page3.html**. Acesso em: 11 de agosto de 2010, 2009b.

MINISTÉRIO DA JUSTIÇA DO BRASIL. *O Papel da Vítima no Processo Penal.* Série Pensando o Direito. Brasília: Secretaria de Assuntos Legislativos, 2010.

MINKKINEN, Panu. *"If Taken in Earnest":* Criminal Law Doctrine and the Last Resort. The Howard Journal, vol. 45, n. 5, p. 521-536, 2006.

MOELLER, Hans-Georg. *Luhmann explained:* from souls to systems. Chicago: Open Court, 2006.

MONTESQUIEU. *De l'esprit des lois.* Paris: Chez Firmin Didot Frères, 1748[1838].

MORIN, Edgar. *La méthode.* La nature de la nature. Paris: Éditions du Seuil, 1977.

MYERS, Laura B. Bringing the Offender to Heel. Views of the Criminal Courts. In: FLANAGEM, T. J.; LONGMIRE, D. R. (Org.). *Americans View Crime and Justice.* A National Public Opinion Survey. Thousand Oaks: Sage Publications, 1996.

NADANOVSKY, Paulo. *O aumento no encarceramento e a redução nos homicídios em São Paulo, Brasil, entre 1996 e 2005.* Cadernos de Saúde Pública, n. 25, vol. 8, p. 1859-1864, 2009.

NOBLES, Richard; SCHIFF, David. Introduction, dans N. Luhmann, *Law as a Social System.* Oxford: Oxford University Press, 2004.

NOBLES, Richard; SCHIFF, David. Criminal Justice: Autopoietic Insights. In: PRIBÁ, J.; NELKEN, D. *Law's New Boundaries.* The Consequences of Legal Autopoiesis. Cornwall: Dartmouth Publishing Company, p. 197-217, 2001.

NUCCI, Guilherme de Souza. *Individualização da Pena.* São Paulo: Editora Revista dos Tribunais, 2009.

OLIVEIRA, Ana Sofia de. *A Vítima e o Direito Penal.* Uma Abordagem do Movimento Criminológico e do seu Impacto no Direito Penal. Dissertação de Mestrado. São Paulo: Universidade de São Paulo, Faculdade de Direito, 1999.

PAGE, Ben; WAKE, Rhonda; ANNES, Ashley. *Findings.* Public Confidence in the Criminal Justice System, vol. 221. London: Home Office, 2004.

PALGRAVE, Francis. *Truths and fictions of the Middle Ages:* The merchant and the friar. London: John W. Parker, 1837.

PATERSON, John; TEUBNER, Gunther. *Changing Maps:* Empirical Legal Autopoiesis. Social & Legal Studies, vol. 7, n. 4, p. 451-486, 1998.

PHILIPPOPOULOS-MIHALOPOULOS, Andreas. *Niklas Luhmann Law, Justice, Society.* London: Routledge, 2010.

PIRES, Alvaro P. *Deux thèses erronées sur les lettres et les chiffres*. Cahiers de recherche sociologique, vol. 5, n.2, p. 85-105, 1987.

PIRES, Alvaro P. De quelques enjeux épistémologiques d'une méthodologie générale pour les sciences sociales. In: POUPART *et al.* (Org.). *La recherche qualitative.* Enjeux épistémologiques et méthodologiques. Boucherville: Gaëtan Morin, p. 3-54, 1997a.

PIRES, Alvaro P. Échantillonnage et recherche qualitative: essai théorique et méthodologique. In: POUPART *et al.* (Org.). *La recherche qualitative.* Enjeux épistémologiques et méthodologiques. Boucherville: Gaëtan Morin, p. 113-169, 1997b.

PIRES, Alvaro P. La formation de la rationalité pénale moderne au XVIIIe siècle. In: DEBUYST, C.; DIGNEFFE, F.; PIRES, A. (Org.). *Histoire des Savoirs sur le Crime et la Peine.* vol. 2. Bruxelles: De Boeck Université, 1998.

PIRES, Alvaro P. *Alguns obstáculos a uma mutação "humanista" do direito penal.* Sociologias, vol. 1, n. 1, p. 64-95, 1999.

PIRES, Alvaro P. *La rationalité pénale moderne, la société du risque et la juridicisation de l'opinion publique.* Sociologie et Sociétés, vol. 33, n. 1, p. 179-204, 2001a.

PIRES, Alvaro P. *La 'Línea Maginot' en el Derecho Penal:* la Protección contra el Crimen versus la Protección contra el Príncipe. Nueva Doctrina Penal, Separata, p. 71-96, 2001b.

PIRES, Alvaro P. La «ligne maginot» en droit criminel: la protection contre le crime versus la protection contre le prince. In: DE GIORGI, R. (Org.). *Il diritto e la differenza. Scritti in onore di Alessandro Baratta.* Lecce: Edizioni Pensa Multimedia, 2002a.

PIRES, Alvaro P. Codifications et réformes pénales. In: MUCCHIELLI, L.; ROBERT, P. (Org.). *Crime et sécurité.* L'état des savoirs. Paris, Éditions la Découverte, p. 84-92, 2002b.

PIRES, Alvaro P. *La recherche qualitative et le système pénal.* Peut-on interroger les systèmes sociaux? In: KAMINSKI, D.; KOKOREFF, M. (Org.). Sociologie pénale: système et expérience. Ramonville Sainte-Agne: Éditions Érès, 2004a.

PIRES, Alvaro P. *A racionalidade penal moderna, o público e os direitos humanos na modernidade tardia.* Novos Estudos CEBRAP, n. 68, p. 39-60, 2004b.

PIRES, Alvaro P. Direito Penal e Orientação Punitiva: um Problema Só Externo ao Direito?. In: KARAM, M. L. (Org.). *Globalização, Sistema Penal e Ameaças ao Estado Democrático de Direito.* Rio de Janeiro: Lumen Juris, 2005.

PIRES, Alvaro P. Tomber dans un piège? Responsabilisation et justice des mineurs. In: DIGNEFFE, F.; MOREAU, T. (Org.). *La responsabilité et la responsabilisation dans la justice pénale.* Bruxelas: Larcier, p. 217-241, 2006.

PIRES, Alvaro P. *Une 'utopie juridique' et politique pour le droit criminel moderne?.* Criminologie, vol. 40, n. 2, p. 9-18, 2007.

PIRES, Alvaro P. *Introduction aux théories de la peine.* Document de travail. Ottawa: Chaire de Recherche du Canada en Traditions Juridiques et Rationalité Pénale, 2008a.

PIRES, Alvaro P. *Programme de recherche de la Chaire de recherche du Canada en Traditions juridiques et rationalité pénale.* Ottawa: Chaire de Recherche du Canada en Traditions Juridiques et Rationalité Pénale, 2008b.

PIRES, Alvaro P. *Les peines radicales:* Construction et "invisibilisation" d'un paradoxe; Introduction du livre de I. Mereu, La mort comme peine. Essai sur la violence légale. Bruxelas: Larcier, à paraître, 2012.

PIRES, Alvaro P.; ACOSTA, Fernando. *Les mouches et la bouteille à mouches:* utilitarisme et rétributivisme classiques devant la question pénale. Carrefour, vol.XVI, p.8-39, 1994.

PIRES, Alvaro P.; CAUCHIE, Jean-François. *Un cas d'innovation «accidentelle» en matière de peines:* une loi brésilienne sur les drogues. Champ Pénal, Séminaire mis en ligne le 28 septembre 2007. URL: **http://champpenal.revues.org/document1541.html**. Consulté le 3 août 2009.

PIRES, Alvaro P.; GARCIA, Margarida. Les relations entre les systèmes d'idées: droits de la personne et théories de la peine face à la peine de mort. In: CARTUYVELS, Y.; DUMONT, H.; OST, F.; VAN DE KERCHOVE, M.; VAN DROOGHENBROEK, S. (Org.). *Les Droits de l'Homme, Bouclier ou Épée du Droit Pénal?*. Bruxelas: Publications des Facultés Universitaires Saint-Louis, 2007.

PONCELAT, Pierrette. *Droit de la Peine.* Paris: Presses Universitaires de France, 2001.

POSSAS, Mariana. *Système d'idées et création de lois criminelles:* le cas de la loi contre la torture au Brésil. Tese de Doutorado. Ottawa: Département de Criminologie de l'Université d'Ottawa, 2009.

PRATT, John. *Penal Populism.* New York: Routledge, 2007.

PRATT, John. Penal scandal in New Zealand. In: FREIBERG, A.; GELB, K. (Org.). *Penal populism, sentencing councils and sentencing policy.* Annandale: Hawking Press, p. 31-44, 2008.

PRATT, John; CLARK, Marie. *Penal Populism in New Zealand.* Punishment and Society, vol. 7, n. 3, p. 303-322, 2005.

PRIMORATZ, Igor. *Punishment as Language.* Philosophy, vol. 64, p. 187-205, 1989.

RICOEUR, Paul. *Le Juste.* Paris: Éditions Esprit, 1995.

ROBERT, Philippe; Faugeron, Claude. *La justice et son public:* les représentations sociales du système pénal. Genève: Médecine et Hygiène, 1978.

QUIVY, Raymond; VAN CAMPENHOUDT, Luc. *Manuel de recherche en sciences sociales.* Paris: Dunod, 1995.

ROBERTS, Julian V. *L'opinion publique et la détermination de la sentence:* les sondages de la commission canadienne sur la détermination de la peine. Rapports de recherche de la Commission canadienne sur la détermination de la peine. Ottawa, 1988a.

ROBERTS, Julian V. *La détermination de la peine dans les médias:* une analyse du contenu des journaux de langue anglaise au canada. Rapports de recherche de la Comission canadienne sur la détermination de la peine. Ottawa, 1988b.

ROBERTS, Julian V. *La recherche sur la détermination de la peine.* Rapports de recherche de la Commission canadienne sur la détermination de la peine. Ottawa, 1988c.

ROBERTS, Julian V. *Public Opinion, Criminal Record, and the Sentencing Process.* American Behavioral Scientist, vol. 39, n. 4, p. 488-499, 1996.

ROBERTS, Julian V. American Attitudes about Punishment: Myth and Reality. In: TONRY, M.; HATLESTAD, K. (Org.). *Sentencing Reform in Overcrowded Times.* Oxford: Oxford University Press, p. 250-255, 1997.

ROBERTS, Julian V. Public opinion and sentencing policy. In: REX, S.; TONRY, M. *Reform and Punishment:* The Future of Sentencing. Portland: William Publishing, 2002a.

ROBERTS, Julian V. *Victim impact statements and the sentencing process:* recent developments and research findings. *Criminal Law Quarterly*, vol. 47, p. 365-396, 2002b.

ROBERTS, Julian V. *Public Confidence in Criminal Justice:* a Review of Recent Trends. Ottawa: Public Safety and Emergency Preparedness Canada, 2004.

ROBERTS, Julian V. *Punishing persistent offenders:* exploring community and offender perspectives. Oxford: Oxford University Press, 2008a.

ROBERTS, Julian V. Sentencing policy and practice: the evolving role of public opinion. In: FREIBERG, A.; GELB, K. (Org.). *Penal populism, sentencing councils and sentencing policy. Annandale*: Hawking Press, p. 15-30, 2008b.

ROBERTS, Julian V.; CRUTCHER, Nicole; VERBRUGGE, Paul. *Public attitudes to sentencing in Canada:* exploring recent findings. Canadian Journal of Criminology and Criminal Justice, vol. 49, n. 1, p. 75-107, 2007.

ROBERTS, Julian V.; DOOB, Anthony N. *Sentencing and public opinion:* taking false shadows for true substances. Osgoode Hall Law Journal, vol. 27, p. 491-516, 1989.

ROBERTS, Julian V.; DOOB, Anthony N.; MARINOS, Voula. *Judicial attitudes to conditional terms of imprisonment:* results of a national survey. Report to the Department of Justice Canada. Toronto: Department of Justice Canada, 1999.

ROBERTS, Julian V.; HOUGH, Michael J. Public opinion, sentencing and parole: international trends. In: ROESCH, R.; CORRADO, R. R.; DEMPSTER, R. (Org.). *Psychology in the Courts.* London and New York: Routledge, 2001.

ROBERTS, Julian V.; STALANS, Loretta J. Crime, Criminal Justice, and Public Opinion. In: TONRY, M. (Org.). *The handbook of crime and punishment.* Oxford: Oxford University Press, 1998.

ROBERTS, Julian V.; STALANS, Loretta J.; INDERMAUR, David; HOUGH, Mike. *Penal populism and public opinion.* Lessons from five countries. Oxford: Oxford University Press, 2003.

ROBERTS, Lynne D.; INDERMAUR, David. *Predicting punitive attitudes in Australia.* Psychiatry, Psychology and Law, vol. 14, n. 1, p. 56-65, 2007.

ROSSI, Pellegrino. *Traité de Droit Pénal.* Bruxelles: Société Typographyque Belge, 1843.

ROSSI, Peter H.; BERK, Richard A. *Just Punishments.* Federal Guidelines and Public Views Compared. New York: Aldine de Gruyter, 1997.

ROSSI, Peter H.; BERK, Richard A.; CAMPBELL, Alec. *Just Punishments:* Guideline Sentences and Normative Consensus. Journal of Quantitative Criminology, vol. 13, n. 3, p. 267-290, 1997.

SALAS, Denis. *La Volonté de Punir:* Essai sur le Populisme Pénal. Paris: Hachette, 2005.

SAVOIE-ZAJC, Lorraine. Triangulation (technique de validation par). In: MUCCHIELLI, A. (Org.). *Dictionnaire des méthodes qualitatives en sciences humaines et sociales.* Paris: Masson & Armand Colin. pp. 261-262, 1996.

SCHUCH, Patrice. *Tecnologias da não-violência e modernização da justiça no Brasil.* O caso da justiça restaurativa. Civitas, vol. 8, n. 3, p. 498-520, 2008.

SEBBA, Leslie. *Third Parties.* Columbus: Ohio University Press, 1996.

SERVICE CORRECTIONNEL DU CANADA. *Comparaison des tendances en matière de criminalité et d'incarcération aux États-Unis, en Angleterre et au Canada de 1981 à 2001.* Rapport de Recherche. Ottawa: Service Correctionnel du Canada, 2004.

SCHEINGOLD, Stuart A. *The Politics of Street Crime.* Criminal Process and Cultural Obsession. Philadelphia: Temple University Press, 1991.

SMAUS, Gerlinda. *Les recherches KOL au service de la légitimation du droit pénal.* Déviance et Société, vol. 7, n. 2, p. 131-152, 1983.

SPARKS, Richard. *Television and the Drama of Crime.* Moral Tales and the Place of Crime in Public Life. Buckingham: Open University Press, 1992.

SURETTE, Ray. *Media, Crime and Criminal Justice.* Images and Realities. Belmont: Wadsworth Publishing Company, 1998.

TAYLOR, D. Garth; SCHEPPELE, Kim Lane; STINCHCOMBE, Arthur L. *Salience of Crime and Support for Harsher Criminal Sanctions.* Social Problems, vol. 26, n. 4, p. 413-424, 1979.

TEUBNER, Gunther. *Droit et Réflexivité:* une perspective comparative sur des modèles d'évolution juridique. Paris: LGDJ, 1994.

THOMAS, Charles W.; CAGE, Robin J.; FOSTER, Samuel C. *Public Opinion on Criminal Law and Legal Sanctions:* an Examination of Two Conceptual Models. The Journal of Criminal Law and Criminology, vol. 67, p. 110-116, 1976.

TOMAINO, John. *Guess who's coming to dinner? A preliminary model for the satisfaction of public opinion as a legitimate aim in sentencing.* Crime, Law and Social Change, vol. 27, n. 2, p. 109-119, 1997.

TOSI, Renzo. *Dicionário de Sentenças Latinas e Gregas.* São Paulo: Martins Fontes, 1991.

TREMBLAY, Pierre; CORDEAU, Gilbert; OUIMET, Marc. *Underpunishing offenders:* towards a theory of legal tolerance. Canadian Journal of Criminology October, vol. 36, p. 407-434, 1994.

VAN DE KERCHOVE, Michel. Culpabilité et dangerosité. Réflexions sur la clôture des théories relatives à la criminalité. In: DEBUYST, C. et TULKENS, F. (Org.). *Dangerosité et Justice pénale. Ambiguïté d'une pratique.* Genebra: Masson, Médecine et Hygiène, p. 291-309, 1981.

VON GLASERSFELD, Ernst. *Radical Constructivism.* A Way of Knowing and Learning. London: Routledge, 1995.

VON GLASERSFELD, Ernst. *The Construction of Knowledge.* Version révisée de la présentation dans le International Interdisciplinary Encounter New Paradigms, Culture, and Subjectivity. Fundacion Interfas, Buenos Aires, 1991. Disponível em: **http://www.vonglasersfeld.com/169.4**. Acesso em: 25 ago. 2011.

VON GLASERSFELD, Ernst. Introduction à un constructivisme radical. In: WATZLAWICK, P. (Org.). *L'invention de la réalité.* Contributions au constructivisme. Paris: Éditions du Seuil, 1988.

VELLOSO, Joao. *Sobre o tratamento jurídico dado ao trabalho escravo:* o movimento de descriminalização. Revista Brasileira de Ciências Criminais, n. 59, p. 90-127, 2006.

VERNEUIL, Danièle. *L'image de la justice criminelle dans la société.* Fonctions et processus du système pénal. Paris: S.E.P.C, 1980.

VON HIRSCH, Andrew; ASHWORTH, Andrew; ROBERTS, Julian. *Principled Sentencing.* Readings on Theory and Policy. Oxford and Portland: Hart Publishing, 2009.

WACQUANT, Loïc. *As Prisões da Miséria.* Rio de Janeiro: Jorge Zahar, 2001.

WALKER, John; MARK, Collins; WILSON, Paul. *How the public sees sentencing:* an Australian survey. In: WALKER, N.; HOUGH, M. (Org.). Public Attitudes to Sentencing. Surveys from Five Countries. Aldershot: Gower Publishing Company, 1988a.

WALKER, Nigel; HOUGH, Mike; LEWIS, Helen. Tolerance of leniency and severity in England and Wales. In: WALKER, N.; HOUGH, M. (Org.). *Public Attitudes to Sentencing.* Surveys from Five Countries. Aldershot: Gower Publishing Company, 1988b.

WALKER, Nigel; MARSH, Catherine. Does the severity of sentences affect public disapproval? An experiment in England. In: WALKER, N.; HOUGH, M. (Org.). *Public Attitudes to Sentencing.* Surveys from Five Countries. Aldershot: Gower Publishing Company, 1988.

WALKLATE, Sandra. *Imagining the Victim of Crime.* New York: Open University Press, 2007.

WEITEKAMP, Elmar. Recent Developments on Restitution and Victim-Offender Reconciliation in the USA and Canada: An Assessment. In: KAISER, G.; KURY, H.; ALBRECHT, H.-J. (Org.). *Victims and Criminal Justice.* Legal Protection, Restitution and Support. Freiburg: Max Planck Institute for Foreign and International Penal Law, 1991.

WHICHCOTE, Benjamin. *The Works of Benjamin Whichcote*. vol. IV. Aberdeen: J.Chalmers, 1751.

WILKINS, Leslie T. *Consumerist Criminology*. London: Barnes & Noble Books, 1984.

XAVIER, José Roberto. *L'opinion publique au sein du système pénal:* l'affaire James Bulger. Dissertação de Mestrado. Ottawa: Département de Criminologie de l'Université d'Ottawa, 2005.

XAVIER, José Roberto. *Les rapports entre l'opinion publique et la détermination de la peine du point de vue de la science*. Document non publié. Ottawa: Université d'Ottawa, 2008.

XAVIER, José Roberto. *O sistema de direito criminal e a racionalidade penal moderna:* ilustrações empíricas de dificuldades cognitivas em matéria de penas. Revista Brasileira de Ciências Criminais, n. 84, p. 271-311, 2010.

XAVIER, José Roberto. *O direito de punir rodeado por vítimas*. Sobre sistema de direito criminal, vítimas e suas interações numa sociedade democrática. Revista da Faculdade Mineira de Direito, v. 22, n. 44, p. 1-25, 2019.

XAVIER, José Roberto. Público, opinião pública e determinação da pena tais como vistos pela ciência: algumas notas críticas. In: DUBÉ, R.; GARCIA, M.; MACHADO, M. (Org.). *A Racionalidade Penal Moderna*. Reflexões teóricas e explorações empíricas. São Paulo e Ottawa: Almedina e Presses de l'Université d'Ottawa, 2020.

YOUNG, Alan N. *The Role of the Victim in the Criminal Process:* a Literature Review — 1989 — 1999. Victims of Crime Research Series. Ottawa: Department of Justice, Research and Statistics Division, 2001.

ZIMRING, Franklin; HAWKINS, Gordon. *Incapacitation*. Penal Confinement and the Restraint of Crime. Oxford: Oxford University Press, 1995.

ZIMRING, Franklin E.; JOHNSON, David T. *Public Opinion and the Governance of Punishment in Democratic Political Systems.* Annals of the American Academy of Political and Social Sciences, vol. 605, p.266-280, 2006.

1ª edição	dezembro 2023
impressão	rotaplan
papel miolo	pólen natural 80g/m²
papel capa	cartão supremo 300g/m²
tipografia	formula e lyon text